主编：中山大学历史人类学研究中心
　　　香港大学香港人文社会研究所

本 研 究 承 蒙

中华人民共和国香港特别行政区大学教育资助委员会
卓越学科领域计划（第五轮）
"中国社会的历史人类学研究"

教育部人文社会科学重点研究基地重大项目
（批准号14JJD770015）
及
中山大学优秀青年教师培养计划
（11200-31610131）

资　助

历史·田野丛书

高乡与低乡

11—16世纪江南区域历史地理研究

谢湜 著

生活·讀書·新知 三联书店

Copyright © 2015 by SDX Joint Publishing Company.
All Rights Reserved.

本作品版权由生活·读书·新知三联书店所有。
未经许可，不得翻印。

图书在版编目（CIP）数据

高乡与低乡：11—16世纪江南区域历史地理研究／
谢湜著．—北京：生活·读书·新知三联书店，2015.7（2024.7重印）
（历史·田野丛书）
ISBN 978-7-108-05226-1

Ⅰ．①高…　Ⅱ．①谢…　Ⅲ．①江南（历史地名）—
历史地理—研究—11世纪—16世纪　Ⅳ．① K928.6

中国版本图书馆CIP数据核字（2015）第007914号

责任编辑	李　佳
装帧设计	康　健
责任印制	董　欢
出版发行	生活·讀書·新知 三联书店 （北京市东城区美术馆东街22号 100010）
网　　址	www.sdxjpc.com
经　　销	新华书店
制　　作	北京金舵手世纪图文设计有限公司
印　　刷	北京隆昌伟业印刷有限公司
版　　次	2015年7月北京第1版 2024年7月北京第3次印刷
开　　本	635毫米×965毫米　1/16　印张 31.25
字　　数	360千字
定　　价	68.00元

（印装查询：01064002715；邮购查询：01084010542）

丛书总序

走向历史现场

陈春声

　　1939年,从日本学习社会学归国不久的傅衣凌,在距福建永安县城十多里黄历乡的一间老屋,无意中发现了一大箱民间契约文书,自明代嘉靖年间至民国有数百张之多。他仔细研读了这些契约,在此基础上,写出了在学术史上影响深远的《福建佃农经济史丛考》。在该书中,傅先生强调民间文书的收集和整理对中国社会经济史研究的重要价值,指出在进行"农村的经济小区的研究"时,应"不放弃其对于中国社会经济形态之总的轮廓的说明",反对"以偏概全",表达了建立中国社会经济史"总的体系"的追求,颇具概括性地呈现了他一直坚持的关于中国社会经济史研究方法的基本理念。在中国社会经济史研究的方法论上,傅先生一直强调"把活材料与死文字两者结合起来"的研究方法,包括了社会经济史研究者要在心智上和情感上回到历史现场的深刻意涵。正是这种把文献分析与实地调查相结合,"接触社会,认识社会","以民俗乡例证史,以实物碑刻证史,以民间文献证史",努力回到历史现场的研究方法,使傅衣凌先生成为中国社会经济史学科重要的奠基者之一。

　　也是在1939年,中国社会经济史学科另一位重要的奠基者梁方仲教授,正在陕甘宁三省进行为期八个月的农村调查。梁先生受过严格的经济学和社会学训练,以研究明代赋役制度著名。他对历史上经济问题的关注，植根于对现代中国农村社会问题的深切关怀之中。在具体的研究实践中，他重视社会调查，曾多次深入农村调查土地关系和农民田赋负担问题。他是"利用地方志资料来研究王朝制度与地方社会的学者中最为成功的一位"，也特别重视民间文献在社会经济史研究中的价值。梁方仲先生致力于各种公私档案的收集和解读，力图在整理、辨析、解读官方数字的基础上，结合对纳户粮米执照与土地契约等票据文书的考释，为后人提供逐步深入揭示社会经济事实的一条路径。

事实上，在中国近代人文社会科学的奠基时期，在与傅衣凌、梁方仲先生同时代的一批眼界开阔、学识宏博的学者身上，基本上看不到画地为牢的学科偏见。对他们来说，跨学科的综合研究是一个自然的思想过程。以梁方仲先生长期任教的岭南大学和中山大学为例，傅斯年等先生20世纪20年代在这里创办语言历史研究所，就倡导历史学、语言学与民俗学、人类学相结合的研究风格，并在研究所中设立人类学组，培养研究生，开展民族学与民俗学的调查研究；顾颉刚、容肇祖、钟敬文等先生开展具有奠基意义的民俗学研究，对民间宗教、民间文献和仪式行为给予高度关注，他们所开展的乡村社会调查，表现了历史学和人类学相结合的研究特色；杨成志、江应梁等先生，以及当时任教于岭南大学的陈序经先生等，还在彝族、傣族、瑶族、水上居民和其他南方不同族群及区域的研究方面，做了许多具有奠基意义的努力。在这些研究中，文献分析与田野调查的结合，表现得和谐而富于创意，并未见后来一些研究者人为制造的那种紧张。

在这里回顾这些令人难以忘怀的往事，是为了表达一个期望，即希望这套丛书的编辑和出版，能够成为一个有着深远渊源和深厚积累的学术追求的一部分。丛书所反映的研究取向，应该说是学有所本的。丛书的编者和作者们，从许多前辈学者的具体的研究作品中，获益良深。他们也因此相信，在现阶段要表达一种有方向感的学术追求，最好的方法不是编撰条理系统的教科书，而是要提交具体的有深度的研究作品，供同行们批评。

他们相信，在现阶段，各种试图从新的角度解释中国传统社会历史的努力，都不应该过分追求具有宏大叙事风格的表面上的系统化，而是要尽量通过区域的、个案的、具体事件的研究表达出对历史整体的理解。他们也清醒地认识到，要达成这样的目的，从一开始就要追求打破画地为牢的学科分类，采取多学科整合的研究取向。应努力把传统中国社会研究中社会历史学和文化人类学等不同的学术风格结合起来，通过实证的、具体的研究，努力把田野调查和文献分析、历时性研究与结构性分析、国家制度研究与基层社会研究真正有机地结合起来，在情感、心智和理性上都尽量回到历史现场去。在具体的研究中，既要把个案的、区域的研究置于对整体历史的关怀之中，努力注意从中国历史的实际和中国人的意识出发理解传统中国社会历史现象，从不同地区移民、拓殖、身份与族群关系等方面重新审视传统中国社会的国家认同，又从无时不在、无处不在的国家制度和国家观念出发理解具体地域中"地方性知识"与"区域文化"被创造与传播的机制。

这套丛书最容易引人注目的特点之一，是大量的地方文献、民间文书和口述资料的收集、整理和利用。这样的工作，不仅具有在现代化和城市化的历史背景之下"抢救"物质和非物质文化遗产的价值，具有学术积累的意义；更重要的是，丛书的编者相信，在此基础上，建立并发展起有自己特色的民间与地方文献的解读方法和分析工具，是将中国社会史研究建立于更坚实的学术基础之上的关键环节之一。正如收入这套丛书的许多著作所反映出来的，经过几代学者的不懈努力，已经发展出一套较为系统的解读乡村社会中各种资料的有效方法，包括族谱、契约、碑刻、宗教科仪书、账本、书信和传说等，这种或许可被称为"民间历史文献学"的独具特色的学问和方法，是传统的历史学家、人类学家或汉学家都没有完全掌握和理解的。在某种意义上，这也是这套丛书的编者一直保持其学术自信心和创造力的最重要基础之一。

这套丛书追求通过区域的、个案的、具体事件的研究表达出对历史整体理解的学术风格，结果，就有必要就"区域研究"的问题多谈几句。特别是要就这样的取向，表达某种反省和自我批判的态度。

近年有关中国传统社会区域研究的论著越来越多，许多年轻的研究者在步入学术之门时所提交的学位论文，常常是有关区域研究的作品。曾经困扰过上一辈学者的区域研究是否具有"典型性"与"代表性"、区域的"微观"研究是否与"宏观"的通史叙述具有同等价值之类带有历史哲学色彩的问题，基本上不再是影响区域社会研究的思想顾虑。

窃以为，深化传统中国社会经济区域研究的关键之一，在于新一代的研究者要有把握区域社会发展内在脉络的自觉的学术追求。毋庸讳言，时下所见大量的区域研究作品中，具有严格学术史意义的思想创造的还是凤毛麟角，许多研究成果在学术上的贡献，仍主要限于地方性资料的发现与整理，以及在此基础上对某些过去较少为人注意的"地方性知识"的描述。更多的著作，实际上只是几十年来常见的《中国通史》教科书的地方性版本，有一些心怀大志、勤奋刻苦的学者，穷一二十年工夫，最后发现他所做的只不过是一场既有思考和写作框架下的文字填空游戏。传统社会区域研究中，学术创造和思想发明明显薄弱，其重要的原因之一，就是学术从业者追寻历史内在脉络的学术自觉的严重缺失。这套丛书在选录著作的时候，力求尽量避免这样的缺失，但编者不得不坦言的是，要达到理想的状态，仍需要很长的过程。

眼下的区域研究论著，除了有一些作品仍旧套用常见的通史教科书写作模式外，还有许多作者热衷于对所谓区域社会历史的"特性"做一些简洁而便于记忆的归纳。这种做法似是而非，偶尔可见作者的聪明，但却谈不上思想创造之贡献，常常是把水越搅越浑。对所谓"地方特性"的归纳，一般难免陷于学术上的"假问题"之中。用便于记忆但差不多可到处适用的若干文字符号来表述一个地区的所谓特点，再根据这种不需下苦功夫就能构想出来的分类方式，将丰富的区域历史文献剪裁成支离破碎的片段粘贴上去，这样的做法再泛滥下去，将会使中国社会经济史研究的整体水平继续与国际学术界保持着相当遥远的距离。要理解特定区域的社会经济发展，有贡献的做法不是去归纳"特点",而应该将更多的精力放在揭示社会、经济和人的活动的"机制"上面。我们多明白一些在历史上一定的时间和空间条件之下,人们从事经济和社会活动的最基本的行事方式,特别是要办成事时应该遵循的最基本的规矩,我们对这个社会的内在的运行机制,就会多一分"理解之同情"。当然,要达到这样的境界,"回到历史现场"的追求,就不是可有可无的了。

在传统中国的区域社会研究中,"国家"的存在是研究者无法回避的核心问题之一。在提倡"区域研究"的时候,不少研究者们不假思索地运用"国家—地方"、"全国—区域"、"精英—民众"等一系列二元对立的概念作为分析历史的工具,并实际上赋予了"区域"、"地方"、"民众"某种具有宗教意味的"正统性"意义。对于中国这样一个保存有数千年历史文献,关于历代王朝的典章制度记载相当完备,国家的权力和使用文字的传统深入民间社会,具有极大差异的"地方社会"长期拥有共同的"文化"的国度来说,地方社会的各种活动和组织方式,差不多都可以在儒学的文献中找到其文化上的"根源",或者在朝廷的典章制度中发现其"合理性"的解释。区域社会的历史脉络,蕴涵于对国家制度和国家"话语"的深刻理解之中。如果忽视国家的存在而奢谈地域社会研究,难免有"隔靴搔痒"或"削足适履"的偏颇。既然要求研究者在心智上和感情上尽量置身于地域社会实际的历史场景中,具体地体验历史时期地域社会的生活,力图处在同一场景中理解过去,那么,历史文献的考辨、解读和对王朝典章制度的真切了解就是必不可少的。就是对所谓"民间文献"的解读,如果不是置于对王朝典章制度有深刻了解的知识背景之下,也是难免有"差之毫厘,失之千里"的缺失的。

也就是说,在具体的研究中,不可把"国家—地方"、"全国—区域"、"精英—民众"之类的分析工具,简单地外化为历史事实和社会关系本身,不可以"贴标签"的方式对人物、事件、现象和制度等做非彼即此的分类。传统中国区域社会研究的目的之一,就是要努力了解由于漫长的历史文化过程而形成的社会生活的地域性特点,以及不同地区的百姓关于"中国"的正统性观念,如何在漫长的历史过程中，通过士大夫阶层的关键性中介，在"国家"与"地方"的长期互动中得以形成和发生变化的。在这个意义上，区域历史的内在脉络可视为国家意识形态在地域社会的各具特色的表达，同样的，国家的历史也可以在区域性的社会经济发展中"全息"地展现出来。只有认识了这一点，才可能在认识论意义上明了区域研究的价值所在。

在追寻区域社会历史的内在脉络时，要特别强调"地点感"和"时间序列"的重要性。在做区域社会历史的叙述时，只要对所引用资料所描述的地点保持敏锐的感觉，在明晰的"地点感"的基础上，严格按照事件发生的先后序列重建历史的过程，距离历史本身的脉络也就不远了。在谈到地域社会的空间结构与时间序列的关系时，应该注意到，研究者在某一"共时态"中见到的地域社会的相互关系及其特点，反映的不仅仅是特定地域支配关系的"空间结构"，更重要的是要将其视为一个复杂的、互动的、长期的历史过程的"结晶"和"缩影"。"地域空间"实际上"全息"地反映了多重叠合的动态的社会经济变化的"时间历程"。对"地域空间"历时性的过程和场景的重建与"再现"，常常更有助于对区域社会历史脉络的精妙之处的感悟与理解。

在以上问题上，这套丛书的编者有相当接近的共识。这些共识的形成，是长达二十余年共同的研究实践和学术追求的结果。20世纪80年代以来，海外的人类学家、历史学家与大陆学者共同推动一系列的中国乡村社会史研究计划，希望这些计划所取得的进展，有可能超越传统汉学研究的窠臼，让新一代研究者的问题意识和研究结论具有更好地与国际学术主流对话的可能，并在更加深刻的层面上改变学术界和公众对于历史和史学的看法。

这套丛书的另一风格，就是强调文献解读与实地调查的结合。只有参加过田野工作的研究者才能真正理解，独自一人，或与一群来自世界各地、具有不同学科背景的同行，走向历史现场，踏勘史迹，采访耆老，搜集文献与传说，进行具有深度的密集讨论，连接过去与现在，对于引发兼具历史感与"现场感"的学术思考，具有什么样的意义。置身于历史人物活动和历史事件发生的具体的自然和人文场景之中，切身感受地方的风俗民情，了解传统社会生活中种种复杂的关系，在这样的场景和记忆中阅读文献，自然而然地就加深和改变了对历史记载的理解。在调查中，研究者必须保持一种自觉，即他们在"口述资料"中发现的历史不会比官修的史书更接近"事实真相"，百姓的"历史记忆"表达的常常是他们对现实生活的历史背景的解释，而不是历史事实本身，但在那样的场景之中，常常可以更深刻地理解过去如何被现在创造出来，理解同样也是作为"历史记忆"资料的史书，其真正的意义所在及其各种可能的"转换"。在实地调查中，研究者也可以更深切地理解过去的建构如何用于解释现在，结合实地调查，从不同地区移民、拓殖、身份与族群关系等方面重新审视具体地域中"地方性知识"与"区域文化"被创造与传播的机制，就会发现，许多所谓"地方性知识"都是在用对过去的建构来解释现在的地域政治与社会文化关系。总的说来，通过实地调查与文献解读的结合，更容易发现，在"国家"与"民间"的长期互动中形成的国家的或精英的"话语"背后，百姓日常活动所反映出来的空间观念和地域认同意识，是在实际历史过程中不断变化的。从不局限于行政区划的、网络状的"区域"视角出发，有可能重新解释中国的社会历史。

编这套丛书，是为了表达一种具有方向感的学术追求。编者强调自己的工作学有所本，同时也相信自己的追求属于一个有上千年历史的史学传统的自然延伸。这套丛书的作者们都热爱自己的研究，热爱自己所研究的人们，热爱这些人们祖祖辈辈生息的山河和土地。在大多数情况下，丛书的作者们所从事的是一项与个人的情感可以交融在一起的研究，学术传统与个人情感的交融，赋予这样的工作以独特的魅力。但大家对于做学问的目的，还是有着更深沉的思考。他们希望这样的研究，最终对整个中国历史的重新建构或重新理解会有一些帮助。同时，他们也期望这样的工作，可以参与到一个更大的学术共同体的共同关注的问题中去。他们强调学术研究要志存高远，要有理论方面的雄心，要注意从中国历史的实际和中国人的意识出发理解传统中国社会历史现象，在理论分析中注意建立适合中国人文社会科学实际情形的方法体系和学术范畴。他们希望在理论假定、研究方法、资料分析和过程重构等多个层次进行有深度的理论探索，特别从理论上探讨建立传统中国区域社会历史新的解释框架的可能性，并由此回应人文社会科学研究中面对的各种重要问题，力图对人文社会科学学科的整体发展有所贡献。

是为序。

2006 年 7 月 12 日

于广州康乐园马岗松涛之中

目 录

丛书总序　走向历史现场　　　陈春声　 I
序言　　葛剑雄　1

导论　1
第一节　变动的区域：时空连续体　2
第二节　区域的变动：时段与剖面　16
第三节　区域结构史：高低乡视野　35

上编　高低乡农田水利格局的形成和演变

第一章　11世纪高低乡农田水利格局的形成　60
第一节　从"禹贡三江"到"太湖三江"　62
第二节　冈身・冈门・冈身路：高乡开发　66
第三节　塘路・塘浦・圩田：低乡开发　77
第四节　11世纪的高低乡水利与水学　86
本章小结　98

第二章　12—15世纪高低乡水利格局的演变　102
第一节　南宋低乡围田与东北东南浚浦　107
第二节　元代淞江疏浚和浏河黄浦发育　118

第三节　明初太湖整体蓄泄格局的改变　　135
本章小结　　147

第三章　16世纪高低乡水利的治与不治　　152
第一节　东北港浦淤塞与争佃升科　　154
第二节　高乡专浚干河与不究水利　　160
第三节　万历常熟治水的昙花一现　　166
本章小结　　176

上编小结　　179

中编　高低乡的聚落变迁与土地开发

第四章　13—15世纪高乡开发与市镇发展　　187
第一节　元代海漕时代的高乡拓殖　　195
第二节　明初至宣德时期权势的发展　　206
第三节　正统后"主姓"市镇的创建　　211
第四节　倭乱后的变数与市镇兴衰　　221
本章小结　　228

第五章　15、16世纪乡镇商贸与市场发育　　231
第一节　官布、货布与土纱　　232
第二节　棉业市镇与商业水网　　237
第三节　布行、布庄与布商　　240
第四节　棉业市场与米粮市场　　244
本章小结　　249

第六章　15、16世纪赋役改革与荒地开垦　　252
第一节　抛荒、坍涨与分坵　　255
第二节　从"均粮"到"积荒"　　262
第三节　嘉定模式："折漕"与"复熟"　　272

第四节　高低乡垦荒中的"异乡甲"　280
本章小结　296

中编小结　298

下编　高低乡政区变动和政区间关系

第七章　10—14世纪政区增设的趋势　308
第一节　唐宋低乡营田与"吴江"问题　310
第二节　嘉定创县与官方的高乡治理　313
第三节　华亭升府和上海立县的基础　317
第四节　松江定府和昆山移治的经过　324
本章小结　328

第八章　14—16世纪太仓的区划沿革　331
第一节　平海：太仓由镇成卫　333
第二节　安民：太仓因卫建州　335
第三节　博弈：嘉靖"废州案"　344
第四节　定局：太仓存州复道　352
本章小结　356

第九章　16世纪州县关系和政区定局　358
第一节　高乡水利协作与州县关系　359
第二节　松江均粮改革与青浦设县　370
本章小结　379

下编小结　381

结论　385
第一节　三次大转变　385
第二节　中时段变化　392
第三节　转变的机制　397

第四节　延续的记忆　403

附　录

清代江南苏松常三府的分县和并县研究　409
一、分县由来　411
二、分县策划　417
三、常熟县分县划界的过程　424
四、分县后的行政运作　435
五、从清末自治到辛亥并县　448
六、结语：从"区划"迈向空间　455

主要参考文献　457
后记　476

图表目录

图 1　太湖流域地形示意　44
图 2　高低乡农田水利景观　49
图 3　江南三角洲形成过程示意　61
图 4　古"太湖三江"示意　64
图 5　冈身和贝壳沙　68
图 6　上海地区成陆过程　72
图 7　吴江塘路　80
图 8　吴越塘浦圩田概念图　85
图 9　宋平江府境　114
图 10　元平江路境　128
图 11　胥溪与东坝位置示意　137
图 12　宋以后吴淞江和黄浦江变迁示意　141
图 13　太湖东北水系变迁示意　149
图 14　太湖东南通海港浦变迁示意　149
图 15　明末太仓州境　162
图 16　常熟县八十五区水利总图　171
图 17　明代中期高乡市镇兴起　190
图 18　元代海运路线示意　198
图 19　傅寅所撰"三江既入震泽底定之图"　309
图 20　宋元时期太湖以东政区增设　330

图 21　弘治十年（1497）析置太仓州示意　　**343**

图 22　昆山与太仓的微地貌差异　　**350**

图 23　太仓州水利图中的盐铁塘　　**361**

图 24　嘉定县水利图中的盐铁塘　　**366**

图 25　从青龙镇到唐行镇　　**379**

图 26　常熟昭文分县划界　　**434**

表 1　达比主编英格兰历史地理两书目录　　**31**

表 2　12 世纪两浙禁垦围田相关条令　　**112**

表 3　元代五等围岸体式　　**132**

表 4　璜泾赵氏世系（略）　　**204**

表 5　嘉靖十七年均粮后苏州各州县税则　　**268**

表 6　康熙四十九年常熟县赋额　　**416**

表 7　雍正十三年常熟、昭文两县赋额　　**417**

序 言

葛剑雄

十二年前，陈春声教授向我推荐他的高足谢湜来复旦大学读研究生，同时声明只是"留学"，毕业后要回中山大学服务。我欣然接受，因为我对春声兄的推荐绝对信任，而且我一向以为学术乃天下公器，人才为社会共有，何必一定要将优秀人才留在身边，当作私产？复旦大学研究生院也十分支持，根据谢湜的成绩记录与面试结果录取为直接攻博研究生，当时这项制度还在试验阶段。

直博生不需要写硕士学位论文，所以谢湜入学不久就得确定研究方向，并为写博士论文作准备。我历来都是让研究生自己找研究方向和论文题目，即使认为不合适，也只是说明道理劝他自己改变。我以为，这一过程本来就是研究生对相关的学术史和学术动态全面了解和准确理解的结果，也是对自己的学术水平和研究能力准确评估的结果。以往由于国内图书馆收藏有限，资讯不发达，加上很多学术刊物，特别是国外和港台的刊物查阅困难，收集资料要耗费研究者大量时间和精力，或者最终也无法收集齐全。但现在已不成问题，尤其是对善于利用数据库和网络资源的年轻学人来说，这一过程不但相当便捷，而且可以随时跟踪，及时掌握最新动态。但这并不意味着降低了对选题的要求，相反在资料齐全的条件下，对分析判断与自我评估能力的要求无疑更高了。

尽管我完全相信谢湜的选题能力，但得知他决定以江南为研究对象时，仍不无担忧。江南研究是长盛不衰的一门显学，已有的论著汗牛充栋，新出成果依然大量涌现。就历史自然地理而言，对江南影响最大的是水文、水系，其次是气候、灾害、海陆变迁等，但现存史料几乎被罗掘一空，实地考察也难有新的发现。就历史人文地理而言，无论是政区、城市、乡镇、经济、人口、产业、文化、社会、宗教、风俗等大多也已有专题论著，或已为历史、经济、社会、人类学等学科的成果所涵盖。如果不找到一个恰当的切入点或突破口，很难写出一篇有创新意义的论文。而如果选择一个全方位的研究领域，又非三五年内所能完成。我们作过多次讨论，除了议论相关史料和前人的观点、结论外，我还根据自己幼时在江南水乡——浙江省吴兴县南浔镇（今属湖州市南浔区）的生活和见闻介绍具体情况。我直接和间接的印象反映了20世纪四五十年代的江南还停留在工业化和城市化以前，一定程度上保持着明清以来的古风，多少能弥补文献的空缺。

经过一段时间的探索和实践，谢湜确定从高乡与低乡的比较和关系入手，对11—16世纪的江南作区域历史地理研究。听了他思路清晰的叙述和分析，我已经完全放心了，预期将产生一篇优秀的博士论文。

所谓"高乡"和"低乡"，主要是指太湖以东平原上两种不同的地貌。六七千年前，长江口南部上下两段沙嘴合拢，形成古海岸线，并逐渐形成地势稍高的贝壳沙堤，古人称为"冈身"。随着海平面的升高，海水的侵入与地面沉降的复杂作用使冈身两侧的陆地高程产生了差异。尽管二者的相对高度一般只差一二米，有些地方还没有那么明显，但早在北宋时，水利专家就注意到了高乡与低乡的差别，并一直是江南水利史的研究对象。谢湜的研究并不止步于此，而是充分发挥历史地理、经济史、社会史、环境史、文化人类学等多学科的综合优势，由水文因素入手，进而至水利、土地利用、产业开发、聚落分布、市镇兴衰、政区沿革、倭乱海防、赋税制度、市场格局，包括对这一地区的分县、迁治、并县、卫改州等特殊现象，都作了精确的论述。区域历史地理研究贵在从诸多地理要素中找出关键性的因素，并始终关注其实际作用。在论证地理要素对特定的社会、经济、政治、文化等方面的影响时，既不能视而不见，也不可简单推理，甚至人为造就因果关系。这就需要吸收中外历史地理和相关学科的理论和实践成果，构建自己的理论体系，形成适合本课题研究的思路和方法，尽可能占有全部直接和间接的史实，深入实地考察，收集民间的、零散的书面和口头资料，才能恰如其分地作出合情合理的解释。

作为一项阶段性成果，谢湜的博士学位论文备受好评，并获得全国百篇优秀博士论文提名。此后他继续这项研究，虽然身处岭南，几乎每年都要深入江南，或田野考察，或收集资料，或访学开会，终于完成了这部可以作为区域历史地理研究范例的专著。但学术无止境，所以我还有两点希望。一是能否继续探讨高乡、低乡因素的人文影响，如民风民俗、地方文化、人口素质等方面。或许客观上并没有多大影响，或者已无踪迹可考，但这也是有益的结果。一是能否将这一套研究路径和方法移植于其他区域，如岭南某一亚区。以谢湜的学术根基、勤奋学风和旺盛精力，我相信是值得期待的。

2014 年 11 月 9 日

导　论

马克·布洛赫（Marc Bloch）在他的《法国农村史》一书《导言》中，曾打了一个比方，解释他在导论中提出研究设想，并反思研究方法的必要性。他说，一个探险者在钻入茂密的丛林之前，总要简略地环顾四周，因为一旦钻入密林，他的视野就不再开阔了。[1]对于本书来说，要探讨六百年间太湖流域的区域历史，笔者更加面临着在密林探险中迷路的危险。这片密林，就位于20世纪以来国内外中国史研究者长期开拓、学术成就斐然的"江南"地区，这是一个古代文献卷帙浩繁、人文底蕴深厚的地区，又是一个近一千年来持续开发、至今堪称中国经济最发达的地区。十年来，笔者如同一个好奇的孩童，时常闯进这片丛林，泛舟于太湖、淀山湖的风涛之中，追思于各个老县城的旧院古碑之前，徜徉于许多小镇的石板街之上，醉心于馆阁雅乐以及乡村俗曲之间。如今，当笔者要将搜集到的文献和萌生过的想法诉诸文字，铺设一条穿越密林的小路之时，不免需要借鉴前辈们勾画的"江南"图景和路线图，并参考学术史上一些比较成功的密林探险经验，对此行的起点和目的略作思考。

根据题目所示，这项研究很可能会被归入区域历史地理的范畴。许多区域历史地理的研究者，常常会在研究开始时，先明确界定区域

---

[1]　[法]马克·布洛赫：《法国农村史》，《导言》，余中先等译，北京：商务印书馆，1997年，第1—2页。

的范围。这种界定在为研究提供某种叙述上的方便的同时,也往往会带来不少困扰。因为在历时性的考察中,很难找到稳定的区域边界,而一旦设定某种区域边界,在寻求区域的特性,或者追溯区域格局的起源时,许多问题和要素常常无法落入圈定的范围。这种矛盾的出现,既削弱了最初建立这个研究区域的有效性,也影响了对区域格局变化过程的分析。要解决这一矛盾,从根本上说,就是同时处理时间中的空间变化,以及空间中的时间变化的问题,而这显然是过于庞大的工程。

在这里,笔者将问题稍微简化一些,主要从三个角度进行思考:首先是如何引入时空连续体的观念,用变动的江南区域视野代替被圈定的江南区域范围;其次是如何有效运用时段和剖面的分析工具,追述区域变动的过程;再者是如何综合分析地理格局变动,进而考察区域结构及其转变。然后就可以解释,为何选择"高乡与低乡"这个视野,来研究11—16世纪江南的区域结构变迁。

第一节 变动的区域:时空连续体

开始写作这部书的时候,笔者就身处太湖流域东部。不过,用这种自然地理的空间表述,在古代和现代社会都会令人觉得奇怪,因为人们在日常生活中用以描述处所的区划概念,大多不是自然地理区划,而是行政区划、文化区划或者经济区划。这些区划与自然区划虽有契合之处,但更多的时候并不重合,不仅如此,行政、文化和经济的区划还常常因时而变。法国地理学家维达尔·布拉什(P. Vidal de la Blache)是19世纪末20世纪初法国区域学派最重要的奠基人,在建立区域理论时,他就已对区域的多样性有深刻认识,并还强调过大城市在区域形成中的作用,即城市创建了区域,正是城市的吸引力,决定了区域的规模。他还预示了区域的不稳定性,随时间发展而起落不定。维达尔的这些观点在"二战"前几乎没有得到展开,只有里昂城从那时起,常常作为"里昂地区"的凝聚中心而被提及,但没有得到深刻阐述。[1]今天的情况几乎印证了一百年前维达尔的预感，许多人早已习惯了用城市型政区或者经济区域来定位处所，比如应该说在上海，或者说在长三角地区，后者虽然也是自然地理区划，但更多是作为一种经济区的单元。

假如身在元、明、清时期的中国，人们可以用府县的政区概念，比如说自己处于松江府或者上海县。假如在元以前，也许可以说身处浙西之类。当然，在古代或现代，还可以用一种笼统的表述，称身处"江南"，不过，这个所谓"江南"，基本上是边界比较模糊、范围可大可小的文化区的概念，绝非像现代天气预报中所说的圈定了明确范围的江南地区。

面对着一个文化内涵深广，但范围难以确定的"江南"，二十多年来，一些学者在从事太湖流域的社会经济史和文化史研究时，对历史上"江南"的地理范围变化进行了许多探讨，并试图圈定一些适合于专题研究的"江南"的范围。近年来，不少太湖地区相关研究论著存在一个明显现象，即直接套用了其他学者圈定的"江南"概念。这些概念主要是以政区为单位界定"江南"的范围，诸如八府一州说、六府说等，笔者将之概括为"江南"范围界定的"政区化"趋势。这一趋势的兴起，受两个过程的影响。

首先，在20世纪80到90年代，沈学民[2]、周振鹤[3]等学者对历史上的"江南"概念的演变进行了考察。周振鹤指出，秦汉时期江南主要指的是今长江中游以南的地区，即今湖北南部和湖南全部。其时江南范围很大，南界直到南岭一线，在当时的交通格局下，今皖南、苏南一带多被称作江东。到了汉代，由于刘邦封刘濞为吴王，建都于广陵（今江苏扬州），从广陵到丹徒之间的南北交通成为渡江要道，以会稽郡北部即太湖地区为江南的概念才应运而生。较确切的江

---

[1] [法]安德烈·梅尼埃:《法国地理学思想史》，蔡宗夏译，北京：商务印书馆，1999年，第110页。
[2] 沈学民:《江南考说》，手刻油印稿，约20世纪80年代初。转引自徐茂明:《江南的历史内涵与区域变迁》，《史林》，2002年第3期。
[3] 周振鹤:《释江南》，原载于《中华文史论丛》第49辑（上海：上海古籍出版社,1992年），收入周振鹤:《随无涯之旅》，北京：生活·读书·新知三联书店，1996年，第324—334页。

南概念到了唐代才最终形成。唐代江南道设立，其后又分江南东道、江南西道、黔中道，而唐代人所说的江南，并非限于政区，而常常超出长江以南的范围，太湖地区仍多被称作江东。两宋时期，镇江以东的江苏南部及浙江全境被划为两浙路。两浙地区之中，浙西北部，也即太湖地区最为富庶。明代苏、松、常、嘉、湖五府农业生产高度发展，成为全国重要的经济区域，此外，镇江府和杭州府也常与五府并称。但镇江、杭州两府税粮远逊于其他五府，且杭州在太湖流域之外，镇江则在近代以来因文化心理因素的缘故，被排除在江南以外，所以清代晚期以后，七府并提的情况就少见了。在回顾了江南概念的演变之后，周振鹤认为，"从江南一语含义的变化，我们可以看到，江南不但是一个地域概念——这一概念随着人们地理知识的扩大而变易，而且还具有经济涵义——代表一个先进的经济区，同时又是一个文化概念——透视出一个文化发达的范围"。[1]

其次，在20世纪80年代，中日学者在明清社会经济史的专题研究中，其实已经对江南的范围进行了不同的圈定。这些讨论常常就是用政区圈定"江南"的范围。

20世纪80年代初，王家范在探讨江南市镇结构及其历史价值时认为，苏州、松江、常州、杭州、嘉兴、湖州六府，在明代是一个有着内在经济联系和共同点的区域整体，江南经济区事实上已经初步形成。[2]日本学者滨岛敦俊在研究明代江南农村社会时，则明确说明他所谓"江南"，是指南直隶的苏、松、常三府和浙江的嘉、湖两府，即太湖周边五府的范围。[3]从20世纪80年代后期开始，将江南概念用所含府级政区来表示的趋势已经普遍出现[4]，但学者们划定的范围并不相同。

鉴于学者对"江南"范围意见各异，在20世纪90年代初，李伯

---

[1] 周振鹤：《释江南》，第324—334页。
[2] 王家范：《明清江南市镇结构及历史价值初探》，《华东师范大学学报》，1984年第1期。
[3] [日]滨岛敦俊：《明代江南农村社会的研究》，东京：东京大学出版会，1982年。
[4] 譬如刘石吉：《明清时代江南市镇研究》，北京：中国社会科学出版社，1987年；洪焕椿、罗仑主编：《长江三角洲地区社会经济史研究》，南京：南京大学出版社，1989年。

重从明清经济史研究角度出发,在《简论"江南地区"的界定》一文中,试图对作为经济区域的"江南地区"进行界定,他的划分标准首先是地理完整性、生态条件的相对统一;其次是长期历史发展导致内部经济联系和经济水平接近,被人们视为一个与毗邻地区有显著差异的特定地区。根据这两个标准,他认为苏、松、常、镇、宁、杭、嘉、湖八府及太仓一州,作为一个经济区域的"江南地区"的范围是合理的。[1] 李伯重的"八府一州"说在发表之后,得到不少学者的认同。

此后十年间,李伯重本人对"八府一州"说还进行了一些补充和说明,譬如,他在2000年出版的《江南的早期工业化(1550—1850)》一书开篇,便将"江南地区"作为"几个主要概念"的第一个概念继续进行辨析。他强调,"八府一州"的经济区,和施坚雅对经济区的界定不尽相同,因为"八府一州"中一些大城市的商业腹地,以及一些专业化市镇的贸易范围,大大超出了此地区的边界。[2] 在2003年出版的《多视角看江南经济史(1250—1850)》一书中,李伯重把《简论"江南地区"的界定》一文作为该书的附录(收入书中时改名为"'江南地区'之界定"),但对该文进行了不少修订,把原来的两个标准扩充为三个。其中,保留第一个标准即"江南地区的地理完整性",第二个标准则一分为二,分成"江南地区的经济一体性"和"作为一个特定地域概念的江南地区",这显然是在《江南的早期工业化(1550—1850)》书中的"经济区"辨析基础上有所调整。在提出三个标准之后,他还列出一节"'江南'一词涵义的历史演变",最后,他将《简论"江南地区"的界定》一文的结论"明清时代的江南地区,应当是上述八府一州的地域",改为"经济史研究中的明清江南,应指苏、松、常、镇、宁、杭、嘉、湖八府及太仓州所构成的经济区"。[3]

尽管李伯重等学者对"江南"范围的界定,都强调是特定的研究

---

[1] 李伯重:《简论"江南地区"的界定》,《中国社会经济史研究》,1991年第1期。
[2] 李伯重:《江南的早期工业化(1550—1850)》,北京:社会科学文献出版社,2000年,第18—23页。
[3] 李伯重:《多视角看江南经济史(1250—1850)》附录《"江南地区"之界定》,北京:生活·读书·新知三联书店,2003年,第447—462页。

语境下的处理，比如明清经济史研究。然而，不少学者还是愿意借助这些根据政区界定的范围来进行不同专题的研究。

以上所述，大致就是笔者概括的"江南"范围界定的"政区化"趋势。一方面，它与关于江南概念历史内涵的讨论有关，另一方面则与太湖流域明清社会经济史研究的发展有密切关系。那么，应如何看待这两个方面的联系呢？

从逻辑上，既然江南的概念在历史时期变化较大，本就无所谓对"江南"的范围进行界定，即便到了明清，当时人对"江南"的概念也没有统一过。正如李伯重所指出的，从元代以后，"江南"不再被作为行政区名称，所以江南一词的使用也比较随便，有时仅指苏南，有时又扩大到苏南浙北八府一州以外，即使是在苏南浙北八府一州以内，也常常只用来指其中几个州府，由此造成的混乱，大概就是今日"江南"一词没有统一地域界限的根源。[1]在此就可以理解，为何周振鹤的研究旨在解释"江南"概念和地理范围变动的原因，并未作任何的"界定"，同时也可以理解，为何李伯重强调是在"明清经济史研究的前提"下界定"八府一州"的范围。

徐茂明在《江南的历史内涵与区域变迁》一文中，从自然地理、行政地理、经济地理、文化地理四个角度，讨论了界定"江南"地理范围时涉及的历史因素。他在文末认为，从"江南"的历史演变看，无论其指称的是自然地理范围，还是行政区域，都有一个由西到东、由大到小、由泛指到特指的变化趋势，这一变化过程与"江南"经济开发、文化发展的历史是完全合拍的。"江南"这一名称已由单纯的地理概念演化为包含地理、经济、文化等多种内涵的专指性概念，当人们使用"江南"一词时，在心目中已赋予它比空间区域更为丰富的内涵，这就是发达的经济、优越的文化，以及相对统一的民众心态。[2]这一分析确认了历史上"江南"概念的多样性和多变性，以及概念演变与地域历史的关系，也点到了人们对"江南"进行定义的文化心理，

---

[1] 李伯重：《多角度看江南经济史（1250—1850）》附录《"江南地区"之界定》，第461—462页。
[2] 徐茂明：《江南的历史内涵与区域变迁》，《史林》，2002年第3期。

是富有启示的。不过，在最后他还是以政区化的界定作结，认为将太湖平原的苏州、松江、常州、杭州、嘉兴、湖州、太仓六府一州视作明清"江南"的地域范围较为"合理"，但没有限定其"合理性"适用的范围。

质言之，历史上的"江南"，无论从概念演变角度，还是人们对其范围认知角度来看，都是多变的。所谓"科学"界定，实际上是不可能做到的。对于研究者来说，如何界定江南地区的范围，主要是取决于具体的研究专题，也就是说，把"江南"作为一种分析框架和工具，作为一种研究区域。这种区域界定是允许多样性的，而不是一成不变。对于其他研究者来说，只须考虑其设定合不合理，而无须进行客观或不客观的正误判断，亦不必强求在具体范围上达成共识。

既然区域界定取决于研究专题，要检验其范围设定合不合理，关键就是通过历时性的考察，把握这一研究区域与研究主题的关系。在这样的思路下，对"江南"范围的讨论，首先要将区域视为一个动态的视野，从中考察区域要素及其相互关系的变化过程。至于如何实践这一研究思路，回顾20世纪以来地理学和历史学对区域理论的发展，可以获得启发。

区域作为学术研究的概念，首先来源于地理学。自从区域概念提出之后，它既成为地理学的核心概念，也成为极富争议性的概念。德国近代地理学区域理论的重要奠基人阿尔夫雷德·赫特纳（Alfred Hettne，1859—1941）指出，历史学的核心精神，在于探索事物的时间变化过程，以及各种不同发展系列的内在联系，而地理学的核心精神，在于运用区域的观点，"从对各种不同的自然界和它们各自不同的表现形式的并存和互相影响的理解，来认识地区和地点的特性，从各大陆、各地区、各地方和各地点的地表的自然划分中理解整个地表"。[1] 美国著名地理学家哈特向（R. Hartshorne，1899—1992）的区

---

[1]［德］阿尔夫雷德·赫特纳：《地理学——它的历史、性质和方法》，王兰生译，北京：商务印书馆，1997年，第151页。

域理论与赫特纳的思想一脉相承。哈特向认为,地理学研究主要包括系统地理学和区域地理学这两种方法,地理学的终极目的是研究世界的地区差异,只有经常保持与区域地理学的联系,系统地理学才能牢牢抓住地理学的目的,而不至于消失于别的科学之中。[1]

在19世纪末20世纪初,欧美各国地理学与历史学的发展有着非常密切的关系。同时,由于学术源流不尽相同,各国学界针对区域的地理和历史(空间和时间)的关系展开了不同的讨论。

在法国,维达尔的人文地理学说在20世纪初期产生了极大影响,使得法国地理学者越来越重视文化与自然、人类与环境的相互关系,并考察这种相互关系的产物——"区域"和"地点"。历史学者则从地理环境决定论转而信奉环境或然论。[2]这种学术发展趋势直接促成了"年鉴"学派(Annales School)的诞生,代表人物吕西安·费弗尔(Lucien Febvre)在1922年发表了《大地与人类演进:历史学的地理学导论》一书,直接阐述了如何以或然论考察环境对人类社会的复杂影响。[3]在20世纪前半期,"年鉴"学者力图重新认识空间,通过将史学进一步引入对空间现象的研究,振兴了地理学,并促成了历史学与地理学的联姻。[4]

在德国,赫特纳的区域地理思想,主要是受到李特尔(Carl Ritter,1779—1859)和洪堡(Alexander von Humboldt,1769—1859)的影响,而李特尔和洪堡的思想则源自康德(Immanuel Kant,1724—1804)。康德的地理学思想是以绝对时间和绝对空间为基础的,时、空是分离的,康德主张"区域"和"时代"都是一种研究的框架,空间类似一

---

[1] [美]理查德·哈特向:《地理学的性质——当前地理学思想述评》,叶光庭译,北京:商务印书馆,1996年,第587页。

[2] Alan R. H. Baker, *Geography and History: Bridging the Divide*, Cambridge: Cambridge University Press, 2003, p.19. 中译本为[英]阿兰·R. H. 贝克:《地理学与历史学——跨越楚河汉界》,阙维民译,北京:商务印书馆,2008年,第20页。按:下文引用该书时,只列出中译本注解。

[3] Lucien Febvre, *A Geographical Introduction to History*, London: Routledge & Kegan Paul Ltd., 1966. (First publish as *La terre et l'évolution humaine: introduction géographique à l'histoire*, Paris: Armand Colin, 1922.)

[4] [法]雅克·勒高夫:《新史学》,收入[法]J. 勒高夫、P. 诺拉、R. 夏蒂埃、J. 勒韦尔主编:《新史学》,姚蒙编译,上海:上海译文出版社,1989年,第29—30页。

种抽象容器。在这种观念之下,在地理学中考虑时间性,乃至进行历史地理学研究,都面临着困难。[1]赫特纳深受这种地理学思想影响,他认为:

> 同样有对过去时代的地理学的考察,就像有对现在的地理学考察一样,事实上确是存在一门历史地理学和一门古地理学。本质的区别不在于地理学偏重于一个一定的时间即现在,而在于对地理学来说,时间是处于次要地位的,它不是从时间的角度来注视过程……只是为了解释在选定的时间中的状况时才引用时间的发展。地理学需要有关起源的观点,但不得变成历史学。……地理学的考察总必须针对着某一个特定的时间。[2]

如前所述,美国地理学家哈特向的区域理论源自赫特纳,他完全赞同赫特纳对区域时间性的认识,哈特向对区域地理与历史的关系则表述如下:

> 研究一个地区的学者不但并无考察该区各"发展"阶段的逻辑必要性,而且展示这样一种历史横断面的顺序,也未必就能提供理解现状的最好手段。……虽然解释区域地理中的个别特征常常需要学者返回过去时期的地理,但区域地理却不必以历史发展的观点来研究。相反,除非研究者要着手同时描述一个区域中历史和地理的雄心勃勃的艰难任务,那么他就需要明确区分这两个观点:即按时间研究对象的联系的观点,和按地点研究现象的联系的观点。[3]

从赫特纳到哈特向,他们始终不愿强调区域地理的时间性,于

---

[1] [日]菊地利夫:《历史地理学方法论》,东京:大朋堂,1977年,第15—19页。中文选译系列参[日]菊地利夫:《历史地理学基本概念的革新——〈历史地理学导论〉选载之二》,辛德勇译,《中国历史地理论丛》,1987年第2期,第140—145页。
[2] [德]阿尔夫雷德·赫特纳:《地理学——它的历史、性质和方法》,第151页。
[3] [美]理查德·哈特向:《地理学的性质——当前地理学思想述评》,第211—213页。

是，在追溯区域地理要素的历史根源时，就很难切入区域历史考察。正如英国地理学家大卫·哈维总结的那样，区域地理解释仍面临时间不对称问题，为了使得因果解释适当地发挥作用，就需要指定某种闭合系统。[1]

哈特向建议地理学应把自己局限于生态的或者功能的解释，而排斥解释"发生"的过程，这等于降低了历史地理学的价值。就在哈特向的《地理学的性质——当前地理学思想述评》发表不到一年，美国地理学家索尔（Carl O. Sauer）就坚决反对他的观点。1941年，索尔在美国地理学协会的就职演说中，批评哈特向将历史地理学置于地理学的边陲地位是地理学的大倒退。他坚决主张：

> 地理学者一定要做历史重建。假若地理学是研究地区的成长，也就是确定和了解各种人文组合，则我们一定要知道其分布（聚落）及活动（土地利用）的发展形成过程。一个族群在一个环境中的生活方式和谋生方式，涉及对文化特质的了解，文化特质可能是自创的，也可能是外来的。像这样的文化区研究，便是历史地理。对文化区的深入了解，就是起源与过程的分析。整个目的，就是文化的空间差异。研究人，同时要做溯源分析，就必须要考虑时间上的先后顺序……所以历史地理学者一定要是一位区域专家，因为他不但要知道该区今日的面貌，而且也要充分了解其详细状况，这样他才能够追溯该区过去的历史轨迹，他也必须了解该区的文化特质，他才能够明白在过去的情况下该区当年的状况。[2]

索尔一直强调景观的文化属性，他和他的学生从事的研究工

---

[1] [英]大卫·哈维：《地理学中的解释》，高泳源、刘立华、蔡运龙译，北京：商务印书馆，1996年，第485—486页。

[2] [美]索尔：《历史地理学引论》，姜道章译，载《中国历史地理论丛》，1998年第4期，第48—50页。[这篇演讲稿最初刊登在1941年美国地理学协会的会刊《Annals of the Association of American Geographers》, Vol. 31,1941）上，1963年收入《地理与人生》(Carl O. Sauer, *Land and Life: A Selection from the Writings of Carl Ortwin Sauer*, edited by John Leighly, Berkeley: University of California Press, 1963) 一书。]

作,既不包括仔细重建过去的地理环境,也不包括区域边界的周密考虑,而是倡导一种广泛的历史地理学,来追述地区文化景观形成的过程。[1] 20世纪40年代,索尔的理论倾向实际上代表了历史地理学发展的趋势,从更大的视野上看,甚至可以说,这种学术观念的推进,反映了现代历史地理学的真正建立。

日本历史地理学家菊地利夫总结了20世纪中期的这场学术转变:

> 20世纪下半叶,将绝对空间与绝对时间严格区分开来的观点,已向相对空间与相对时间密切融为一体的观点转移。应当指出,近代历史地理学与近代地理学是空间科学,而现代历史地理学与现代地理学则是时空科学。作为时空科学的空间,所有物体、现象都占有某一特定的时刻位置,只要这一物体、现象继续存在,这一空间也就将按时间系列持续下去。这样的空间就叫做时空连续体(Space-time continuty)。它是一个在时空间不断变化着的整体,特定时刻的物体、现象,是这一时空连续体的横断面。基于绝对空间的近代历史地理学中时间断面上的地理,是康德所说的静止的历史,是由无时间性的时间薄片所构成的空间。但时空连续体中时间断面上的地理,则不是没有时间性的空间,而是包含着"时间分节"(Spatial-temporal segment)在内。[2]

概括起来,这场学术转变的核心内容,其实就是将区域作为一个变动过程,尽管地理学的区域研究对象指向空间,但必须明确这个空间是一个时空连续体。离开历史地理学,区域地理的格局及其起源便无法得到解释。

在简略梳理了20世纪以来区域地理学术发展脉络之后,笔者对"江南"区域界定有进一步的认识。在现代学术语境下讨论"江南"

---

[1] [英]R.J.约翰斯顿:《地理学与地理学家——1945年以来的英美人文地理学》,唐晓峰等译,北京:商务印书馆,1999年,第59页。
[2] [日]菊地利夫:《历史地理学方法论》,第26—27页。中文选译系列参辛德勇译,《中国历史地理论丛》,1987年第2期,第152页。

区域问题，除了认识历史时期"江南"的概念和文化意涵的多样性，认识古人指称的"江南"范围的多变性，更重要的，还在建立"江南"区域的分析工具之后，进一步考察其变动的过程，始终明确必须把"江南"区域作为一个时空连续体进行考察。

因此，某一种"江南"的区域范围界定，不是为了确认各种地理格局的静态"统一性"，而是为考察各种地理格局的变动，提供一个动态的历史视野。在这个意义上，譬如学者们在论证"江南地区的地理完整性"时依据的"太湖水系的完整性"，就需要在历时性考察中重新斟酌。本书上编将详细追述11—16世纪太湖以东农田水利格局的变迁，并叙及太湖整体水系格局的演变。其中，太湖整体蓄泄格局在明代发生了较大转变，14世纪后期到15世纪初，明朝官方通过改筑东坝、掣淞入浏、凿范家浜导黄浦出海这三个大工程，逐渐打破了此前的水势平衡，引起了太湖入水、泄水格局的整体改变。太湖以东泄水格局出现了淞、浏并淤，以黄浦泄水为主导的新局面。这种演变已经使得太湖东面、南面的苏、松、嘉、湖四府的水系，与常、镇诸府水系的关系变得疏远，明清的水利学家关于八府水利统一性的表述，其实是沿袭了宋元时期的水利学说，表达一种综合整治水利的理念，并不反映当时实际的水系格局。总体上说，在明代以后，在"八府一州"的范围里，水系格局已非统一。

另一方面，可以从政区沿革本身，反思前述"江南"范围界定的"政区化"趋势。例如，"八府一州"说中的一州，是指太仓州，但在明代，用"八府一州"的连称是不严密的。因为太仓州是在明代弘治十年（1497）才设立的，此前只有卫所的建制。在清初太仓州升为直隶州之前，太仓州始终隶属于苏州府，其政区层级居于苏州府之下，府和州是统属关系，不能平级并称。

当然，笔者绝不会因此把太仓剔出视野，太仓的区划故事是十分引人入胜的。元代昆山曾将治所移至太仓，明初太仓立卫，明代中期由卫建州之后，嘉靖年间太仓却面临被废置的危险，其后"废州"不成，太仓才保住了州的建制。本书下编就将讨论这个生动的区划故事，并从中分析太仓区划沿革与太湖以东的土地开发以及官方行政的关系。谈到这一点，又触及一个重要的区域地理研究专题——政区沿革与区域变迁的关系。

首先看看"八府一州"中府级政区的沿革。八府的格局在元代已经形成，但其中松江府迟至元代才设立，其中还经历了废府和复府的过程，松江府设立后，"苏松"的连称在文献中便常常出现，并与明清江南经济史研究中的"江南重赋"问题有着至关重要的关系。关于此点，第七章将进行详细的分析。

假如进一步将考察点放到县级政区的变动，不同时期区域开发的情况就会显现出来，下编将分别涉及吴江、嘉定、上海、青浦等县的区划沿革情况，还将分析不同时期政区设立后，在行政运作中的相互关系。

总的来说，本书不以政区单位确定区域范围，而是通过综合考察政区变动的基础和机制，把"江南"概念从文化多变性和范围不定性中解放出来，转而分析"江南"作为"时空连续体"的地域开发过程。之所以采用这种方法，也是从20世纪以来中外历史地理学的学术发展脉络中获得启示的。

在19世纪的西欧，就有不少学者不断地强调历史的地理基础和地理的历史基础。例如在法国，许多历史学家具有较宽泛的地理学观念，他们的行政疆域沿革史研究常常被称作"历史地理学"，其研究的内容主要是在被定义为地理区域的这种行政疆域内所发生的历史事件与历史过程。法国著名学者米西莱（J. Michelet）在其所著19卷本《法国史》书中便主张："法国历史的真实起点是基于天然与自然分区的政治分区，首先，历史学完全是地理学。"由此，米西莱提出了法国的区域地理学描述法，这种用地理学研究历史学的方法被称为"法兰西图解"。前面提到的维达尔的人文地理学，就是这种学术趋势延续的结果，在这一时期，西欧各国的地理学者不再将"历史地理学"仅仅作为描述政治区域及其实体沿革的一个术语，转而开始赋予其十分广泛的含义，重视历史的构建和人类的作用。这些学术趋向促发了20世纪上半叶法国年鉴学派的诞生和发展，年鉴学派创始人之一费弗尔认为，历史学与地理学的密切关系是清晰的，但必须不断地向其他学者强调;他力主把法国的人文地理学发展成为历史地理学。[1]20世纪中期,以布罗代尔(Fernand Braudel,1902—1985)为代表的年鉴派学者,将该学派关于史地关系以及时空观念的认识继续推进。在布罗代尔的研究中,地理不是简单的展演历史舞剧的舞台或一个自然环境空间,地理还更是一个动态的有着多种联系的行政疆域框架,历史过程不仅发生在不同的时间尺度中,而且发生在不同的空间尺度内。

法国人文地理学的发展历程显露出一条清晰的学术发展脉络,即从行政疆域沿革史研究向综合的历史地理学转变。20世纪上半叶,中国历史地理学的建立和发展有着颇为相似的过程。在中国漫长的历史时期内,皇朝的更迭、政权的兴衰、疆域的盈缩、政区的分合和地名的更改不断发生,中国古代丰富的典籍文献使这些变化得到了及时而详尽的记录。基于这些记载,一门专门探究政区和疆域、地名、水道的变迁的学问——舆地之学(沿革地理学)应运而生,并成为历史学的重要组成部分。到了19世纪,中国的沿革地理学发展达到顶峰。随着西方现代地理学理论和方法在中国的逐渐传播,20世纪30年代,以顾颉刚为代表的中国学者,在传统的沿革地理学的坚实根基上,尝试建立历史地理学。当时,方兴未艾的历史地理学仍保留着浓重的沿革地理色彩。20世纪中期,以谭其骧、侯仁之、史念海为代表的学者,正式引入西方历史地理学的学科研究体系,并参照西方学科架构,把历史地理学视为现代地理学的组成部分。他们十分强调史学方法以及中国丰富的历史文献的重要性,充分继承了中国的舆地学传统。[2]他们在方法和视野上一直保持融通,并未因珍视传统而画地为牢,同时又思考着如何改造沿革地理学,使其焕发生机。谭其骧在传统的行政区划沿革史基础上,就进行了一些新的探索,他意识到中国的县制不仅对于地方行政制度史至关重要,而且可以成为研究地域历史的一个较好的切入点。1947年,他在《浙江省历代行政区域——兼论浙江各地区的开发过程》这篇重要论文中指出,中国的"县"是历代地

---

〔1〕 [英]阿兰·R. H. 贝克:《地理学与历史学——跨越楚河汉界》,第19—21页。
〔2〕 葛剑雄、华林甫:《二十世纪的中国历史地理研究》,《历史研究》,2002年第3期。

方行政区划的基本单位，历代设县标准大致相似，虚置滥设者较少，一地方创建县治，表明该地开发已臻成熟，而设县的动力正是来自新县以前所隶属之旧县，利用中国的丰富地方文献考察分县序列，很可能为中国的地域开发史提供一个全新的视野。[1]谭其骧的研究虽只是简略梳理了浙江各地区开发的过程，但其提出的研究方法是意义深远的。

可见，从传统的政区沿革考究迈向区域综合研究，本就是中外历史地理学发展的趋势。要分析区域作为时空连续体的转变过程，就必须在综合的视野下考察政区沿革。哈特向的区域理论中有关区域与部门（按：或称系统、专题）两种分析路径的辩证关系，是颇具启发性的，他认为：

> 只有在部门研究，而不是在区域研究，我们才能建立明确的客观划分的区域。再则经验表明：这样划分的区域在部门研究中，对决定有限数目因子之间的共同变异程度是最有用的。这是一个历史性的矛盾：我们企图建立区域的技术概念作为区域地理研究的工具，实际上却在部门研究中建立和应用这些概念。[2]

在这一意义上，假如将研究区域建立在具体政区上，政区沿革的动力、机制和影响，需要结合其他专题分析去理解。假如把研究区域建立在更大的时空连续体之上，则区域中的政区变动，只是考察时空连续体变动的一个专题。

基于以上思考，本书的研究思路，首先就是放弃将"江南"区域的界定作为研究前提，而是始终将"江南"视为一个变动的研究区域，视为一个时空连续体，笔者把这个研究区域建立在太湖以东地区（关

---

[1] 谭其骧：《浙江省历代行政区域——兼论浙江各地区的开发过程》，原载杭州《东南日报》，1947年10月4日，收入《长水集》（上），北京：人民出版社，1987年。
[2] [美]理查德·哈特向：《地理学性质的透视》，黎樵译，北京：商务印书馆，1997年，第137页。

于这一点，导论第三节将继续加以说明）。然后，将这个时空连续体放入时间轴，进行综合考察。在综合考察中，本书选择了三个研究专题，分别是水利格局的形成和演变、聚落变迁与土地开发、政区变动和政区间关系，三者都使用历时性的论述。

本书的章节安排，初步展现了三个研究专题的联系，然而在具体的内容中，文献和问题不可避免地出现交叉。之所以按三个研究专题进行历时性分析，那是因为，很难在一条时间线程中把各种要素及其关系表述出来。时空连续体的建立，就是以相对时间和相对空间为前提，不同的地理要素的时间、空间属性是不同的。不过，专题与专题、要素与要素之间的关系，则是共时性的。

那么，如何在三条专题线程中，尽量避免专题间、要素间的相互关系不被埋没呢？笔者用一种类似计算机软件中的"超链接"（hyperlink）命令，在三个专题叙述中，加入一些提示语，以便建立不同专题间的内容联系。于是，本书行文将充斥着"某编某章提到""某编某章已提及"等等"超链接"语句，不过，以这样的方式提示联系，显然比较笨拙，甚至造成阅读上的某些烦扰，这是笔者需要致歉的。

"超链接"的建立，其实是基于笔者对专题间相互关系的分析，而对这种相互关系的分析，涉及历史地理学研究两个重要的概念：剖面和时段。正是它们将三个专题维系在时空连续体之中。

第二节　区域的变动：时段与剖面

本节要讨论的问题是，如何使用剖面和时段的分析工具，考察专题与专题、要素与要素之间的共时性联系，从而解释时空连续体的转变。在进入方法讨论之前，有必要回顾一些有关江南区域史的研究成果，顺便交代本书涉及的时间范围。

首先，本书将研究起点定在11世纪，但在有关早期地域开发的讨论中，则将目光移至11世纪以前。这种时间处理，与20世纪以来学界长期关注的中国经济重心南移、唐宋江南地域开发，以及唐宋变革等问题有关。

关于中国古代经济重心南移问题的讨论，始于20世纪30年代，不少学者已经进行了学术回顾[1]，此处不赘述，重点关注有关南移的时间问题。重心南移何时完成？这是学界争议最激烈的问题。从六朝完成说到南宋完成说，学者们的意见差别甚大。[2]郑学檬在1996年出版了《中国古代经济重心南移和唐宋江南经济研究》一书，提出了一些比较有影响力的观点。他首先认为，经济重心南移是一个长期的过程，并非一蹴而就，而南移完成的标准应包括：第一，经济重心所在地区生产发展的广度和深度超过其他地区，具体表现为人口众多、劳力充足、主要生产部门的产量与质量名列前茅、商品经济发达；第二，经济重心所在地区生产发展具有持久性和稳定性，不只是在一个较短的时期内居优势地位，而是有持续占优势的趋势，就是说其优势为后世所继承；第三，新的经济中心取代了旧的经济中心后，封建政府在经济上倚重新的经济中心，并在政治上有所反映。[3]基于这三个标准，他认为，经济重心南移在北宋后期，即11世纪已经接近完成，至南宋全面实现。这种说法为不少学者所接受。

假如把经济重心南移完成的时间暂定在北宋后期，那么很可能会触及另一个重要的学术论辩，即有关"唐宋变革"的问题。对这一问题的争论，较"南移"问题有过之而无不及，而且唐宋经济中心南移说与唐宋变革说在问题讨论上常有交叉。台湾学者柳立言在其《宋代的家庭和法律》一书总论中，便以"何为'唐宋变革'"为题，细致梳理了有关"唐宋变革"研究的学术史脉络。他指出，"唐宋变革"作为一种历史分期，最早是在20世纪20年代由日本京都学派提出的，本来有着相当明确的定义，但在后来的学术研究中，逐渐由专称变为泛称，由明确变得模糊。柳立言认为，"唐宋变革"是一个由某些特定史实和史观构成的概念，作为"变革"，不是单指唐宋两代发

---

[1] 如卢星、倪根金：《中国古代经济重心南移问题研究综述》，《争鸣》，1990年第6期；郑学檬、陈衍德：《中国古代经济重心南移的若干问题探讨》，《农业考古》，1991年第3期；程民生：《关于我国古代经济重心南移的研究与思考》，《殷都学刊》，2004年第1期，等等。
[2] 程民生：《关于我国古代经济重心南移的研究与思考》，第50页。
[3] 郑学檬：《中国古代经济重心南移和唐宋江南经济研究》，长沙：岳麓书社，1996年，第13页。

生了一些转变,而是指中国从中古变成近世这个根本性转变,这些"转变"是需要探讨的,首先必须考察这些转变的重要性及对后来的影响,其次,要考量这些转变是否足以构成"变革"。他认为,只说"唐宋转变"或"唐宋演变",其实跟说"唐宋两代"并无多大差别,问题不在于有没有变,而在变的重要性和对后世的影响。[1]

借助柳立言对"唐宋变革"论的反思,我们也许可对经济重心南移问题的论辩进行反思。笔者注意到,郑学檬在讨论末尾加了一个唯一的附注,强调其所指的"江南","是广义的江南,泛指长江以南,但不包括四川和云贵地区"。[2]而他强调的南北经济重心转移,很重要的分析根据在于唐五代以后江南地区平原农业开发和丘陵山地的开发同时推进,其中,太湖地区的水田开发是南方农业超越北方的重要基础。这一分析思路主要受到日本学者西嶋定生的影响。

西嶋在20世纪中期的研究中认为,中国统一王朝的政治中心自古以来就在华北,文明的中心也在华北,其原因之一,就在于华北农业比江淮稻作农业优越。到了隋代统一中国,大运河的开凿将华北政治中心地区与江南直接联结了起来。江南从唐代开始稻作农耕法的改革,至宋代完成。宋代的长江下游三角洲地区还开发了大量围田、圩田,这使得江南水田农业最后凌驾于华北旱田农业之上,确立了江南农业的领先地位。[3]郑学檬坦言:

> 我们同意日本学者西嶋定生的分析……可以认为,经济重心的南移,主要就是建立在江南地区精耕农业较高的发展水平之上的,如果说经济重心南移的起始及其进展是部分质变的话,那么南移的完成则是全部质变。[4]

---

[1] 柳立言:《宋代的家庭和法律》总论《何谓"唐宋变革"》,上海:上海古籍出版社,2008年,第3—42页。
[2] 郑学檬:《中国古代经济重心南移和唐宋江南经济研究》,第21页。
[3] [日]西嶋定生:《中国经济史研究》,冯佐哲等合译,北京:农业出版社,1984年,第164—166页。
[4] 郑学檬:《中国古代经济重心南移和唐宋江南经济研究》,第17—18页。

显然，以郑学檬为代表的学者所认为的经济重心南移完成于两宋之际，其重要论证基础，其实就在于11世纪江南特别是太湖地区农业的极大发展，以及由此导致的中国南北农业经济地位的变化。郑学檬还关注这一转变的另一个表现，即经济重心南移在政治上的表现，即唐末五代到宋初江南地主势力的上升。到了11世纪王安石变法前后，江南的地主集团成为改革派中坚，反映了江南经济地位的空前重要。[1]

在这一点上，经济重心南移、唐宋江南特别是太湖地区的农业开发，即属于柳立言所讲的对后世造成巨大影响的大转变，11世纪太湖地区的农业发展，是这一大转变的主要体现。这其实就是本书讨论的起点，而为了揭示11世纪的转变，自然就必须从11世纪之前的地域开发过程进行追述。

在本书上编的考察中，高、低乡的地貌格局，就是在11世纪太湖地区农业开发特别是水田开发的突出时期，作为一种农田水利格局被水利学家专门阐述的。太湖地区水利学说的发展，就是唐代以后，特别是10世纪以后农田水利发展到一定阶段的产物。而这种农田水利格局在11世纪地域加速开发中，越来越多地出现了失序的现象，这就进一步刺激了水利学家们不断阐述高、低乡农田水利统筹发展的理论。这些理论的产生和传播，又受到当时的党派斗争的影响。11世纪成为太湖地区水利和水利学说同时发展，并紧密联系的一个时代。

以上所述便是本书将11世纪作为讨论起点的思考过程。那么将时间下限定在16世纪又是基于什么考虑呢？这里须从中编将要探讨的江南市镇研究问题谈起。范毅军在学术回顾中认为[2]，自20世纪50年代以后，中国大陆对"资本主义萌芽"的大范围讨论，带动了明清社会经济史研究。在这些研究中，不少学者习惯于以一个笼统的明清中国作为论述对象，并将明清社会经济发达设定为一个前提，到

---

[1] 郑学檬：《中国古代经济重心南移和唐宋江南经济研究》，第20—21页。
[2] 范毅军：《明清江南市场聚落史研究的回顾与展望》，《新史学》，1998年第9卷第3期。范毅军：《传统市镇与区域发展——明清太湖以东地区为例，1551—1861》第一章《导论》，台北："中央研究院"、联经出版公司，2005年，第1—9页。

20世纪80年代以后，承袭"资本主义萌芽"研究的遗绪，江南市镇研究崭露头角。尽管有不少市镇研究，仅仅是笼统地印证了明清社会经济发展论，但也有不少学者在"资本主义萌芽"的研究框架之下，开始反思和修正讨论模式，不再笼统地拔高明清社会经济的发展水平。[1]在江南市镇的研究中，王家范则呼吁超越"资本主义萌芽"的论证模式，对江南市镇问题进行更深入的思考。[2]

范毅军在研究中指出，以往学界对"资本主义萌芽"出现的时间，或者说是明清社会发生显著变迁的时间，一般定在正德嘉靖年间，也即16世纪上半叶。[3]据此，他将分界年代定在16世纪中期，分别考察了在此前后江南市镇的发展情况。[4]（有关他对明中叶江南市镇研究的思路，中编第四章将进行评述。）

总体上看，20世纪下半叶有关"资本主义萌芽"问题的持续讨论，使得江南社会经济史研究得到极大发展。随着学者对"资本主义萌芽"研究的反思和推进，笼统的"明清发展论"得到修正，但有关16世纪江南地区（长三角地区）的社会经济产生较大变迁的观点，还是被大多数学者认可。

本书将16世纪定为研究下限，受益于前辈学者的相关研究。在研究中，笔者突出了16世纪太湖以东地区社会经济、农田水利状况和行政区划的整体变化情况，以及这些变化的相互联系。笔者的基本看法是，16世纪是太湖以东水利格局经历了持续的秩序混乱之后，达到一定平衡的时期。这种平衡主要是通过嘉靖年间苏、松两府的赋役改革，将地域范围内合法土地开发成本进行平均化的调整而实现的。经过这次大调整，荒地得到进一步开发，政区间诸如协同治水等行政配合，有了实施的可能。16世纪农田水利格局变迁、赋役制度

---

[1] 许涤新、吴承明主编：《中国资本主义萌芽史》第一卷《中国资本主义的萌芽》，北京：人民出版社，1985年。
[2] 王家范：《明清江南市镇结构及历史价值初探》。
[3] 范毅军：《传统市镇与区域发展——明清太湖以东地区为例，1551—1861》，第9页。
[4] 范毅军：《明中叶以来江南市镇的成长趋势与扩张性质》，《中央研究院历史语言研究所集刊》，第73本第3分，2002年，第443—552页；《明代中叶太湖以东地区的市镇发展与地区开发》，《中央研究院历史语言研究所集刊》，第75本第1分，2004年，第149—221页。

调整，是在太湖以东棉业和蚕桑业经济发展、商业活动扩张、市镇繁荣发展、市场走向整合的过程中实现的。在这样的转变趋势下，16世纪太湖以东地区的水利格局、行政区划格局基本定型，经济体制得到有效运作，16世纪的赋税标准在此后被长期沿用。

接下来的问题，显然就是分析11—16世纪期间的变动，这是一个庞大的研究课题。在这个课题上，学界相关研究成果或详或简，论述的时间跨度或大或小，不胜枚举。这里主要评述李伯重和滨岛敦俊的两种比较有影响力的研究。

李伯重主要讨论的是宋末到明初江南农业的变化，主要挑战的是所谓"13、14世纪转折论"。这种转折论在国内外都有支持者[1]，其基本观点是：第一，在南宋末年与明朝初年之间，中国的社会经济发生了很大的变化；第二，这个变化的结果，使得此后的社会经济变化方式，与此前时期相比，出现重大差异，因而形成"转折"。李伯重指出，这个"转折论"的提出，其实就是为了解释如何从"唐宋变革"变成"明清停滞"，许多学者已经对"唐宋变革"和"明清停滞"两者提出质疑，假如两者不成立，这个所谓转折本身就无从谈起。既然不是转折，那么从宋到明的发展究竟是怎样的？李伯重以江南农业发展为例，认为从宋末到明初江南农业的变化，与唐代、北宋和明、清的变化，都是朝着同一方向的，是性质相同的变化，在变化速度方面没有出现重大转折，因为所谓13、14世纪转折，是不符合江南历史实际的。[2]

李伯重的论辩作了三个界定，首先是把论证区域放在他所界定的江南"八府"地区，因为考虑到"唐宋变革"和"明清停滞"论等重要问题的研究都集中在这一区域，以此区域讨论比较有针对性；其次，他认为所谓社会经济变化，在13、14世纪主要反映在农业变

---

[1] 李伯重主要列举了傅衣凌、漆侠和伊懋可（Mark Elvin）的观点，参傅衣凌：《论明清社会经济的发展与停滞》，《社会科学战线》，1978年第4期；漆侠：《宋代经济史》，上海：上海人民出版社，1987年；Mark Elvin, *The Pattern of the Chinese Past*, Stanford: Stanford University Press, 1973.

[2] 李伯重：《有无"13、14世纪的转折"？——宋末至明初江南农业的变化》，第21—96页。

化上，重点考察农业生产力的变化、农民的经营方式；再者，由于13、14世纪的转折牵涉到宋、元、明三个朝代更迭，其中他认为如果存在一个转折，很可能是元代，而元代的史料数量少，所以必须运用宋末和明初的史料来观察，因此把考察时间范围延伸到宋末和明初。[1]

对于这三个界定是否有利于论辩，暂不讨论，而先思考与"江南"区域有关的问题。首先，以江南为分析区域，但同时只选取农业发展作为考察对象，其实意味着建立江南这个分析"区域"的意义，只在于提供农业变化过程作为论辩核心，而这个区域本身的整体变化趋势从分析中淡出了。所以，即使李伯重的论证完全成立，我们也只能说"江南"农业发展不存在13、14世纪的转折，但不等于说同时期的"江南"区域社会经济不存在转折。那么，"江南"，特别是太湖以东地区，在13、14世纪的发展呈现什么样的状况呢？

本书将分析13、14世纪的地域开发、农田水利格局变化、乡村社会发展、行政区划变动等各种变化。笔者的基本观点是，13世纪太湖以东区域存在着一场大的转变，这场转变以元初建立的漕粮海运体制为中心，将南宋末年不适度膨胀的田赋规模，纳入新的赋役体制，造就了所谓江南重赋的局面，培育了乡村权势，产生了深远的影响。在这一点上，李伯重认为元代的转变须从南宋末的情况进行追溯，是重要的判断。此外，13世纪末的行政区划格局产生了较大的改变，太湖以东水利格局的转变趋势则直接成为14世纪太湖地区整个水系格局发生重大转变的基础。基于对太湖以东区域的这些综合考察，本书认为13世纪的转变是存在的，而且对后世产生了多层面的重大影响。

再看看日本学者滨岛敦俊的研究。他的一系列研究主要是围绕明代农村社会的变迁。上编第二章将介绍滨岛如何通过农田水利格局的变化，考察江南的土地开发过程。滨岛的研究力图在赋役制度变迁与地区开发两个过程间建立起关联，譬如从田头制到照田派役的改革，

---

[1] 李伯重：《有无"13、14世纪的转折"？——宋末至明初江南农业的变化》，第25—26页。

与地主、佃农关系以及城乡聚落变化的关系。[1]尽管滨岛对具体问题的判断尚有可商榷之处，但总体而言是富有创见的研究视角，具有启示意义。

在元、明以来江南农业发展问题上，滨岛的判断与李伯重不同，中编第六章将介绍他与李伯重关于江南水田"干田化"过程的不同意见，并说明笔者为何不同意滨岛的说法，又有保留地赞同李伯重的观点。

"干田化"的概念，是日本学者用以概括对江南农田开垦到达饱和之后，开始进行低湿耕地改造的过程，滨岛敦俊将这一过程称作消灭"内部边境"的开发过程，并认为这一过程集中发生在15世纪，且与地域商业化有内在的联系。滨岛将"干田化"定在15世纪，其实是建立在他对明中叶后江南区域社会整体变化的理解之上。因为他将"干田化"视为土地"内涵式开发"的特点，并认为这个"内涵式开发"过程反映了土地开发的饱和状态，导致了明代中叶地主从事客商活动，农村手工业兴起以及市镇发展等变化。[2]滨岛在1997年曾发表《农村社会——研究笔记》一文，该文总结了他对明清时期江南社会变迁的总体判断。他指出：

> 在明代中期以前，地主居住在乡村直接经营，到明代后期，居住在城镇的地主占多数。通过科第等出仕的官僚，在退休后返回乡村的事例，在江南也是常见现象。随着低地开发的完成（出现饱和状态），由于投资转向更有利的领域，从而促成了地区整体的商业化。对此，笔者曾根据施坚雅（William G. Skinner）的mobility strategy理论，考察了明代中期的江南三角洲。在投资量、技术的制约下，各阶层的选择各不相同。小农经营中包含的传统的手工业生产转向商品化生产，在乡居的直接经营的地主阶

---

[1] ［日］滨岛敦俊：《明代江南农村社会の研究》。
[2] ［日］滨岛敦俊：《土地开发与客商活动——明代中期江南地主之投资活动》，载《中央研究院第二届国际汉学会议论文集（明清与近代史组）》，台北："中央研究院"，1989年，第101—122页。

层中，出现了从事商业活动，而且是远距离贸易的商人……这种江南地主的客商活动，到明代后期（大约嘉靖以后）就不复见。江南人中唯一还在进行一定规模的远距离贸易的，就是傅衣凌教授指出的太湖中东山镇的"洞庭商人"。……现在所知道的明代后期江南地主的城居化倾向，可能和这种商业化是联动的。当土地开发、直接经营的投资不能得到最佳效益时，地主就向租佃、流通和金融、教育与科举方面投资，选择在城里居住。[1]

这就是滨岛所说的"以江南农村社会的开发为主轴的发展"的过程，他将"16世纪低地圩田开发的结束"视为"一个句号"，并认为这在世界史上恰好和大航海时代同步。商业化的发展使得江南成为中国最先进的地区。[2]

中编第四章和第六章将对滨岛有关江南社会变迁的时间模型进行商榷。笔者认为，滨岛所说的15—16世纪的"内涵式开发"，并不完全是土地"集约化"或"细密化"的开发形式。16世纪的"开荒"与赋役改革过程息息相关，甚至可以说，"开荒"是赋役改革的产物。15世纪以后，商业化虽与土地开发格局转变有关，但不是对应关系，诸如商业市镇的兴起，主要是在元代以后江南社会结构和赋役制度变迁的基础上出现的，滨岛在商业化和土地开发饱和化两者之间建立对应关系，可能会因此忽略了聚落格局变化的权势基础和社会机制。

谈到这里，笔者大概解释了为何本书以11—16世纪为讨论时段，以及如何看待11—16世纪之间的区域转变问题。简言之，上、中、下三编的重点就在于尽可能详细地阐述这六个世纪中的许多转变，并揭示其相互关系。

要在六个世纪的跨度中研究区域时空连续体的变化，绝对是一个

---

[1] [日]滨岛敦俊：《农村社会——研究笔记》，沈中琦译，原文发表于《明清时代史的基本问题》，载《近代中国的乡村社会》，东京：汲古书院，1997年。
[2] 同上。

极富挑战性的难题。20世纪上半叶开始，不少西方学者在区域历史地理研究中，进行了长期的理论和方法探索。这些探索的一个重要目的，也正是为了更好地阐释区域的时空变化问题。其中，法国年鉴学派代表人物之一布罗代尔的多时段分析法和英国历史地理学家克利福德·达比（Clifford Darby，1909—1992）的连续剖面研究法，对本书的研究方法有直接影响。

上一节提到了20世纪初维达尔的地理学说对年鉴学派的影响。费弗尔对环境或然论的论述、对历史学与地理学密切关系的阐释，是这种影响的直接体现。他在1953年甚至清晰地表示，维达尔地理学在某种程度上促生了年鉴（学派）的历史。[1]费弗尔的学术主张直接影响了布罗代尔。布罗代尔对16世纪地中海的研究，堪称一项经典的区域研究，这一研究开创了"地理史学"的新范式，使得区域的历史综合成为年鉴学派的显著特征。布罗代尔强调，地理学是空间中的社会研究，有关时间与空间的观念必须得到拓展。在《菲利普二世时代的地中海和地中海世界》（以下简称《地中海史》）第一版序言中，布罗代尔提出了他著名的"三时段论"：

> 本书共分三部分。每部分自成整体，单独阐明一个问题。
>
> 第一部分论述一种几乎静止的历史——人同他周围环境的关系。这是一种缓慢流逝、缓慢演变、经常出现反复和不断重新开始的周期性历史……
>
> 在这种静止的历史之上，显现出一种有别于它的、节奏缓慢的历史。人们或许会乐意称之为社会史，亦即群体和集团史，如果这个词语没有脱离其完整的含义……
>
> 最后是第三部分，即传统历史的部分，换言之，它不是人类规模的历史，而是个人规模的历史，是保尔·拉孔布和弗朗索瓦·西米昂撰写的事件史。[2]

---

[1] [英]阿兰·R. H. 贝克：《地理学与历史学——跨越楚河汉界》，第21页。
[2] [法]费尔南·布罗代尔：《菲利普二世时代的地中海和地中海世界》上卷《第一版序言》，唐家龙、曾培耿等译，北京：商务印书馆，1996年，第8—9页。

20世纪50年代，布罗代尔解释了他为何提出三个时段的研究概念。在他的观念中，"历史同生活本身一样是一个转瞬即逝的景象。它总是在运动，编织出难解难分的问题网络，而且能够依次呈现出千百种纷繁矛盾的外表……不过，我们自然应该懂得，社会时间并非平均地流逝，而是有着不可胜数的各不相同的步调，时快时慢。它们几乎与编年史或传统历史的逐日计算的节奏毫无关联。我相信那种步调异常缓慢的各种文明的历史、文明深层的历史、文明结构与布局特征的历史的实在性"。[1]基于这些思考，他将历史的时间分为地理时间、社会时间和个人时间，更多地探寻历史发展的不同尺度。

其中，布罗代尔又尤为强调地理时间，他不满足于仅仅为历史撰写地理导言的楔子，而是通过"地理时间"去"展示一种演变缓慢而又揭示永恒价值的历史"。[2]值得注意的是，布氏并未把历史从地理中抽离，但也要求历史必须遵循地理的分类和范畴。[3]

不过，这部著作出版伊始，布罗代尔已经预感自己的著作可能面对的批评，他在1946年第一版序言中称：

> 我们终于能够把历史分解为几层平面。或者也可以说，我们终于能够在历史的时间中区别出地理时间、社会时间和个人时间。或者不如说，我们终于能够把人分解为一系列人物。这也许是人们最不能原谅我的地方，即使我断言传统的划分也是把生动的和完全合为一体的历史分解成好几段；即使我同兰克或卡尔·布兰迪相反，断言叙述性历史远不是一种客观的方法或者特别好的客观的方法，只是一种历史哲学；即使我断言，并接着指出，这些平面只是阐述的方法，我在本书的叙述过程中不会禁止自己从这一平面走到另一平面……但是，为自己辩护有什么用呢？如果有人指责我的这本书结构混乱，我希望他们能够承认，

---

[1] [法]费尔南·布罗代尔：《1950年历史学的处境》，载[法]费尔南·布罗代尔：《论历史》，刘北成、周立红译，北京：北京大学出版社，2008年，第10—13页。
[2] [法]费尔南·布罗代尔：《菲利普二世时代的地中海和地中海世界》上卷，第9、19页。
[3] 同上书，第20页。

本书的各个部分还是符合制作规范的。[1]

如布罗代尔所料，该书受到的批评就落在他的"自责"范围之内。布罗代尔其实一直强调时间的不可逆性，但由于分立了三个时段，时间破碎的危险还是存在的。此外，虽然地理时间中的不少话题其实很难说不能归入社会时间和个人时间，因此，布罗代尔称他"在本书的叙述过程中，不会禁止自己从这一平面走到另一平面"，其实就是为了调和这种时段交织关系，譬如在第一部分有关城市史的探讨中，他说：

> 不管怎样，充满活力的城市历史使我们离开了既定的方针。在本书第一部分里，我们原打算着重考察地中海生活中的经常的和恒在的素材，已知的和稳定的数据，反复出现的和基本不变的事物，观察那里未经开垦的生土和一平如镜的水面。城市是发动机。它们转动着，时快时慢，停了又转。发动机的故障将把我们带进这个运动的世界中去，这也就是本书第二部分的内容。[2]

布罗代尔尽量对三个时段的连接做出更多的说明，这也就意味着过于僵硬的时段划分本身是一种限制。无论如何，布氏"三段论"的关键在于认识区域要素在时间发展中的不同速率，但只看到时间的多重性，很容易会流于碎片化和不可知论，从而无法把握时间。正如美国学者科林（Colin Lucas）所言：

> 不管人们怎么划分时段，也不管人们如何表述各主要时段之间的关系，必须牢记一点，即这些史学家并不只考虑单线发展时期，也不只考虑仅按时序的发展。相反，由于历史是个不同体系的复合体，各体系有其独特的节奏，并据此分成长时段、局势和事

---
〔1〕 [法]费尔南·布罗代尔：《菲利普二世时代的地中海和地中海世界》上卷，第10页。
〔2〕 同上书，第506页。

件,所以历史成了以不同速度运动着的不同时期的复合体。从这个意义上说,由于同一个按年计算的时间间隔随其体系的不同而长短不一,历史时期分成三类或是四类的问题就有点玄乎了。然而,不管怎么说,新史学研究的历史实质上是个历时性的复合体。[1]

长时段的讨论,本是为了讨论人与环境的关系而设,而探讨人与环境的关系,只有综合各个时段的考察才能达到更好的效果。法国历史学家达尼埃尔(Danial Roche)曾对影响深远的维达尔的地理学思想进行反思,他在《平常事情的历史:消费自传统社会中的诞生(17世纪初—19世纪初)》一书中,讨论了"从地理概观到农村史"的研究理念,他认为:

> 历史和自然的视野便是区域地理学的基础。但是,维达尔·布拉什的《法国地理概观》终归只考虑些持久性的一般特点,而把自然和历史的进展演变固定在已达到的状态上,在一定程度上对农村社会和自然环境之间关系的变化机制不予理会。以区域为研究框架模糊了空间现实其他层面的影响,而空间现实的规模和作用已随着时间发生变化。他没有考虑到不同的社会阶层、等级,所有的个人和群体都根据不同等级处于多种关系之中:生活通过小块土地、耕地、田产、开垦、特产地、市镇辖区等组织起来,人们可以见到多种水平的生态规模确立下来。我们首先看到的是旧日面貌及其变化的遗存,如同经过多少世纪人们还能看到的一样。其次是理解种种起伏变化,例如气候史,它特有的进展演变与植物群系的变化及其利用方式的演变相互关联。还需要考虑到各个阶段人类的干预作用,如垦荒、兴修水利、抛荒、大规模植树,也就是说根据需要的要求和变化而发生的地貌变化。最后,还必须考虑并了解同时代人分析环境与农村社会的

---

[1] [法]雅克·勒高夫、皮埃尔·诺拉主编:《史学研究的新问题、新方法、新对象——法国新史学发展趋势》《前言》([美]科林·卢卡斯撰),郝名玮译,北京:社会科学文献出版社,1988年,第43页。

关系的方式。[1]

达尼埃尔的反思其实也紧扣住时空的变化，分清时段快慢变化及影响，但同时更强调时刻保持综合联系。在20世纪下半叶，年鉴内部和外部出现了不少对布罗代尔的"三段论"以及"长时段"的反思，这导致了长时段理论被加以修正，并被引向一种更为紧凑的结构分析法。下一节将重点讨论学者们对"长时段"理论的检讨，以及结构史学发展的过程。

此处暂且离开布罗代尔的"三段论"，看看20世纪上半叶区域地理学发展中，还有哪些关于区域时间的分析理论。

前面已经回顾了20世纪初区域地理学和历史地理学发展的情况以及二者的关系。区域历史地理的研究，其实是区域地理学发展的趋势，也是历史地理学发展初期的一个重点方向。在区域历史地理的考察中，要理解区域目前的格局，就需要研究起源。在20世纪20年代之后，产生了两种比较有影响力的研究范式，一种是前面提到的索尔的文化景观法，另一种则是这里要讨论的，英国地理学家达比的剖面研究法。[2]

地理学研究中所谓剖面〔或称断面、时间横断面（Time Cross Section）〕，是指在时间轴上的任意时刻截取的与时间流向垂直的断面。以此可以将过去某一时刻的地理空间拟定于时间的横断面上，来说明和叙述过去的地理空间中的地理事物。[3]另一方面，一个单独的时间剖面展现了特定时间、特定地点的地理现象（或地理的某些方面），一系列的时间剖面能够被用于表示发生于所涉时期的地理变化，集中于一个地区在两个时日之间的地理现象之变化。[4]在20世纪初，许

---

[1] [法]达尼埃尔·罗什：《平常事情的历史：消费自传统社会中的诞生（17世纪初—19世纪初）》，吴鼐译，天津：百花文艺出版社，2005年，第14—15页。
[2] [英]R. J. 约翰斯顿：《地理学与地理学家——1945年以来的英美人文地理学》，第58—59页。
[3] [日]菊地利夫：《历史地理学方法论》，第190页。中文选译系列参辛德勇译，《中国历史地理论丛》，1989年第3期，第167页。
[4] [英]阿兰·R. H. 贝克：《地理学与历史学——跨越楚河汉界》，第41页。

多地理学家就强调了剖面方法对于历史地理学研究的重要性。

至于剖面方法如何操作,学者们意见各异。英国近代地理学的肇始者麦金德(H. J. Mackinder)对历史地理学进行了诸多探索,他受德国拉采尔(F. Ratzel)的人文地理学影响较多。麦金德主张,历史地理学研究的目标和特性是研究过去时代的地理,他将时间剖面称作"历史性现在"(Historical Present),主张所谓地理学科应当记述现在,进行动态因果说明,不应采用时间剖面法拟定过去的地理空间。[1]伊斯特(W. G. East)延续了麦金德的历史地理学思想,主张复原过去,研究"历史背后的地理"(The Geography Behind History)。[2]

英国地理学家达比则试图超越麦金德的历史地理思想,他对复原过去某一时代的主张持疑问的态度,认为只作单个时代剖面复原,可能得到非历史性的矛盾结果。因此,他主张分析"连续的变化",创立连续剖面法(Successive Cross Section Method)。

菊地利夫指出,连续剖面法并非达比的首创,但达比是它的普及者和完成者。达比在方法探索中,还进行了重要的自我调整。学者们一般都会比较1936年出版的《1800年以前英格兰的历史地理》和1973年的《新英格兰历史地理》这两部著作(见表1),从中分析达比对连续剖面法的改革,即从水平横剖面分析法,调整为水平横剖面复原与纵向变化分析相结合的方法。

1973年《新英格兰历史地理》中加入第1、3、5、7、9、11各章,表明了这种调整的着眼点,主要在于突出剖面与剖面之间的连续性。通过这些调整,连续剖面法发挥了更大的分析功能。但其中的缺憾也比较明显。达比在连续剖面的叙述中发现了一个难题,即用"发生"法说明和叙述后一时间剖面上的地理时,往往需要上溯到前一时间剖面去阐述其起源和发展。如果这样做的话,在任一时间剖面上就

---

[1] 陈芳惠:《历史地理学》,台北:大中国图书公司,1977年,第12—14页。[日]菊地利夫:《历史地理学方法论》,第190页。中文选译系列参辛德勇译,《中国历史地理论丛》,1989年第3期,第168—169页。

[2] William Gordon East, *The Geography Behind History*, New York: Norton, 1967.

不可避免地要发生重复。[1]

表1　达比主编英格兰历史地理两书目录

1936年《1800年以前英格兰的历史地理》	1973年《新英格兰历史地理》
1. 背景介绍：史前时期的南不列颠	1. 盎格鲁－斯堪的纳维亚人的地理基础
2. 罗马时期的不列颠人文地理	2.《末日审判书》时期（1086）的英格兰
3. 盎格鲁－撒克逊人的聚落	3. 中世纪早期的地理变化
4. 斯堪的纳维亚人的聚落	4. 1334年左右的英格兰
5. 1000—1250年英格兰经济地理	5. 中世纪后期的地理变化
6. 14世纪的英格兰	6. 1600年前后的英格兰
7. 中世纪的对外贸易：西部各港口	7. 改造者的时代：1600—1800
8. 中世纪的对外贸易：东部各港口	8. 1800年前后的英格兰
9. 李兰德（Leland）时期的英格兰	9. 铁路时代早期的变迁：1800—1850
10. 卡登（Camden）时期的英格兰	10. 1850年左右的英格兰
11. 17世纪的英格兰	11. 英格兰面貌的改变：1850—1900
12. 沼泽地的排水疏浚：1600—1800	12. 1900年前后的英格兰
13. 18世纪的英格兰	
14. 1600—1800年伦敦的成长	

资料来源：姜道章：《历史地理学》，台北：三民书局，第135页；邓辉：《论克利福德·达比的区域历史地理学理论与实践》，《中国历史地理论丛》，2003年第3期。

剑桥大学历史地理学家贝克（Alan R. H. Baker）则认为：

> 在纯理论的基础上，往日的时间剖面只有划定在历史和地理均稳定的时期才可能是合理的。时间剖面方法假定一个地点的地理环境能够在设定的往日时间或时期内是稳定不变化的；它假定在特定的时刻或时期一个地区地理环境各要素之间的均衡与有序。无论在理论上还是经验上，这种假定都是有问题的，因为虽然不必以稳定的效率，但任何地点都是持续变化着的，时间剖面方法论的这些局限，必定束缚并或许阻止了它在重新建构一个地区完整地理环境方面的应用。[2]

---

[1] [日]菊地利夫：《历史地理学方法论》，第206—208页。中文选译系列参辛德勇译，《中国历史地理论丛》，1989年第3期，第173—174页。

[2] [英]阿兰·R. H. 贝克：《地理学与历史学——跨越楚河汉界》，第42页。

也就是说，在达比的连续剖面研究中，剖面之间的联系不够紧密，颇令人感到生硬。在达比对剖面理论不断进行调整之时，美国地理学家惠特西（D. Whittlesey）在1929年提倡一种"序列占据"的理论。一方面，他与索尔一样强调文化景观考察，另一方面则同达比一样，通过垂直的剖面考察，力图阐释"发生"过程，从而解释不同时期景观之间的变化。

20世纪60年代，区域地理研究曾受到猛烈抨击。[1]批评者视之为缺乏科学性的烦冗描述，而同时期北美学界的历史区域地理研究却乐此不疲，倡导者包括克拉克（A. H. Clark）和哈里斯（R. C. Harris），他们反对将地理学带向抽象理论归纳的做法，主张用历史研究深入揭示区域地理的综合性和复杂性。[2]20世纪80年代以来，人们对区域研究的兴趣，因普遍地理学的局限性日益暴露而逐渐复苏，"新"区域地理学作为后现代人文地理学的一个部分应运而生，代表学者有格雷戈里（D. Gregory）和思里夫特（N. Thrift），他们有意识地结合了人文社会科学的新进展来分析区域文化的重要特征，作出了有益尝试。迈尼希（D. W. Meinig）在关于美国国家历程的研究中，从文化类型发展的起始原因及其为何能在空间扩散这两个追问出发，尝试用持续变迁的观点重新审视空间系统的各个断面。[3]道奇松（R. A. Dodgshon）则将"变迁"同时视为时间和空间的进程，并将之置于不同的地理范围中。[4]瑞典学者普雷德（A. R. Pred）则整合了时间地理学和结构主义理论，提出"地方"之形成乃是社会和文化形式再生产的过程，以及对自然的改造过程。[5]总体来说，剖面分析理论尽

---

[1] 谢湜：《历史地理学理论的新写法——阿兰·贝克新著〈跨越地理学与历史学的鸿沟〉述评》，《中国历史地理论丛》，2006年第4期。

[2] A. H. Clark, "Historical geography in North American", in A. R. H. Baker ed., *Progress in Historical Geography*, New York: Wiley-Interscience, 1972; R. C. Harris, "Theory and synthesis in historical geography", *Canadian Geographer* 15, 1971.

[3] D. W. Meinig, "The continuous shaping of America: a prospectus for geographers and historians", *American Historical Review* 83, 1978.

[4] R. A. Dodgshon, *Society in Time and Space: a Geographical Perspective on Change*, Cambridge: Cambridge University Press, 1998.

[5] A. R. Pred, "Place as historically contingent process: Structuration and the time-geography of becoming places", *Annals of the Association of American Geographers* 74, 1984; A. R. Pred, *Making Histories and Constructing Human Geographies*, Boulder: Westview Press, 1990.

管存在诸多弊端,但还是吸引了很多学者将之纳入有关区域理论的思考,并对其作出调整。

布罗代尔和达比的生活年代非常接近,在20世纪地理学和历史学关系愈来愈密切、区域历史地理研究不断推进的趋势下,他们带着类似的问题意识,在区域时空变化分析的问题上,进行了两种方法创造,影响深远。本书将吸收这两种范式的长处,同时在研究中对时段分析和剖面建立的方法进行探索。

在本节中,笔者已经解释了本书将11—16世纪作为讨论的总时段的原因,那么在这个总时段之中,如何能够追寻区域变化的步伐呢?

柳立言在反思"唐宋变革"问题时,思考了更广泛的时代转变或变革问题。其中,他评述了2003年由美国学者史密斯(Paul Smith)和万志英(Richard von Glahn)主编的论文集《中国历史上的宋元明过渡期》[1]一书。他认为,该书编者将"宋元明过渡期"置于"唐宋变革"和"明清变革"两个"定型期"中间,令人颇感困惑。柳立言认为:

> 要解决Smith把"过渡期"紧接"变革期"所引起的疑问,就不能把中唐至北宋的三百七十多年全部称作唐宋变革期,而必须在其间找出主要变革所发生的时段和随之而来的稳定或定型时段,有了定型时段,才能进一步谈到这定型发生转变,"过渡"到另一个时期。[2]

顺着这种思考,其实就意味着不能把宋元明也一揽子打包,视为一个漫长的过渡期,而必须仔细考察所谓"过渡期"本身的转变过程——一个非匀速、非均质的转变过程。既要看到"唐宋变革"后经济开发的持续优势,也要看到新的转变因素;既要参考16世纪后的发展局面,对此前的区域转变趋势进行剖析,又要防止"目的论"

---

[1] Paul Smith & Richard von Glahn eds., *The Song-Yuan-Ming Transition in Chinese History*, Cambridge: Harvard University Press, 2003.
[2] 柳立言:《宋代的家庭和法律》总论《何谓"唐宋变革"》,第23—25页。

的危险。譬如，笔者在中编第四章指出，考察明中叶以前江南市镇的兴起轨迹，要避免将16世纪的区位格局和市场条件过度前移，否则，容易抹煞明中叶以前经济发展和社会变迁的多种可能性。要考察时空连续体的转变过程，就必须在时间轴上充分考量各种区域要素的综合变化。

对于20世纪下半叶逐渐完善的连续剖面分析法，笔者认为仍存在需要改进的关键问题。约翰斯顿（R. J. Johnston）曾指出，剖面在许多情况下被区域化，各个剖面则由关于所研究各时期之间的变化的叙述联系起来，但多数侧重于断代研究，对资料可分析而不可解释。[1] 这种情况提示笔者反思剖面研究的一个前提问题，即剖面在什么时间点上建立的问题。

理论上说，剖面的设立是任意的。但由于区域历史地理所根据的史料，通常不具有详尽的序列性。许多时候，一些可以用来构造剖面的史料，是在偶然的机遇下存世的，譬如达比所利用的《末日审判书》就属于这种情况。然而，由于剖面的构建直接关系到对区域发展时段的划分，进而影响到区域整体变化的理解，假如完全"看菜吃饭"，哪个时期材料集中、有利于分析，就在哪个时期建立剖面，这势必削弱了剖面分析的有效性，甚至会导致对区域整体发展作出误断。

简言之，笔者将按以下思路调整时段和剖面的研究手法：

首先，既看到时间变化的多层性，但并不像布罗代尔那样去分开时段。同时，笔者赞同布罗代尔对不可逆时间流向的重视，以及围绕人和社会讨论区域整体变化的主张。

其次，不事先预定剖面，而是把剖面的发现建立在多重的专题分析基础上。先以区域的部门分析方法，研究与区域空间发展紧密相关的三个专题，考察它们的历时性变化，然后将三条线索进行叠加，找出不同区域要素出现较同步变化的某些时期，并在这些时期中找出相

---

[1] [英] R. J. 约翰斯顿：《地理学与地理学家——1945年以来的英美人文地理学》，第59页。

互关联的系列剖面,把这些系列剖面连成一个时段。

于是,通过进程叠加发现系列剖面,再由系列剖面建立时段,又回到了区域发展的统一的时间轴。在这一时间轴上,区域的结构及其变化就可以得到分析了。

第三节　区域结构史:高低乡视野

在 20 世纪下半叶,学者们继续对时段和剖面两种研究方法进行检讨,其中不少思考指向一种区域结构分析方法。首先来看看"长时段"研究观念的演变。

1949 年《菲利普二世时代的地中海和地中海世界》出版以后,布罗代尔的"三段论"名噪一时,但正如此前引述的初版序言,布罗代尔强调了"地理时间",并围绕人与环境的关系谈地理时间,当时他还没有明确阐述"长时段"以及"结构"的观念。到了 20 世纪 50 年代,他的观念发生了变化。

在 20 世纪 50 年代,列维·斯特劳斯(Claude Lévi-Strauss)出版了一系列著作,推动"结构主义"运动,将"结构主义"方法引入社会文化研究。人文科学与社会科学之间,以及各自内部都掀起不少学术思潮的波澜。1958 年,列维·斯特劳斯出版了《结构人类学》。在列维·斯特劳斯的学术理论中,社会由各种文化关系构成,这些文化关系受到人类普遍的心智结构影响,如此一来,"无意识"结构,其实成为一种社会文化的长时段,这与布罗代尔的地理时间的长时段有所不同。

就在 1958 年,在《结构人类学》出版不久,布罗代尔在《年鉴》杂志名为"争论与战斗"的一期中,发表了《历史学和社会科学:长时段》一文,集中阐述了"长时段"和"结构"的观念,向列维·斯特劳斯宣战,并提出他对当时历史学与社会科学关系的理解。布罗代尔直截了当说:

> 列维·斯特劳斯力求使"结构"人类学靠近语言学的程序、

"无意识"历史学的领域和年少气盛的"定性"数学。他倾向于一种能够将人类学、政治经济学、语言学等等结合起来的、名为交流科学的科学。但是,实际上,有谁准备这样跨越边界,这样重新组合呢?地理学还动不动就想脱离历史学呢。[1]

面对列维·斯特劳斯掀起的结构主义思潮及其造成的较广泛的影响,布罗代尔力图从理论上捍卫其"长时段"理念,并尝试一种有别于列维·斯特劳斯的"结构"思维,阐释一种可以与"长时段"兼容的"结构"。他在《历史学和社会科学:长时段》中鲜明地指出:

> 我们还发现了一种更持久的历史,用世纪来度量的历史——长时段甚至是超长时段的历史。无论好坏,这是我们所惯用的一个概念,目的是区别于弗朗索瓦·西米昂在保罗·拉孔贝之后不久所命名的"事件的历史"。这些名称无关紧要。重要的是,我们的讨论将在时间的这两极——瞬间和长时段之间进行。……第二把更有用的钥匙就是结构这个字眼。无论好坏,这个概念支配着长时段的种种问题。社会问题的研究者们将结构解释为现实与社会大众之间的相当固定的关系的一种组织,指的是这种关系的协调一致。在我们历史学家看来,一个结构自然是一种集合、一座建筑物,但更重要的是,它是在一段长时期里由时间任意支配并连续传递的现实。某些结构有很长的寿命,因而它们成为经历无数代人而稳定不变的因素。它们挡在历史的路上,阻遏历史的流逝,并以此规定历史。而另一些结构会迅速分裂。但所有的结构都同时既是历史的基础又是历史的障碍。[2]

在阐述了"结构"与"长时段"的兼容关系之后,布罗代尔认为,历史学者在实践层面上,必须维持20世纪初期以来历史学与社会科学

---

[1] [法]费尔南·布罗代尔:《历史学和社会科学:长时段》,收入《论历史》,第27—28页。
[2] 同上书,第30、34页。

的密切关系,并且通过不同的时间尺度,将社会实在落实到空间模式,这是最为关键的。在《历史学和社会科学:长时段》的引言和尾声中,布罗代尔说:

> 社会科学的其他学科很不了解我们这一学科在过去二三十年间经历的那场危机。因而它们不仅容易误解历史学家的工作,而且也容易误解历史学家虽然没有很好地宣传但却一心一意为之服务的社会实在的一个方面——社会时间……无论研究过去还是研究现在,认清社会时间的这种多元性对于建立人文科学的共同方法论是不可或缺的。……在近年来历史学的试验和努力中,产生了日益明确的关于时间的多元性质和长时段的特殊价值的思想。……空间模式是社会现实借以形象化的图表,通过它,社会现实至少可以部分地变得清楚了。它们是真正适用于各种不同时间运动(特别是长时段)、各种社会范畴的模式。然而令人惊讶的是,社会科学有意忽视它们。我经常想,法国社会科学的优势之一正是韦达·白兰士创始的地理学派,背弃他的思想和教诲实乃无可慰藉的损失。所有的社会科学必须"给'日益增强'的有关人类的地理学观念"一席之地,这是韦达·白兰士早已在1903年提出的要求。[1]

这种主张或许有某种因循守旧、捍卫强势的地方,但在对待历史学与社会科学的关系上,布罗代尔的观念还是十分理智的,那就是方法的融通不等于学科的重新组合。这也是他在学术实践中一直坚持的理念。基于这些实践,布罗代尔才若有保留地说:"长时段仅仅是在社会科学之间的冲撞中所产生的一种可能的共同语言。当然还有其他语言。"[2]

在20世纪50年代末到60年代初,布罗代尔根据这些论辩和反

---

[1] [法]费尔南·布罗代尔:《历史学和社会科学:长时段》,第28、29、56页。
[2] 同上书,第55页。

思,开始修改他的《菲利普二世时代的地中海和地中海世界》,并在1966年推出第二版。他承认,在初版和二版的17年间,"作者本人也有了变化",必须对该书的总体论证框架作出调整。[1] 在1963年写成的第二版序言中,布罗代尔正式把"长时段"和"结构"串联起来:

> 人们已经越来越习惯于采用结构和形势等术语。后者表示历史的短时段;前者表示历史的长时段。显然,有各种不同的结构,也有各种不同的局势。这些局势和结构的延续时间也各不相同。历史学接受并发现多种阐述。这些阐述在纵的方向从一个时间"台阶"到另一个时间"台阶",在每一级"台阶"上也有横向联系和相互关系。[2]

赖国栋曾专门就《菲利普二世时代的地中海和地中海世界》第二版的修改进行讨论,他指出,第二版删除了1949年初版时带有地理决定论的内容。通过比勘分析,他认为布罗代尔不仅表达了历史学是一项科学的事业的理念,而且从四个方面,即不同时间和空间、不同时间相同空间、相同时间不同空间以及唤起回忆,阐释了一种历史比较思想。这种历史比较思想为其后来的整个史学思想搭建了一种带有社会决定论的框架。[3] 布氏在1965年写成的《菲利普二世时代的地中海和地中海世界》第二版结论中,自信地表达了他自己的"结构主义":

> 在我看来,历史的分析解释中,最后终于取得胜利的总是长节拍。这样说所产生的一切后果,统统由我来承担。……论气质,我是"结构主义者",我很少受到事件的激励和催促,只是一半受到形势——这种具有同一标志的多起事件的组群——的激

---

[1] [法]费尔南·布罗代尔:《菲利普二世时代的地中海和地中海世界》上卷《第二版序言》,第15页。
[2] 同上书,第15—16页。
[3] 赖国栋:《试论布罗代尔的历史比较思想——以初版〈菲利普二世时代的地中海和地中海世界〉为讨论中心》,《史学集刊》,2008年第1期。

励和推动。但是,历史学家的"结构主义"与在同一名称下烦扰人类的其他科学的提问法风马牛不相及。它不是把人引向表现为函数的关系的数学抽象,而是引向生命的根源,引向生命所具有的最具体的、最日常的、最坚不可摧的、最不具名的和最人道的事物。[1]

其实,正是1958年后与列维·斯特劳斯的论战,令布罗代尔把原来作为人与环境关系的"地理时间"构筑成作为社会结构的"长时段",从而使得布罗代尔在"结构主义"盛行的新思潮中,依然站在了学术的浪尖上。

不过,当历史研究指向社会结构,"长时段"就不是绝对的永恒时间,而且需要接纳短时段和事件,布罗代尔的"三段论"其实不再是一种非常必要的时段分层法。在20世纪70年代,"年鉴"的人员和组织进行了较大的调整,被称为"年鉴新史学派"的代表学者雅克·勒高夫(Jacques le Goff)反对将"长时段"凝固化。[2] 伏维尔(Michel Vovelle)在他著名的评论文章《历史学与长时段》中,回顾了布罗代尔在1958年提出"长时段"理论后的历史学发展,他其实极力地主张"长时段"应保持一种胜而不骄的态度,保持与短时段的新的辩证关系,并鼓励心态史等多方向研究,推动史学继续前进,更新"长时段"的时间观念。他认为,布罗代尔努力想要移植经济史的"三段论",但这种尝试并没有达到预期的效果,那是因为:

> 对于长时段历史的研究者们来说,这一时间模式似乎显得过于机械化了,从而也就用处不大了。由此看来,我们所走的是一条研究时间多重性的道路。[3]

---

[1] [法]费尔南·布罗代尔:《菲利普二世时代的地中海和地中海世界》下卷《结论》,第984—985页。
[2] [法]雅克·勒高夫:《新史学》,收入[法]J. 勒高夫、P. 诺拉、R. 夏蒂埃、J. 勒韦尔主编:《新史学》,姚蒙编译,上海:上海译文出版社,1989年,第27—28页。
[3] [法]米歇尔·伏维尔:《历史学与长时段》,收入[法]J·勒高夫、P. 诺拉、R. 夏蒂埃、J. 勒韦尔主编:《新史学》,第150页。

保罗·利科（Paul Ricoeur）在回顾年鉴学派学术历程时也有相似的主张，他强调：

> 再长的时段也不应该掩盖时间的存在。因此，强调长时段不应当变成否定时间，相反，应当被理解为是在呼唤社会时间的多元性。[1]

既然以多元性的社会时间观念从事长时段分析，"年鉴新史学派"的探索者们，其实就容易走入一种"整体化结构"的研究模式。这也是雅克·勒高夫所提倡的"总体史"的依据。在20世纪70年代，他和皮埃尔·图贝尔都主张以"整体化结构"作为研究主题。[2]皮埃尔·图贝尔在1973年出版了《中世纪拉齐奥地区的结构——9—12世纪的南部拉齐奥地区和萨宾纳地区》[3]，该书被视为"结构史学"的一个代表作。

正如法籍波兰史学家克里齐斯托夫·波米安（Krzysztof Pomian）在《结构史学》（收入勒高夫等主编的《新史学》）一文中所言，1958年后布罗代尔和列维·斯特劳斯那场论战，到20世纪70年代已经烟消云散了，然而，他们的辩论却使得"结构史"越来越受到重视。到了20世纪70年代，"结构"在史学界已经获得了某种合法性，史学家们将"结构史"付诸实践，而不作过多的原则性声明。

波米安在文中推介的研究范例，正是皮埃尔·图贝尔的《中世纪拉齐奥地区的结构——9—12世纪的南部拉齐奥地区和萨宾纳地区》。图贝尔在书中一开始就表明，他是对9—12世纪末南部拉齐奥和萨宾纳地区的结构进行的整体研究。波米安认为：

---

[1] [法]保罗·利科：《法国史学对史学理论的贡献》，王建华译，上海：上海社会科学院出版社，1997年，第42页。
[2] [法]雅克·勒高夫：《新史学》，第39页。
[3] [法]皮埃尔·图贝尔：《中世纪拉齐奥地区的结构——9—12世纪的南部拉齐奥地区和萨宾纳地区》，罗马，1973年。转引自[法]克里齐斯托夫·波米安：《结构史学》，收入[法]J.勒高夫、P.诺拉、R.夏蒂埃、J.勒韦尔主编：《新史学》，第263页。

> 对于一个史学家来说，一个结构并不仅仅是一个由一系列因素组成的协调一致的整体，在这一整体中只要有一个因素发生了变化，就将导致其他所有因素的变动。这样一个整体，事实上，只有在也满足了其他条件时才会使史学家感兴趣，特别是这一整体应当维持一个长达数世纪的时期，应当成为一种长时段的现象。皮埃尔·图贝尔所描述的农业结构就是这样一种结构……[1]

在图贝尔的书中，农业结构的历史还不是唯一的结构史，人们还可以看到其他一些演进更为迅速的结构的历史。这些结构史受不同的因素影响，都有各自特定的节奏。图贝尔将这些结构史进行综合叙述的基础，则是农业结构的形成以及由此而引起的经济结构、环境结构中的新变动。"结构史"其实就是将一个社会的日常生活分解成一系列结构，再组成整体。这种由各种结构组成的整体，在长时段保持稳定性。这就是"结构史"对"长时段"观念的发挥。另一方面，"结构史"并非只强调长时段的稳定，还强调整体结构会发生革新，这些革新符合掌握力量的集团的利益，因此成功地进行了扩展，进而打破了现存的结构，取而代之的是一个新的结构。这样一种革命在其他所有结构中引起反响，并引起了这些结构的程度不等的深刻变动。[2]在对图贝尔的成功实践进行总结之后，波米安以"结构和局势"这一小节，对布罗代尔在1958年所提出的"长时段"和"结构"的观念进行了评述，并在此基础上归纳出"结构"和"局势"的主要意涵：

> 所谓结构，或更应当说是各种结构——因为在史学家的语言中结构是各种各样的——就是一系列地理的、生态的、技术的、经济的、社会的、政治的、文化的、心理学的现象，这些现象在一个长时期中呈稳定状态，它们的演进也只是以一种难以察觉的

---

[1] [法]克里齐斯托夫·波米安：《结构史学》，第264—265页。
[2] 同上书，第266、268—269页。

方式来进行的。所谓局势，就是在结构框架内所表现出来的各种不同幅度的变动。换句话说，结构的定义是模糊的，它是一个由障碍、限制、局限构成的整体，这个整体不允许其内部的可变因素超出一定的范围；而这些可变因素的变动则构成了局势。结构的变化在于革新，促使旧有限制的崩溃，这种变化具有质变和打破连续性的性质。结构的时间非常缓慢，近乎不动，至少人们可以这样说：各种结构的内部几乎都是稳定的。但是当我们对先后相继的结构作一比较时，我们可以见到正是在结构的这一层次上才有着不可逆转的转变：即一系列使一种结构类型转为另一种结构类型的变动。[1]

显然，波米安的阐述已经超出了布罗代尔的观点，地理时间不再是唯一的长时段，长时段变成了用来衡量结构的时间尺度，一系列稳定的长时段的社会现象都可能成为结构。而局势也不再是社会时间，而是结构中的各种变动。当这些变动足以构成改变整体结构的革新性局势，那么旧的结构就被新的结构所代替。

质言之，根据图贝尔的实践和波米安的阐发，"结构史"是一种集合了不同时段变化的长时段整体历史，又是一种可以被打破和重组的长时段结构历史。在具体分析能力上，"结构史"也摆脱了三段论的僵硬分层，而将不同主题的结构纳入分析框架。

上一节已经介绍了达比和惠特西等学者对剖面理论的推进。通过他们的努力，连续剖面的分析手法可以更好地反映持续区域的连续性变化。另一方面，在纵向追述连续性变化的同时，水平横剖面对于横向区域体系的解释力并没有被削弱。不难看出，新的连续剖面法其实融合了横向系统分析和纵向连续变化。笔者认为，这种融合为阐述区域的结构提供了比较有效的分析基础。如此一来，剖面和时段的分析工具，其实完全可以融入结构史研究。

长时段与结构主义的争辩最终催生了结构史学的新实践，随着区

---

[1] [法]克里齐斯托夫·波米安：《结构史学》，第280页。

域地理学的剖面分析等理论的推进,地理学者也进一步重视对区域连续变化和整体结构进行综合分析。细细体味这些学术流向,笔者有时觉得所谓观念"转变"并没有想象中那么巨大,甚至还带有某些回归和汇聚的意味。布罗代尔有一个观点至今都没有过时,那就是无论历史学和地理学如何发展,都不能丢弃从20世纪初以来两者结成的密切关系。

或许20世纪初年,地理学与历史学的成功联姻,已经造就了一种学术观念的"长时段",这种"长时段"在实质上延续至今,只不过变化着实践形式而已。假如再次回味20世纪初年鉴派奠基人马克·布洛赫的学术思想,笔者甚至进一步陷入一种学术轮回的迷信。1931年,布洛赫的《法国农村史》(法文原名《法国农村史的基本特征》)出版,他坚信,"历史首先是一门研究变化的科学。在考察各类问题时,我尽量做到永远抓准这条真理"[1],他也认为,在农村社会结构中可以找到过去和现在的延续,可以通过分析农村空间面貌差异,追述时间中的社会变迁。[2]

总之,笔者认为,基于区域时空变化的"结构史",是值得继续探索的学术方向,因为这种方向没有偏离20世纪以来历史学和地理学的共同航道。因此,本书将努力围绕区域变迁谈结构,沿着所谓"年鉴新史学派"的"结构史学"实践,推进区域历史地理研究。

写到这里,笔者也已对过多的学术回顾感到沉闷,忍不住要揭开作为本书题目的"高乡和低乡"的神秘面纱了。

高乡和低乡其实并不神秘。打开一张太湖流域地形图(图1),这条整体上为西北—东南走向的地貌界线清晰可见,此线在今吴淞江以北,大体上沿着盐铁塘西侧,从北向南依次经过常熟的周行、森泉,太仓的双凤、新湖,嘉定的外冈,在外冈以南今吴淞江一带,此线折凸向西至昆山的千灯,又折返向东至嘉定的黄渡一带,复南行,经青浦的徐泾至松江的新桥、车墩,达金山亭林一带折西而行。按1956

---

[1] [法]马克·布洛赫:《法国农村史》《导言》,第4页。
[2] [法]马克·布洛赫:《法国农村史》第七章《延续:过去与现在》,第268—269页。

图片来源：张修桂：《太湖演变的历史过程》图1，载《中国历史地理论丛》，2009年第1期，第6页。

图1 太湖流域地形示意

年黄海高程系，此线以东，直达长江口和海滨的大部分地区陆高在2至3米，此线以西、太湖以东的大部分地区陆高1至2米。这一分界线，正位于古海岸线长期停驻所形成的贝壳沙堤地带，古人称之为冈身（或写作"堽身"）。后来海岸线从冈身向东推进，冈身两侧形成了高低相异的地貌。在古代文献中，古人分别用"高乡"和"低乡"称呼这一微地貌分区。

如今太湖以东交通的拓展与经济发展一样令人目不暇接，从上海、嘉定驱车前往张家港直到南京，许多人会选择沿江高速公路，这条崭新的高速公路于2007年全线开通，贯穿冈身以东的整个高乡地带，从上海外环到张家港仅90多公里，比以往行204国道（G204）缩短了30公里，车速可达每小时120公里，大大方便了客流和货流。不过，在孟冬或者早春，偶尔会碰上大雾天，沿江高速为安全起见全线封路，不得不缓慢地从嘉定西折下高速，从外冈取道G204。在些许懊丧之余，一路上打开地图，可以发现，G204路线的西侧便是上述高低乡的分界线，而东侧即盐铁塘。透过车窗可以看到，沿路两侧基本都是大大小小的工业区，土地平坦，河道也大都比较狭窄，地貌的高低对比其实难以观察。人们难免会对高低乡间1米的微地貌差异所产生的影响有所怀疑。

高乡和低乡的微地貌差异格局，在区域历史中与社会有何关系呢？本书有四点基本的认识：

第一，高、低乡的微地貌差异是太湖以东地区最基本的地貌特质，这种特质对于地区农业开发过程有着深刻的影响。

首先必须辨清高、低乡与太湖平原，以及长江三角洲是何关系。在长三角早期地貌形成过程中，三角洲的中东部，即太湖平原，形成了西低东高的地势特点，太湖以西也是高亢的丘陵山地，因此古人把太湖平原形象地比喻为"仰盂"，形容其四周高、中间低的地势特点。这种局面本身有利于太湖从西部的山地获得来水，却不利于太湖向东往江海排水。

从20世纪70年代开始，在日本学界以高谷好一、海田能宏为代表的学者，试图将他们在东南亚地区特别是湄南河三角洲的地貌学和灌溉排水学研究成果运用于对长三角历史地理的考察。[1]斯波义信在《宋代江南经济史研究》一书中，参考了高谷好一归纳的三角洲开发序列，即大体上从山地到中游扇形地和丘陵复合地，再到下游三角洲的开发过程。[2]

滨岛敦俊则借鉴了海田能宏关于低地开发集约化的模型，认为15世纪以后的太湖地区低乡的开发符合这种趋势，并由此推导出土地开发饱和与商业发展的直接关系。中编第六章认为，在15—16世

---

[1] [日]高谷好一：《热带デルタの农业发展：ソナム．デルタの研究》，东京：创文社，1982年；海田能宏的成果，参[日]渡部忠世、樱井由躬编：《中国江南の稻作文化——その学际的研究》第四章，东京：日本放送出版协会，1984年。

[2] [日]斯波义信：《宋代江南经济史研究》，方键、何忠礼译，南京：江苏人民出版社，2001年，第174—246页。

纪的江南，与圩田水利有关的劳役摊派方式，以及田赋征收细则的变化，很大程度上影响了江南土地开发的导向，以及土地经营者的投资与投机策略。此时期江南文献中的"荒地"，大部分不是未经开垦的土地，而是赋役体制中的人为抛荒地。对于这一时期的抛荒和开荒现象，必须紧密围绕赋役改革加以考察，而不宜用稻作三角洲"集约化"开发的默认模式，代替对江南土地开发制度的特质分析。另一方面，国外历史地理学界对于低湿地改良的研究，一直避免将之视为直线式的推进过程，并倡导不同区域的不同特性，很少归纳统一的模式。使用简单的"集约化"开发模型，容易忽视区域进程的丰富面相。此外，海田能宏有关低地集约化开发中河网细密化的趋势，也不具有普遍性，本书上编有关高低乡水利格局转变的考察中，所呈现的恰恰是后期开发中强干弱支的河网稀疏化趋势。

  整体上看，历史时期的太湖地区和湄公河流域，虽然都是著名的稻作区域，但长江三角洲的地貌特质与湄南河三角洲其实并不相同，太湖流域的水系特点与湄南河流域也并不相同。很难用一种稻作三角洲的开发模型，简单看待太湖平原的开发过程。这也正是笔者始终审慎地使用三角洲作为分析概念的一个原因。

  相比之下，以高乡和低乡的格局作为分析框架，更具有合理性。太湖地区的高、低地貌特质，对农业开发有着至关重要的影响。11世纪太湖地区的整体开发，就是建立在高、低乡的稻作发展基础之上的。这种整体开发的推进，令水利学家特别关注制约"水田"开发的环境特点，因此，他们对高乡和低乡的地貌特质进行了详细的考述，探讨如何统筹高、低乡水利，以便更多获取水田的丰厚收益。这无疑是切中肯綮的。

  从11世纪开始，低乡水田稻作就一直领先于高乡。到了15世纪以后，高乡的棉花种植逐渐普及，到16世纪高乡许多地方已经"遍地皆棉"，棉业的发展，使得高乡经济得以同低乡并驾齐驱。从低乡稻作大发展到高乡棉业大发展，从低乡稻作格局到高乡棉作格局，不仅仅是高、低乡水利格局演变的过程，还是太湖地区经济制度和社会机制变化的过程。高、低乡的微地貌差异特质，在区域发展中发生了内涵的转变。

总体来看,11世纪后太湖地区高、低乡农田水利的发展,以及高、低乡聚落和交通的拓展,奠定了此后经济社会发展的最重要的基础。然而,在11世纪以后农业开发推进的同时,高、低乡水利兼治却越来越难以实现,高低乡水利分而不整的状况不断加重。从11—16世纪的数个世纪里,不协调的高低乡农田水利格局始终没有得到改观,但是,它却没有成为土地开发、聚落拓展和经济发展的障碍,而呈现出一种持续失序却逐渐稳定的格局。在几个世纪的发展中,高乡的开发速度逐渐赶上低乡,15世纪后,高乡棉业兴起,高、低乡经济并驾齐驱,市场逐渐整合。

第二,11—16世纪的高、低乡格局,是一种逐渐失序的农田水利格局,又是一种在社会发展中逐渐整合的经济开发格局。

20世纪30年代,日本东北帝国大学的冈崎文夫和池田静夫两位学者,得到文部省学术振兴会的资助,前往江南进行历史考察。他们志在从文献到实地寻找宋以来江南繁盛的原因,最后确认了发达的水利水运的重要意义。他们在1940年合著的《江南文化开发史——その地理的基础研究》,基本就是一部宋代江南水利史和水利学史,而该书也直接或间接地提出了许多研究的课题,因此成为之后江南研究者反复引用的一部名著。宋代以后江南水利和水利学的发展,是否仅仅是水利学说和水利工程在理论和技术上面的发展呢?笔者的回答是:不仅仅如此。

从11世纪,水利学家对冈身两侧的高、低乡地貌格局有了清晰的认识,这种认识是太湖以东地域开发达到一定程度的反映。11世纪的地域开发,主要是农田水利的开发,因此,高、低乡的微地貌差异格局,是作为农田水利格局被人们认识的。从那个时候开始,太湖流域的水利学说,其基本特点就是以高乡和低乡地貌格局为总纲,阐述高乡治水和低乡治水的不同技术方法,并把这些方法整合成一套高低兼治的水利学说,其目的在于农业开发。

高、低乡农田水利的最基本技术,就是筑圩裹田、浚河疏水以及筑闸防淤。高、低乡的农田开发,对这些技术各有侧重。高乡土地较为高阜，湖荡甚少，大部分河道比低乡浅狭很多，易于淤塞，不利于灌溉，因此高乡以浚河为要，假如能够经常疏通河道，并用开挖出的泥沙和水草用来稳固田埂，高乡的田地就可以更好地享受灌溉之利；低乡土地低洼，水面甚多，河道宽敞连绵，纵横密布，由于地势低湿，常常田低于水，无虑灌溉，却易受水患，为了保护耕作，低乡筑圩成为要旨，假如能用大的圩岸，将数千亩的良田围裹起来，并在大圩岸内外系统地布置好排灌沟渠，不时疏浚，并掏出河道中肥沃的淤泥充当田地养料，那么大圩中的良田必定可以无忧水患。不过，太湖以东的农田水利开发，经常背离这些技术理性。

官方尽管号召统筹水利，但实际上更重视赋税收益。地方经营田产者，为了设法追求利益最大化，将围垦和逃税作为主要策略，这种"灰色"收益常常被乡村权势所掌握，官府和权豪对占田和浚河，常常采取妥协的方式，以换取赋税收益。因此，无序围垦成为因循的开发行为。另一方面，人口的增长、聚落和交通的拓展、赋税负担的增加，使得农田水利开发背离了理想的塘浦圩田体制，形成一种不规整的开发局面。

直到今天，高、低乡农田景观的差异依然可见。在笔者考察时所摄的相片（图2）中，很容易看到，高乡田高于河，人们多种植菜、豆类农作物，此外，浅狭的河滩上，还常常被种上芦苇和茭白，只要不被取缔，这样的种植就很容易使一条河道逐渐被泥沙壅塞，并被垦发成涂荡田。在低乡的相片中，水面明显比高乡宽阔，人们一方面在河畔筑圩岸，另一方面在圩岸之外进行捕鱼、种菱等作业，在淤积泥沙形成的小河滩上种植各种作物。在11世纪，人们也常像图中那样，在圩岸上筑房屋，砌小码头，由于行舟的需要，大圩岸逐渐被扒开，各种小河沟交错相连。此外，从12世纪开始，人们在低乡的小河道和湖荡广泛地开展围垦活动。这些开发行为，使得低乡在洪涝来临之时，常常面临排水的困境。不过，一旦某些低洼田地被淹没，有势力的经营者反倒买通胥吏，可以转嫁完好田地的赋税负担，"易熟为荒"。若干年后，抛荒田地重新开垦，又常常产生抢占"复熟"田的案端。

1. 高乡

2. 低乡

相片信息：1．"高乡"相片，为2006年11月笔者在江苏常熟何市镇考察时所摄。
2．"低乡"相片，为2008年8月笔者在江苏昆山锦溪镇考察时所摄。

图2　高低乡农田水利景观

在11—16世纪，塞河成田、围湖造田、决圩开沟、诈荒占熟等等不合法"技术"，其实一直挑战着"筑圩""浚河""置闸"相统一的合法技术，也对"排水盆地"的水利维护和农业的继续发展构成威胁。在14世纪明代初期，官方的水利工程改变了太湖的入水和排水形势，减轻了排水盆地的排水压力，扭转了这种危险趋势。高乡棉业的兴起，则大大消解了高乡水利失序后的稻作的灌溉难题。于是，高低乡水利的失序局面，演变成一种新的稳定状态。

第三，高、低乡农田水利发展、聚落拓展和土地开发的整体过程，是一个受王朝贡赋体制和官僚体制统领，由地方政府施治，并在地方社会结构中运作的区域发展过程。唐宋以后，太湖地区一直都是历代王朝的财赋重地，其中，在五代吴越国时代，以及元末张士诚据吴时代，太湖以东就是一个割据小王国，完全可以说，高、低乡的经济开发近千年来都是王朝要政。王朝对于高、低乡经济开发格局的掌控，主要体现在两个方面：一是通过赋役制度控制土地开发、乡村基层组织以及商业发展；二是通过行政区划设置，设官施治，维持经济秩序和社会秩序。高低乡经济格局的变化，常常是这两个方面共同起作用的结果。

第四，高、低乡的地域开发至今仍在继续，高、低乡微地貌差异对于当今的经济发展已经不存在影响，但地域开发的影响和制约机制，譬如行政机制，在古代和现代仍有共同点。

就在本书写作期间，第一条真正意义上横贯长三角地区的高速公路——申苏浙皖高速，几经省际行政的协调和磨合，终于全线贯通，如今从上海到太湖流域西南部城市，譬如湖州市，仅需两个小时。从上海沿此线高速西行，不觉间便从高乡进入低乡，微地貌的高差同样不易被觉察。然而，沿路乡间的景观变化，在风驰电掣的行程中，则因快速的景象"切换"而逐渐明显。从青浦进入淀泖地区，奔向吴江的汾湖地区，高速公路便开始穿越纵横的港汊、零散而宽阔的湖荡，以及被农田所包围的小村落，低地水乡的景色马上映入眼帘。公路两侧的指示牌上间隔显示的许多出口地名，是低乡地带在明清时期早已繁盛的市镇名称：金泽、芦墟、北库、同里、平望、震泽……这些穿越古今的"客商路引"会把我们的思绪拉回五六百年前的水乡世界。过了吴江的七都，很快就会进入湖州境内，假如不赶时间，可以切入国道318（G318），经过古镇南浔，历旧馆、晟舍、八里店。沿G318南侧，一路相伴直入湖州城的水道和河堤，正是在8—9世纪修成的太湖南缘塘路——頔塘，经过历代的疏浚和修筑，相沿至今，现在依然是湖州通往苏州地区的重要货运航道。

交通路线、运输工具的变化，很容易令人忘却了古今社会日常生活的时间和速度的差距，物质文明的发展已经强烈地作用于环境的改变和人们对地貌的感觉，重拾"历史感"并非轻而易举。然而，面对日新月异的变化，笔者既开始思考在历史上各个时段可能发生的某些"剧变"，同时也思考着地域范围内一直需要面对和处理的社会问题。譬如水陆的交通、水土的矛盾，在各个历史时期呈现出不同的面貌，新规划的实现都离不开知识和技术的支持，但更涉及地域开发进程中的行政协调与地方运作的社会机制。高低乡之水系治理与近日公路、航道的规划整治，都需要在不同的行政层面进行协调，同时也需要在地方经济和财政系统的网络中去完成，如同上述申苏浙皖高速公路的贯通，便是经历了省际、市际相当长时间的利益博弈。

其实，本书所要追溯的高低乡差异格局，本来便不在于那1米的高差本身，或者景观的对比本身，仅仅看到地貌上"一成不变"的差别是不够的。高低乡的差异格局，既是一种空间上的差异，也是一种时间进程上的差异。理解这些差异及其变化，笔者觉得，"江南水乡"之类的概括，反而可能抹煞江南历史的丰富面向和过程了。布洛赫就曾反对凝固化地看待法国在18世纪以前所谓"农耕习惯"的稳定性。他认为：

> 真正的危险存在于推理原则本身：假如人们不加注意，它就可能带来其他许多更加难以摆脱的错误。人们常常给一个合理的方法加上一个完全任意的公式：旧的农耕习惯的不变性。这就不对了。说实在的，由于物质条件的困难，由于反作用较缓慢的

经济状况,由于周围的传统主义气氛,耕作法则在当时的变化远比今天要小得多。再则,能帮我们了解昔日农业变化的资料通常既贫乏又不清楚。但我们将看到,它们甚至达不到我想象的虚假的永恒性的程度。有时突然发生的村庄生活的某种中断……更为常见的是,人们几乎难以觉察地甚至不情愿地偏离了最初的秩序……村庄的外衣太陈旧了,但它经常拾掇缝补。一味死抱成见地忽视、拒绝研究这些变异,人们就是在否定生命,生命本身只是运动而已。让我们逆着时间的流向而进吧;一个阶段一个阶段地推进,永远细致入微地摸索运动曲线中不规则及变异之处,而不要希望——可惜人们经常这样做——一步就从18世纪跳向圆石时代。[1]

阐述一种地理差异格局的演变,需要重新梳理时空关系。本书思考的重点是,在什么样的时间尺度和社会环境中去理解空间差异?笔者尝试探寻历史上人类活动的迹象,然后观察地理差异及其变化如何对历史显得有意义。这些追溯和论述显然超出了本书圈定的时间和空间范围,而笔者将始终围绕着人类的活动去勾勒各种地理框架,正如布罗代尔所言:

> 让我们再说一遍:历史的创造者不是地理区域,而是人,是主宰或发现这些地理区域的人。[2]

"地理时间"脱离了"社会时间",便失去了意义,也无法理解。我们更需要减慢速度,延长时段,在社会环境的变化中,分析微地貌差异如何在人类活动中呈现为一种社会因素,从中去理解地域开发史的节奏感。

导论写到这里,本书的研究思路也就基本明确了:

---

[1] [法]马克·布洛赫:《法国农村史》《导言》,第7—8页。
[2] [法]布罗代尔:《菲利普二世时代的地中海和地中海世界》上卷,第317页。

首先将"江南"视为一个变动的区域，视为一个时空连续体，将"太湖以东地区"作为一个"江南"研究区域，用相互关联的专题式叙述，把握太湖以东高、低乡在共时性过程中的不同开发节奏，分析各种区域要素及其空间分布的变化趋势，进而考察区域整体结构的变迁。

其次，既不进行"三段论"式的时段分层，也不事先设定剖面，而是对高、低乡的农田水利发展、聚落和土地开发、行政区划沿革各个专题，进行历时性分析，然后根据专题的共时性，以及专题间同步变化的趋势，通过进程叠加，找出相互关联的系列剖面，把这些系列剖面连成一个时段。以此类推，可以找到若干个这样的由系列剖面构成的时段。

最后，在统一的时间轴上，分析时段到时段的变化趋势，阐释区域结构的转变。

笔者选择高乡和低乡格局的变化作为区域研究视野，因为它包含了作为时空连续体的区域中地理的、技术的、经济的、社会的、政治的乃至文化的丰富要素，体现了多重的时间进程，蕴藏着许多有待发掘的时空剖面。考察高乡和低乡的农田水利格局、经济格局和行政区划格局的演变，有助于分析太湖以东区域结构的变化过程。这种结构史，正是图贝尔和波米安所说的那种集合了不同时段变化的长时段整体历史，那种可以被打破和重组的长时段结构历史。

上编

高低乡农田水利格局的形成和演变

根据现存的文献，对太湖以东高、低地貌进行详细的区分和讨论，始见于11世纪下半叶苏州昆山人郏亶的水利著述，他细致地讨论了太湖流域的地貌特点，以及古人治低田（水田）和高田的办法，倡导以治田为先，决水为后，并从整体上统筹水网体系，塑造高低兼治的水利格局。郏氏水论在这一时期出现，反映了太湖以东高低地水利形势的基本稳定以及地域开发新格局的开始。这一格局在随后的开发过程中愈发重要，也不断经历着变化。11世纪的范仲淹、郏氏父子以及单锷各家的水利学说，不断地被后世学者和官员所讨论和修订，产生了深刻的影响，不同时期的水利学说对他们的论点有着不同的择取。这种理论"择取"，与其视之为太湖水利知识史的演进，倒不如将其视为不同时期水利开发重点的转移的反映，因为这些论说基本没有超出郏氏讨论的范畴。诚如导论中所引达尼埃尔·罗什之言："必须考虑并了解同时代人分析环境与农村社会的关系的方式。"[1]因此，本编将不同时期的水利学说，与高、低乡农田水利开发格局的演进结合讨论，并侧重后者。

　　从11—16世纪，高低乡水利格局不断演变，到16世纪，高低乡水利系统完全分离，高低兼治的理想越来越难实现。16世纪以后，许多水利学家提出了重新整合高低乡水利格局的方案，譬如顺治年间在太仓主持浏河疏浚工程的顾士琏，曾倡导一种"高乡低乡相济论"：

　　　　高乡浚渠，低乡围岸，二者未尝不知相济，盖北之江，东之海，其坍身恒向西南流，若低乡遇旱，又喜其西南流也。常熟、太仓滨海之水，半是江水，可以溉田，此高乡之有济于低也。低乡守堤防之法，使浦塘蓄于内，江水行于外，恒有湖高于浦，浦高于江，江高于海之势，则高乡之田，时与江平，车灌甚易，此低乡之有济于高也。

　　　　高乡弊在壅河，如刘河偶淀沙涂，随行告佃，栽芦数载，

---

[1]　[法]达尼埃尔·罗什：《平常事情的历史：消费自传统社会中的诞生（17世纪初—19世纪初）》，第15页。

便成滩田，内地支干，咸复如是。昔梁寅谓有田十亩，一亩为池，九亩可无灾患，奈何将现在通流而壅之？宜查纵浦横塘旧迹，一一开浚，毋陞升斗之税，坐臝无穷之利，仍修斗闸启闭之规，此以低乡之法治高乡也。

低乡弊在通舟，古法田舍在围岸之中，内有沟渠，不通舟楫，即通舟，不过随闸启闭。自后人贪行舟之便，决坏古堤，并废斗闸，田舍皆沉水底，堤岸既坏，即欲兴筑，无从得泥，势必更浚支浜，昔议有田二十亩者，将二亩凿池，取泥筑岸，众户公偿田价，□□圩之中，虽不必尽然，宜仿其意而行之，毋吝一己之产，坐臝一方之利。则筑岸之要，仍在浚河也。此以高乡之法治低乡也……[1]

对于高低乡水利的运作机制，顾士琏提出一些针对性的建议，譬如对于高乡浚河，他参照了耿橘治水的经验，认为贵在落实派浚机制：

或大干河，通邑协浚。中干河，近区协浚，有用条鞭法、销圩法，参画其便，则无不浚之河。[2]

针对当时低乡筑圩的普遍困难，顾士琏认为：

今当堤防久坏，势重难返，不一大经理之，则财赋之源日困，假国家简命大臣，得周文襄、海忠介其人，委以便宜，听其支调，限以五年，依郏司农之法，通变行之，俾水治而田亦治，策之上也。次则抚按督其监司，监司督其守令，守令督其区圩，使三吴各邑，同时修治，限五年奏绩，先从低洼下手，挨年渐及高区，每岁守令以浚筑实迹，呈报上台，以凭勘验，为考成殿最。则长民者竞劝，民利不敢不兴，次也。若朝廷不命官，上台

---

[1]（清）顾士琏：《太仓州新刘河志》《附集·高乡低乡相济论》，第177页下—178页上。
[2]（清）顾士琏：《太仓州新刘河志》《附集·高乡论》，第175页下。

不留意，守令无善法，反不若乡里之大家、一方之贤者，倡率闾党，为堤防之事，行之一圩，则一圩之利也，行之数圩，则数圩之利也。[1]

也就是说，在官方行政问责机制外，也须动员一些民间力量，利用乡村权力网络来办事。

17世纪顾士琏的"高乡低乡相济论"，其理论渊源显然就是11世纪郏氏的"高低兼治"论，不过他所面临的高低乡水利格局，已是经历了沧海桑田，积重难返。要明白顾氏所指出的高、低乡积弊，理解其"依郏司农之法，通变行之"的原因，就必须追述11—16世纪高低乡水利格局形成和演变的历史。

---

[1] （清）顾士琏：《太仓州新刘河志》《附集·低乡论》，第176页下。

第一章 11世纪高低乡农田水利格局的形成

20世纪以来,考古学者、历史地理学者以及农史学者对于宋元以前的早期开发以及更早时期的长三角海陆变迁,进行了长期的探索,对太湖平原的形成和发育的总体过程,逐渐形成了较为一致的看法。[1]海津正伦以中国学者的研究成果为基础,通过卫星影像判读和实地考察,细述太湖流域各地区的沉积年代和地质特征,制成江南三角洲古代地理变迁图(图3)。[2]此图直观呈现了长三角地貌发育过程,即长江出海口南部上下两段沙嘴合拢,形成古海岸线。古海岸线长期停驻,缓慢推进,在停驻的地带形成了地势稍高的贝壳沙堤,古人称之为冈身。后来海岸线又从冈身向东缓慢推进。这一过程的结果,奠定了历史时期太湖平原地形的基本面貌,即在冈身东西两侧形成了高地和低地的差异地貌。其中最后一幅分图的"泛滥原"即低地,"砂州"(即冈身)和"砂堤列平野"则是高地。

最近20年来,学界对于长江三角洲地形地貌变迁过程趋向更加细化的分析。张修桂在近作中,根据太湖地区地层剖面、地貌形

---

[1] 参陈吉余:《长江三角洲江口段的地形发育》,《地理学报》,23卷3期,1957年8月;陈吉余:《长江三角洲的地貌发育》,《地理学报》,25卷3期,1959年6月;谭其骧:《上海市大陆部分的海陆变迁和开发过程》,原载《考古》,1973年第1期,收入《长水集》(下),北京:人民出版社,1987年,第160—178页。郑肇经主编:《太湖水利技术史》,北京:农业出版社,1987年,第2—7页等文章和论著。

[2] [日]海津正伦:《中国江南デルタの地形形成》,《名古屋大学文学部研究论集》史学36,名古屋:名古屋大学文学部出版,1990年,第231—245页。

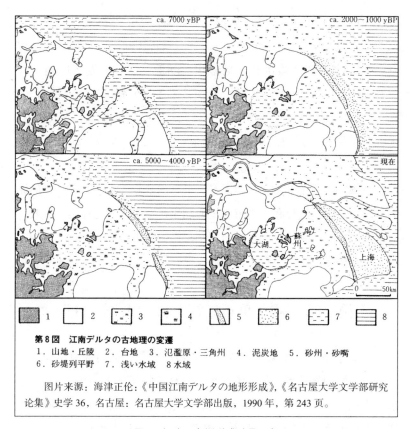

图 3　江南三角洲形成过程示意

态、考古遗迹和历史资料，结合新的研究成果，对太湖演变的历史过程进行了梳理。他认为，太湖及其附近地区自晚更新世末期以来，由于内外营力的共同作用，经历着一个由沟谷切割的滨海平原景观，演变为碟形洼地的潟湖地貌形态，其后由于出入口通道的变化，潟湖演变为太湖，并经历了面积大小的伸缩演变过程。他在文中强调了碟缘高地的塑造与潟湖地貌的发育之间的密切关系。在距今七千到六千年的中全新世早期，气候湿热，海面继续上升到接近近现代海面高程，海水沿沟谷大举入侵太湖地区；同时，由于环太湖平原的江阴、常熟、太仓、嘉定、金山一线滨岸滩脊（沙冈）的塑造，形成了从东部包围太湖平原的碟缘高地，奠定了太湖地区碟形洼地中的潟湖地貌形态。碟缘高地的冈身地带肇始之后，长江和海洋的泥沙在冈身以东继续堆积，碟形地貌向海滨方向逐渐抬升。而冈身以西的太湖地区，因受冈身阻挡，得不到长江和海洋来沙补给，仅有少量的湖沼和河流沉积，地势相对降低。而且太湖平原还以每年 0.5 毫米的沉降速率在下降，经历数千年，太湖湖滨高程仅为 2.5 至 3.5 米，而冈身地带高程则达 4 至 6.5 米，二者高程相差 1.5 至 3 米，其结果是太湖地区碟形洼地的最终形成，洼地中心则成为天然的积水湖盆。[1]

本编中着重描述的太湖以东高、低乡的地貌、水系格局，其形成的基础就在于上述过程。本章将主要利用传世文献的地理描述，及其所传递的古人的地理观感，揣摩水利学说的演进与地域开发之间的关系，从而探寻太湖平原整体地貌形成以后人地关系的演进过程。

第一节　从"禹贡三江"到"太湖三江"

太湖水系的上游来水，古今没有显著变化，太湖水源主要有西面茅山山脉和苏皖界山的荆溪水系；南面有来自天目山的东西苕溪水系。太湖下游去水历史变化则相当大。有关太湖地区治水的最早记述，出自《禹贡》"淮、海惟扬州：彭蠡既猪，阳鸟攸居；三江既入，震泽底定"一句。禹迹茫茫，文字简奥，其所传达的地理意象，大致应是指太湖流域整体地貌格局相对稳定下来。有关太湖与禹贡"三江"的关系，从汉代经学家到清代研究《禹贡》的学者，一直辩论不休。按顾颉刚的归纳，旧说可分为四类：一是鄱阳湖下流分歧成北、中、南三道入海的长江三支；二是指长江的上流、中流、下流为三江；三是指长江为北江，吴淞江为中江，钱塘江为南江；四是以长江之中江入太湖，再分吴淞江、娄江、东江三江入海。顾颉刚认为，古书称三江、五湖，多为泛称，上述四说都很勉强。[2]

---

[1] 张修桂：《太湖演变的历史过程》图 1，载《中国历史地理论丛》，2009 年第 1 期，第 7—8 页。
[2] 顾颉刚注释：《禹贡》，收入侯仁之主编：《中国古代地理名著选读》（第一辑），北京：学苑出版社，2005 年，第 18 页。

从产生时间上看，以上四说最后一种出现最晚，此说源自4世纪东晋初年庾仲初的《扬都赋》，认为"禹贡三江"即太湖三江娄江、东江、吴淞江。唐代以后，越来越多的学者特别是论江南水利的学者倾向于第四种说法，苏州地区传世最早的地方志《吴地记》[1]便采用了这种说法。持此类观点的学者们，其实大都知道娄江、东江在五代吴越时已不见记载的事实，北宋水利学家郏亶、郏侨父子都明确指出，娄、东二江故道已湮，仅存吴淞一江，而且已经十分狭浅。[2]南宋范成大撰《吴郡志》时采取了存疑的态度，承认"今三江故道，古今变迁，已不可坚定"。[3]缪启愉在研究中认为："宋以后的人所谓'三江'，既无二江对证，只是重复唐以前的文献，实际上已弄不清，后人又依据当时的水系变迁，别以白茆、浏河、吴淞为三江，或以浏河、吴淞、黄浦为三江，但不问三江的水利利益，空谈三江的名目，于事无济。"[4]

有关"禹贡三江"的悬案，由于文献的简奥加上久远的变迁，对于今天的历史地理研究，显然已失去了确切考定的可能性和必要性。至于唐宋人所称的"太湖三江"，是否有古迹可探，则引起了现代研究者的兴趣。在20世纪50年代和70年代，华东师范大学地理系和复旦大学历史地理研究室分别对太湖地区的地貌和表层沉积物进行了调查，发现太湖尾闾存在三个显著的线形低沙地带，由太湖辐射出来，其中有两个沙带与唐宋以来一些学者所称娄江、吴淞江的线路大体符合，今甪直以西澄湖以北之处可能就是古三江口的位置，古东江即自此南流，经今澄湖、白蚬湖中深漕然后东南入海。[5]通过科学

---

[1] 学界基本认定《吴地记》是苏州地区传世的最早的方志，但有关《吴地记》的作者及成书年代，至今聚讼未决，可参（唐）陆广微撰、曹林娣校注：《吴地记》《吴地记校注序》，南京：江苏古籍出版社，1999年，第1—5页。
[2] （宋）范成大：《吴郡志》（绍熙三年修，绍定二年续修）卷19《水利》，南京：江苏古籍出版社，1999年，第271、281页。
[3] （宋）范成大：《吴郡志》卷48《考证》，第631页。
[4] 缪启愉编著：《太湖塘浦圩田史研究》，北京：农业出版社，1985年，第64页。
[5] 陈吉余：《长江三角洲的地貌发育》；复旦大学历史地理研究室：《太湖以东及东太湖地区历史地理调查考察简报》，原载《历史地理》，1980年创刊号，收入《长水集》（下），第126—140页。

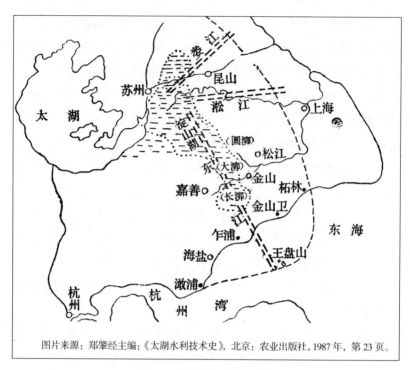

图片来源:郑肇经主编:《太湖水利技术史》,北京:农业出版社,1987年,第23页。

图4 古"太湖三江"示意

考察和分析,古代文献所称"太湖三江"看来并非子虚乌有(图4)。然而,要理清从"三江"到"一江"的变化过程,尚有相当大的难度。

综上所述,"禹贡三江"与"太湖三江"不可等同视之,"禹贡三江"基本上成为一个考据泥潭,其地理范围本就无法确定,遑论定位。"太湖三江"作为范围确定的有关太湖地区早期水系变迁的话题,则尚可作探讨,但也难有定论。唯一可以确定的是,唐宋时期一些学者逐渐将"禹贡三江"置换为"太湖三江"进行讨论。清代著名的《禹贡》研究学者胡渭敏锐地指出了这一转变,并加以分析:

> 至《蔡传》则排弃苏氏而专主仲初,相沿至今,牢不可破。推寻其故,盖自唐以后,吴越间为财赋之薮,及五代时,钱镠保有此一方,征敛颇急,而松江入海之口亦渐淤塞。宋元祐中,宜兴人单锷著《吴中水利书》,以浚松江为第一义。南渡,都临安,仰

给于浙西者尤重。时人熟见习闻，遂觉扬州之水，无大且急于松江者，而以为禹时亦然。因专主仲初之说。元、明以来，浙西之财赋甲于天下，而松江之淤塞日甚。凡言吴中水利者，皆引《禹贡》以自重。《蔡传》又立于学官，为士子所诵习。于是扬州之大川，以太湖入海之支港当之。而康成、子瞻之言，弃如粪土矣。[1]

在胡渭看来，唐以后江南逐渐成为财赋重地，太湖地区水利重要性凸显，导致了庚仲初之"禹贡三江即太湖三江"论说开始流行。宋代学者蔡沈著《尚书集传》，采纳上述学说，广泛传播。元明以后，江南在全国的财富中心地位不可动摇，谋划江南治水者，理所当然地引"禹贡三江"来彰显其水论。这种论点还通过正统教育途径加以传承，令"禹贡三江"百家争鸣淡出，"太湖三江"说则一家独尊。清初毛奇龄对这一"学风"的转变颇为感慨：

> 古文具在，而学者贸贸究至坚持其说，必欲执三吴水利以注古经。夫水利焉能注古经矣？[2]

"太湖三江"论乃是在唐宋江南的历史语境下，对悬而未决的"禹贡三江"说的改造和发挥，其核心目的不是仅为考据，而是为了凸显江南水利的重要性。宋以后的学者并非不知"太湖三江"论本身的难以确证，譬如对于东江，甚至娄江的故迹，许多学者不敢下定论，但也觉得无妨水学。日本前辈学者冈崎文夫和池田静夫就曾引用胡渭和毛奇龄的观点，强调唐宋三江学说兴起所依赖的历史与社会机缘，以此探究唐宋以来江南地域开发史。[3]

---

[1]（清）胡渭注、邹逸麟整理：《禹贡锥指》卷6，上海：上海古籍出版社，1996年，第163页。
[2]（清）毛奇龄：《三江考》，载（清）毛奇龄《西河集》卷119《馆课拟文》，《景印文渊阁四库全书》，台北：台湾商务印书馆，1986年，集部别集类，第1321册，第294页上。
[3][日]冈崎文夫、池田静夫：《江南文化开发史：その地理的基础研究》第二编第一章《唐宋时代の三江学说の一理解》，东京：弘文堂书房，1943年，第27—67页。

现存苏州方志中仅晚于《吴地记》的，是朱长文于北宋元丰七年（1084）撰成的《吴郡图经续记》。《吴郡图经续记》写成于11世纪中叶，即郏亶发表水利论著的十几年后，那是"三江"水学逐渐成为某种意义上的"显学"的时代。朱长文亲历了吴地在熙宁末年旱灾之后重登丰稔的过程，他希望朝廷能真正重视水利，防患于未然，"至于群言众说，各有见焉，择其可行者，裁而行之"[1]，力求臻于郅治。为此，《吴郡图经续记》中首创《治水》一门，列述江南治水往迹，又记载近事，朱长文在《治水》之开篇中指出："自二江故道既废，而五湖所受者多，以百谷钟纳之巨浸，而独泄于松陵之一川，势不能无浸溢之患也。观昔人之智亦勤矣，故以塘行水，以泾均水，以塍御水，以埭储水，遇淫潦可泄以去，逢旱岁可引以灌，故吴人遂其生焉。"[2]他在叙述了熙宁间郏亶治高田、低田之水论之后称：

> 尝闻濒海之地，冈阜相属，俗谓之冈身。此天所以限沧溟而全吴人也。虽有泾浦，而日为潮沙之所积，久则淤淀，是不可以不治也。夫治水者，当浚其下，下流既通，则上游可道也。[3]

显然，朱长文没有纠缠于古经，而是落实到治水。宋代许多学者也同样从"注经"中解放出来，转向对江南水利的建言。总体看来，唐以后从"禹贡三江"到"太湖三江"学说的转变，不单纯是水利理论的发展，而是江南地域开发史的表象。透过这个表象，笔者需要更细致地梳理太湖地区开发史的历程，先从朱长文所强调的成就吴人历史的冈身述起。

第二节 冈身·冈门·冈身路：高乡开发

朱长文对冈身的了解，似出耳闻，而非亲见，但他言简意赅地叙

---

[1]（宋）朱长文：《吴郡图经续记》卷下《治水》，《江苏地方文献丛书》，南京：江苏古籍出版社，1999年标校本，第55页。
[2] 同上书，第51页。
[3] 同上书，第54页。

述了冈身的基本坐落形态，即"冈阜相属"，意指冈身地形高阜，连属相邻。在《吴郡图经续记》之后，历代地方志对冈身的记载渐趋详细，也多有考辨。

南宋绍熙四年（1193）秀州华亭知县杨潜所修《云间志》，在《古迹》门中载道：

> 古冈身，在县东七十里，凡三所，南属于海，北抵松江，长一百里，入土数尺，皆螺蚌壳，世传海中涌三浪而成。其地高阜，宜种艺菽麦。朱伯原《吴郡图经》所谓"滨海之地，冈阜相属，俗谓之冈身。此天所以限沧溟而全吴人也"。[1]

《云间志》的撰者显然比朱长文更有见识，他进一步描述了古冈身一带的地表特征，并清晰地指出了冈身就是古代滨海浪潮长期作用下形成的贝壳沙堤。

螺蚌算是冈身早期的定居者了，难得的是，时至今日，在冈身地带某些未被建筑工程开挖的地方依然能找到它们的踪影。图5为笔者于2004年11月5日在上海马桥古文化遗址地带考察竹冈冈身时的情景，在现存的冈身地面往下开挖一米，贝壳沙便清晰可见，其中既有粉末状的碎壳片，也有整片的贝壳。将贝壳沙抚拭于掌心，笔者因触摸到四千年前的海岸而兴奋，也为能与八百多年前的《云间志》撰者获得同样的观感而庆幸。

马桥一带是吴淞江故道（今吴淞江称苏州河）南面呈南北走向的不同时期的冈身相对密集的地区，1959年底马桥古遗址被发现，遗址中出土的器物为学者们推定冈身形成的年代提供了极佳的实证。在此之前，学者们对古代文献中所载冈身的具体坐落、形成年代以及吴淞江南北冈身的对应关系莫衷一是。

---

[1] 绍熙《云间志》卷上《古迹》，《宋元方志丛刊》，北京：中华书局，1990年，第2册，第21页上。

相片信息：笔者于2004年11月5日在上海马桥古文化遗址地带考察竹冈冈身时所摄。

图5　冈身和贝壳沙

关于吴淞江南北冈身，特别是北面冈身，《云间志》以后各志均有具体的名称记载，但说法不一。

淳熙九年（1182）龚明之所撰《中吴纪闻》对旧的《吴郡图经》（今已不传）所载冈身名称作了勘误：

> 旧《图经》云外冈、青冈、五家冈、蒲冈、涂松冈、徘徊冈、福山冈，并在吴县界。今次第而数之，其上之四属昆山，下之三属常熟，言地之远近，与吴县大相辽绝。[1]

龚明之勘正了《吴郡图经》所载七冈所分处的县份。其后不久，范成大于绍熙三年（1192）编成《吴郡志》，他在志末《考证》卷中亦对冈身进行了考证，其说与龚论完全一致。[2]

---

[1] 淳熙《中吴纪闻》卷5《图经刊误》，收入《汇刻太仓旧志五种》，清末刻本，第11a—b页。参照范成大《吴郡志》，该刻本"涂松冈"后应脱"徘徊冈"三字，于此补上。
[2] （宋）范成大：《吴郡志》卷48《考证》，第640页。

淳祐十一年（1251），《玉峰志》修成，撰者取范成大之说，进一步勘正了冈身所处县份。另外，《玉峰志》还对昆山太仓以东的冈身和冈门详加列举：

> 《吴郡志》考证外冈、青冈、五家冈、蒲冈属昆山，以证旧《经》之误，今外冈、蒲冈又分属嘉定云。
>
> 邑自太仓以东有所谓冈身，曰太仓冈身、上冈身、下冈身、归胡冈身、冈身官路，凡有五冈身。又有所谓冈门，曰彭冈门……吴冈门、顾冈门、丁冈门，凡有十四冈门。其地势皆高峻，与常州地形相等。或谓冈身有路直通南京。今止闻归胡冈身之称，未知孰然，当必有博古君子为之辨证云。[1]

在《玉峰志》撰修的34年前，即嘉定十年（1217），昆山县析东境置嘉定县，嘉定县境遂有二冈。该志撰者进一步较为准确地说明，昆山东境冈身的高峻地势与常州相等。宋亡元兴，昆山县在元贞二年（1296）升县为州，延祐中移州治于太仓。至正元年（1341），杨谦修成《昆山郡志》，进一步对冈身问题进行考辨：

> 《中吴纪闻》云：旧《图经》云外冈、青冈、五家冈、蒲冈、菘冈、徘徊冈、福山冈，并作吴县界。今次第而数之，其上之四属昆山，下之三属常熟，言地之远近，与吴县大相辽绝。《玉峰志》云：今外冈、蒲家冈分属嘉定。昆山所余，唯青冈、五家冈而已。又云，青冈在县东北四十二里。今按，青冈亦属嘉定，即中冈身也。其及昆山者，唯地脉相连耳。[2]

杨谦指出，青冈即中冈身，与外冈、蒲冈均处于嘉定县境。

13世纪冈身以东高乡地区的行政区划已经发生了较大的改变，

---

[1] 淳祐《玉峰志》卷上《山（墩墟冈）》，收入《汇刻太仓旧志五种》，清末刻本，第7b—8a页。按：原文称十四冈门，但具名存录者仅十三，此照录原文，暂存疑。

[2] 至正《昆山郡志》卷六《考辨》，收入《汇刻太仓旧志五种》，清末刻本，第8b—9a页。

上海县、松江府先后于元代初期设立。明代以后，松江府的方志都对境内冈身重新进行了定位。弘治《上海志》未专列冈身，但记载了吴淞江故道以南三条与冈身有关的水道：

> 竹冈泾在十六保，砂冈泾在十六保，紫冈泾在十八保。[1]

正德《松江府志》则将这三条古冈身的相对位置清楚地记载下来：

> 紫冈塘，并在盘龙塘东，其北通六磊塘，至横塘止。紫冈之西为沙冈，东为竹冈，为横泖，为新泾（并见前通江诸浦下），新泾之南古莺窦湖也。[2]

在吴淞江以南冈身的名称和位置逐渐得到确认的同时，关于吴淞江以北的冈身的记载，也在上述宋元诸志的基础上得到了补充。嘉定县现存的第一部县志是明正德《练川图记》，此后，嘉靖、万历二朝均有《嘉定县志》修成，这三部县志对吴淞江故道以北嘉定境内的冈身详加记载。其中，正德《练川图记》对至正《昆山郡志》的考证结果，只接受了外冈一冈，而另外增入东冈、沙冈、浅冈三冈，也并未说明此三冈与五家冈、蒲家冈、青冈的关系。[3] 嘉靖《嘉定县志》则在正德《练川图记》基础上列出五冈，肯定了青冈的存在，并指出，东冈即五家冈。此外，嘉靖《嘉定县志》还进一步确定了各冈的方向坐落以及沙冈、浅冈相对于外冈的位置。[4] 万历《嘉定县志》根据嘉靖《嘉定县志》之述，对各冈位置描述作出小部分调整，并将浅冈名称置换为西冈。[5]

---

[1] 弘治《上海志》卷2《山川志·水类》，《天一阁藏明代方志选刊续编》，上海：上海书店，1990年，第7册，第64页。
[2] 正德《松江府志》卷2《水上》，《天一阁藏明代方志选刊续编》，第5册，第101—102页。
[3] 正德《练川图记》卷上《山水·冈墩》，民国十七年(1928)油印本，第2b页。
[4] 嘉靖《嘉定县志》卷1《疆域志·山冈》，明嘉靖三十六年(1557)刻嘉靖公文纸印本，第3b页。
[5] 万历《嘉定县志》卷1《疆域志·山冈》，《中国方志丛书》，台北：成文出版社，1983年，华中地方第421号，第129、132页。

20世纪中期，谭其骧结合文献与冈身地带的考古新发现，对上海地区成陆年代及长三角地貌变迁进行了深入研究，初步推定最西的冈身应在五六千年前形成，最东的冈身应是4世纪左右海岸线停留的地方。[1] 20 世纪 80 年代以后，学界对冈身地带的研究继续推进，冈身地带各条贝壳沙带的 C^{14} 测年，也使得吴淞江以南和以北各条冈身的形成年代可以比对。[2]（图6）

朱长文在《吴郡图经续记》中已经提到了冈身以东的水利状况，高乡"虽有泾浦，而日为潮沙之所积，久则淤淀"，阻碍了低乡的排水，因此他主张江南治水应重视下游之治理。[3] 据朱长文称，在 11 世纪以前，昆山高乡地带开凿了新洋江，沟通松江，实现排水和灌溉：

> 新洋江，在昆山县界。本有故道，钱氏时尝浚治之，号曰新洋江。既可排流潦以注松江，又可引江流溉冈身也。[4]

冈身地带何时开始出现规模相当的灌溉农作，尚难考察。《云间志》称冈身地带"其地高阜，宜种艺菽麦"，这一"经验之谈"，至少可以说明在 12 世纪以前，冈身地带已经有了一定的农作活动。在冈身以西，灌溉水源除了依赖新洋江干河，更依靠南北向的横沥河等大塘，以及从大塘引出来的东西向的小塘，时人称这些小塘为"冈门"，这一灌溉水网，最早见于郏亶的水论：

> 今昆山之东，地名太仓，俗号塱身。塱身之东，有一塘焉，西彻松江，北过常熟，谓之横沥。又有小塘，或二里，或三里，贯横沥而东西流者，多谓之门。若所谓钱门、张塱门、沙堰门、

---

[1] 谭其骧：《关于上海地区的成陆年代》，原载《文汇报》，1960 年 11 月 15 日，收入《长水集》（下），第 141—144 页。《再论关于上海地区的成陆年代——答丘祖铭先生》，原载《文汇报》，1961 年 3 月 10 日，收入《长水集》（下），第 152—159 页。谭其骧：《上海市大陆部分的海陆变迁和开发过程》。
[2] 张修桂：《中国历史地貌与古地图研究》第五章《上海地区成陆过程概述》，北京：社会科学文献出版社，2006 年，第 257 页。
[3] （宋）朱长文：《吴郡图经续记》卷下《治水》，第 55 页。
[4] （宋）朱长文：《吴郡图经续记》卷中《水》，第 50 页。

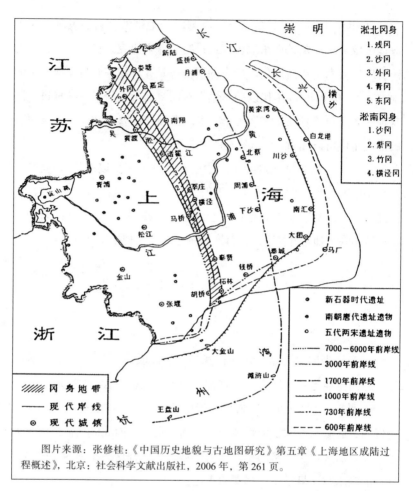

图6 上海地区成陆过程

吴堽、顾庙堽、丁堽、李堽门,及斗门之类是也。夫南北其塘,则谓之横沥,东西其塘,则谓之堽门、堰门、斗门者。是古者堰水于堽身之东,灌溉高田,而又为堽门者,恐水之或壅,则决之而[入]横沥,所以分其流也。[1]

据郏亶所言,在其生活的11世纪以前,高乡已经有了冈门小

---

[1] (宋)范成大:《吴郡志》卷19《水利》,第266—267页。

塘与横沥相配合的水利组合。上文所引《玉峰志》显示了13世纪高乡地区冈门水利的延续。志中详列十四冈门，有些可能是从11世纪延续下来的旧塘。除了横沥和冈门灌溉，在11世纪，高乡沿海沿江地区已经依靠潮汐灌溉，在干旱之岁还可通过冈门潴蓄潮水，免于枯瘠。[1]

北宋时期高乡地区的拓殖，除了农田开垦，也受到海上贸易的影响。据朱长文所载，当时"松江正流下吴江县，过甫里，径华亭，入青龙镇，海商之所凑集也"[2]，可见吴淞江是江南海贸的运道。海贸之利有着普遍的吸引力，官府对于私商活动采取了抵制措施，在高乡滨海设"巡逻之官"，以"戢盗贼，禁私鬻"。[3]官府的禁令也许正反映了沿海高乡走私贸易的势头。

11世纪的高乡开发已初见规模。除了灌溉水道和通海河道，陆路交通又有何发展呢？《玉峰志》记载冈身之时首次提到了"冈身路"的存在，纂者还提到，人称有冈身官路可通往当时的南京开封，但未作确证。[4]明代第一部苏州府志在洪武初年修成，志中称：

> 冈身，太仓以东有冈身五，曰太仓冈身、上冈身、下冈身、归胡冈身、冈身官路，南属松江之海，北抵大江之阴，其下皆沙碛螺蚌，地宜菽麦。[5]

可见"冈身官路"被列为五冈之一。那么冈身官路与冈身是何关系呢？

在郑璋的论述中，宋代以前的高乡拓殖格局，主要是利用高阜的

---

[1] （宋）范成大：《吴郡志》卷19《水利》，第270页。有关唐宋时期江南的潮汐灌溉和感潮地域的变迁，可参见北田英人的相关研究，[日]北田英人：《中国江南三角洲における感潮地域の变迁》，载《东洋学报》，第63卷第3号，1982年；[日]北田英人：《八——一三世纪的江南の潮と水利·农业》，载《东洋史研究》，第47卷第4号，1989年。
[2] （宋）朱长文：《吴郡图经续记》卷中《水》，第47—48页。
[3] （宋）朱长文：《吴郡图经续记》卷上《海道》，第17—18页。
[4] 淳祐《玉峰志》卷上《山（墩墟冈）》，第7b—8a页。
[5] 洪武《苏州府志》卷2《山》，《中国方志丛书》，台北：成文出版社，1983年，华中地方第432号，第446—451页。

冈身，堰水于冈身东侧，形成南北向的横沥大塘，再用东西向之冈门沟通横沥，平衡水势。冈身从古时隔海护土的屏障作用，转而承担起堰水河堤的功能，冈身地带得以垦殖。而随着农田水利发展，南北连绵但隆伏不一的冈身沿线，很可能有一部分逐渐被铲削取平，连缀成通道，便于民人交通。

弘治《常熟县志》的撰者首次将"冈身路"作为一条"道路"列入记载：

> 冈身路，在二十六等都，南抵太仓，北至大江，即盐铁塘右岸，长与塘并。上皆飞沙，干燥不堪种植，惟产香附子。以其如山之冈，故名。[1]

弘治《太仓州志》的撰者桑悦，沿用了洪武府志对冈身的记载（仅将"归胡"改作"归吴"），但敏锐地指出了冈身削平的变化过程：

> 州治之东有所谓冈身，曰太仓冈身、上冈身、下冈身、归吴冈身、官路……（悦按：郏亶水利论云，古者堰水于冈身，必高岸曲阜，非如今平平大道也，所不废者，特存名耳。）[2]

从"高岸曲阜"的冈身，到"平平大道"的变化过程，即冈身地带逐渐形成冈身路乃至官路的过程。前引16世纪两部《嘉定县志》的撰者则颇为明确地指出："今南至南翔，北至太仓，俱曰冈身路。"[3]冈身路就在东冈一线，而东冈即唐代就已经确载的五家冈。如此说来，即认定东冈一线就是宋代以来的冈身路。

到了清代，康熙《常熟县志》也是将冈身路作为一条道路列入

---

[1] 弘治《常熟县志》卷1《道路》，《四库全书存目丛书》，济南：齐鲁书社，1996年，史部第185册，第30页下—31页上。

[2] 弘治《太仓州志》卷1《山川》，《日本藏中国罕见地方志丛刊续编》，北京：北京图书馆出版社，2003年，第3册，第20页。

[3] 嘉靖《嘉定县志》卷1《疆域志·山冈》，第3b页；万历《嘉定县志》卷1《疆域志·山冈》，第132页。

记载：

> 冈身路，滨于盐铁塘，自邑之北，南抵太仓州，旋绕无回曲。当济渡处有小彴路，皆沙壤，行者便之。[1]

18世纪后期，常熟高乡市镇支塘镇的镇志撰者，进一步就冈身路的位置和走向进行了考辨：

> 冈身路南抵太仓，北至大江，即盐铁塘右岸，长与塘并，土皆赤坟，不堪种植。以其如山之冈，故名。李志云，路旋绕，无回曲，当济渡处有小彴，行者便之……说者谓海沙积久凝成，或开浚河道，堆土为阜，土人谓之冈身路。
>
> 按，冈身路为东乡孔道，系盐铁塘西岸，滨河土色间有赤坟者，此乃海疆地脉，筑墙营圹必需此土，天生此以资民用者也。其土为他处所无，挑去复生，用之不竭。路旁田沃多瘠少，前人云不堪种植，甚误。且途径坦夷，或云捍海塘，或云浚河泥所积，俱踵讹袭谬之说也。冈身不过沿塘大路，而谓之为塘，则去海甚远；谓之为堆泥，则岂以砥矢为式，而备揭专集于绵亘一线之地乎，皆无是理也。[2]

清代中期的高乡已经处于全面开发的时期，撰者很清晰地指出，冈身路即盐铁塘西岸，本是海疆地脉，当时则已是高乡的孔道（按：常熟东乡为高乡，西乡为低乡）。顾镇还提到一个细节，即高乡民人一直挑挖冈身滨河的赤坟土作为建筑材料，他认为，这类土壤其实并非贫瘠不堪，仍然可以耕种。

---

[1] 康熙《常熟县志》卷5《桥梁·路》，《中国地方志集成·江苏府县志辑》，南京：江苏古籍出版社，上海：上海书店，成都：巴蜀书社，1991年，第21册，第94页下。
[2] （清）顾镇编辑、周昂增注：《支溪小志》卷1《地理志·闾里》，乾隆五十三年（1788）纂，抄本，收入《常熟乡镇旧志集成》整理本，扬州：广陵书社，2007年，第181页。按：整理本中将"系盐铁塘西岸滨河土色间有赤坟者"一句断为"系盐铁塘西岸滨河，土色间有赤坟者"，有误，应将逗号断在"西岸"之后。

根据20世纪80年代常熟县的土壤调查结果,这种被称作赤坟土的土种,应是乌沙土,属湖积母质上承受长江冲积物的再沉积发育而成。主要分布在今盐铁塘以西的沙冈内沿、常浒河两侧的稻田及白茆塘支流岸边一带,分布于梅李、支塘、周行、森泉、古里等乡镇,质地较轻,以中壤为主,黏粒含量小于20%,粗粉砂大于45%,渗育层雏形发育,土体裂面断续出现灰色胶膜,并有少量锈色斑纹,淀积现象不明显,中、下层有石灰反应,乌沙土养分含量较丰富,但保肥性稍差,作物常因肥力不够而后劲不足。[1]综合这些特点,古人多取此土建筑,但对其肥力意见不同,便都可以得到理解了。

经过历代挑挖,这条"长与塘并"的冈身路"途径坦夷",成为高乡的要道了。上述镇志撰者没有提及冈身的高阜地势,不难推知,在18世纪,冈身已成低平陆路,不易分辨高低差别,人们也就认定"冈身不过沿塘大路",而把冈身和冈身路等同起来了。可以推测,当时人们在冈身路上行走,也许就如导论第三节所述G204行车体验一样,已不容易分辨冈身两边的高低差别。

从冈身、冈门到冈身路,即13世纪以前高乡渐辟、交通始成的拓殖过程。在11世纪以前,冈身以东由东西向的冈门(或堰门、斗门)和南北向的横沥水道构成的水利设施已经得到发展,这一水网依靠南北向的新洋江等水道沟通松江大河道,又借助东面灌入的潮水实现灌溉。除了农业垦殖,海上商业活动也产生了影响。人们在冈身种植作物,铲削冈身,取土作筑,同时开辟陆路,高阜的冈身逐渐成为平坦的大道。12世纪以后,随着开发推进和高乡政区增设,文献中有关冈身的记载不断丰富。假如不苛求对冈身的定位和断代,只着眼于古人如何逐渐认识并记载冈身,则可以看到,方志对于冈名的记载越来越多,越来越精确,这种认识向吴淞江南北一并推进,也同时从冈身地带往东推进。另一方面,冈身从未阻隔高、低乡在开发进程上的联系。考察13世纪以前冈身以西低乡的拓殖,对于理解上述高乡的变化至关重要。

---

[1] 江苏省常熟市地方志编纂委员会编:《常熟市志》第二编第五章《土壤》,上海:上海人民出版社,1990年,第135页。

第三节　塘路·塘浦·圩田：低乡开发

太湖平原基本地貌格局形成后，低乡地势卑湿，前述古人"仰盂"之喻，即表现其泛滥之险。低乡农田水利开发的重点，一直都是排水去潦，同时与水争田。有关先秦时期太湖地区的垦殖情况，主要见于《吴越春秋》《越绝书》中为数不多的记载。殷末周人太伯、仲雍南来，建立吴国，筑城于无锡梅里，人民在三百里外郭耕田。[1]从吴王寿梦（公元前585—前561）"通楚"到吴王阖闾（公元前514—前496）的近一个世纪，吴国与楚国交往频繁，并借鉴了楚国经营云梦地区洼地水利的经验和技术，兴起水土工事，并从无锡迁都于吴（苏州），在水乡初筑吴城。[2]《越绝书》的记载则反映了越国灭吴后，以及楚国灭越后在吴地经营洼地农垦，开凿陆路的一些新迹象。[3]楚灭越之后，春申君黄歇在苏州北面开挖河港并兴修堤岸陆路——"陵道"。[4]秦灭楚之后，"造通陵，南可通陵道，到由拳塞，同起马塘，湛以为陂，治陵水道，到钱唐（塘）越地，通浙江"。[5]

太湖西南缘的塘河和湖堤修筑，从汉代开始有了新的发展。[6]汉代以后，历朝在太湖东南地区广开屯田营田。[7]东晋南朝时期，屯田经营体制得到延续，水利设施也在各地逐渐兴修。[8]南朝梁统治时期兴修的水利设施颇多。梁大同六年（540），吴郡下辖的海虞县改名为

---

[1]《吴越春秋·吴太伯传》，见于周生春：《吴越春秋辑校会考》，上海：上海古籍出版社，1997年，第15页。

[2] 缪启愉编著：《太湖塘浦圩田史研究》，第4—6页。

[3]《越绝书》卷2《越绝外传记吴地传》，《四部丛刊初编》史部，上海：上海商务印书馆，第8、10页。

[4] 同上书，第10页。

[5] 同上书，第13页。

[6]（晋）张元之撰、（清）缪荃孙校：《吴兴山墟名》，光绪十七年刻本，第5b页。

[7]《晋书》卷15《志第五·地理下》，北京：中华书局，1974年，第460页；《三国志》卷58《吴书·陆逊传第十三》，北京：中华书局，1982年，第1343页；《三国志》卷61《吴书·潘濬陆凯传第十六》，北京：中华书局，1982年，第1407页。

[8][日]中村奎尔：《六朝时代三吴地方における开发と水利についての若干考察》，载[日]中国水利史研究会编：《佐藤博士还历纪念·中国水利史论集》，东京：国书刊行会，1981年，第43—84页。

常熟县，此次改名的缘由，唐宋以来的地理志未有确载，但明清常熟的许多县志和地方文献则认为，这与六朝以后常熟一带水利开发带来的农业发展直接相关。康熙《常熟县志》（8卷本）纂者曾倬认为：

> （常熟）境内地势南卑而北高。陆化淳云，卑利恒赐，而高区已号涸辙，高利恒雨，而低区已悲沉灶，蒙常熟之名，实有常荒之患焉。故二十四浦入江入海故道，八十五区川浍沟洫，皆详著之。[1]

曾倬在志中借鉴明代常熟细密化的分区治水的经验，强调居安思危，方可"常熟"。到了清末，《常熟县志》的撰者则首次尝试解释南朝梁时常熟改名之缘由：

> 吾邑于梁大同六年更名常熟，初未著其所由名。或曰，高乡濒江有二十四浦，通潮汐，资灌溉，而旱无忧；低乡田皆筑圩，足以御水，而涝亦不为患。以故岁常熟，而县以名焉。[2]

该志撰者引述了一种说法，认为水利是常熟得名之由，亦是立县之本，这显然夸大了南朝时期的水利开发水平。高乡大浦通潮、低乡广筑圩田的农业景观，应是后世之功。

隋唐以前塘岸、塘堤的修筑，大多出于抗御洪涝，排灌通航，因为在大规模排涝和灌溉工程尚未进行的条件下，改善水陆交通，免受风波之险，是低乡定居垦殖的第一要著。从1世纪到6世纪，定都江南的历代王朝对低乡的开发，基本就是以塘岸、塘河的扩展为依托，逐步由丘陵高地向沿湖低地、洼地推进，逐渐开展水利营田。13世纪的第一年，谈钥在其所撰《吴兴志》中称：

---

[1] 康熙《常熟县志》（曾倬修八卷本）《凡例》，康熙五十一年刊本，第2a页。
[2] 光绪《常昭合志稿》卷9《水利志》，《中国地方志集成·江苏府县志辑》，南京：江苏古籍出版社，上海：上海书店，成都：巴蜀书社，1991年，第22册，第111页上。

> 湖之城平，凡为塘岸，皆筑以捍水。作史者以为开塘灌田，盖以他处例观。易开为筑，易溉为围。
>
> ……
>
> 凡名塘，皆以水左右通陆路也。[1]

谈钥主张用筑塘围田代替"开塘灌田"，反映了低乡农田水利开发的"地方性知识"，突出了"塘"对于低乡的早期交通和拓殖的特有功能。

唐代以后，江南水利营田和塘浦系统发展迅速。随着海塘工程的初步完成，太湖以东地区农田水利发展尤为突出。广德年间（763—764）嘉兴地区进行了较大规模的屯田垦拓。[2]到了贞元年间（785—804），先后出任湖州、苏州刺史的于頔致力于农田水利开发，重新修筑太湖南缘堤塘，保障了农作，又在苏州"浚沟渎，整街衢"，使民人获利。[3]

元和年间（806—820）是太湖东缘湖岸塘路形成的一个重要时期。这与隋唐时期江南运河的发展有关。隋代大业六年（610）江南运河全线贯通后，太湖东缘湖尾仍与吴淞江浑然一体，水域宽广，而且无陆路可供牵挽船只，漕舟航行易受风波之险。[4]元和五年（810），苏州刺史王仲舒"堤松江为路"[5]，修成了江南运河苏州到平望段的西岸河堤，这便是吴江塘路。这条南北贯通、水陆两利的吴江塘路修成，与太湖南岸的荻（頔）塘相接，初步形成了太湖东南面的环湖堤岸，为低乡开发提供了一个抵御风波的屏障（图7）。吴江塘路在宋代以后陆续增修、改修，一直发挥着作用，到16世纪官

---

[1]（宋）谈钥：《吴兴志》[嘉泰元年（1201）修，南林刘氏嘉业堂刊民国三年刊《吴兴先哲遗书》本]卷19《塘》，《中国方志丛书》，台北：成文出版社，1983年，华中地方第557号，第6899页。

[2]（唐）李翰：《苏州嘉兴屯田纪绩》，收入（宋）姚铉编：《唐文粹》卷21《颂丁·兴利》，《景印文渊阁四库全书》，台北：台湾商务印书馆，1986年，集部总集类，第1343册，第308页下。

[3]《旧唐书》卷156《列传第一百六·于頔、韩弘、王智兴》，北京：中华书局，1975年，第4129页。

[4]（宋）范成大：《吴郡志》卷19《水利》，第266—267页。

[5] 洪武《苏州府志》卷3《水利》，第198页。

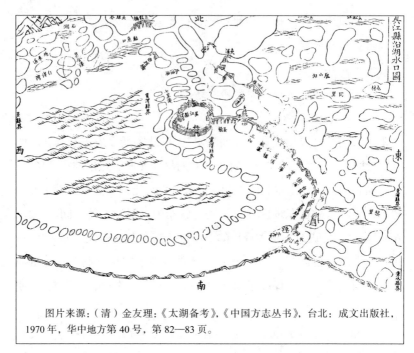

图片来源：(清)金友理：《太湖备考》，《中国方志丛书》，台北：成文出版社，1970年，华中地方第40号，第82—83页。

图7 吴江塘路

府还在设法修葺。[1]

  元和年间官方还修成了从苏州城到常熟的元和塘（常熟塘）。[2]据《唐将仕郎前左威卫录事参军刘允文碑》称，元和塘前身是贞元以前修成的常熟塘水道，颇见灌溉之便，后来豪族沿塘河占田擅利。贞元大旱导致塘河淤塞，促使郡守李素和廉访使韩秉文合力疏导淤淀，令常熟塘焕然一新，故得元和塘之新名。[3]到11世纪，常熟塘"自齐门北至常熟百余里，皆有泾浦入□□□。盖酾其渠以泄水则有泾，引其流以至江则有浦，其名甚众，而昆城、阳城湖之水，皆赖以泄

---

[1] 弘治《吴江志》卷5《桥塘》，《中国方志丛书》，台北：成文出版社，1983年，华中地方第446号，第188—189页。
[2] (宋)朱长文：《吴郡图经续记》卷下《治水》，第51—52页。
[3] 《唐将仕郎前左威卫录事参军刘允文碑》，见于正德《姑苏志》卷10《水》，《天一阁藏明代方志选刊续编》，上海：上海书店，1990年，第12册，第758—759页。

焉"。[1]可以看到，常熟塘的功能发展，与太湖南缘、东缘的塘岸、塘路有相似之处，即先通过塘岸方便陆路交通，然后在泄水以及引流灌溉方面发挥作用，这反映了太湖东北面开发格局的拓展。

9世纪太湖整体塘路格局的逐渐成形，太湖以东塘河水网的发展，为低乡低洼平原的排水和拓垦提供了更多便利，排水灌溉河网的修造还沟通了低乡与高乡的水利联系。这种发展格局，为10世纪以后塘浦圩田的开发提供了基础。

有关太湖地区圩田或围田的起源，历来说法不一。但宋以来许多学者，都将五代吴越时期塘浦圩田体系的发展，看作一个理想的发端。吴越国（907—978）是在江南建立的一个割据王国，其开创者钱镠在立国后，为稳固统治，非常重视太湖水利营田。据朱长文称：

> 钱氏时，尝置都水营田使以主水事，募卒为都，号曰"撩浅"。盖当是时，方欲富境御敌，必以是为先务。[2]

吴越国的治水体制明显是延续了唐代的营田体制，基本上是以军事化治水，来完成"富境御敌"的"先务"。吴越国统治中期，还在沿江如常熟县一带派遣"开江营"治水，开江营也是军事屯营，兼顾治水。其治水重点在于既有的常熟高乡二十四浦的感潮灌溉系统。[3]在屯兵治水、召民开市的开发过程中，新的聚落围绕着屯寨应运而生。据说常熟东境高乡的梅李镇，便是在这一时期出现的。[4]

吴越塘浦圩田开发格局，主要是通过宋人的水利论著得见概貌。较早的记载出自景祐年间（1034—1037）苏州知州范仲淹的奏议，他上任后发现"州地濒雷泽，田多水"，于是曾"募游手，疏五河，导极水入海"，工程未成，徙任明州转运使，有人上书建言，称范仲淹

---

[1]（宋）朱长文：《吴郡图经续记》卷中《水》，第50页。
[2]（宋）朱长文：《吴郡图经续记》卷下《治水》，第52页。
[3]（清）吴昌绶辑：《吴郡通典备稿》卷6，民国十七年铅印本，第31b—32a页。
[4] 至正《重修琴川志》卷1《叙县·镇》，《宋元方志丛刊》，北京：中华书局，1990年，第2册，第1166页下。

治水有绪，应"留以毕其役"，于是"诏复知苏州"。[1]在庆历三年（1043）九月，范仲淹向宋仁宗条陈十事，其中第六条"厚农桑"言及江南水利得失：

> 且如五代群雄争霸之时，本国岁饥则乞籴于邻国，故各兴农利，自至丰足。江南旧有圩田，每一圩方数十里，如大城。中有河渠，外有门闸，旱则开闸，引江水之利，涝则闭闸，拒江水之害，旱涝不及，为农美利……臣询访高年，则云曩时两浙未归朝廷，苏州有营田军四都，共七八千人，专为田事，导河筑堤，以减水患。[2]

据范仲淹的"调研"，吴越时期治理卑湿低乡的关键，便是以方数十里的大圩御水治田，以军力导河筑堤。前面曾引述郏亶关于高乡冈门横沥水利的记载，对于低乡的圩田和堤岸治理，郏亶亦有详述：

> 循古今遗迹，或五里、七里而为一纵浦，又七里或十里而为一横塘。因塘浦之土以为堤岸，使塘浦阔深，而堤岸高厚。塘浦阔深，则水通流而不能为田之害也；堤岸高厚，则田自固，而水可拥而必趋于江也。然后择江之曲者，若所谓槎浦、金灶子浦，而决之，使水必趋于海……
>
> 论古人治低田、高田之法者……古人遂因其地势之高下，井之而为田。其环湖卑下之地，则于江之南北，为纵浦以通于江，又于浦之东西，为横塘以分其势而棋布之，有圩田之象焉。其塘浦阔者三十余丈，狭者不下二十余丈，深者二三丈，浅者不下一丈……民田既不容水，则塘浦之水自高于江，而江之水亦高于海，不须决泄而水自湍流矣。故三江常浚，而水田常熟。其

---

[1]（宋）范成大：《吴郡志》卷26《人物》，第378—379页。
[2]（宋）范仲淹：《上仁宗答诏条陈十事》，收入（宋）赵汝愚编，北京大学中国中古史研究中心校点整理：《宋朝诸臣奏议》卷147《总议三》，上海：上海古籍出版社，1999年，第1672页。

埠阜之地，亦因江水稍高，得以畎引以灌溉。此古人浚三江、治低田之法也……所有沿海高仰之地，近于江者，既因江流稍高，可以畎引；近于海者，又有早晚两潮可以灌溉。故亦于沿海之地，及江之南北，或五里七里而为一纵浦，又五里七里而为一横塘……虽大旱之岁，亦可车畎以溉田，而大水之岁，积水或从此而流泄耳。[1]

郏亶的水论起点，便是前述"太湖三江"说，他认为三江乃是大禹治水时凿通冈身以泄积水的产物，然而太湖平原西高东低的地貌特点，仍然影响了低乡的正常排水以及高乡的蓄水灌溉。因此，高乡易于旱，低乡苦于涝。古人通过在高乡、低乡开辟横塘、纵浦的水利系统，顺利地解决了高低乡的水利问题，并通过高筑堤岸、深浚塘浦来保护民田。于是，纵横有序、星罗棋布的塘浦网格中，形成了"圩田之象"。

郏亶在水利书中一再强调，必须效仿古人按照地形高下治理低田、高田之法，更要明确"治田为先，决水为后"。[2]他指出，解决治田与治水的关系，关键在于塘浦圩田体制的统筹规划。王建革概括了郏亶所叙述的"高圩狭水"的吴越塘浦大圩格局，即筑造一丈到二丈高的圩堤，以保证在大水之年，即使岸外江湖的水位比岸内圩田的水位高五至六尺，圩堤依然高出江湖三尺到一丈，如此一来，大水虽然在塘浦中高涨，但是不入圩田，又因水位抬高，易入松江主干，有利于灌溉冈身，最终顺利出海。他认为，这一格局与太湖出海河道特别是吴淞江的水环境变化有直接关系。[3]本章第一节已经提到，所谓"太湖三江"中的娄江、东江在五代吴越时已不见记载，仅有吴淞江仍为出水主干道。但由于长期的海潮倒流，泥沙沉积，吴淞江河床及沿岸地区已经淤高。据朱长文所记，范仲淹治水之时，有反对者就提出："或曰江水已高，不纳此流；或曰日有潮至，水安得下？或曰沙

---

[1]（宋）范成大：《吴郡志》卷19《水利》，第268—270页。
[2] 同上书，第269、272—273页。
[3] 王建革：《水流环境与吴淞江流域的田制（10—15世纪）》，《中国农史》，2008年第3期。

因潮至，数年复塞。"郏亶阐述低乡筑圩时指出："今二江已塞，而一江又浅。倘不完复堤岸，驱低田之水尽入于松江，而使江流湍急，但恐数十年之后，松江愈塞。"郏氏还极力主张冈身以东的高乡必须深浚港浦，维护潮灌系统，既可利于高乡灌溉，也有利于低乡排水。王建革注意到，低乡之水需要被"驱"，才能进入吴淞江，说明筑高圩岸、提高水位，在于束水冲淤、顺利排水，使湖水清流和潮流处于理想的平衡之中。这便是高圩狭水的重要意义。

郏亶在水利书中，并未说明这样的塘浦圩田格局何时形成。然而，宋以后的学者根据范仲淹的记载以及其他宋人的叙述，断定郏亶所述的正是吴越国高、低乡农田水利的一般形式。今人曾按照史载，将五代吴越时期的塘浦圩田理想图绘制出来（图 8）。

据郏亶记载，此时期的圩田治理，除了军事化的部署，还依靠了圩田区的民人进行日常维护：

> 方是时也，田各成圩，圩必有长。每一年或二年，率逐圩之人，修筑堤防，浚治浦港，故低田之堤防常固，旱田之浦港常通也。（古之田，虽各成圩，然所名不同，或谓之段，或谓之围。今昆山低田，皆沉在水中。而俗呼之名，犹有野鸦段、大泗段、湛段及和尚围、盛熟围之类。）[1]

显然，11世纪旧圩田的名称对于郏亶来说是耳熟能详的，因水流环境变化而沉没的圩田亦被清晰地点出，吴越时期低乡圩田的发展似可窥见一二，当然，更多的史料还有待挖掘。

总体看来，9—10世纪，低乡水利从以塘路为依托的太湖东南缘的屯田营田开发，逐步向东推进到冈身西侧的昆山等地，拓展塘浦圩田。在10世纪，吴越王朝开辟的塘浦系统交互贯穿于低乡与高乡之间，力图将高乡冈门和横沥水利系统与低乡塘浦大圩系统统一起来，实现治田与治水兼利。

---

[1]（宋）范成大：《吴郡志》卷19《水利》，第270页。

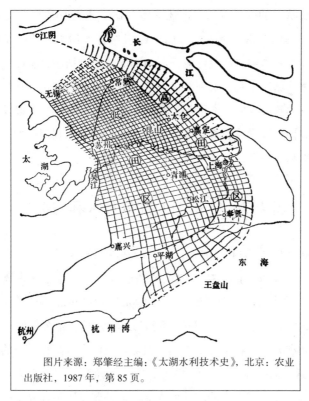

图片来源:郑肇经主编:《太湖水利技术史》,北京:农业出版社,1987年,第85页。

图 8 吴越塘浦圩田概念图

不过,所谓吴越时期的塘浦大圩格局,可能是郏亶所概括的理想情形,未必全面落实过。从文本上看,根据郏亶论述的"古人之治水"的情形,还难以复原10世纪农田水利的面貌。郏氏"论古人治低田、高田之法",重点在于批评"后世废低田、高田之法""自来议者只知决水,不知治田"等弊端,可见,他对古人治水的称颂,确实与其现实治水主张密不可分。他的上奏的立论点在于:"天下之利,莫大于水田,水田之美,无过于苏州。然自唐末以来,经营至今,而终未见其利。"[1] 为了陈明治田利害,他对11世纪以前高低乡水利的描述或有溢美之词,但同时又认为唐末以后的经营尚未实现水田之利。此外,包括郏氏在内的11世纪水利学家的水论中,大都强调了10—11

―――――――
〔1〕 (宋)范成大:《吴郡志》卷19《水利》,第264、269页。

世纪开发状况的变化。只有追述这些变化，才能理解 11 世纪高低乡水利学说的问题指向。另一方面，11 世纪官方治水事业的发展对水利理论有重要影响。从范仲淹任苏州知府时治理塘浦，至熙宁变法时期郏亶整治塘浦水利，再到熙宁以后苏轼推重单锷水学，在整个过程中，官方的政策导向、治水与治田的矛盾、官员考成制度以及党派利益竞争等种种因素左右着治水事业，进而影响了水利理论的发展。11世纪的水利与水学，关系十分密切。

第四节　11 世纪的高低乡水利与水学

景祐年间（1034—1037），范仲淹在苏州知府任上，其水利决策遇到许多"浮议"的阻挠。他很清楚这些浮议并非空穴来风，因为当时的实际情况是，松江难以畅泄太湖之水，"虽北压扬子江，而东抵巨浸，河渠至多，堙塞已久，莫能分其势矣"。范公敏锐地指出了低乡水利利弊，并在论辩中提出了筑堤、浚河、置闸相结合的精扼方针[1]，最终"力破浮议，疏瀹积潦"，"亲至海浦，开浚五河"[2]，重点疏通了茜泾等太湖出水的东北面大浦。他还曾试图疏通介于昆山县和华亭县之间的吴淞江盘龙汇一带的曲折河道，该水道"步其径才十里，而洄穴迂缓逾四十里，江流为之阻隔。盛夏大雨，则泛滥旁啮，沦稼穑，坏室庐，殆无宁岁"，然而他在任期间未能如愿。其后，叶清臣于宝元元年（1038）将盘龙汇裁直工程完成。

在范公浚河置闸、叶公通汇取直等水利成效的推动下，太湖以东的塘路得到开拓。从苏州城到常熟县的元和塘（常熟塘）在 9 世纪初期已经修成，推动了常熟地区的拓殖进程。而在昆山阳澄湖以南、吴淞江以北一带，从 9—10 世纪，农田水利一直未有兴作。北宋的沈括在《梦溪笔谈》中曾提到至和塘修筑之前这一地区的地貌："苏州至昆山县，凡六十里，皆浅水，无陆途，民颇患涉。久欲为长堤，但苏

---

[1]（宋）范仲淹：《范文正集》卷 9《上吕相公并呈中丞谘目》（知苏州时），《景印文渊阁四库全书》，台北：台湾商务印书馆，1986 年，集部别集类，第 1089 册，第 660—661 页。
[2]（宋）朱长文：《吴郡图经续记》卷下《治水》，第 52—53 页。

州皆泽国，无处求土。"[1]

　　从10世纪末期到11世纪中叶，官方在这一地带曾几度欲兴水利，但屡遭挫折。直到北宋至和二年（1055）才修成堤塘，时任昆山县主簿丘与权谋划并实施了该工程，并在嘉祐六年（1061）撰写了一篇《至和塘记》，记载了兴事经过。[2]据此记，我们可获知以下信息：直至宋代前期，昆山阳澄湖以南的这一地带不仅堤防未修，垦作维艰，而且盐枭横行，治安乏力，三百年间难以开发。从10世纪末年到11世纪初期，不少有识官员以及昆山地方大户有思于营作，或因苦于经费，或因难调众议，而未尽其志。至和元年（1054），在各级官员的配合下，至和塘才最终修成。丘与权还讲述了雷雨之夜，请神相助，破土动工的戏剧性过程，故且不究其实，而从"畚锸所至，皆于平陆"等语，可知当时是于平地开河，两岸植树护土而已，尚未修建堤岸。根据沈括的记载，也可知至和塘初成于至和二年，当时只是开凿了塘河，到了嘉祐初年，才采纳了一个取土筑堤的献策。[3]至和塘从开凿塘河到筑成塘路，需要同时解决经费、人力调配和取土各个环节的问题，这表明了唐宋昆山治水筑路的难处所在，也反映了11世纪中期官方对昆山低乡的水利经营尚处于草创阶段。

　　在"有所兴作，横议先至，非朝廷主之则无功"[4]的政治环境中，范仲淹等官员在苏州治水不但面临行政运作的障碍，还受到地方占田牟利的豪户的阻挠。淳祐《玉峰志》曾记载了景祐年间昆山县令张方平的事迹：

> 张方平，景祐中为令，时吴越归国未久，前此豪民占田者，多积讼，数十年不决者。公召问所输几何？大率百才一二，乃悉收其羡田以赋，贫民讼亦息。[5]

---

[1]（宋）沈括：《梦溪笔谈》卷13《权智》，《景印文渊阁四库全书》，台北：台湾商务印书馆，1986年，子部杂家类，第862册，第786页。
[2]（宋）丘与权：《至和塘记》，载（宋）郑虎臣编：《吴都文粹》卷5，《景印文渊阁四库全书》，台北：台湾商务印书馆，1986年，集部总集类，第297册，第721页下—722页下。
[3]（宋）沈括：《梦溪笔谈》卷13《权智》，第786页下。
[4]（宋）范仲淹：《范文正集》卷9《上吕相公并呈中丞诸目》（知苏州时），第661页下。
[5] 淳祐《玉峰志》卷中《名宦》，收入《汇刻太仓旧志五种》，清末刻本，第13b—14a页。

王朝更迭之际，富户占田图私利，可能是导致水利兴事前"论者沮之"的实际情境。只要细读郏亶的水利书，就可以发现，吴越国的军事化水利并未长治久安，地方大姓和民人也并非安居于塘浦大圩的"高墙"当中。随着农作和聚落的发展，一股冲破冈身、堰闸的欲求变得势不可挡。譬如郏亶记述了10世纪后期冈身以东冈门水利被破坏的现象：

> 古者堰水于堙身之东，灌溉高田。而又为堙门者，恐水之或壅，则决之而入横沥，所以分其流也。故堙身之东，其田尚有丘亩、经界、沟洫之迹在焉，是皆古之良田。因堙门坏，不能蓄水，而为旱田耳。堙门之坏，岂非五代之季，民各从其行舟之便而废之耶？此治高田之遗迹也。[1]

至少可以推想，郏亶之"古制"是指吴越国前中期繁盛时的制度，而民人因贪图行舟之便毁坏冈门，是王国末年乱世失序所致。果真如此，等于同时承认，冈门水利在高乡农作聚落到一定程度之后，已经造成了交通的不便而变得难以维系。

清代常熟乡镇志《支溪小志》回顾古代冈身时还曾提到：

> 吴越时，通州为杨氏所据。钱氏置兵江上，水军往来不便，乃掘坏越多，冈身遂断。[2]

这段材料提醒我们重新思考吴越国军事与水利的关系：水利既得益于军事化的治理，同时也就必须服从军事行动的需要，10世纪冈身以东地区主要是在这样的机制下得到开发的。所以，11世纪以前的冈门横沥水利，不失为积极，却又不尽理想。

再看看低乡的情形，郏亶曾列举了11世纪大圩系统因田主与租户利益冲突、聚落间水利负担不均而继续被打破的事实，并分析了低

---

[1]（宋）范成大：《吴郡志》卷19《水利》，第266—267页。
[2]（清）顾镇编辑、周昂增订：《支溪小志》卷1《地理志·闾里》，乾隆五十三年（1788）纂，抄本，收入《常熟乡镇旧志集成》整理本，扬州：广陵书社，2007年，第181页。

乡聚落形式发展与古圩破坏之间的关系：

> 至钱氏有国，而尚有撩清指挥之名者，此其遗法也。洎乎年祀绵远，古法隳坏，其水田之堤防，或因田户行舟及安舟之便，而破其圩。（古者，人户各有田舍，在田圩之中浸以为家，欲其行舟之便，乃凿其圩岸以为小泾、小浜。即臣昨来所陈某家泾、某家浜之类是也。说者谓浜者，安船沟也。泾、浜既小，是堤岸不高，遂至坏却田圩，都为白水也。今昆山柏家瀼水底之下，尚有民家阶甃之遗址，此古者民在圩中住居之旧迹也。今昆山富户，如陈、顾、辛、晏、陶、沈等，田舍皆在田围之中。每至大水之年，亦是外水高于田舍数尺。此今人在田圩中作田舍之验也。）[1]

圩田区的村落发展常常就是这样的结果：许多以某家泾、某家浜等命名的小泾、浜突破了旧的大圩岸，虽然加剧了水患，却方便了行舟和停泊。如此一来，整体地势低洼的低乡村落定居点必然向相对高亢的圩岸靠拢。大圩古制的损坏并未就此终止，郏亶进一步列举了11世纪大圩系统继续被打破的缘由：

> 或因人户请射下脚而废其堤；或因官中开淘而减少丈尺（臣少时见大虞浦及至和塘，并阔三二十丈。累经开淘之后，今小虞浦只阔十余丈，至和塘只阔六七丈，此目所睹也）；或因田主只收租课而不修堤岸；或因租户利于易田而故致淹没（吴人以一易再易之田，谓之白涂田，所收倍于常稔之田，而所纳租米，亦依旧数，故租户乐于间年淹没也）；或因决破古堤、张捕鱼虾，而渐致破损；或因边圩之人，不肯出田与众做岸；或因一圩虽完，傍圩无力，而连延隳坏；或因贫富同圩而出力不齐；或因公私相夺而因循不治。[2]

---

[1]（宋）范成大：《吴郡志》卷19《水利》，第270—271页。
[2] 同上书，第271页。

不难推知，即使低乡真的建成绝对严谨的高圩，除非大圩成为独立的城堡式村落，并形成共同承担排水任务、共享圩中微高可耕田地的平等的共同体，否则高大的圩岸必定难以被长期维持，高圩狭水的水利设计其实很难在实际社会生活中得到贯彻，而郏亶很明确地指出，就算有一圩完好，只要傍圩不立，就全盘尽失。这也便是小泾小浜一旦开凿，很快便能取代大圩塘浦的道理所在。

郏亶站在官方施政的角度建言治水，被其视为违背古制的行为则恰恰反映了10—11世纪聚落发展和社会变迁的普遍趋势。太湖东南缘大筑塘路，促进了交通发展，导致太湖向东排泄水势减缓，低乡洼地加速淤淀。在这种有利的垦殖环境中，豪右占据上游河道水口，流民进入了上中游开垦洼地，高乡冈身一带也有一股开辟陆路交通、拓展农作聚落的趋势。这一时期，冲破冈门和堰闸，凿开大圩和老岸，成为愈演愈烈的趋势。

因此，从整体的高低乡开发来看，笔者更愿意将10—11世纪的太湖水利视为一个连续的开发过程。在这一过程中产生的技术经验，以及暴露出来的治水机制问题，到了11世纪的宋代水利和水学中才得到集中的总结和讨论。这些针砭时弊的讨论带有些许"托古改制"的味道，从而使得10世纪乃至更早之前的水利"光环"被不断放大。当然，笔者并不否认11世纪初期可能的"倒退"。入宋伊始，新朝对江南水利未加重视，水政荒疏，确实造成了许多本来便较为脆弱、需要日常维护的水利设施荒弃失修，出现水利倒退的面貌，这也就使得人们更加怀念"古制"。

在20世纪80年代，曾有学者对宋人记载的吴越钱氏水利的真伪表示怀疑，认为现存吴越时期直接记述水利情况的文献极少，北宋人记述钱氏水利说法纷纭，而且从未有人征引过任何吴越文献，以讹传讹，缺乏实据，北宋以后的学者多沿袭北宋人的片言只语，随意发挥。[1]

---

[1] 朱更翎：《吴越钱氏的水利》，收入中国水利学会水利史研究会、江苏省水利史志编纂委员会编：《太湖水利史论文集》(内部刊物)，1986年，第129—139页。

无论如何，我们先从"是古非今"的论辩中解脱出来，而从上述交通、营田等拓殖过程，去关注更多的 11 世纪水利的新问题。

郏亶之子郏侨也是一位水利学家，他本乎家学，增以己见，力图找出 11 世纪水利倒退的症结。郏亶所述民人扒开大圩、突破冈门还只是局部现象，更大冲击其实是来自宋以后漕运工程的实施。郏侨在其水论的开篇便鲜明地指出：10 世纪末的端拱年间（988—989）是水利倒退的开始，从那以后，宋廷将江南漕运的地位凌驾于治水之上，尽失水利古制，废置治水专官。11 世纪初年，外来治水官员不得江南水利要领，难以奏效。[1]

北宋前期，朝廷重点关注与漕运息息相关的太湖东南缘塘路。大中祥符五年（1012），转运使徐奭就曾置开江营兵 1200 人，专修塘岸，南至嘉兴一百余里。塘路的修筑使得太湖以东的垦殖得到保障，天禧年间（1017—1021），江淮发运副使张纶曾与郡守在昆山、常熟疏导积潦，"复岁租六十万斛"。在天圣元年（1023），苏州曾遇大水，太湖外塘遭损坏，出海支渠湮塞。朝廷诏令徐奭等官员自苏州葑门到吴江平望以南，"筑土石堤九十里，起桥梁十有八。浚积潦，自吴江东赴海，复良田数千顷，流民得自占者二万六千家"。[2]

11 世纪的治水着眼于修塘路、保漕运、复民田、保租税，并非长远规划。明确这一点，就不难理解，为何景祐年间范仲淹高瞻远瞩的全局治水策略难以被政坛接受，所以，范公没能在低乡整治水利，只能疏通茜泾等高乡出海大浦。此外，经范仲淹谋划，宝元元年（1038）由两浙转运副使叶清臣所完成的盘龙汇裁弯取直，疏浚沪渎泄水入海的工程，其实施的主要原因在于"豪右据上游，水不得泄，民不敢争，清臣请疏盘龙汇、沪渎港入于海"。[3] 也就是说，随着吴江塘路抵御太湖来水的功能增强，太湖以东的出水通道在上游一带逐渐被地方豪右占垦，导致水势渐弱，中游无法抬高水位，于是排水不畅。然而从民众到治水官员都不能阻止这种趋势，只能尽力疏浚中游

---

[1]（宋）范成大：《吴郡志》卷 19《水利》，第 281 页。
[2] 洪武《苏州府志》卷 3《水利》，第 190、198 页。
[3]（宋）范成大：《吴郡志》卷 25《人物》，第 373 页。

通往高乡的河道，实属权宜之计。这一水利隐患在庆历长堤和长桥修成后演化为更加突出的矛盾。

天圣初年徐奭筑堤已经拉开了吴江塘路增建工程的序幕。庆历二年（1042），由于"松江风涛，漕运多败官舟"，官府在吴江塘路基础上筑成了八十里吴江长堤，"界于江、湖之间。堤东即江，堤西即湖"，"益漕运，其口蓄水，溉田千余亩"。[1] 庆历八年（1048），位于吴江县城与长堤之间的吴江长桥（利往桥）修成，该桥"东西千余尺，用木万计……前临具区，横取松陵……桥成，而舟楫免于风波，徒行者晨暮往归，皆为坦道矣"[2]，吴江长堤与后来同样筑以土石的荻塘连为一体，成为太湖东面和南面的有力屏障。然而，吴江长堤和长桥筑成后造成的松江水势软缓、低乡水患渐增的局面，引起了许多官员和水利学家的讨论和批评。

苏轼在元祐六年（1091）任杭州知府时，曾向朝廷举荐水利学家单锷的水利书，他在《进单锷〈吴中水利书〉》中，对11世纪下半叶水利环境的变化进行了总结。[3] 他认为长堤挽路虽然达到了方便漕运和交通的积极目的，却直接地促使了水流环境迅速恶化。苏轼的论断出自单锷的水学论述。单锷（1031—1110），宜兴人，嘉祐五年（1060）中进士，其水利学说因为苏轼的举荐得以传世。据苏轼称，单锷得第之后"不就官，独乘一小舟，遍历三州苏常湖水道，经三十年，一沟一渎无不周览考究"。[4] 单锷的水学集中于太湖以西的入水和以东的排水两大方面，他没有大篇幅地讨论水利的古制，而是聚焦于11世纪特别是11世纪中叶以来苏州、常州、湖州地区的水利变化对地方开发的影响，如其所言："较旧赋之入，十常减其五六，以日月计之，则水为害于三州，逾五十年。"[5]

---

[1]（宋）范成大：《吴郡志》卷19《水利》，第286页。洪武《苏州府志》卷3《水利》，第199页。

[2]（宋）朱长文：《吴郡图经续记》卷中《桥梁》，第26页。

[3]（宋）苏轼：《进单锷〈吴中水利书〉》，附于（宋）单锷：《吴中水利书》，《景印文渊阁四库全书》，台北：台湾商务印书馆，1986年，史部地理类，第576册，第13页下。

[4]（宋）单锷：《吴中水利书》，第14页上。

[5] 同上书，第3页上。

单锷的水学，重点就是要辩论利弊轻重问题，纠正他所列举的若干"偏"论。所以，他既肯定吴江长堤挽路对于漕运的意义，但同时批评其工程的负面影响，认为必须把长堤改建成可以疏水的千所木桥。他还提到，宋以前在太湖西北面有五堰工程，用以调节西水东泄，分级制流，减轻太湖的洪水负担。后来由于商人从宣、歙地区贩卖篿木东入两浙，为求通航之便，与官府谋划废去五堰，宋代没有及时修复五堰，导致夏季暴雨之时，太湖蒙受洪患。单锷认为，五堰之废和吴江长堤之筑是导致太湖西面入水和东面排水形势变化的关键。[1]此外，他还指出了朝廷为防止走漏商税而有意堵塞青龙镇安亭江的严重失误。[2]

单锷的水论具有很强的针对性，点明了11世纪下半叶围绕吴江长堤存废、五堰兴废、下游开江等问题的症结，即江南加速开发中经济获益与水利维护之间的矛盾。从单锷的叙述来看，要么是"州县惮其经营，百姓厌其出力，均曰'水之患，天数也'"，要么是如青龙镇那样人户情愿出钱，而"官吏未与施行"，水利系统进一步紊乱。[3]

在具体的治水策略上，单锷和郏亶均强调应根据太湖以东的高低地貌特质来实施治水，否则会事倍功半。譬如，在平原地区将河道裁弯取直，一般而言是有利于河道畅通的，但太湖以东地区则不同，由于高乡感潮，只有位于高乡的下游河道保持曲折，才有利于防止海潮倒灌，从而避免高、低乡的河道疏通后再度淤塞。[4]由此反观宝元元年叶清臣将盘龙汇裁弯取直，疏导低乡河道中游的积潦，其实是弄巧成拙。然而，在上游豪右占水口、中游滞水成患的情况下，只能用下游裁直的方法解燃眉之急。总体上，11世纪中叶官方的治水大都带有权宜色彩，因为在经济获益与水利维护相互抵触的条件下，水利整体统筹很难得到官方和民间的接受，而且整体水利治理还需要很高的成本。单锷也承认，他的许多工程策略"非官钱不可开"，于是水利统筹就更难落实了。

---

[1]（宋）单锷：《吴中水利书》，第4页上。
[2] 同上书，第8页上。
[3] 同上。
[4] 同上书，第7页。

郏亶早于单锷发表水论，并在熙宁年间得以一展宏图。郏亶是昆山太仓人，他在嘉祐二年成为入宋以后昆山第一位进士，初授睦州团练推官，知杭州于潜县，未赴任。熙宁二年，会诏天下陈理财省费、兴利除害之策，郏亶书陈水利役法盐铜酒五利，得到宰相王安石的赏识，郏亶还曾遣其子郏侨就学于王安石。[1]熙宁变法是一个全国性的革新运动，熙宁二年开始，在各地兴起了农田水利建设热潮。王安石对太湖治水也许别有一番感情，因为在皇祐年间（1049—1053），王安石曾被举荐来昆山参与治水。然而时任舒州通判的王安石尚未在朝坛占居要位，其细致谋划尚未能得到落实，颇有遗憾。[2]这大概是精通太湖治水的郏亶在熙宁五年得到王安石力挺，授司农寺丞提举，兴修两浙水利的重要前因。

在郏氏治水17年前，至和塘的修建曾历经波折才得以实现。显然，要落实郏氏的高圩狭水、高低兼治水利规划，需要更高的成本以及人力调动幅度。按照郏亶的设计，在高低乡南北一百二十余里、东西一百里的范围内，总共须开纵浦二十多条，每条长一百二十余里，横塘十七条，每条长一百余里，共计四千余里。每里须用民夫五千人，共计两千余万夫，分五年开河，每年用夫四百万，开河八百里。苏、秀、常、湖四州之民共四十万，其中三分之一为高田之民，令其自治高田，余下二十七万民夫每夫一年服役半个月，共计四百余万夫，可开河八百里。对于苏州五县来说，按户等分为五等，共十五万户，每户役七日，共得百万夫，然后从列为一到三等的五千富户中量财取钱，以供工食，用役五年。[3]假如只看郏亶计算出来的"平均"负担，似乎不甚繁重，但若以总体调度规模、持续时间以及牵涉的政区间统筹等方面而论，确实是一个难度极大的工程。不过，在王安石的支持之下，郏亶仍得以披挂上阵，大展手脚，而所到之处，却鸡犬不宁，据范成大所述："亶至苏兴役，凡六郡三十四县，比户调夫，

---

[1]（宋）龚明之：《中吴纪闻》[淳熙九年（1182）撰]卷3"郑正夫"条，收入《汇刻太仓旧志五种》，清末刻本，第5b—6b页。
[2]（宋）朱长文：《吴郡图经续记》卷下《治水》，第53页。
[3]（宋）范成大：《吴郡志》卷19《水利》，第268、273—274页。

同日举役,转运、提刑皆受约束,民以为扰,多逃移。"[1]

显然,地方上对此大役闻风丧胆,无法接受。从郏亶的设计来看,其摊派费用的方式带有抑制富户的味道,其征调民夫的原则又是划一处理,没有考虑具体地区的水利负担差异,因此难以被地方所接受。后来同为王安石所器重的沈括接替郏亶负责两浙治水,也因为触及苏州的参知政事吕惠卿等势要豪户的田产利益而受挫。[2]吕惠卿曾是熙宁变法班子的中坚,然而财富利害所在,对于同派的水利改革推行并未支持,反生阻挠,当时江南治水所牵涉的各方利益的复杂性,也可见一斑。其实,在沈括之前,郏亶之治水不到一年便草草收场的结果,也与吕惠卿的反对有较大关系:

> 亶至苏兴役,凡六郡三十四县,比户调夫,同日举役,转运、提刑皆受约束,民以为扰,多逃移。会吕惠卿被召,言其措置乖方。熙宁六年正月一日,有旨郏亶修圩,未得兴工。官吏所见不同,各具利害奏闻,人皆欢然。十五日,庭下方张灯,吏民二百余人交入驿庭,喧烘斥骂,灯悉蹂践,驿门亦破,亶幞头堕地,一小儿在旁,亦为人所击。前此,方尽遣诸县令,出郊标迁圩地。至是,诸令鸣铙散众,遂罢役。[3]

不可否认,郏亶的水论出发点——"治水先治田",确实有其吸引力。在当时湖田围垦兴起之时,郏亶其实对围垦表示支持,他论及苏州治水之"六失",其中最后一点便称:

> 苏本是江海陂湖之地,谓之泽国,自当漫然容纳数州之水,不当尽为田也。故国初之税才十七八万石,今乃至于三十四五万石,是障陂湖而为田之过也。是说最为疏阔。殊不知国初之逃民未复,今乃尽为编户,税所以昔少而今多也。借使变湖为田,增

---

[1] (宋)范成大:《吴郡志》卷19《水利》,第280页。
[2] (宋)李焘:《续资治通鉴长编》卷267,北京:中华书局,2004,第6556—6557页。
[3] (宋)范成大:《吴郡志》卷19《水利》,第280页。

十七八万为三十四五万，乃国之利，何过之有？且今苏州除太湖外，止有四湖，常熟有昆、承二湖，昆山有阳城湖，长洲有沙湖，是四湖者，自有定名，而其阔各不过十余里。其余若昆山之所谓邪塘、大泗、黄渎、夷亭、高墟、巴城、雉城、武城、夔家、江家、柏家、鳗鲡等瀼，及常熟之市宅、碧宅、五衢、练塘等村，长洲之长荡、黄天荡之类，皆积水而不耕之田也。其水之深不过五尺，浅者可二三尺。其间尚有古岸隐见水中，俗谓之老岸。或有古之民家阶甃之遗址在焉。故其地或以城，或以家，或以宅为名。尝求其契券以验，云皆全税之田也。是皆古之良田，而今废之耳。[1]

郏亶认为，变湖为田利于国计民生，而且有利于恢复许多因积水而废置的古代良田，总体上大有裨益。他的类似主张恰好也符合势家霸水占田的利益谋求。这大概是"朝廷始得亶书，以为可行"的初始原因。然而，从郏亶对高、低乡治水古制的理想化规划的推崇，以及对五代末到宋初水利紊乱原因的揭示，再到其将水论落实到施政，其失败其实也并非因为他空怀理想、不顾近利，而是因为其实施方案超出了地方的承受能力。也许是胜王败寇的逻辑作怪，郏亶的治水方案，也因实施未果而受到一些水利学家的质疑，单锷就曾批评郏亶先筑岸治田然后决水的做法："昔郏亶尝欲使民就深水之中垒成围岸。夫水行于地中，未能泄积水，而先成田围以狭水道，当春夏湍流浩急之时，则水常涌行于田围之上，非止坏田围，且淹浸庐舍矣，此不智之甚也。"[2]

显然，单锷的主张是先治水后治田。在漕运与治水的矛盾问题上，单氏认为，"若吴江岸止知欲便粮运，而不知遏三州之水，反以为害。又若废青龙安亭江，徒知不漏商旅之税，又不知反狭水道以遏百川"。[3]

---

[1]（宋）范成大：《吴郡志》卷19《水利》，第265—266页。
[2]（宋）单锷《吴中水利书》，第7页下。
[3] 同上书，第10页上。

单氏遵古治水的"固执",在他对熙宁八年大旱的考察中得到了强化。他首先是在无锡考察了运河水涸的情形,发现了联结运河和梁溪的将军堰乃是古人取梁溪之水补灌运河的重要工事,促成了邑侯恢复这一引灌工程,并获得成功。单氏更坚信"古人经营利害几一沟一浍,皆有微意,而今人昧之",正如当时范仲淹开河泄水,其实是抓住了苏州治水之要害——"患在积水不泄",然而谏官却反倒责怪范氏"走泄姑苏之水"。同时,他还利用大旱之时太湖水退数里的情形,考察了太湖沿岸滩地,发现"其地皆有昔日丘墓、街井、枯木之根,在数里之间。信知昔为民田,今为太湖也",由此便可以理解,"低下之田昔人争售之,今人争弃之"的根本原因,在于太湖之水无法顺利泄出,造成水患频仍。这便是单锷强调决水为先,主张改造吴江长堤成为千桥的根据。

11世纪中期的政治和经济情势,导致了这种吊诡的结局:郏亶的水论在此后相当长时期内被认为是江南治水的最佳指南,然而其治水行动却几乎是历来最失败的实践,并以一出闹剧告终。在某种意义上,单氏的水学比郏亶对当时的治水更具有针对性。不过,他同样没有解决郏亶治水难以为官民所接受的难题,而且反倒将治田放在第二位,因此苏轼的举荐未能奏效,而且当时适逢苏轼被李定、舒亶弹劾,卷入案端,因此单锷连实践的机会都没有获得,其结果更令人遗憾。

郏亶在晚年仍坚守自己的治水信念,他回到自己的家乡昆山太仓,在其所居西积水田称为"大泗滆"的地方,开垦了一片试验田,"如所献之说,为圩岸、沟洫、井舍、场圃,俱用井田之遗制,于是岁入甚厚,即图其状以献,且以明前日之法非苟然者,复召为司农寺主簿,稍迁丞,预修司农寺敕式,颇号完密,除江东路转运判官"。[1]郏亶在元祐初被委任为太府寺丞,出知温州,以比部郎中召,未至而卒,年六十有六,葬于太仓。诚然,郏氏的试验田获得了成功,他的理论得到了印证,其仕途晚年也算差强人意,然而,他的治水设计从

---

[1] (宋)龚明之:《中吴纪闻》[淳熙九年(1182)撰]卷3"郏正夫"条,收入《汇刻太仓旧志五种》,清末刻本,第6a—b页。

未在高低乡社会得到普及。

本章小结

斯波义信曾列举了唐宋时期长江下游地区重要的水利工程，并讨论了地域开发中心转移与水利组织的问题，他指出，唐代中期到宋代，水利工程的分布呈现了从江南西部丘陵高地地区向太湖以东平原集中的趋势。[1] 11世纪中叶高低乡水利和水学的发展，可以说是这一趋势发展的一种表现。郏、单这两位有代表性的水利学家的遭遇，又充分折射出11世纪水利和水学之间关系的更多面向。

11世纪是唐代以后高低乡水利和水学真正兴起的一个时代。正如后世方志所追溯的那样：

> 唐以后，漕挽仰给军国之费，宜有经营疏凿之论，而载籍亦皆轶之。吴越钱氏始究理水事，置都水营田使，募撩浅卒。迨宋天禧间，发江淮运使张纶疏五湖，导太湖入海。乾兴之积水害稼，遣职方郎中杨及督发郡兵疏导。天圣之水坏湖塘海渠，诏运使徐奭赵贺筑堤桥、浚积潦赴海。景祐则郡守范仲淹，宝元则转运叶清臣，庆历则通判李禹卿，至和则主簿丘与权，嘉祐则运使沈立，熙宁则编校雍元直，或疏陈浚治，或创议修筑，或奉诏经理，然皆一时相度，以祛民患，未有定论长策。[2]

宋天禧以后，三吴治水官员和水利学家感念古制，力求摆脱水患，而又"未有定论长策"，这便是朱长文撰写《吴郡图经续记》"治水"一门的时代语境。

从11世纪初开始，太湖东南缘大筑塘路，促进了漕运交通的发展，由此导致太湖向东排泄水减缓，也加速了低乡洼地的淤淀。在这

---

[1] [日]斯波义信：《宋代江南经济史研究》，第217—247页。
[2] 隆庆《长洲县志》卷2《水利》，《天一阁藏明代方志选刊续编》，上海：上海书店，1990年，第23册，第46—47页。

一大拓殖时期，官府以赋税为先导，不愿因水利统筹而抑制快速的开发，只希望通过权宜的局部治水应对水患，使得这些在11世纪以前已经零星存在的水利失序的现象，逐渐积聚为足以改变太湖以东地貌格局的趋势。这一趋势在11世纪中叶初步演化为一种显著的高低乡水利分离的格局，高低乡水利开始成为一个与江南开发前景密切相关的必须面对的治理问题，在学者和官员中得到讨论。

到了11世纪中叶，低乡地区如至和塘、吴江长堤和长桥等水利大工程相继完成，这些工程对推进低乡低湿洼地的开发有着重大意义。新的圩田垦殖也开始得到官方的大力提倡和重视，据朱文所述：

> 转运使王纯臣建议，请令苏、湖、常、秀，修作田塍，位位相接，以御风涛；令县令教诱殖利之户，自作塍岸，定邑吏劝课为殿最，当时推行焉。其后论水者益多。[1]

显然，在嘉祐五年王纯臣建言之前，圩田开发还处于草创和分散的状态，开发动力在于地方独立垦殖的民户。单锷后来曾叙及圩田之制：

> 窃观诸县高原陆野之乡，皆有塘圩，或三百亩，或五百亩为一圩。盖古之人停蓄水以灌溉民田。以今视之，其塘之外皆水，塘之中未尝蓄水，又未尝植苗，徒牧养牛羊、畜放凫雁而已。塘之所创有何益耶？锷曰：塘之为塘，是又堰之为堰也。昔日置塘蓄水，以防旱岁。今日三州之水久溢而不泄，则置而为无用之地。若决吴江岸泄三州之水，则塘亦不可不开以蓄诸水，犹堰之不可不复也。此亦灼然之利害矣。苟堰与塘为无益，则古人奚为之耶？[2]

郏亶论及塘浦棋布的"古制"，点到了"圩田之象"，然似欠描述，

---

[1]（宋）朱长文撰：《吴郡图经续记》卷下《治水》，第54页。
[2]（宋）单锷：《吴中水利书》，第9页下—10页上。

也未确切辨明塘浦之岸是否即圩岸。由于在郏氏之前,范仲淹曾提及"江南旧有圩田,每一圩方数十里,如大城,中有河渠,外有门闸"[1],于是后世的许多水利学家干脆将郏氏所说的塘浦格局与大圩联系起来,认为郏氏提及的塘浦圩田古制即大圩普遍存在的格局。而在这里,根据单锷的叙述则可看到,圩田之制一开始应是始于太湖流域的高地,其圩制恰恰是后来学者所认为的五百亩以下的"小圩"。这种高地小圩与堰闸相配合,具有蓄水备旱的灌溉功能。到了11世纪,水流环境发生变化,吴江塘路之修筑,使得高乡塘河水位下降,小圩难以蓄水,小圩灌溉农作遂废。单锷认为,假如愿开吴江岸泄水,则高地圩田必须恢复。然而,实际的情况下,长堤不废,反倒使得低乡洼地加速淤垫,在低乡开发小圩田,并试图位位相接,抵御风浪,成为可能的垦拓策略。1060年王纯臣的建言得到采纳之后,组织大规模的圩田开发关系到官员的考成,这便是"论水者益多"的诱因,也或许就是郏亶等水利学家在推重吴越军事化开河排涝的基础上,进一步塑造隋唐五代时期高低乡塘浦圩田营作的古制盛迹的诱因。

11世纪中叶之后,有两个促使水学发展的事实,一个是吴江长堤在庆历以后,对水环境造成的越来越明显的负面影响,一个是熙宁变法期间郏亶在江南治水的失败,以及熙宁八年的大旱。这两者引起了水利学家对漕运先于疏泄、治田先于治水等功利治水方针的质疑,以及对局部治水权宜应对的批评。单锷的水论是这些质疑和批评的综合体现,其水论旨在应对11世纪中叶出现的水利紊乱的问题,具有很强的时代性和针对性。

单锷和郏亶遭受的挫折和失败,一定程度上受到当时党派斗争的牵连,但主要还是受制于11世纪江南经济发展和社会变迁的情势。官府财赋至上、权宜治水的方针,以及地方围垦盈利的财富诉求,使得郏亶"治田"之策被拥护,而"治水"之务被旁置。从高低乡整体

---

[1] (宋)范仲淹:《上仁宗答诏条陈十事》,收入(宋)赵汝愚编,北京大学中国中古史研究中心校点整理:《宋朝诸臣奏议》卷147《总议三》,上海:上海古籍出版社,1999年,第1672页。

的水利环境变化来看,郑璋所倡导的高低兼治,单锷强调的以泄水为要务,正是源于当时高低乡加速垦殖而泄水受阻、高低水利逐渐分离而不协调的开发情势,正如郑璋描述的那样:高乡稍得雨润则低乡苦涝,高乡遭受大旱则低乡幸熟。[1]这种情形也许是最极端的情况,但11世纪高低乡水利分离而未能统筹的普遍面貌也不难想象。这便是11世纪水利学家们深感不满并试图改造的一种格局,高低兼治的水利统筹规划成为他们向往的蓝图。

11世纪中叶高低乡进一步开发,水环境迅速变化,这便是苏轼所说的"父老皆言,此患所从来未远,不过四五十年"[2],即水患加剧的一个时期。11世纪下半叶,限于当时经济开发利益压倒一切的政策环境,水利学家无法实现他们的治水抱负,他们所勾勒出来的10世纪乃至以前的水利古制,则继续成为11世纪以后太湖地区治水的最高理想,也是从未实现过的理想。单锷的水利要论当时没有得到采纳,而是到了15世纪才被实践。[3]

总体看来,11世纪的水学是水利事业推动下理论发展的结晶,这种托古改制、创新求变的水学,是高低乡水利格局逐渐成形的体现,而且对11世纪以后的水学和水利产生了深远的影响。

---

[1] (宋)范成大:《吴郡志》卷19《水利》,第271页。
[2] (宋)苏轼:《进单锷〈吴中水利书〉》,第13页下。
[3] 按:《四库全书总目提要》便指出,明永乐年间夏原吉疏吴江水门,浚宜兴百渎,正统年间周忱修筑溧阳二坝等后代的水利工程,都是采纳了11世纪单锷的水说。

第二章 12—15世纪高低乡水利格局的演变

本章将离开朱长文的时代,继续追述11世纪以后高低乡的开发史。在启程之前,不妨重温朱长文在"治水"门中乐观而充满期待的结语:

> 范公之迹固未远,求其旧而缵其功,不亦善哉?至于群言众说,各有见焉,择其可行者,裁而行之,斯善矣。夫事有兴于古人,而废于后世,有遗于前代,而补于来今。苟为古人所兴者勿废,前人所遗者必补,则何利之不成,何病之不柅哉?[1]

11世纪以后的江南水学,确实可以用"择其可行者,裁而行之"来概括其特点。因为后世水学并无明显的理论突破,基本上只是在11世纪的范仲淹、郏氏父子、单锷等各家水论的框架内进行择取和发挥。12世纪比较有影响力的水利学说首先是政和年间(1111—1117)赵霖的水学,其治水三策分别为开治港浦、置闸启闭和筑圩裹田。赵霖在12世纪初年得到朝廷信任,得以一展身手,这与11世纪后期苏州治水形势的变化有直接关系。熙宁年间郏亶和沈括的治水均以失败告终,熙宁八年(1075)的大旱引发了不少水利学家和官员的反思和讨论。熙宁后的元丰年间,苏州治水出现转机,在元丰六年

---

[1] (宋)朱长文撰:《吴郡图经续记》卷下《治水》,第55页。

（1083），枢密院裁定苏州设开江兵八百人，专治浦闸。宋徽宗即位伊始，在建中靖国元年（1101）采纳了言臣的意见，"愿推广元丰修明水政"，在崇宁年间（1102—1106）令苏州开河。[1]

12世纪初年，不少官员对苏州治水的态度较为现实，他们并不拘泥于所谓高地、低地水利兼治的古制，而是着眼于解决当时低乡积水不泄、高乡渐失潮灌的困境，在全盘统筹未能实现的情况下，主张便宜行事，开江兴利。譬如，在大观元年（1107），中书舍人许光疑在上奏中便明确提出，面对苏州水患，"莫若开江浚浦……开一江有一江之利，浚一浦有一浦之利"。在他的推动下，大观三年（1109）两浙监司委任专员，"置十九师"，重点疏浚了吴淞江。紧接着，在政和初年，提举常平徐铸"修松江堤，易土以石。辟常熟水田数百顷，为之疆畎"。[2]这种虽不完善却不失为积极的治水施政，显然收到了可观的效果。在政和六年（1116）四月，朝廷进一步推动了苏州治水，令郡守庄徽委任户曹赵霖在苏州讲究水利，并在九月份差赵霖出任两浙提举，措置兴修。其时"水患日久，占压良田甚多"，而且九月份已"去农隙月分不远"，因此赵霖"疾速发赴新任"，领受御笔，得以节制诸路监司州县官员。[3]这便是赵霖治水的时势机缘。

在理论框架上，赵霖的水学继承了11世纪范仲淹关于筑堤、浚河、置闸的"三合一"水论，不过从内容上看，其表述透露出新的水利问题。朝廷在政和六年（1116）委任赵霖治水的出发点很明确，即开浚三十六浦并置闸，在11世纪中叶，通过疏浚东北大浦权宜泄水的做法一度较为流行，12世纪初年则增添了"置闸"这一突出内容。在赵霖之前，郏亶之子郏侨已经指出了只知开浦不知置闸所带来的长久之患，他分析了11世纪开浦的两重失误：首先是在高乡开浦时，由于没有按照高低地貌来调整开挖的深度，导致开浦后高乡河床仍高出低乡许多，不利于低乡积水通过大浦东泄高乡；另一方面，官方在

---

[1] 洪武《苏州府志》卷3《水利》，《中国方志丛书》，台北：成文出版社，1983年，华中地方第432号，第203—204页。
[2] 同上书，第205页。
[3] （宋）范成大：《吴郡志》卷19《水利》，第287、290—291页。

开浦后没有加以管理，高乡浦口虽然曾置堰闸限制浑潮淤浦，然而地方豪强贪图潮灌之近利，不随潮势启闭堰闸，从而加剧了高乡大浦的淤塞。[1]到了12世纪赵霖治水时，这种趋势愈发明显，据赵霖所述，昆山和常熟两县大浦的淤塞，就与两县滨海、沿江一带即高乡地带的农垦有直接的关系。冈身及濒海地区为防咸潮，改闸为坝，沿江地区则沿浦开沟，截取回潮之水，种种举措导致了潮水回流不畅，浑沙沉积于高乡浦身，淤高河床，这也就进一步阻碍了低乡向东泄水。[2]明晰了这种状况，就不难理解为何官府在这一时期下力整治东北大浦了。

赵霖的水论是以调查报告的形式上呈朝廷的，其中根据朝廷下达的治水重点，集中论证了置闸的必要性和整体安排，赵霖也由此被后世不少水利学家奉为置闸专家。[3]12世纪初官方的开浦置闸，还有另外的利益考量，从赵霖所陈置闸之"五利"中可见一斑：

> 港浦既已深阔，积水既已通流，则泛海浮江货船木筏，或遇风作，得以入口住泊；或欲住卖，得以归市出卸，官司遂可以闸为限，拘收税课，以助岁计。[4]

据此可知，12世纪初东北港浦的发育，为苏州通往江口海港的航运货运提供了便利的水道，开浦置闸其实也关乎税课征收，因此官方也乐于兴工。上述诸多因素造就了12世纪初年即北宋末期治水事业的兴起，赵霖在治水任上得到行政上的保障和支持，譬如在苏州置居辟官，以水利职事作为考课内容，设置堰闸官，又得以在昆山、常熟添置县丞协办水利等等。赵霖在宣和元年到二年（1119—1120）治水期间，前后开修一江、一港、四浦、五十八漊，修筑常熟塘岸并随岸开塘，成绩斐然。在开河期间，朝廷进一步指派赵霖在常熟县常

---

[1]（宋）范成大：《吴郡志》卷19《水利》，第283页。
[2] 同上书，第288页。
[3] 参王建革：《宋元时期太湖东部地区的水环境与塘浦置闸》。
[4]（宋）范成大：《吴郡志》卷19《水利》，第289页。

湖、秀州华亭泖一带修凿泾浦，筑岸围田。

在赵霖治水之时，低乡圩田开发仍未有明显的推进，赵霖认为，在开浦置闸的基础上，可以有一番建树：

> 尝陟昆山与常熟山之巅四顾，水与天接。父老皆曰，水底十五年前皆良田也。……今若开浦置闸之后，先自南乡大筑圩岸，围裹低田，使位位相接，以御风涛，以狭水源，治之上也。修作至和、常熟二塘之岸，以限绝东西往来之水，治之次也。凡积水之田，尽令修筑圩岸，使水无所容，治之终也。昨闻熙宁四年大水，众田皆没，独长洲尤甚，昆山陈、新、顾、晏、陶、湛数家之圩高大，了无水患，稻麦两熟，此亦筑岸之验。目今积水之中，有力人户间能作小塍岸，围裹己田，禾稼无虞。盖积水本不深，而圩岸皆可筑。但民频年重困，无力为之，必官司借贷钱谷，集殖利之众，并工戮力，督以必成。[1]

赵霖为筑圩制定了"三部曲"，其中，随着至和塘、常熟塘塘岸的修筑，在两塘之南的低田可避风涛，筑圩也具备了一定的可行性。另外，在嘉祐五年（1060）由于转运使王纯臣提出将开辟圩田作为官员考成指标的建言得到采纳，官府开始"教诱殖利之户，自作塍岸"。[2]从赵霖的叙述来看，这一倡导符合地方开发利益，颇见成效，有力人户能自作小塍岸，昆山的豪族更能作大圩，在大水之年得以护田保收。在这种利好趋势下，赵霖建议由官方出资，在低乡主持大规模圩田开发，尽力"取水底之地"，以期达到"积水之田""水无所容"的终极目标。

赵霖在官方的支持下，主持开浦置闸，治水围田，实质上拉开了12世纪高低乡农田水利开发的新序幕，而此时的宋王朝已是岌岌可危。1120年，也即赵霖治水后期，宋室与建立于1115年的

---

[1]（宋）范成大：《吴郡志》卷19《水利》，第291—292页。
[2] 谢湜：《11世纪太湖地区农田水利格局的形成》。

金国签订盟约共伐辽国,宋室惨败于辽军残部,将软弱的军力暴露于金国面前,七年之后的靖康之变令宋室一败涂地。建炎南渡,绍兴元年(1131)定都临安,三吴之地与国都毗邻,进入开发新时期。

后世多以"偏安江南"概括南宋的经略状态,也看到"偏安"对南方开发的推进。《宋史·食货志》就称"大抵南渡后,水田之利富于中原,故水利大兴"。基于这种"偏安"与水利的关系,元代学者任仁发将南宋与五代吴越国作比,认为南宋是江南水利开发的又一个高潮:

> 钱氏有国,亡宋南渡,全藉苏、湖、常、秀数郡所产之米,以为军国之计,当时尽心经理,使高田、低田各有制水之法。其间水利当兴,水害当除,合役军民,不问繁难,合用钱粮,不吝浩大,必然为之。又使名卿重臣,专董其事,豪富上户,簧言不能乱其耳,珍货不能动其心,凡利害之可以兴除者,莫不备举,又复七里一纵浦,十里一横塘,田连阡陌,位位相乘,悉为膏腴之产,设有水患,人力未尝不尽。遂使二三百年间水灾罕见。[1]

任仁发与11世纪的水利学家一样,塑造了横塘纵浦水利格局的美丽光环。南宋时期,开浦和围田继续成为太湖水利的两大主题,南宋的太湖水学,则围绕着围田利弊这一中心话题。近年来,王建革详细梳理了宋元时期太湖以东水环境的变化,并以此为主线,深入讨论了吴淞江流域由大圩向小圩田制的转变、由塘浦大闸向泾浜体系的过渡、耕作制度与农田景观的变化等一系列重要问题[2],基本理清了11世纪

---

[1](元)任仁发:《水利集》卷2《水利问答》,《四库全书存目丛书》史部第221册,据明钞本影印,济南:齐鲁书社,1997年,第82页下。
[2]王建革:《宋元时期太湖东部地区的水环境与塘浦置闸》,《社会科学》,2008年第1期;《水流环境与吴淞江流域的田制(10—15世纪)》,《中国农史》,2008年第3期;《宋元时期吴淞江圩田区的耕作制与农田景观》,《古今农业》,2008年第4期;《泾、浜发展与吴淞江流域的圩田水利(9—15世纪)》,《中国历史地理论丛》,2009年第2期;《吴淞江流域的坝堰生态与乡村社会》,《社会科学》,2009年第9期。

以后塘浦圩田水利格局演变的线索。本文在这些研究的基础上,着重分析水利、水学与社会之间的关系。

第一节　南宋低乡围田与东北东南浚浦

范成大(1126—1193)生活的年代,恰好是南宋王朝初期,也是赵霖治水后的一段时期。他曾作《〈水利图〉序》一篇,序中对赵霖治水三十年后农田水利的状况进行了讨论。据他在昆山一带考察,昆山低洼之地,数十年前十种九涝。自从赵霖疏浚吴淞江积潦之后,三十年来较少出现饥荒,但除了吴淞江沿岸得利,昆山境内"诸港颇有堙郁之处",范成大分析了此中原因,他认为浦岸失修,浑潮涌入,明显地导致了昆山诸浦淤塞不通。[1]由此又可推知,赵霖治水时虽然完成了疏浚江河的工程,但置闸之策始终未能普遍推行,因此,赵霖所指出的"里水不得流,外沙日以积"[2]的昆山水患的症结,三十年后依旧未能克服。

港浦淤塞,一遇暴涨,积水难排,在这种情况下,低乡圩田虽有获利之诱,然而举步维艰。范成大"尝躬耕昆山之东鄙",得知"其诸乡稻田濒积水处。自绍兴二十八年来,岁岁筑堤,随即漂没,民间拱手罪岁,归之天时",他又与老农商计,得知筑岸作堤的主要困难在于佃户无力自固塍岸,官府又不能在农闲时稍助工食,所以田地荒弃的现象经常出现。他形容当时的圩岸情况是"率去水二三尺,人单行犹侧足,其上既卑且狭,又坎坷断裂,累累如蹲羊伏兔"。[3]如此看来,赵霖想在低乡先教诱富户筑圩,其后全面推广位位相接之圩田的愿望,根本难以实现。

曾在绍兴年间任昆山知县的李结,在乾道六年(1170)曾呈献《治田三议》。他指出,绍兴十三年(1143)以来,苏、湖、常、秀

---

[1] (宋)范成大:《〈水利图〉序》,收入(明)姚文灏编、汪家伦点校:《浙西水利书校注》,北京:农业出版社,1984年,第40页。
[2] (宋)范成大:《吴郡志》卷19《水利》。
[3] (宋)范成大:《〈水利图〉序》,第39页。

等地屡遭水灾,"议者皆归积水不决之故,以为积水既去,低田自熟。第以工役浩大,事皆中辍"。[1]针对这种情况,李结试图以郏亶治田先于治水的功利思想,建议官方适当发常平义仓帮助地方开凿塘浦,利用开河之土筑堤。考虑到无水患之时,田户因水利受益不同而无法协调出力,他建议多在荒年以工代赈,招募民夫,因时协力,这就是李结的务本、协力、因时三议。显然,李结的水论也是吸取了11世纪水学的观点,而且都采用比较短效和权宜的观点。官方肯定了他的建言,但同样因为工费浩繁,只能采取晓谕的办法作一般号召。

12世纪中叶,官方既未能全面解决水利积弊,也没有禁止一些破坏塘浦圩田的行为。范成大在他的考察中发现,种菱有利于护堤固田,而且在江东大圩发挥了水土保持作用,但当时昆山低乡故有的菱葑却因军队牧马而受到破坏。[2]也许官方对种菱问题确实未曾了解,不知其利。但在范成大看来,疏水和作堤的益处则是显而易见的,州县官只需稍作实地调查,便可一目了然,然而始终未见治理。总体看来,在绍兴后期,水利环境仍然不容乐观。由于低乡水患频仍,实际上也难以形成稳定的垦殖聚落,农民常常奔走转徙,圩堤即使草创而成,也必定难以得到日常维护。官方对塘浦圩田式的低乡开发也有点不以为然。

12世纪中叶,低乡开发的焦点发生了转移,即从塘浦圩田转向了坝田和围田。

在绍兴二十三年(1153),谏议大夫史才已经明确指出了兵卒在低乡沿湖地区占据坝田的现象。[3]根据史才所言,似可推测范成大提及骑军牧马毁菱一事,恐怕是名指毁菱,实责占田。坝田围垦引起的水利矛盾,其实也不只发生在军田和民田之间。在绍兴二十九年(1159),平江知府陈正同曾到常熟县视察水利,他发现,经过11世

---

[1] (宋)李结《治田三议》,见于正德《姑苏志》卷12《水利下》,《天一阁藏明代方志选刊续编》,上海:上海书店,1990年,第11册,第853—854页。
[2] (宋)范成大:《〈水利图〉序》,第40页。
[3] 洪武《苏州府志》卷3《水利·坝田围田》,第220页。

纪多次的疏浚，通海港浦有畅通之利，然而在绍兴年间受到上游围湖造田的影响，港浦又受到浑潮之害：

> 旧来浦口虽有潮沙之患，每得上流浚淌，可以推涤，不致淤塞。后来节次被人户围裹湖瀁为田，认为永业。乞加禁止。户部奏在法，潴水之地谓众共溉田者，辄许人请佃承买，并请佃承买人各以违制论。乞下平江府明立界至，约束人户，毋得占射围裹，有旨从之。[1]

12世纪东北港浦的淤塞，再次说明了11世纪中叶后疏浚东北港浦的工程是治标不治本的。通海港浦上游地段的河口、湖荡被继续围垦，中游积水迂滞，下游无法冲抵浑潮，港浦于是加速淤垫。据陈正同的说法，当时围湖造田，其实有一部分得到了官府的默许，即所谓"公共溉田"。这种湖荡围田可以招佃垦种，但是没有圈定面积，于是人户常常伺机扩大围裹，并认作永业田地。

绍兴以后，越来越多的官员强调围田扩大的危害。例如，华亭进士、官至参知政事的卫泾曾撰《与提举郑霖论水利书》以及《论围田札子》二文，专门讨论围田问题。卫泾称："晓事以来，每见陂湖之利为豪强所擅，农人被害。"[2]基于这种亲身见闻，他比较直接地指出，围田之害的实质是豪右占田。南渡以后，"浙西遂为畿甸，尤所仰给"，由于江南平畴沃壤，"多江湖陂塘之利"，官府鼓励垦殖，于是，"豪右兼并之家既众，始借垦辟之说，并吞包占，创置围田。其初止及陂塘，陂塘多浅水，犹可也。已而侵至江湖，今江湖所存亦无几矣"。[3]对于绍兴后期围田渐增的趋势，卫泾从地方权势发展的角度进行分析：

---

〔1〕 洪武《苏州府志》卷3《水利·坝田围田》，第220页。
〔2〕 （宋）卫泾：《与提举郑霖论水利书》，收入（明）姚文灏编、汪家伦点校：《浙西水利书校注》，第50页。
〔3〕 （宋）卫泾：《论围田札子》，载（宋）卫泾：《后乐集》卷13《奏议》，《景印文渊阁四库全书》，台北：台湾商务印书馆，1986年，集部别集类，第1169册，第652页下。

绍兴末年，始因军中侵夺濒湖水荡，工力易办，创置堤埂，号为坝田。民田已被其害，而犹未至甚者，潴水之地尚多也。隆兴、乾道之后，豪宗大姓相继迭出，广包强占，无岁无之。陂湖之利，日朘月削，已亡几何，而所在围田则遍满矣。以臣耳目所接，三十年间，昔之曰江、曰湖、曰草荡者，今皆田也。夫陂湖之水，自常情观之，似若无用，由农事言，则为甚急。陂湖广衍，则潴蓄必多，遇旱可以灌溉，江流深浚，则通泄必快。遇水不至泛溢，事之利害，岂不较然易知。州县监司所当禁戢。然围田者，无非形势之家，其语言气力足以凌驾官府，而在位者每重举事而乐因循。故上下相蒙，恬不知怪，而围田之害深矣。[1]

据卫泾回顾，像史才所说的兵卒占垦坝田的情况，始见于绍兴末年。隆兴、乾道（1163—1173）以后则开始出现豪宗大姓占据湖荡围田的突出现象。这些豪宗大姓多为当时所谓"形势之家"，官府无法撼动其利益。对于宋代的形势之家，或者称形势户，学界大体认为，"形势户"与主户、客户都是宋代赋役版籍的一种户口类别，形势户一般都是豪民，在地方上，兼并土地，逃避赋役。[2] 显然，12世纪后期江南的形势户的特权，在于获取围田垦殖之利，与地方官"上下相蒙"，造成围田之害因循续延。

在隆兴、乾道年间，已有一些有识官员试图落实围田整治，然而收效不大。隆兴二年（1164），陈弥作、沈度受命在平江沿海三十六浦。当时朝廷接受了臣僚的建议，即如果有围田妨碍开浦，就可以开掘，但同时也申明"如有未便事件，具状以奏"。乾道元年（1163），平江府知府沈度在浚浦工程中，一共开掘了"长洲、昆山、常熟营、围等田若干余亩"以通泄水势。当时开掘的围田有：

---

[1]（宋）卫泾：《论围田札子》，第654页。
[2] 尹敬坊：《关于宋代的形势户问题》，《北京师范大学学报》，1980年第6期；阮明道：《宋代的形势户》，《西华师范大学学报（哲学社会科学版）》，1981年第2期；王丽：《宋代的豪强形势户》，《天中学刊》，2008年第3期。

长洲□□御清治湖、围田一千八百三十九亩，益地乡尚荡围田一千五百亩，苏台乡元潭围田一千五百八十八亩，樊洪瀼围职田三百三十三亩，营田一千九百六十九亩，费村瀼围田一千六百六十二亩；昆山大虞浦围田二十六亩，小虞浦围田一百六亩，新洋江围田一百九亩，昆山九围田三十三亩，计塘围田二十六亩，六河塘围田一十三亩；常熟梅里塘围田二亩，白茆浦围田二百三十一步。[1]

乾道元年（1163）沈度开掘围田的数量和分布颇值得玩味。围田总数共七千六百多亩，数量并不大，所掘围田集中在长洲县。据此可以推知，当时围田集中在通海港浦上游水口，长洲县正处于上游地区，沈度重点开掘长洲围田，希望能加强上游排水的水势。处于东北港浦下游的常熟县，以及中游的昆山县，掘围规模则较小。揣度其中缘由，或许是因浚浦开围成本所限，而更为可能的，仍受"权势所梗"。[2]因为在隆兴、乾道以后，浙西围田已经成为比较普遍的弊端，昆山特别是淀山湖一带更是浙西围田危害最大的地区。卫泾曾慨叹道，数十年来，淀山湖一带的围垦者，"大半无非豪右之家，旱则独据上流，沿湖之田无所灌溉，水无所通泄。旁湖被江民田，无虑数千顷，反为不耕之地。细民不能自伸，抑郁受弊而已"。[3]淳熙年间（1174—1189），提举常平官罗点便直指淀山湖围田隔绝泄水之路，在旱岁围田得利，而下游民田便失灌溉，恶果易见。[4]淳熙年间（1174—1189）的围田扩张，引起了朝野的重视。卫泾曾回顾并列举了朝廷在绍兴二十八年（1158）至淳熙十一年（1184）颁布的一系列限制围田的条令。（表2）

---

[1]　洪武《苏州府志》卷3《水利·坝田围田》，第221页。
[2]　（宋）卫泾：《论围田札子》，第655页下。
[3]　（宋）卫泾：《与提举郑霖论水利书》，第50页。
[4]　（宋）罗点：《罗文恭公乞开淀湖围田状》，收入（明）姚文灏编、汪家伦点校：《浙西水利书校注》，第48—49页。

表2　12世纪两浙禁垦围田相关条令

年 份	内 容
绍兴二十八年（1158）	诸路如有承买潴水地者，悉与改正。
乾道五年（1169）九月	凡系积水草荡，今后并不许请佃。虽陈乞拨赐，亦许守臣执奏。
淳熙三年（1176）六月	应停蓄水河道有湮塞壅遏去处，照旧来界至悉行开掘，仍每岁巡察。
淳熙三年（1176）六月	诏两浙漕臣及提举常平官，并逐州守臣常切觉察。如官、民户及寺观围筑田亩，填塞水道，具名以闻。
淳熙三年（1176）八月	州县辄敢给据与官、民户及寺观买佃江、湖、草荡，许人户越诉，重置典宪，仍委监司纠劾。
淳熙八年（1181）七月	令浙西诸郡约束属县，如有给据官、民户买佃江、湖、草荡围筑田，许人户越诉，置之重宪，仍委监司纠劾。
淳熙十年（1183）四月	凡有陂塘，自令下之后尚复围裹，断然开掘，犯者论如法，给据与不告捕者并坐罪。
淳熙十一年（1184）八月	诏浙西诸郡应官民户，旧来围田去处明立标记，给榜晓谕，不得于标记外再有围裹。

资料来源：(宋)卫泾：《论围田札子》，载(宋)卫泾：《后乐集》卷13《奏议》，《景印文渊阁四库全书》，台北：台湾商务印书馆，1986年，集部别集类，第1169册，第652页下。

据表可见，淳熙年间（1174—1189）围田禁令明显增多，当时不仅有官、民户围筑江、湖、草荡，也有寺观加入了围垦热潮，这些围田一经围筑，豪户马上买通官府，获得买佃凭据，得以坐享丰腴。卫泾还指出，这类围田多处于"荒僻之乡"，形势户又在这些地区建立庄舍，让佃户聚居垦作，围垦之时，常常伺机侵蚀民田。所谓佃户，其实大多也是无赖恶少或者逃刑罪犯，因此，豪户的围垦行为同时也危害了地方的治安[1]，当时也有不少官员出于地方治安问题反对围田扩张。淳熙三年（1176）官府连续颁布了三个法令限制围田，并委任两浙漕臣及提举常平官巡查汇报。这一政策趋向，便是淳熙中罗点得以申请整饬淀山湖围田的背景。

然而，条令虽具，开掘围田的具体实施相当滞后。卫泾指出上述

---

[1] (宋)卫泾：《论围田札子》，第653页下。

诸条令都是"匾榜大书，人所共睹"，其他具体的条令案牍"当不止此"，然而围田之弊屡禁不止。直到卫泾著写文札的13世纪初，官、民豪户以及寺观围田六十年间未曾禁罢，易名请佃、围外增围、开而复围、易围为荒的现象更是愈演愈烈，卫泾担心，连当时剩下的作为潴水备涝之用的湖泽都被围垦成田。[1]如此看来，淳熙中罗点主持开掘与淀山湖通泄最为相关的山门溜五千余亩围田，使得其后八年虽有小旱，但不足为灾，这已是难得一见的有效治理工程了。卫泾认为，官府疏于治理，除了苟且因循，畏惧权势，还错在贪图围田增租而抛弃水利之大局的短视行为。到了12世纪末，许多湖荡已经成田，对低乡港浦泄水造成不利影响。淀山湖原名薛淀湖，由白蚬、马腾、谷、玳瑁四片小湖组成，据绍熙四年（1193）《云间志》记载，到了12世纪末，"如白蚬湖皆成围田，湖之四旁亦有筑堤为田者，岁有水潦，则潴水者益狭矣"。[2]据《宋会要辑稿》载，淀山湖原阔四十余里，潴泄九乡之水，而在淳熙年间，"被人户妄作沙涂，经官佃买，修筑岸塍，围裹成田，计二万余亩"。[3]同一时期，与昆山界邻的华亭县，围田占垦现象也十分突出，原有湖荡如锜湖"皆为芦苇之场"，莺窦（一作脰）湖、来苏湖、唳鹤湖、永兴湖则都已"未详所在"。[4]

图9为洪武《苏州府志》绘制的宋平江府境图，虽然该图是近二百年后之作，对河道水系未加详绘，但对湖荡分布则有明确标称。图中未画出淀山湖，对莺脰湖则只存其名，不绘其形（见图中方框处），可见14世纪的撰志者对宋代围田导致湖荡消亡有着较为清晰的认识。

另外，据此图也可略知吴淞江中游已经浅狭，未有东西贯通之主河道，南面的盘（蟠）龙江水系则有壮大的趋势，黄浦江也是在这一时期前后开始发育的，后面各章节还将作讨论。导致这种水系变化的原因较为复杂，其中低乡的湖田围垦也是重要的因素。

---

〔1〕（宋）卫泾：《论围田札子》，第655页。
〔2〕绍熙《云间志》卷中《水》，《宋元方志丛刊》，北京：中华书局，1990年，第2册，第34页。
〔3〕《宋会要辑稿》卷11109《食货》61之129（淳熙十一年十一月三日诏），北京：中华书局，2006年，第5938页上。
〔4〕绍熙《云间志》卷中《水》，第34页。

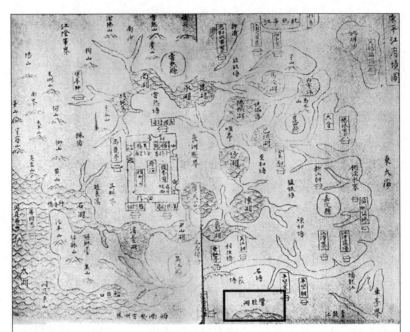

图片来源：洪武《苏州府志》卷首《图》，日本静嘉堂文库藏本。见于［日］冈崎文夫、池田静夫：《江南文化开发史：その地理的基础研究》，东京：弘文堂书房，1943年，第62页。冈崎文夫、池田静夫在图后注释称，洪武《苏州府志》所列历代苏州地图，宋以前未绘水道、湖泽，宋代府境图则有所标示，这表明了宋代浙西走向开发。

图9 宋平江府境

  南宋初期，特别是12世纪中叶，浙西水利的总体弊病，在于围田之害屡禁不止，反趋增拓，通海港浦中游积潦、下游淤淀，朝廷治水再次延续了北宋末年的策略，即开浚东北出海的港浦。由于开浚松江难度已经很大，在绍兴二十四年（1158），大理寺丞周环曾建议将东北常熟大浦白茆（茅）作为泄水首选。[1] 五年之后，周环与转运司赵子潚、知府蒋璨，希望恢复常熟三十六浦之古制，从常熟东栅至雉浦入丁泾，开福山塘，自下泾口至尚墅桥，北注大江，分杀水势。周环对东北港浦的重视，影响了后继治水官员的决策。前面提到隆兴二年（1164），陈弥作、沈度在平江开沿海三十六浦，正是受此

---

［1］ 洪武《苏州府志》卷3《水利》，第207页。

影响。这一开浦工程用工三百二十二万夫役,钱三十三万七千贯,米九万六千七百石有奇。从乾道到淳熙年间,官府还增置了巡检寨,维持高乡港浦畅通,尽量减少浑潮淤垫。[1]

在乾道年间,官府还加强了对东南通海港浦的治理,以缓解吴淞江中游、淀山湖一带围田扩张所造成的湖荡、水道湮塞问题。例如,乾道二年(1166),转运副使姜诜重开顾会浦,并张泾置堰闸防止东南浑潮涌入。乾道七年(1171),秀州知州丘宗修华亭濒海十八堰,"移新泾堰于运港(所谓运港大堰)",并在乾道九年(1173)置监堰官于亭林。[2] 顾会浦是华亭县境内经青龙镇沟通吴淞江的重要塘浦,在北宋庆历年间苏州地区治水工程兴起时,华亭知县钱贻范就开浚了顾会浦故道,恢复其航运和灌溉功能。[3]一百年后,到了南宋绍兴年间"河久不浚,而沦塞淤淀,行为平陆",通判曹泳又在绍兴十五年(1145)重开了顾会浦。[4] 隆兴、乾道以后,围田激增,"巨家嗜利,因岁旱干,攘水所居以为田,则虽以邻为壑而不恤,既潴水之地益狭"。华亭不少地区旱失灌溉,潦苦迂缓。乾道年间,在转运副使姜诜等官员主持下,官方将顾会浦开成所谓"通波大港",并试图在置闸基础上广浚东南港浦,恢复华亭濒海十八堰的水利系统,以达到"西北积水顺流以达于江,东南盐潮自无从入"的理想水循环。[5]此外,当时修复东南港浦堰闸,设监闸官,还出于防止私盐流通的目的。[6]

南宋后期,围田之害长期持续,无法根除。庆元二年(1196),户部尚书袁说友、户部侍郎张柳在上书中称:"今浙西乡落,围田相望,皆千百亩。陂塘淹渎,悉为田畴。有水则无地之可潴,有旱则无水之可戽。"[7] 到了淳祐十一年(1251)《玉峰志》编撰时,"豪家势户

---

[1] 洪武《苏州府志》卷3《水利》,第207—210页。
[2] 正德《松江府志》卷3《水下·治迹》,《天一阁藏明代方志选刊续编》,上海:上海书店,1990年,第5册,第163—169页。
[3] 至元《嘉禾志》卷20《重开顾会浦记》(庆历三年),《景印文渊阁四库全书》,台北:台湾商务印书馆,1986年,史部地理类,第491册,第169页下—171页上。
[4] 至元《嘉禾志》卷20《重开顾会浦记》(绍兴十九年),第171页上—172页上。
[5] 正德《松江府志》卷3《水下·治迹》,《许克昌华亭县浚河置闸碑》,第164—167页。
[6] 同上书,第169页。
[7] 《宋会要辑稿》卷11109《食货》61之138,第5942页下。

围田湖中者大半，而江湖傍诸浦多为堰，以阻其流。由是水势不相入"，而且围垦之害已波及昆山重要的塘路至和塘。[1]淳熙年间官府曾重视维护塘路和至和塘[2]，至此几乎前功尽弃。到了13世纪中期的南宋末年，三江口地区多成围田，所存不过白荡，仅存其名，而百家瀼、大驷瀼之迹皆不可考。[3]

总体看来，在泄水格局转变的大趋势下，在12世纪中叶以后，朝廷对太湖下游东北、东南港浦的规划和经营，较之前代更加细致了，这一变化恰好处于围田激增的时期。理解开浦和围田这两个趋势同时出现的原因及其关系，可以从两个角度进行分析。

首先，低乡围田扩张，导致中游排水迂缓，下游东向港浦淤塞，因此不得不从东北和东南方向，取距江口海岸距离较短的港浦排泄，这与北宋时期东北开浦是同一种治水策略。

其次，须同时从赋税征收和治水成本角度看待开浦和围田的关系。南宋时期江南户口增加，加速开发，粮食和土地需求上升，物价上涨，叶适（1150—1223）曾描述了12世纪后的这一趋势：

> 夫吴越之地，自钱氏时独不被兵，又以四十年都邑之盛，四方流徙尽集于千里之内，而衣冠贵人不知其几族。故以十五州之众，当今天下之半。计其地不足以居其半，而米粟布帛之直三倍于旧，鸡豚菜茹樵薪之鬻五倍于旧，田宅之价十倍于旧，其便利上腴争取而不置者，数十百倍于旧。[4]

梁庚尧认为，圩田、围田的扩张，正是南宋时期江南在户口增加的趋势下加速开发的表现。根据他的统计，南宋时建康府圩田占全府农地面积的16%，宁国府圩田占全府25%，平江府常熟县官田中有

---

[1] 淳祐《玉峰志》卷7《水》，第8a—b页。
[2] 正德《姑苏志》卷12《水利下》，第12册，第860页。
[3] 咸淳《玉峰续志》《山川》，收入《汇刻太仓旧志五种》，清末刻本，第1b页。
[4] （宋）叶适：《水心先生别集》卷2《民事中》，《丛书集成续编》，台北：新文丰出版公司，1989年，文学类第105册，第801页下。

四分之一以上是围田，嘉兴府华亭县的农地登记全以"围"为单位，绍兴府湖田租米占湖田米、秋苗米两项总数的五分之一。[1]围田之家除了日益增多的享有经济特权的官户，也出自一般的形势户，在米价、田价上涨的大环境之下，围田之利更显丰厚，前面提到的"形势户"围田，即表现之一。

许多官员也承认，围田之增尽管使水利系统更加紊乱，但确实给朝廷带来赋税的增收。在治水方面，据梁庚尧研究，无论是常平钱谷、郡县经费或者朝廷补助，南宋政府颇能投入水利建设资金，但经费并非充足。[2]前面提到，乾道六年（1170）李结献策治水，朝廷认同其策略，但因"工役浩大"，财力不支，只能诏由民间"有田之家"出资。13世纪中叶，当官府同时需要应对赋税和治水事业，不得不依靠围田增税，还常常劝谕占田的豪户出资治水，这便是地方官府之所以难治围占的难言之隐，也或许是围田豪户在占围买佃之余，必须承担一定的"交易成本"的道理。这样一种牵连关系，在13世纪后期江南归附元朝后亦然，任仁发在《水利问答》中曾录入一组问答，叙述了南宋末到元初浙西富户占田的实态：

> 议者又曰，富户田产所仰以为岁计者也，虽无行监促之使耕，督之使种，孰肯舍己之田为无用之物哉？不立行监可也。
>
> 答曰，浙西之田半非土著之户，往往寄产者，多皆是本处无赖之人营求管领。间有近理上户，每春修围浚河，自能给借佃户口粮，秋成尚且一本一利拘收。其或为富不仁之家，唯事侵渔，靠损贫佃而已。至于修浚，痛惜小利，如拔脊筋，官司若不严加督勒，谁肯发意出粮接济？何以言之？富户有田百顷，岁以收米万石为率，纵使一半无收，此年必荒歉，彼乃深藏闭粜。米价决增一倍，增亏相补，何损于他？及有管庄猾干，若主家田土淹没，未至一分，彼则花破大半，反益于己，所以不肯尽心于田

---

[1] 梁庚尧：《南宋的农地利用政策》，台北：台湾大学文学院，1977年，第131—146页；梁庚尧：《南宋的农村经济》，北京：新星出版社，2006年，第70页。

[2] 梁庚尧：《南宋的农村经济》，第154页。

畴水利之事。[1]

任仁发指出一个重要的事实,富户占田而不治水,尽管在灾荒年间田产收成或许受损,然而凭借囤积居奇,仍可在市场交易中获利。因此,浙西治水不可能完全自治化,而必须在官方监督下派役方可实施。但是,官府的财政下拨又不足以满足派役的费用,于是常常在富户处取办,任仁发解释了水利难以从长计议的原因:

> 今谓浚河、修围、置闸,有久远之利,朝廷废而不治者,盖募夫供役,取办于豪富上户,部夫督役责办于有司官吏,豪民猾吏,二者皆非其所乐为,所以构扇旁午,必欲阻坏而后已。朝廷未见日后之利,但闻目前之扰,奈何围湖占江豪富之徒,挟厚贿以赂贪官。成事则难,坏事则易,安能迄底于成?东坡亦云,官吏惮其经营,富户恶其出力,所以累行而终辍,不能成久远之利也。[2]

"州县惮其经营,百姓厌其出力"是北宋苏轼推荐单锷《吴中水利书》时所言,任仁发将之直接表述为"官吏惮其经营,富户恶其出力",他一针见血地点出:13世纪末的官方水利经营,实质上成了官府与富户之间的利益妥协。开浦和围田的矛盾并行,深刻地体现了宋元时期太湖以东地区水利开发的整体面向和社会机制。

在13世纪的高乡,地方豪强富户势力也常常成为官方施政的掣肘因素,在下编第七章关于嘉定设县的讨论中,这种现象的严重性也将显露出来。

第二节　元代淞江疏浚和浏河黄浦发育

南宋景定二年(1261),慈溪进士黄震(1213—1281)以吴县尉

---

[1]（元）任仁发:《水利集》卷2《水利问答》,第84页下。
[2] 同上书,第86页下—87页上。

摄华亭县事。黄震是一位比较重视实际，而且关心民生疾苦的官员和理学家，针对宋末浙西水利问题，他曾撰《代平江府回马裕催泄水书》，其水论可视为对宋末水利状况的总结：

> 南渡生聚益繁，各便己私。上焉之五堰，既以不便木簰往来而坏，江东数郡水尽入太湖矣。下焉之堽门、斗门，又为侧近勤耕而坏，昆山、常熟二县水反入内地矣。中焉之塘浦，则或因行舟及安舟之便而破其圩，或因人户请射下脚而废其堤，或因耕垦增辟而攘斥其旧来之浦。凡今所谓某家浜、某家泾者，皆古塘浦旧地。于是荡无堤障，水势散漫，与江之入海处适平，退潮之减未几，长潮之增已至……地之高下，非人力可移，沙之壅涨，非人力可遏，唯复古人之塘浦，驾水归海，可冀成功。然所费当几钱，所役当几人。大丰州县既无此事力，荒岁饿莩又无此人力，纵有之，又当历几时几日而成，乃欲救其目前之急，此泄水一说，未可仓卒议也。……古者治水有方之时，污下皆成良田，……近来围田，不过因旱岁水减，将旧来平地被水处，间行筑捺耳。就使围田尽去，水之未能速入海，自若也，何能遽益于事？[1]

黄震之水论显然宗范、郑之法，讲究高下兼治以及塘浦泄水。13世纪末期高低乡水利之失序情形，已经甚于北宋中期。较之北宋末期对水利的整治，南宋末年的官方水利事业可谓每况愈下。在地方上，高低乡的垦殖则进一步推进，高乡民人继续在旧的冈门、斗门水道"侧近勤耕"，低乡围田亦乐此不疲。针对这种形势，黄震还提出一个较独特的见解，认为不应将水利之荒废单纯地归咎于围田增辟，而应在治水费用不足的情况下，反思地方筑堤治河的动员机制，并将塘浦的浚治作为关键，否则即使掘去围田，仍难以驾水归海。其实，黄震

---

[1] (宋)黄震：《代平江府回马裕斋催泄水书》，收入(明)张国维编：《吴中水利全书》卷17，《景印文渊阁四库全书》，台北：台湾商务印书馆，1986年，史部地理类，第578册，第622—623页。

还担心一腔热血"大发工力",反而落得跟郑蒠一样的下场。他力图在13世纪富户围田与官方治水的利益制衡间找到突破点,但缺乏有效的落实措施,终究于事无补。其后,黄震被擢升为史馆检阅,在朝政中屡屡针砭时弊,终因得罪权臣而被贬。南宋灭亡后,黄震不食元粟,隐居鄞县宝幢山,据说后来绝食而死。[1]

浙西治水常常必须面对这样的矛盾,要么请得上峰,大胆兴工,对决权豪,要么权宜求近,迅速筹拨,一蹴而就,要么就是如黄震一样"量时度力",希图调和阴阳,局部改良。总之,长远规划、全盘治水只能作为理想,这也是11世纪水学在后世不断被追念的一个原因。

元代初年,总体水利情形继续走下坡路。太湖以东上游河口以及中游湖区的湖田坝田围垦继续进行。据杨维桢称:"至元二十八年,江淮行省燕参政言,浙西诸郡之水聚于太湖,湖有几处入海河道。有淀山湖者,富豪之家占据为田,以致湖水涨漫,损坏田禾。"[2]《元史·河渠志》则记载,元初中游的围湖导致下游泄水不敌浑潮而更加淤垫,淤垫的下游河口湖荡进一步被"势豪租占为荡为田",然而"州县不得其人,辄行许准,以致湮塞不通,公私俱失其利久矣"。至元三十年(1293)以后,朝廷曾对吴淞江在嘉定、上海两县的下游河道进行两次疏浚,但"稍得丰稔,比年又复壅闭,势家愈加租占,虽得征赋,实失大利"。[3]

元代初年,开浦和围田的矛盾依然妨碍着官方的治水决心,许多富户苛责水利废弛,实则有意掩饰围田获利的事实。基于赋税收益以及地方权势,12世纪末以后,围田拓垦势不可挡,然而"逆土之性"的后果是,水旱爆发的风险继续加大。在南宋末年特别是理宗朝,太湖以东下游河道的疏浚,有赖于地方驻军如魏江、江湾、福山水军,也算差强人意。入元后,"军散营废",至元末年的一次大水,曾使得淀山湖、太湖四畔的田地不可耕种,一些水利学者如昆山人潘应武便

---

[1]《宋元学案》卷86《东发学案》,《四部备要》,上海:中华书局,子部,第1029页上。
[2](元)杨维桢:《淀山湖志》,见于(明)张国维编:《吴中水利全书》卷18,第664页上。
[3]《元史·河渠志》卷65《志第十七上·河渠二》《吴松江》,北京:中华书局,1976年,第1636页。

呼吁恢复军事化疏浚，排导积水，他"随营田司官亲曾相视水势，与高年老农知识地理讲究，得淀山湖东大小曹港、斜沥等处，固是泄水尾闾，今为权势占据，卒难复旧。淀山湖北有道褐浦、石浦、千墩浦、小沥口四处，趣江颇近，水势顺便"。[1]他认为应首先开浚这四处河道，然后再续开东南港浦，则淀山湖地区之积水可以疏导。

元初围田造成的中游水患逐渐引起朝廷的重视，潘应武的"决放湖水"论正是应时之策，任仁发的《水利集》则是当时主流水论的集大成之作。任仁发（1254—1327），字子明，号月山道人，青龙镇人。他18岁举乡贡，究心水利。元兵南下，任仁发被委任招安海岛，立功后成为青龙水陆巡警官，后来被调派缮补大都水闸，又因疏浚河道有功被擢升为都水少监。黄河决口时，任仁发指挥抢救，率众筑堤，以固河防。晚年回到江南，朝廷令之主持疏导吴淞江。大盈港、乌泥泾等河流开江置闸，镇江练湖治理等，皆由其主事，后来官至浙东道宣慰副使。[2]任仁发的水学代表作为十卷本《水利集》，其中卷2《水利问答》不仅沿袭了范仲淹水论一问一答的辩述方式，而且继承了范氏浚河、筑堤、置闸的"三合一"水论。他并不认同郑亶以治田为上的观点，因为在13世纪后，水利重点已经不是"治田"，而是解决过度围垦造成的中游积水不泄、下游浑潮淤浦等问题。[3]因此，必须推崇范仲淹和赵霖，以浚河和置闸为前提，然后才能筑圩治田。任仁发认为，要普遍实现高低乡圩田兼治，必须由官方督促，由田主出口粮，由佃户出力，方可实现。[4]他较全面地洞察了13世纪末14世纪初江南水利的形势，试图在11世纪水学中梳理出有资于当时治水的对策。

吴淞江的疏浚是任仁发水论的一个重点，他认为，14世纪初太湖排水形势颇类似古代三江，即主要依靠东北、东南港浦及居中的吴

---

[1]（元）潘应武：《潘应武言决放湖水》，收入（明）姚文灏编、汪家伦点校：《浙西水利书校注》，第65—66页。
[2] 正德《松江府志》卷28《人物二·名宦》，第6册，第637—638页。
[3]（元）任仁发：《水利集》卷2《水利问答》，第81页下、84页下。
[4] 同上书，第87页下—88页上。

淞江泄水，通过疏导潴蓄，便可免于水患。然而，东北、东南两翼港浦在宋代历经疏浚，居中的吴淞江则始终未能得到官方组织的大规模的整治。即使有所治理，也只是采取对吴淞江中游如盘龙汇、白鹤汇等处进行裁弯取直，促使河道比降增加，流速增大，改善排水，尚不足以改变造成河道淤塞的趋势。在宋末元初，随着吴淞江河口段继续向东延伸，上游进水口萎缩阻塞，以及围田有增无减的发展，吴淞江的淤狭亦复如故。[1]在这种情形之下，吴淞江中游至淀山湖等处一带积水更无从顺导，中游多处河道紊乱，水势迂缓，而下游则缩狭严重。

在江南归附元朝之后，地方政府还曾"将太湖东岸水出去处，或钉木楹为栅，或壅土草为堰，或筑狭河身为桥，置为驿路。及有湖泖港汊，又虑私盐船只往来，多行栅断，所以水脉不通，清水日弱，浑潮日盛，沙泥日积，而吴松（淞）日就淤塞也"。[2]当时栅断长桥除了防止私盐运输，还有另一重要细节。据潘应武称，归附之后占据长桥南堍水口龙王庙一带，塞坝五十余丈，筑屋围垦者，相当一部分其实是军户，潘认为当务之急是"指定龙王庙基，谕令军户移入营内"，拆除长坝，"仍旧造桥相接"，保证水势下泄。[3]

至元末期，朝廷希图大浚吴淞江，以复宣泄，但实际上不得章法。六七年后，朝廷于大德二年（1298）立都水庸田使，麻合马嘉到任后，召集任仁发及地方水利专家商讨，才明白吴淞江两岸港浦之水不能入江注海，是上游吴江等处太湖出水口及淀山湖的围垦所导致的。[4]任仁发对此前自己的建言未被重视颇感遗憾："至元三十一年，大兴工役。奈所用不得其人，不知地里水势。当开者不开，合闭者不闭，是犹问盲者索途，指令北辕通楚，所以愈求愈远，虚劳民力，徒费钱粮，屡次赴官力行办明，多被毁辱。所开之河，欲导东流于海者

---

[1] 郑肇经主编：《太湖水利技术史》，北京：农业出版社，1987年，第40页。
[2] （元）任仁发：《水利集》卷2《水利问答》，第82页上。
[3] （元）潘应武：《复言便宜》，收入（明）姚文灏编、汪家伦点校：《浙西水利书校注》，第68页。
[4] （元）任仁发：《水利集》卷8《大德三年六月都水庸田使麻合马嘉议讲议吴淞江堙塞合极治方略》，第166页下。

反西流,浑潮带沙而来,不一年间,复行壅塞。"[1]

14世纪伊始的大德年间,元廷正式兴起吴淞江水利,希望解决太湖东面低乡的泄水问题,主要的工程陆续开展,直到泰定年间。元廷对江南水利的重视,与至元以后海漕体制的确立有关,海漕规模的发展,令元廷对江南财赋重地的经理更为重视,官府较明确地指出"每年海运的粮斛多在浙西,有吴淞江淤塞地面,若是有人种田,或别占着的,不拣什么人,休教阻当"。[2]设立水利专官都水庸田使,是大德年间兴事的第一步:

> 中书省奏,浙西水乡,田粮浩大,亡宋浚水治田另有专设,官府近年责付有司,此法废坠,有力之家占湖为田,民被水害。世祖皇帝特命兴修,俾水通流,官民有益,然河道田围,虽常修理,沿河上下,彼疆此界,州县不相统属,围内田土,别管佃户,民官不能勾摄,人力不齐,事功难就,拟设浙西都水庸田使司总行督责。[3]

中书省的意见较为明确,富户占田,州县不相统属,对局部的水利修缮尚且乏力,遑论如吴淞江及通海大浦等大河道的整治。大德年间立都水庸田使司专官,虽然授与其节制州县的权威,却并无调拨专款的权力。都监除了主持治水,还必须统管与浚河息息相关的派役问题,其实是一个系统的调整工程。江南归附后,江南围田主佃关系的复杂化,制约了治水的开展,官方很清楚地指出,当时浙西官田多是贫难佃户种纳,开春之时,无田主借贷,无官方存恤,必定难以完成筑堤固田之任务。基于这种状况,为维护官田的垦殖,官府对此类贫难佃户豁免里正、主首、催甲等职役杂差,保证在官府督责下贫户有力筑堤,以及在旱涝之时协力车水。另一方面,官方决定,"淀山、练湖、

---

[1] (元)任仁发:《水利集》卷4《武略将军前管领海船上千户任仁发窃谓》,第106页下。
[2] (元)任仁发:《水利集》卷1《大德八年五月中书省照会设立行都水监》,第74页下。
[3] (元)任仁发:《水利集》卷1《江浙行省添力提调》(大德二年三月),第73页下—74页上。

诸人占湖为田，顷亩所纳租已收入官。仰所在官司另行收贮，若合用修浚人工物料，从都水庸田使司募工支用。年终，行者通行考较"。[1]等于说，官府承认了富户占垦湖荡围田的既成产权状况，而通过围田纳租固定征收，作为都水庸田使司募工治水的费用。

大德立司，实际上是14世纪初官府针对已经凝固化的围田和治水的矛盾，作出了正式的机制调整，而不是如13世纪那样只作暧昧的妥协。六年后，行都水监设立，机制调整落实到治水：

> 大德八年夏五月，中书省准江浙行省咨任仁发言，吴松（淞）江淤塞，奏立行都水监，仍于平江路设置，直隶中书省。又命行省平章萨里提督疏浚。继降诏条云：修浚河道闸坝，合用一切物料，行省即于官钱内收买应付。又浙西苗粮户内起夫一万五千名，自备什物，每名工役一年，免粮一十五石。其军、站除赡役地外，依上科着。僧、道、也里可温、答失蛮不分常住，并权豪、官员不以是何投下不纳官粮之家，以地五顷着夫一名，从行都水监选委廉干官员，部夫督役。其有厘立事功、廉能称职者，行都水监具迹举明，其着夫人户杂泛差役，权行蠲免。[2]

朝廷此番诏令较为强硬，即使是权豪官员不纳官粮之家，都须按亩出夫，这无疑会触动地方权势的利益。王颋在研究中集中考察了大德以后朝廷历次疏浚吴淞江干流及支流的工程，他发现，大德中吴淞江这些规模较大而且较为全面的治理[3]，所得的也不过是数年之久的成果，至大到至治年间（1308—1323）的水患依旧频繁。[4]到了泰定初年，"通海沟港湮塞，军民、官豪、势户侵占水面，插莳芦苇，复为

---

[1] （元）任仁发：《水利集》卷1《大德二年都水庸田司条划》，第73页。
[2] 《立行都水监》，收入（明）姚文灏编、汪家伦点校：《浙西水利书校注》，第79页。
[3] 可参（元）任仁发：《水利集》卷4《大德八年江浙行省咨省都开吴松（淞）江》，第108页下—111页下；《大德十年六月行都水监照到大德九年十月二次开挑吴松（淞）江》，第113页下—117页下；《元代名臣事略·吴松（淞）江记》，收入（明）姚文灏编、汪家伦点校：《浙西水利书校注》，第80页，等等。
[4] 王颋：《元代的吴淞江治理及干流"改道"问题》，《中国历史地理论丛》，2003年第4期，第83—91页。

荡田。迩年水旱相仍，官民亏失大利"。[1]从泰定至至元初年（1324—1335），朝廷仍致力于吴淞江疏浚，复设都水庸田使司于松江，对年事已高、致仕在家的任仁发委以要职，并遵循其水论通过立闸和疏浚相结合，通过种种努力欲保吴淞江不失，但效果始终未尽如人意。[2]

其实，从上引诸多公牍的内容可看到，大德立司后治江难收良效，很多时候是由于部分官员与地方权势的颇多阻挠，导致水利工程在筹集经费和善后维护两个环节失去保障。11世纪以后，浙西水利每兴大役，几乎招致同样的"浮议"，前贤水学被后世举事者不断引证和继承的同时，水利失败的教训也被反对者不断作为反证的凭借。[3]任仁发认为，无论如何，立专司，进行专业化治水，势在必行，"愚民无知，但见一时工役之繁，豪民肆奸，又吝供输募夫之费，所以百般阻挠。但谓无益，以败乃事，殊不知浙西有数等之水，拯治方略皆不相同，非立专司，何能尽力责成办事？"[4]吴淞江开浚后，大德十年、十一年（1306、1307）连遭水患，面对反对者的质疑，任仁发只能称"归附以来二三十年所积之病，岂半年工役之所能尽去哉？"[5]颇显几分无奈。

王颋在研究中认为，元代整治吴淞江水系的关键失误在于，为求漕运通航之便，开拓吴淞江分流娄江及其支浦别浜。殊不知支流的变阔，意味着吴淞江常年流量的减少，自然会进一步导致浑潮的倒灌和泥沙的沉积。另一方面，尽管在吴淞江设闸，防止浑潮进入闸门内的河道，却不能阻止闸门外近段河道的迅速沉积。这就是元代力图整治吴淞江水系使之安流而最终失败的根本原因。他认为，任仁发的治水方针其实也犯了上述"错误"。[6]

任仁发之"失策"并非源于其不识水势大局，任仁发本来就力求

---

[1]（元）任仁发：《水利集》卷1《泰定元年十月中书省札付奏准开挑吴淞江》，第76页下。
[2] 参《泰定初开江》、《复立都水庸田司浚江河》、《至顺后水因闸患复开元堰直河》等篇，收入（明）姚文灏编、汪家伦点校：《浙西水利书校注》，第82、83、85页。
[3]（元）任仁发：《水利集》《浙西水利序》，第69页上。
[4]（元）任仁发：《水利集》卷2《水利问答》，第83页下。
[5] 同上。
[6] 王颋：《元代的吴淞江治理及干流"改道"问题》。

恢复三江泄水格局，他很清晰地指出"东南有上海浦、新泾泄放淀山湖三泖之水，东北则刘家港、耿泾疏通昆承等湖之水"这样的排水格局。[1]大德立司首次浚吴淞江之前，都水庸田使司就指出了吴淞江的痼疾："今太湖之水不流于江，而北流入于至和等塘，经由太仓出刘家等港，注入大海；并淀山湖之水，东南流于大曹港、柘泽塘，东、西横泖，泄于新泾；并上海浦，注江达海。"[2]尽管官方努力增强吴淞江干流的泄水功能，但当汛期来临，浅狭的吴淞江下游河道不足以排出积潦，就不得不依赖两翼疏导。此时期在东南、东北两翼中逐渐发育壮大的两条水道，便是浏河与黄浦。

黄浦江在元以前的发展，史载未详，黄浦之名首见于《宋会要辑稿·食货八》之载："华亭县地势南北高仰……东北又有北俞塘、黄浦塘、蟠龙塘通接吴松大江，皆泄里河水涝。"缪启愉和汪家伦认为，从黄浦塘与蟠龙塘（按：图9"宋平江府境"中标有蟠龙江，虽绘制粗糙，但可见其显要）相提并论来看，当时黄浦已是吴淞江以南的一条重要支流，参以其他史料，可知南宋后黄浦下游已经从直接向东出海，演变为北折入吴淞江出海。[3]

此处不妨参看图1"太湖流域地形示意"，对11世纪后太湖以东排水格局的演变略作回顾。从宋代开始，东北港浦承担了大致从昆山至和塘以北地区的泄水任务，此向港浦出海较捷近，水势亦颇敌浑潮，泄水较为稳定；东南港浦承担了淀山湖以南的排水，但从地貌上看，东南港浦乃须借助一定水势方可抬高水位，从较高阜地区的港浦排出钱塘江出海口，而钱塘江口潮势较猛，疏浚通海港浦的同时，水利工程还面临着挡潮任务，而且疏通出海河港与修筑海塘、挡潮和排涝、通航和清淤始终有着相互抵触之处。此前提到，南宋在12世纪末力图在华亭疏浚通海港浦并置闸挡潮，但效果一直不理想，后来又曾废闸复堰，反复不定，再加上浑潮倒灌引起高阜

---

[1]（元）任仁发：《水利集》卷2《水利问答》，第81页下。
[2]（元）任仁发：《水利集》卷8《大德三年六月都水庸田使麻合马嘉议讲议吴淞江埋塞合治方略》，第168页上。
[3] 郑肇经主编：《太湖水利技术史》，第44页。

地区港浦河床再度淤高，到13、14世纪，东南港浦更难稳定完成泄水任务。如此一来，昆山以南低乡地区包括淀山湖一带的积水，仍需要吴淞江向东一线承担较大的泄水任务。而吴淞江东向出海并无捷径，只有获得足够流势，方可驾水横泄，而如潘应武所述，实际上从淀山湖东北泄水入吴淞江的"大小曹港、斜沥"等"泄水尾闾"，又被权豪占垦而淤塞，吴淞江中游并不能顺利获得水势[1]，宣泄功能也就更加削弱，淀山湖东南面的黄浦反而获得淀泖水势而壮大，足以代替吴淞江承担部分泄水功能。

基于这种情势，元代集中力量开浚吴淞江并在江中置闸，同时力图整治淀泖水系，开通其北面与吴淞江相通的千墩、赵屯、大盈等浦[2]，导水仍使北出吴淞江，并浚治在黄浦西面与其相通的乌泥泾、潘家浜、南北俞塘等河港，置闸挡潮，力图清水北归吴淞江。元廷治理吴淞江，终不能复其势，淀泖以东乌泥泾、潘家泾、黄浦等支流却得到了发展。[3]当然，由于上接吴淞江，浑潮倒灌加强。以黄浦江为例，该浦在"至元、大德间，浦面阔尽一矢力。泰定中，建闸于旁近。上流势缓，沙积两湄，遂成沙涂。居民因莳葭苇，浅狭过半"。[4]在元末，官方不得不开挑这些支流使其深阔，以泄内涝。

综上所述，在太湖以东吴淞江上中游河口湖荡扩大围垦、中游积水迂缓难泄的形势下，东南港浦的颓废失势和吴淞江的无力回天，造就了14世纪黄浦的壮大。刘家河则是在东北港浦持续壮大趋势下，在宋末元初脱颖而出的大河。

洪武《苏州府志》所载图10"元平江路境"图已经明确标出刘家港。宋元时期官方对太湖东北水系的持续重视和疏浚，是刘家港发育的基础，而促使其一跃成为通海大浦，则是由于元初至元年间官方对太仓一带河道的开浚和引导。前文已经提到，至元以后浙西海漕的

---

〔1〕（元）潘应武：《潘应武言决放湖水》，收入（明）姚文灏编、汪家伦点校：《浙西水利书校注》，第66页。
〔2〕 弘治《上海志》卷2《山川志·水类》，《天一阁藏明代方志选刊续编》，上海：上海书店，1990年，第7册，第58页。
〔3〕 缪启愉编著：《太湖塘浦圩田史研究》，第83、85页。
〔4〕 弘治《上海志》卷2《山川志·水类》，第51页。

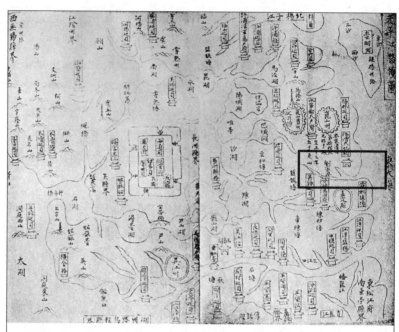

图片来源：洪武《苏州府志》卷首《图》，日本静嘉堂文库藏本。见于[日]冈崎文夫、池田静夫：《江南文化开发史：その地理的基础研究》，东京：弘文堂书房，1943年，第202页。

图10 元平江路境

发展，令元廷尤为重视江南的水利和航运，对吴淞江及其通海大浦加以规划整治。刘家港所在的太仓，是江南漕运出海的起点，而之所以选择太仓作为出海大港，正是由于东北水系发展中太仓一带河道的壮大之势。较早的记载是洪武《苏州府志》关于"太仓塘"的记载：

> 太仓塘，在昆山。自具塘桥至周泾出海。宋时湮洪，潮汐不通。至元时，娄港不浚自深，日往月来，不数年间，朝夕两汛，可容万斛之舟。于是宣慰朱清自淮而浙创开海道漕运，每岁粮船必由此入海。[1]

---

[1] 洪武《苏州府志》卷3《塘》，第191页。

洪武《苏州府志》还叙述了朱清开海漕通道的细节：

> 至元二十四年，水涝为灾，宣慰朱清谕上户开浚，自娄门导水由娄江以入于海，粗得水势顺下，不致甚害。[1]

洪武《苏州府志》在"娄江"条下对娄江和刘家港的关系有一番解释，认为宋代娄江早失故道，而朱长文所记载的宋代从苏州娄门东行七十里的昆山塘逐渐发育，"娄江旧迹昭然可见"，于是将之作为娄江看待，后来娄江"俗讹为刘家港"。[2] 崇祯《太仓州志》对这一"俗讹"提供了两种解释："刘家港亦呼刘家河，在州城东七十里，即娄江入海口，水面辽广，或曰，乡音刘娄互呼，刘者娄也。或曰唐宋间，崇明沙唯刘姚二姓，故名刘家，两说存疑矣。"[3] 弘治十年（1497）太仓立州后，第一部州志弘治《太仓州志》综合了洪武《苏州府志》的观点，把娄江分为昆山塘和太仓塘两段，并认为刘家港是太仓塘出海的主干河港：

> 太仓塘从昆山县东三十六里，由城南而下，直至刘家港入海。自苏之娄门七十里至昆山者，名昆山塘，其塘松江之支流与之相接。按，旧志宋时潮汐不通，至元时，娄江不浚自深，潮汐两汛可容万斛之舟，朱张由是开创海运，每岁粮船必由此入海。[4]

崇祯《太仓州志》则回答了为何把太仓塘或刘家港称作娄江的原因，即"因之设海运。永乐间，使郑和等通海外诸国，亦道此。说者遂以当三江之一"。[5]

综合这些考证资料，宋元时期昆山以东太仓境内这条干河的发展，

---

[1] 洪武《苏州府志》卷3《水利》，第212页。
[2] 洪武《苏州府志》卷3《江》，第182页。
[3] 崇祯《太仓州志》卷7《水利志·水道》，明崇祯十五年刻清康熙十七年补刻本，第1b—2a页。
[4] 弘治《太仓州志》卷1《山川》，《日本藏中国罕见地方志丛刊续编》，北京：北京图书馆出版社，2003年，第3册，第21页。
[5] 崇祯《太仓州志》卷7《水利志·水道》，第1a—b页。

就是刘家港出现的前提。元代建立海漕后，利用了这条干河，为方便通航，对其下游出海河道加以拓宽，刘家港成为最大的一条出海通道，刘家港及诸港汊，潮汐汹涌，可容万斛之舟。[1]据明初洪武年间陈伸所撰《太仓事迹考》云，元末"张士诚据郡城，畏海盗之扰，遂塞至和塘尾以障海潮，开九曲河，仅通太仓东门。于是半泾、陈泾、古塘等港俱塞，涨以为平陆。田畴无潮汐之利，市民无贩海之资矣"。[2]元末太仓一带因战乱攻守，河道一度被淤塞，但也曾为割据政权所疏浚以通航，刘家港的主干地位延续至明前期，明永乐年间，郑和船队才自此扬帆出海。

本节开篇曾介绍了13世纪中叶南宋末年黄震颇为"暧昧"的泄水论，在此结束本节时，时间已转到14世纪中期的元代后期，浙西的开发和水利经历了一个世纪的发展，情况又有所变化。

在任仁发之后，吴执中和周文英是元末两位比较有影响的水利学家，他们的水论较为相似，即打破恢复三江之势的空想，集中解决当时迫在眉睫的浙西泄水问题。譬如，吴执中就主张把水利重点放在沿海河港的疏浚，以及有助于抵御潮沙的闸座安置。[3]周文英则明确指出：

> 某今弃吴松（淞）江东南涂涨之地，姑置勿论，而专意于江之东北刘家港、白茅浦等处，追寻水脉，开浚入海者。盖刘家港即古娄江，三江之一也，水深港阔，此三吴东北泄水之尾闾。斯所谓顺天之时，随地之宜也。

> 唯开浚之法，付之有司，例将有田之家差夫动扰，犹为未便。乞从省府差委谙通水利官，诣沿海各处相视，合浚港浦，具数计工，拟议申闻。或都水监分官前来，或选省府能官，于浙间富户内效率百十家，斟酌远近及功绩巨细，照依舍粮赈饥例，优以官禄，拟定品级，令其开浚。迄其成功，考其等第。[4]

---

［1］弘治《太仓州志》卷9《杂志》，第245页。
［2］（明）陈伸：《太仓事迹考》，载周煜编：《娄水文征》卷7，清道光十二年刻本，第17a页。
［3］（元）吴执中：《言顺导水势略》，收入（明）张国维编：《吴中水利全书》卷17，第508页下。
［4］（元）周文英：《三吴水利》，收入（明）姚文灏编、汪家伦点校：《浙西水利书校注》，第87—88页。

周文英果敢主张弃东南而专浚东北，并明确指出，广泛派役并非良法，而贵在有谙通水利的专官进行规划，再以官禄奖赏方式劝率富户，又以水利功绩进行考成。

周文英之策貌似功利，也如同北宋浚东北港浦一样，有几分权宜治水的味道，但他面临的水势时局已颇为不同。大德立司以后，官府在治水费用并不充裕、富户广泛占田的情况下，欲将治水策划落实，一直面临如何派浚的难题。任仁发就曾指出，在南宋时期，县有籍册登记，田地承佃后有详细登记，不致荒芜和挪转。而到了元代，"膏腴之产，官司尽行拨赐各投下官员及寺观僧道人等，供报数目，围籍既无稽考，奸人从而作弊，移东换西，以熟作荒，有司官吏略不加省"。[1]特别到了水患之年，一方面贫苦的官佃民逃散，官田抛荒；另一方面，富户将田地挪移，转嫁到被淹官田。这就造成了被淹田地大多为官田，而极少为民田的假象。

元代后期，吴淞江水利引发的诸多社会问题越发引起官方的重视，政府试图从完善治水机制上解决水利问题。至大初年，水灾令浙西"田禾不收，物价涌贵，百姓艰食"，官方承认虽是天灾，亦是因人力不至而加重受灾。为此，行都水监下令：

> 修浚之际，田主出米，佃户出力。系官围田，若无总佃，贫穷不能修浚者，量其所须，官为借贷，收成日抵数还官。事有成效，劝农正官定拟升赏闻奏，失误者治罪。其抛荒积水田土，多因租额太重，无人承佃，劝谕当乡富上人户，自备工本，修筑成围，听令本户佃种为主。抛荒官田，止纳原租，初年免征，次年准半，而三甫全。积荒，则三年后第依民田输税，诸人不得争夺，俱照庸田司五等围岸体式修筑。[2]

可以看到，泰定后官方治水专业化运作中重新调整了水利经费，既由

---

[1]（元）任仁发：《水利集》卷2《水利问答》，第88页下。
[2]《至大初督治田围》，收入（明）姚文灏编、汪家伦点校：《浙西水利书校注》，第81页。

官府出面借贷浚费，避免官田逃荒，同时在荒年招垦，为富户认佃提供便利，力保垦利不失。

明代《农田余话》一书就曾记载了曹梦炎一族在这一时期开辟低乡湖田的事例：

> 海隅曹宣慰，其先起农家，至富强……曹宣慰父，知县，前宋福王府管庄田人也。至宣慰，日益盛大。时淀山湖为潮沙漂塞大半。曹氏占为湖田九十三围，凡数万亩。相传其仓中米囤凡十二行，每行十百十二枚，又一所少差，亦十二行，行八十四枚，积粟百万，豪横甲一方，郡邑官又为之驱使。[1]

像曹氏这样广占湖田，富甲一方的豪户，"郡邑官又为之驱使"。如此看来，在14世纪的水利运作中，地方富户占垦成为官方为求赋税而治水所需付出的代价，围垦趋势无法避免。在元朝统治下的江南，乡村权势得到了发展，高低乡的开发也以此形式继续推进，高乡在海漕带动下，部分港浦得到较好的疏通，促进了高乡垦殖的发展。上面提到至大初年督治田围时要求遵照大德年间"庸田司五等围岸体式"，这五等规格如表3所示。

表3　元代五等围岸体式

围田等级	围岸规格
以水为平为第一等	高七尺五寸，底阔一丈，面阔五尺
田高一尺为第二等	高六尺五寸，底阔九尺，面阔四尺五寸
田高二尺为第三等	高五尺五寸，底阔八尺，面阔四尺
田高三尺为第四等	高四尺五寸，底阔七尺，面阔三尺五寸
田高四尺为第五等	止添备水，高三尺，底阔六尺，面阔三尺
若山水原落围岸迫近诸湖去处，自愿增者，听。	

资料来源：正德《松江府志》卷3《水下·治绩》，《天一阁藏明代方志选刊续编》，上海：上海书店，1990年，第5册，第179页。

---

[1]（明）长谷真逸：《农田余话》卷上，《四库全书存目丛书》，济南：齐鲁书社，1997年，子部第239册，第326页。

尽管实际的围田开垦，必定不会尽合官方规定的体式，但如此细致的体式在某种程度上反映了元代围田的发展。

尽管后世多将围田与圩田基本等同，但在宋元时期还是略微呈现出从"圩田"到"围田"称呼的变化过程。从耕作形态上看，南宋到元，浙西湖田和坝田围垦成风，这些由地方大户占垦或一般民人拓垦的围田，与北宋时水利学家希望开发的"位位相接"的圩田，耕作形态不尽相同，在元代劝谕地方围田筑堤的公牍中，未见类似"位位相接"的耕作形态规划。另一方面，从田赋角度看，在宋代，围田是指"傍江、湖水浅处民围成田"，纳租四斗，围田与公田、沙田、成田、职田、常平田、义役田、社仓田、局官租田、养济局田、居养院田、囚粮田、没官田等不同性质的田地，分别科以高低不同的租额。[1] 从元代初年至延祐四年（1317），"围"成为统计州县田地数量的统一单位，明代许多苏州地区方志明确指出"元之制，田以围计"[2]，据正德《姑苏志》载：

> 元之田则有围，二县四州共计八千八百二十九围，吴县九百一十七围，长洲县一千七百八十八围，常熟州一千一百一十一围，吴江州三千三百六十八围，昆山州一千六百四十五围，嘉定州一千一百围。延祐四年行经理之法，悉以上、中、下三等入则，计亩起科。[3]

如此看来，延祐四年（1317）之前，"围"就是统计田地的单位，此后，田赋按等则计亩起科，田地统计单位也就变成了亩数。据嘉靖《常熟县志》载，二县四州在"延祐四年行经理之法，悉以上中下三等八则起科，管官民地一万一千七百二十五顷二亩，比宋损

---

[1] 正德《姑苏志》卷15《田赋·田地》，第11册，第974—976页。
[2] 嘉靖《常熟县志》卷2《田赋》，《北京图书馆古籍珍本丛刊》，北京：书目文献出版社，1997年，史部地理类，第27册，第995页上。
[3] 正德《姑苏志》卷15《田赋·田地》，第974—976页。

一万三千九百六十顷五十亩"。[1]因此，元至正二十三年（1363）增修而成的常熟县（州）志《重修琴川志》，就不载"围"的数目，而是记录亩数和等则，譬如：

> 感化乡，在县西北，管都七。
> 第一都：管里四……乡村四……管民田一万八千四百八十一亩五十四步，系中则；诸色官田八百九十七亩一角半步。
> 第二都……[2]

因为这一统计已在延祐之后。根据常熟县志之述，延祐改制后按田亩统计，却比同样按亩统计的宋代田地额少了一半。笔者以为，这很可能就是前面所讲的大德、至大年间逃荒之田归富户占佃，暂免部分租税所导致的缺额。假如将缺额补上，大概视为元初平江二县四州的总田地亩数，得二万五千六百八十五顷五十二亩，除以八千八百二十九围，则平均每围约为三顷。不过，作为统计数字的围，应该与实际的围田之围不尽相同，而且当时围田必定随不同地形特点而形制多样、大小不一。参阅上引常熟曹氏在淀山湖占湖田九十三围，凡数万亩的记载，则可大致理解当时豪户占田的状况，按照上述统计口径，九十三围、数万亩的数字令人一目了然，即说，曹氏在淀山湖的占田数目，几近于昆山一县田地数的十分之一，出现"郡邑官又为之驱使"的情况也就不足为奇了。

李伯重认为，宋末到明初江南耕地变化的重点，是从土地开垦转向农田改良，南宋只管围田，不管治水，造成该水系混乱，元代和明初治水重点转向浚河，使低田之水能够排泄，提高土壤的干燥程度，消除农田的过湿状态，总体呈现出"干田化"。他认为，"干田化"过程开始于元代，此时期江南农田改良的进展、中稻种植的普遍、肥料使用的进步等，促进了"干田化"取得成效。总体看来，元代江南农

---

[1] 嘉靖《常熟县志》卷2《田赋》，第995页上。
[2] 至正《重修琴川志》卷2《叙县·乡都》，《宋元方志丛刊》，北京：中华书局，1990年，第2册，第1166页下。

业的发展,为明代进一步开发奠定了较好的基础。[1]

从前文所回顾的元代治水历程来看,也许李伯重对14世纪浚河的成效还过于乐观,对于元代的"干田化"是否比较明显,也还有进一步讨论的空间。不过,从13、14世纪高低乡整体的农业开发来讲,笔者则赞同对这一时期的发展给予足够的积极评价。这种发展,更多的是以海漕带动下的高低乡垦殖,以及围田占垦的规模化为动力的。

在东北水系的持续发展,以及东南港浦因淤淀而产生水系演变的过程中,东北高乡以及东南的松江府一带的开发,也需要在下编作进一步的考察。

第三节 明初太湖整体蓄泄格局的改变

宋元时期太湖以东开发的总成果,集中体现为大面积的水面围垦,然而围垦之利的保持,必须经受住水环境变迁所带来的灾害威胁,尤其是涝灾。涝灾之形成,大致有两个原因,一是太湖以东泄水不畅,二是太湖以西来水不定。

关于前者,从两宋时期浚治东北、东南港浦,到元朝疏浚吴淞江等水利工程,官方治水取得了一定的效果,然而在大水之年,通海河道的上游和中游地区,依旧难以泄水,深受洪涝之虞。洪武九年(1376),长洲县民俞守仁就曾向县官汇报:

> 苏州之东,松江之西,皆水乡疆畎,绵亘百余里,地形洿下……虽有刘家港可以达海,奈以一港而难泄众流之横溃,由是田畴时被浸没。张氏开白茆港与刘家港,分杀水势。自归附以来十余年间,并无水害。今夏淫雨,又山水奔注,江湖增涨,况常熟、昆山之民,于白茆四近、昆承湖南黄泾、尤泾、六十二泾、鳗鲡泾、张老鹤泾、时泾、新泾、桑婆浜、斗门泾、舍泽泾及至和塘北港汊,尽为堰坝,不使通流,虽曾是官开浚,彼民随开随

---

[1] 李伯重:《有无"13、14世纪的转折"?——宋末至明初江南农业的变化》,第21—96页。

堰，致令上水不能走泄，日污易为淤没。[1]

可见当时常熟、昆山各地的支流港汊又被民人围筑堰坝，导致排水不畅，加剧涝灾。关于后者，即太湖以西不稳定的来水，明代前期通过将高淳境内旧的五堰改筑为东坝，旨在消除这一隐患。

明嘉靖年间进士，后来官至工部主事的高淳人韩邦宪曾撰《东坝考》，集中讨论了从五堰到东坝的变迁过程。[2] 据韩邦宪称，春秋时吴国经营太湖地区，吴王阖闾为了伐楚，采用了伍员的计策，开河运粮，后世为纪念伍子胥，名之曰胥溪河。如图11所示，在太湖流域开发早期，流域以西与青弋江、水阳江流域相邻，但因茅山山脉阻隔而不互通，胥溪河的开凿则沟通了两个流域。[3] 由于胥溪运河穿越山脊，形成两侧相背倾斜的地势，为防止汛期西水东泄，以及旱季溪河干涸，古人在胥溪上，在今东坝镇（上坝）到定埠间修筑土堰五道，分级节制水流，由于这五道堰对于胥溪航运至为关键，因此胥溪又名五堰。

五堰之利一直维持到唐代，在唐末发生了变化。第一章第四节曾引述了单锷的记载，即唐末商人从宣、歙地区贩卖籛木东入两浙，嫌五堰艰阻，与官府谋划废去五堰，宋代没有及时修复五堰，导致夏季暴雨之时，太湖蒙受洪患。单锷主张恢复五堰，使宣、歙、金陵、九阳江之水不入荆溪、太湖，减杀苏、常入水[4]，然而，这一建议并未得到官方采纳。韩邦宪指出，宋时难复五堰，其实是太湖以

---

[1] 洪武《苏州府志》卷3《水利》，第218—219页。
[2] （明）韩邦宪：《东坝考》，见于（清）顾炎武：《天下郡国利病书》《江宁庐州安庆》，昆山顾炎武研究会标点整理本，上海：上海科学技术文献出版社，2002年，第2册（原编第八册），第620—622页。
[3] 关于此说真假，近代以来学者有争议，有学者认为是水流冲刷所致，而如丁文江、任美锷等学者则认为，今胥溪运河横贯茅山山脉之20米等高线，东坝一带，地势高仰，分别向东、西倾斜，不借人工开挖，水流不可能切断山梁冲刷成河，因此胥溪是人工开挖的古老运河。参丁文江：《扬子江下游地质篇》，载《太湖流域水利季刊》，第1卷第3期；任美锷：《东坝考察记》，载《方志月刊》，6卷12期，1933年12月。转引自郑肇经主编：《太湖水利技术史》，第158—159页。
[4] （宋）单锷《吴中水利书》，《景印文渊阁四库全书》，台北：台湾商务印书馆，1986年，史部地理类，第576册，第3—14页。

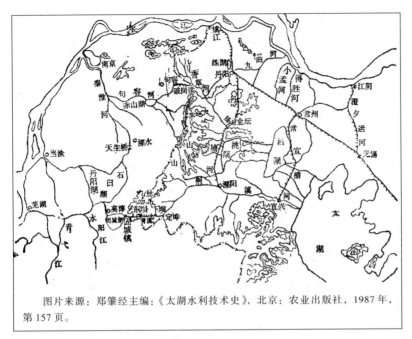

图片来源：郑肇经主编：《太湖水利技术史》，北京：农业出版社，1987年，第157页。

图11 胥溪与东坝位置示意

西的湖田围垦所导致的，当时官方参与了围筑活动，有利可图，"永丰等圩，官司所筑，无虑数十万；而固城、石臼、丹阳之间，大抵多圩田矣"。[1]范仲淹所描述的形如城堡的江东大圩，很可能主要分布在这些湖区，也就是说，这一带的大规模围垦在北宋就已经启动。因此，即使单锷之水论切中肯綮，苏轼又大力推荐，但"时用事者方欲兴湖田，未之行也"，固城、石臼、丹阳一经围垦，蓄潴功能大大降低，于是大水兴时便直下太湖，"苏、常、湖三州承此下流，水患特甚"。[2]

经历宋、元，胥溪河逐渐衰废，明太祖定都金陵，两浙漕粮不再如元代那样经海路和运河北运，而是西运金陵，为了避免从长江口进入遇风涛之险，洪武二十五年重新开浚胥溪河，建立石闸，名曰广通镇，设巡司、税课司、茶引所。通过洪武年间的水利工程，江南漕粮

---

[1] （明）韩邦宪：《东坝考》。
[2] 同上。

便可经太湖、荆溪，溯胥溪河而上，过广通镇闸，再经固城、石臼二湖东北入胭脂河，进入秦淮河。[1]洪武年间的工程修筑，基本消除了宋元时期势家围田阻挠水利的弊端，曾有富户严氏，因原定胭脂河引水工程损其田，于是贿赂崇山侯李新，故意将路线改为迂回绕过，这一舞弊行为被朝廷发现后，崇山侯被处以极刑。[2]此足可见朝廷对运道管理之严格。然而，随着永乐迁都，漕粮北运，胥溪运道不再担任漕河功能，再度被废弃。此外，因其在江水泛涨之年还对苏州、常州形成威胁，于是，永乐年间将五堰河闸改筑为上坝，就是后世所称之东坝。[3]

从明初到永乐，胥溪五堰经历了复河建闸，然后又改闸为坝的过程。其中，改闸为坝的工程，对太湖以西的水文特征产生了很大影响。东坝筑后，水势不再东行，又经历代固坝，太湖流域与青弋江、水阳江流域基本隔绝，不再接受这两个流域的来水。隆庆《长洲县志》的撰者曾敏锐地点出了东坝修筑的后果：

> 高皇帝定鼎金陵，刘诚意实相。厥役因取九阳江之水，自天生桥折而北，拱洪武门，绕京城，出龙江口，于是筑东坝，断西南下太湖之水，而令太湖所受唯荆溪、天目诸山水而已。是湖之水止大于潴蓄，而不骎于奔放，可足于灌注而无妨于泛滥。观吴江长桥迤南，水洞填塞，而沿堤弥漫，皆成膏腴之田。其在宋元，稍塞芦苇而水即四溢，何今二百年无此患耶？实西南诸水不入之故也。吴淞江自古承太湖之流而泄之海，湖水常骎，与海潮势敌，故江流常通；水势稍微，即浑潮深入，积土淤江。故昔之治水者，必先治吴淞江。今数十年来，潮水无障，积久成陆，所苦唯沿江之田枯旱而已，不闻湖水四溢为患也。此亦足证太湖水源视宋元仅存十三矣。[4]

---

[1]（明）韩邦宪：《东坝考》。
[2] 同上。
[3] 按：东坝之名，始见于宋代，参图19"宋傅寅所撰'三江既入震泽底定之图'"，图中右下角注文有"东坝小市"之记载。
[4] 隆庆《长洲县志》卷2《水利》，《天一阁藏明代方志选刊续编》，上海：上海书店，1990年，第23册，第52—54页。

明初的东坝水利工程，起初为了方便漕运西行，后来是为了防止苏松遭受水害，可见朝廷的着眼点在于太湖以东的田粮之利。

一方面，东坝之筑乃以牺牲高淳一带的圩田利益为代价，换取苏松水势的基本稳定，高淳一带从此蒙受水患，圩田多致沦没。明代中后期，高淳民众和官员一直恳请朝廷废坝，但始终不能动摇朝廷的固坝政策。此外，官员又提出"或开坝不得，请乞除粮"，也即申请退税为抵，类似今天的"生态补偿"机制。韩邦宪作为高淳人，又任工部主事，其《东坝考》名为考证，实为呼号，旨在伸张高淳地方利益，他在篇末直言：

> 以苏、常、湖、松诸郡所不能当之水，而独一高淳为之壑，其至于洪涨而废田也。决矣，而税又弗捐，民何以堪之？自苏轼、单锷之言行，所以为坝下诸郡者甚善，而未有为坝上发明者。余观淳民之日耗，且困于虚粮，作《广通镇坝考》。[1]

到万历年间，高淳县还曾申请按照嘉定县折漕的办法改折，为何嘉定县的改折有如此之吸引力？留待中编第六章进一步详述。

另一方面，太湖水势虽减，但仍需通海河道畅泄，方可无虞。据隆庆《长洲县志》的估计，明代东坝之筑使得太湖入水量比宋元时减少了近七成，这使得太湖以东洪水泛滥的可能性降低了许多，然而太湖向东出水的水势也随之骤减，这使得宋元学者一直担心的吴淞江水流的衰颓之势雪上加霜。江水一弱，浑潮肆强，元代疏浚吴淞江的成果，几乎前功尽弃。

吴淞江既无力回天，水势不得不依仗两翼。入明后，东北方向的浏河等大的塘河继续承担泄水，而且有能力分担吴淞江中游的积水。另一方面，东南方向仍须有一条畅通的干道代替吴淞江，才能缓解吴淞江以南包括淀山湖一带的积水。永乐元年（1403），钦差江南治水的户部尚书夏原吉，上疏言治水策略，主张顺应以上两个水流变迁趋势：

---

[1]（明）韩邦宪：《东坝考》，见于（清）顾炎武：《天下郡国利病书》《江宁庐州安庆》。

> 自吴江长桥至夏驾浦，约百二十余里，虽云通流，多有浅狭之处，自夏驾浦抵上海县南跄浦口，可百三十余里，潮沙涨塞，已成平陆，欲即开浚，工费浩大，瀇沙泥淤，浮泛动荡，尚难施工。臣因相视，得嘉定之刘家港，即古娄江，径通大海，常熟之白茆港，径入大江，皆系大川，水流迅急，宜浚吴淞南北两岸安亭等浦，引太湖诸水入刘家、白茆二港，使直注江海，又松江大黄浦乃通吴淞要道，今下流壅遏难疏，旁有范家浜，至南跄浦口，可径达海，宜浚，令深阔。上接大黄浦，以达湖泖之水。[1]

夏原吉的应时治水之策，归功于其实地调查，以及地方水利学者的建言。在得到朝廷支持之后，他成功地主持了"掣淞入浏"和开凿范家浜引大黄浦入海两大工程。前者其实是采纳了元末周文英的水学主张，当时周文英就主张放弃积重难返的吴淞江下游，而通过夏驾浜导吴淞江中游入刘家河出海。[2]这就是"掣淞入浏"的道理；开凿范家浜则是明初华亭人叶宗行的主张，他认为吴淞江淤塞，潮汐不通，欲疏浚通海，须引流直接黄浦，使其深阔畅泄。[3]叶宗行的建言，似更侧重于解决沿海高地通潮灌溉问题，而夏原吉则利用此说，着重解决了淀泖通过黄浦泄水的问题。对于宋元时期黄浦江变迁以及明代黄浦江占夺吴淞江的过程，学界颇有定论[4]（图12），此不赘述。对于永乐以后圩田水利开发形式的变化，则须加以关注。

夏原吉主持的永乐年间的大工程，由中央和地方协力实施，在14世纪的江南水利事业中显得务实而积极。夏原吉曾作一长诗《踏

---

[1] （明）夏原吉：《浚治娄江白茆港疏》（永乐元年上），收入（明）张国维编：《吴中水利全书》卷14《章疏》，《景印文渊阁四库全书》，台北：台湾商务印书馆，1986年，史部地理类，第578册，第417页下—418页上。

[2] （元）周文英：《三吴水利》，收入（明）姚文灏编、汪家伦点校：《浙西水利书校注》，第87—88页。

[3] 弘治《上海志》卷2《山川志·水类》，《天一阁藏明代方志选刊续编》，上海：上海书店，1990年，第7册，第52页。

[4] 郑肇经主编：《太湖水利技术史》，第42—48页；缪启愉编著：《太湖塘浦圩田史研究》，第82—86页。

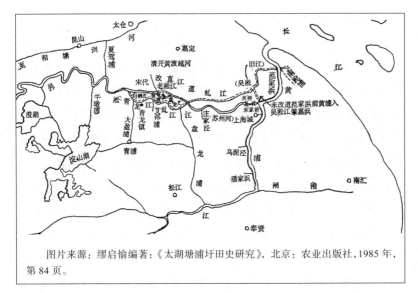

图片来源：缪启愉编著：《太湖塘浦圩田史研究》，北京：农业出版社，1985年，第84页。

图12　宋以后吴淞江和黄浦江变迁示意

车叹》，既抒写永乐兴工的壮举，也感喟浚河后民众车水排涝，整治圩田的艰辛：

> 东吴之地真水乡，两岸涝涨非寻常。稻畦决裂走鱼鳖，居民没溺乘舟航。圣皇勤政重农事，玉札颁来须整治。河渠无奈久不修，水势纵横多阻滞。爰遵图志穷源流，经营相度严咨诹。太湖天设不可障，松江沙遏难为谋。上洋凿破范家浦，常熟挑开福山土。滔滔更有白茆河，浩渺委蛇势相伍。洪荒从此日颇销，只缘田水仍齐腰。丁宁郡邑重规划，集车分布田周遭。车兮既集人兮少，点检农夫下乡保。妇男壮健记姓名，尽使踏车车宿潦。自朝至暮无停时，足行车转如星驰。粮头里长坐击鼓，相催相迫唯嫌迟。乘舟晓向车边看，忍视艰难民疾患。戴星戴月夜忘归，闷倚篷窗发长叹。噫嘻我叹诚何如，为怜车水工程殊。胼生足底不暇息，尘垢满面无心除。数内疲癃多困极，饥腹枵枵体无力。纷纷望向膏粱家，忍视饥寒那暇恤。会当朝觐黄金宫，细将此意陈重瞳。愿令天下游食辈，扶

犁南亩为耕农。[1]

　　从夏原吉的叙述看来，官方在凿浦浚河的工程之后，马上面临着排除圩田积潦，恢复生产的问题。从宋元时期圩田开发过程来看，官方对圩田修筑从未实现统一的管理，最多也就是从政策鼓励、税收调节以及田制立式等方面进行引导。永乐年间，官方开始主动组织苏、松圩田的集体排水工作。然而，官方调集的水车设备虽然齐备，人手却不足，只得依靠明初建立起来的里甲制度和粮长制度，组织乡间圩田修筑和排水工作。从诗歌中大致可看到，粮长和里长率领乡保民人协力踏车戽水，也即车戽，作业相当艰苦。当时竭力踏车之饥民，"纷纷望向膏粱家"，然而官府似乎没有补贴工食，富户也没有捐赈。范金民和夏维中在研究中还指出，永乐初夏原吉治理江南水利时，征用了当地的卫所军户，并用地方政府储粮来征募民工，以工代赈。[2] 夏原吉叹踏车，对于圩田水利能否长期维持不无担忧。

　　15世纪后圩田水利运作状况的变化，证明夏原吉并非杞人忧天，据此可知，种种运作的不稳定因素，在永乐初夏原吉治水时确实已见端倪。永乐北迁以后，漕运费用激增，苏、松地区的赋税负担加重，洪熙元年（1425），广西右布政使周干奉命到苏、常、嘉、湖等府巡视，他在给宣宗的奏报中，陈述了江南地方百姓不堪重赋的事实："苏州等处人民多有逃亡者，询之耆老，皆云由官府弊政困民所致。如吴江、昆山民田亩旧税五升，小民佃种富室田亩，出私租一石。后因没入官，依私租减二斗，是十分而取八也。拨赐公侯、驸马等项田，每亩旧输租一石，后因事故还官，又如私租例尽取之。且十分而取其八，民犹不堪，况尽取之乎？尽取则无以给私家，而必至冻馁，欲不逃亡不可得矣。"[3] 造成人户逃亡的另一原因，是许多乡村豪强充当

---

[1] （明）夏原吉：《踏车叹》，载正德《松江府志》卷32《遗事（祥异附）》，《天一阁藏明代方志选刊续编》，上海：上海书店，1990年，第6册，第912页。
[2] 范金民、夏维中：《苏州地区社会经济史（明清卷）》，南京：南京大学出版社，1993年，第131页。
[3] 《明实录》《宣宗实录》卷6，洪熙元年闰七月丁巳条，台北："中央研究院"历史语言研究所，1983年，第164—165页。

里甲系统中的圩长和粮长，侵扰百姓。永乐后期，大户势力抬头，腐蚀吏治，这段时期形成的乡村权势格局，使得里甲体系面临危机，贫户逃绝，富户兼并，飞洒拒纳，造成税粮逋负，圩田水利的维护也受到较大影响。宣德年间，应天巡抚周忱（后谥周文襄公）和苏州知府况钟针对苏州地区社会经济的困境，进行了一系列重要改革。[1]宣德五年（1430），况钟下令革除了圩长和圩老，对粮长则并未革除，只作整顿，宣德改革保留了粮长和里长，这一政策是乡村权势难以全然消除的结果，中编第四章还将讨论这个话题。

宣德改革保留了粮长和里长，这是乡村权势难以全然消除的结果，同时也是维持地方农作和水利秩序的需要。日本学者川胜守曾对明代江南水利政策和工程进行详细排比，分析江南水利政策发展与社会变迁的关系。他发现，正德以前工程多由中央六部官僚承担，嘉靖后则由知府、知县承担者居多。宣德时期，周忱和况钟在改革中也试图推进水利事业，设置了治农官，此时期，官府加强了对粮长、里长、圩长等地主阶层的监督，但这并不意味着在水利经费调配、工役调配方面有了新的突破。[2]也就是说，水利派浚和圩田维护仍然是在里甲系统和粮长制下组织起来的。宣德年间，周忱实行的"大輣车"集体戽水法，为后世所推崇，其法亦常被称作"官车法"，弘治《吴江志》记载如下：

> 吴地平夷，尽为田，略无旷土，然滨江傍湖最为低洼。凡春夏之交，梅雨连绵，外涨泛滥，淹没随之。农家结集车戽，号为大輣车。人无老幼，远近毕集。往往击鼓鸣柝以限作息，至有累日连月，朝车莫涨，而不得暂休者。……周文襄公巡抚之时，令概县排年里长每名置官车一辆。假如某都某围田被水淹没，则粮长拘集官车若干辆，督令人夫并工车戽，须臾之间水去皆尽。

---

[1] 相关研究如郁维明：《明代周忱对江南地区经济社会的改革》，台北：台湾商务印书馆，1990年。

[2] [日]川胜守：《明代江南水利政策的发展》，载《明清史国际学术讨论会论文集》，天津：天津人民出版社，1982年，第536—548页。

而又官给口粮以赈之。自文襄公去后，不复有此良法矣。[1]

从组织方式来看，周忱的"官车法"与上述夏原吉的集体踏车并无实质差别，即粮长召集排、年、里长，把水车集中到都下之围集中作业。略有不同的是，官府明确给予相应的赈济，这是宣德改革期官府对荒政的重视和定制的效果。

永乐到宣德年间圩田水利的运作，显然与乡村组织发展以及赋役制度改革有着密切的关系。日本学者滨岛敦俊认为，明初里甲制是维持水利作业的组织，乡居地主直接经营农作，与这种乡村"共同体"相适应的水利惯例称作"田头制"，即由连接圩岸、沟渠的田土所有者提供费用及劳动。明中叶商品经济发展，江南出现了地主城居的现象，城居地主不再直接接触农作，其中许多"乡绅地主"还拥有无限制的免役权，水利作业落到了中小地主及佃户头上，造成"役困"局面，从而触发了以照田派役、限制优免、业食佃力为中心的水利徭役改革过程。[2]对于明代中期江南的"分圩"——由大圩田到小圩田的田制变化，滨岛认为那是随着土地开发进入饱和状态而出现的"工学的对应"，即以高度利用土地为目标，通过分割大圩，使水路细密化并建立排灌，把圩心湿地改造成耕地，推动集约化开发。[3]

滨岛力图在制度变迁与地区开发两个过程间建立起关联，这是富有创见的研究视角。当然，其具体论点或可商榷。比如，考察11世纪以来的圩（围）田的发展过程，尚未能确认大圩的普遍化，倒是以泾浜体系主导的小圩以及湖荡围垦的连绵的小围田居多。也就是说，假如存在着大圩分作小圩的"细密化"转变，其转变趋势可说是一直存在，若将这种长期转变趋势只对应到明代赋役制度改革过程，恐有过于疏泛之嫌。

---

[1] 弘治《吴江志》卷6《风俗》，《中国方志丛书》，台北：成文出版社，1983年，华中地方第446号，第230页。
[2] [日]滨岛敦俊：《明代江南农村社会の研究》。
[3] [日]滨岛敦俊：《土地开发与客商活动——明代中期江南地主之投资活动》，载《中央研究院第二届国际汉学会议论文集（明清与近代史组）》，台北："中央研究院"，1989年，第101—122页。

针对大圩、小圩的演变，王建革曾从水流环境变化的角度，分析吴淞江小圩开发逐渐普遍化，并成为低乡圩田主要形态的原因。他认为，15世纪后黄浦江"夺位"后水流环境的变化，是低乡小圩普遍化的重要原因。分流黄浦江后，淀山湖一部分水流由五大浦而入吴淞江，一部分水流加入三泖地带，"注为各塘泾港数百余而入于黄浦"。[1] 在东南方向上，数百条横向的河流泾浜汇水入黄浦江，原来的那种纵向的圩岸反而会起到障水的作用。于是，拆除大圩也就成适应水流变化的措施了。另一方面，由于黄浦江分水很多，太湖清水减弱，难抵浑潮，人们常用泾浜小圩、小水流和坝堰系统应付浑潮，并以之引潮灌溉，黄浦江改道后丰水程度的减少，也会有旱情发生，民众固守这种自然生态之法也是不得已的办法。这就是明中后期高乡筑小圩、小坝，并引潮灌溉的发展趋势。[2] 从王建革的分析来看，低乡小圩的发展，主要是为了顺应吴淞江水流环境变化而作出的开发选择，开发的细密化恐怕是这一趋势中呈现的表面现象。至于滨岛所述水利徭役的转变，则确有可能是在小圩发展到一定程度后，官方所作出的赋役制度调整。

整体来看，关于明代圩田制的变化，还值得进一步深究。较之宋元，明代有关江南的史料存世者更丰，有利于更细致、更全面地研究水利格局的变化。明中期以后，有关江南水利的论述较为丰富，其中有的继续怀念古制，"引水利以注古经"，并针砭时弊；有的总结宋元治水得失，针对局部治水提出建议；有的对明初以来的治水进行回顾，促求官府继续重视水利；还有比较综合性的水学全书，林林总总，此处暂不详细介绍，只在以下篇章中结合具体问题说明。此外，分析明代以后地方农田水利格局的发展，除了重点考察水利徭役制度与土地所有关系的变化，还须重点探寻经济发展和社会变迁的整体趋势。此外，还须同时关注环境变化，特别是水环境变化的整体过程，才能理解影响农田水利格局的综合因素。关于分圩与土地开发问题，

---

[1]（明）张国维编：《吴中水利全书》卷22《议》《曹胤儒东南水利议》，《景印文渊阁四库全书》，台北：台湾商务印书馆，1986年，史部地理类，第578册，第818页下。
[2] 王建革：《水流环境与吴淞江流域的田制（10—15世纪）》，《中国农史》，2008年第3期。

本书中编第六章还将详加讨论。

明初改筑东坝，对太湖以东和以西其实造成了截然相反的后果。韩邦宪指出东坝利于苏、松而损于高淳，并非偏袒乡邦，信口雌黄。然而，由于当时王朝的开发战略重在太湖以东的田赋，东坝工程为此而设，整体服从于区域全盘利益最大化，也就难以兼顾个别地区的水利处境了。清代学者纵观前代治水全程，对于东坝问题看得更为清楚。比如胡渭在《禹贡锥指》卷6"三江既入，震泽底定"一条的注释末尾便指出：

> 余以为治吴之水，宜专力于松江。松江既治，则太湖之水东下，而他水不劳遗力矣。然而松江之役有二难：江尾涨塞，几成平陆，欲即开浚，淤沙泥淤，浮泛动荡，难以施工，一也；奸民豪右，围占湖田，以遏水道，方事之兴，浮言四布，百计阻扰，二也。有此二难，虽以夏原吉、周忱、毕亨之开济明敏，而卒不能复禹之迹，况其下焉者哉！夫苟能复禹之迹，则宣、歙、金陵之水，不足为浙西诸郡患。如其未能，则东坝断不可废，而高淳之民相怨，一方无已时。百诗尝谓余曰，废东坝者，多出于坝上之人，至追咎苏轼、单锷之言行，废高堰者，出于泗州之人，至恐潘季驯以毁陵之罪，殊可痛疾。善乎欧阳公有言：天下事不能全利而无害，惟择利多害少者行之。其此项与堰之谓哉。虽然坝上坝下之民，均吾赤子也。韩邦宪云：以苏、常、湖、松诸郡所不能当之水，而独一高淳为之壑，而税又弗捐，民何以堪。此亦平心之论。子成尝倡减税，得蠲米八百余石，邑人德之。盖浙西诸郡财赋甲于天下，权轻重而为之，高淳不得不代受其患，而其税则固可减也。轻一县之税，以慰民心，而取偿于数大郡，其所得不已多乎。书曰"无党无偏，王道平平"。为政者当如此矣。[1]

---

〔1〕（清）胡渭注、邹逸麟整理：《禹贡锥指》卷6，第173—174页。

胡渭认为，既然明代已无法恢复吴淞江泄水之势，那么筑东坝截断太湖西北来水，就是权衡利弊后作出的最佳选择。当然，为高淳适当减税，也是必要的补偿措施。胡渭之论从明代以后江南整体经济开发形势来理解太湖水利格局的变化，称得上精当而持中。

本章小结

在匆匆结束本章讨论之前，还须对12—15世纪高低乡水利格局的演变略作小结。太湖以东整体水流环境的变化，是必须关注的一个重点。从太湖以东泄水的整体格局看，12—14世纪间最大的变化，是北宋学者所追溯的"太湖三江"格局无力回天。17世纪的水利学者对宋以后"三江"的消亡看得较为清楚，比如顺治年间太仓人顾士琏（1608—1691）就曾指出东江早失，娄、淞二江也"今非昔比"：

> 东江为海塘所障久矣。决不可复，不具论，娄江在北宋已堙，故郏氏父子不及之，范希文开五大浦，而不导娄江。王荆公诗云，"三江断其二，往往菰蒲青"，当时止有淞江耳。至和二年，昆山主簿丘与权筑昆山塘，自娄门至昆山六十里。娄江上流，因名至和塘。丘与权记云，"北纳阳城湖，南吐松江"，又云，"唯亭得古闸，以限松江潮势"。是时娄江上流已南泄淞江矣，而下流未能入海。故娄江不著。元初，淞江塞，淀山湖围成田，刘河海潮渐西，自然深广。至元二十四年，宣慰朱清自娄门导水以通海运，而娄江始大。苏志云，自吴县鲇鱼口入运河，经郡城娄门曰娄江。历昆山太仓，东至天妃宫出海，则是娄江直承太湖，非淞江下流也。所谓下七十里东北流者，乃通流水口耳。……今娄江非古娄江，借古名新，非也。……永乐二年，夏忠靖公见淞江久塞难恢，乃用周文英遗策，决新洋江、夏驾浦等河，掣淞江水北注娄江，南浚范家浜入海之口……时娄江始并淞江上流，而水势增壮。然淞江微矣。……今虽多名贤硕划

究莫能施。[1]

宋以后的新的"娄江",以及后来黄浦江取代吴淞江东向泄水的局面,其实与南宋以来江南治水方略的展开和演化有关。南宋时期,官方对待治水与治田问题上,默认了地方加速围田的趋势,继续沿用北宋权宜而非全盘治水的方针,放弃大力疏浚吴淞江的工程,而在吴淞江的中游的东北、东南两翼开浦。(图13及图14)围田与开浦并行的局面长期延续,而东北、东南两翼港浦在南宋以后发展趋势却有所不同。

东北港浦在宋元时期发展顺利,其中一些沟通海潮的港浦持续壮大,刘家河是最大一支。元代太仓海漕的发达,令刘家河一跃成为通漕大港。东北港浦在畅通的排水情势下继续发展。元代大德以后,官方力图在加强两翼泄水的基础上大举疏浚吴淞江,恢复"三江"理想古貌。然而,在吴淞江河口段继续向东延伸的趋势下,上游进水口仍旧萎缩阻塞,上中游围田有增无减的发展,吴淞江淤狭如故,中下游河道进一步紊乱。汛期一至,浅狭的吴淞江下游河道泄水乏力,实际上仍须依赖两翼疏导,吴淞江疏浚计划前功尽弃。另一方面,在太湖以东吴淞江上中游河口湖荡扩大围垦、中游积水迂缓难泄的形势下,东南港浦出海不如东北港浦便捷,泄水时需要更高的水位方能顺畅出海,在缺乏强劲清水的情况下,难以抵挡浑潮,逐渐走向淤垫。元代的"三江"蓝图最后只剩东北一方,元末水利学家如周文英主张弃东南而专浚东北,就是在这种局面下提出的。刘家河及其上游河道被比附为新娄江,其实也是期望古三江"硕果仅存"的一种表达。总体来看,12—14世纪,太湖以东泄水一度向东北、东南两翼同时发展,最后形成以东北泄水为主导的局面。

14世纪后期到15世纪初明朝的官方治水,则逐渐将泄水主干导向东南,改筑东坝、掣淞入浏、凿范家浜导黄浦出海,这三个大工程

---

[1](清)顾士琏:《太仓州新刘河志》《附集·二江合论(娄江、淞江)》,《四库全书存目丛书》,济南:齐鲁书社,1997年,史部第224册,第198页下—199页上。

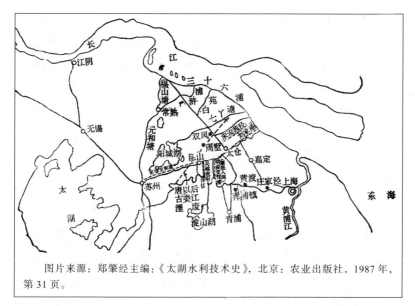

图片来源：郑肇经主编：《太湖水利技术史》，北京：农业出版社，1987年，第31页。

图 13 太湖东北水系变迁示意

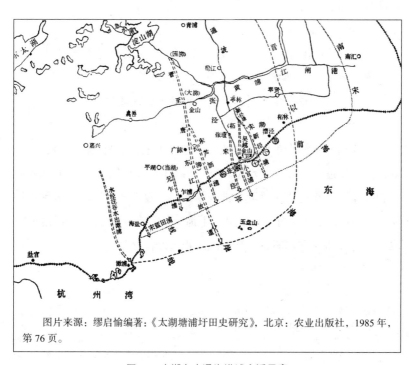

图片来源：缪启愉编著：《太湖塘浦圩田史研究》，北京：农业出版社，1985年，第76页。

图 14 太湖东南通海港浦变迁示意

的落实,逐渐打破了此前的水势平衡,引起了太湖入水、泄水格局的整体改变。首先,东坝的修筑同时减弱了太湖入水和泄水的水势。然后,由于太湖向东泄水减少,淤塞的吴淞江得不到充足来水,更不敌南面的黄浦。明代水利学家沈启就指出:

> 又谓黄浦通利,势足代淞,似矣。夫水势自西南而东北者,古也。数年来,水势日徙而南,盖以黄浦在南,日决而大;而大吴淞在北,日垫而微。去水之缓急,因之而迁徙,固有由耳。[1]

黄浦江占夺吴淞江,从形式上看,是选择性的河道疏浚所导致的泄水主干河更替,而实质上反映了明代太湖泄水方向整体东南移的趋势。在吴淞江逐渐逊位于黄浦江的同时,东北水道也由于吴淞江的衰落而逐渐失势,刘家河步入淤塞困境。对此趋势,明代中期水利学家已经有清晰的认识,譬如弘治年间松江府上海县人金藻就曾言:

> 淞江既湮,而太湖之水无所泄。人以为刘家河可泄太湖之水,殊不知此河虽通,但能复此娄江之半节耳?其南来之半节,所谓新洋江与夫夏驾浦,反被其横冲淞江之腰腹而为害莫除。[2]

刘家河并不能真正代替吴淞江下游。永乐"掣淞入浏"后,由于刘家河出海近直,大江口水位较高,海潮倒灌较严重,与吴淞江涨潮日相抵撞,因此夏驾浦以下非常容易淤塞。夏驾浦在明代常被称作沪渎,永乐以后到天顺年间,昆山、上海、嘉定曾协力浚治吴淞江沪渎,取得一定成绩,官方还在沪渎龙王庙祀吴淞江之神,嘉定人范纯《重

---

[1] (明)沈启:《吴江水考》卷1《水道考》,《四库全书存目丛书》,济南:齐鲁书社,1997年,史部第221册,第640页下—641页上。
[2] (明)金藻:《三江水学》,收入(明)张内蕴、周大韶:《三吴水考》卷8《水议考》,《景印文渊阁四库全书》,台北:台湾商务印书馆,1986年,史部地理类,第577册,第309页上。

修沪渎龙王庙记》,即记录这次治水。[1]然而,吴淞江和浏河的淤垫在明中期依旧加剧。与此同时,高乡海岸线继续外伸,原吴淞江下游许多河道加速淤狭。缪启愉先生把这一过程概括为"从掣淞入浏到淞、浏并淤",其述备矣。[2]

回溯明代前期的三个治水策略,改筑东坝之举多少显得突然,它将太湖水势从源头上截去大半,直接影响了太湖以东泄水局面。掣淞入浏和发展黄浦,可说是这种偶然之举导致的必然选择。然而,这两项工程在其后的效果优劣不同,即淞浏共淤,而黄浦坐大。这就形成15世纪以东南泄水为主导的新局面。明前期太湖蓄泄格局的整体转变,亦改变了太湖以东及以西的圩田开发的水环境基础,进而加快了江南的水利徭役等赋役制度的改革进程。

---

[1] (明)范纯:《重修沪渎龙王庙记》,载万历《重修昆山县志》卷2《水利》,《中国方志丛书》,1983年,华中地方第433号,第126—128页。
[2] 缪启愉编著:《太湖塘浦圩田史研究》,第71—73页。

第三章　16世纪高低乡水利的治与不治

北宋以来，治田和治水的矛盾一直是太湖水利难以整体统筹的症结。官府与富户之间的利益牵连，使得塞河成田、围湖造田、决圩开沟、诈荒占熟等"非理性"经营策略，一直挑战着筑圩、浚河、置闸相统一的"理性"水利思想，对统筹治水构成障碍。明代前期，太湖流域上游改筑东坝等大工程的实施，令太湖来水大为减弱，促使太湖以东以黄浦江为泄水主干的局面最终奠定。明代江南水利大势在于：一方面太湖流域水环境的特质导致了水土变迁与围垦利益的关联性进一步加深；另一方面，明初建立的农村社会秩序将基层水利维护与赋役编制紧密挂钩，赋役改革由此对地方的水利运作产生了直接而深远的影响。

滨岛敦俊较早地研究了江南赋役制度与水利改革之间的内在联系，并着重考察了明中叶以后的水利与社会变迁，他认为商品经济发展导致了地主城居的现象，城居地主不再直营农作，而许多乡绅地主还拥有无限制的免役权，许多佃户以及不具身份特权的中小地主承受了繁重的水利徭役负担，这种"役困"现象触发了以照田派役、限制优免、业食佃力为核心内容的水利徭役改革过程。[1]川胜守延续了滨岛的讨论框架，他致力于分析赋役改革与水利形态变化的关系，探讨了里甲制崩溃后形成的土地制度、市场、都市等所谓"乡绅体制"问题，

---

〔1〕［日］滨岛敦俊：《明代江南农村社会の研究》。

由此揭示明代里甲制及其解体过程的历史意义。[1]川胜守还对明代江南水利政策和工程进行了详细的排比和分析,他发现,正德以前工程多由中央六部官僚承担,而嘉靖后由知府、知县承担者居多。正德末嘉靖初,李充嗣等大员曾动用钞关课银、运司余盐银、抄没赃银等财源以及官民田夫银等,疏浚了吴淞江、白茆港等干河及其支河。到了万历中后期,国家再无巨额经费投入大规模治水,治水主要归于个别州县。[2]

范金民、夏维中在上述诸多研究基础上,细致地分析了从嘉靖到万历时期苏州地区基层水利兴修的状况,他们区分了干河疏浚与基层圩田水道修治两个治水层级,并指出嘉靖以后的水利变化除了大员治水转为州县治水,还存在官方治水重支河塘浦、轻大江干河的转变,特别是在万历十五年(1587)许应逵修治吴淞江工程失败之后,政府再无财力支撑大规模干河水利工程。到了17世纪初,部分州县在经费奇缺的情况下,尝试摆脱困境,进行局部的水利改革,其中嘉定、昆山、常熟、太仓等棉作区县份的水利修治,远超吴江、长洲、吴县等稻作区,譬如常熟县的治水就成为清初水利改革的范本。就明末整个水利形势而言,则表现为水利长期失修,他们基本赞同滨岛关于水利荒废源于社会结构变迁之解释。[3]

以上研究均强调了15世纪以后江南基层水利治理的转向及其复杂性,进而切入对江南农村社会结构变迁的研究,揭示了明中后期基层水利修治中深刻的社会、经济内涵,这是极富启示意义的。可以进一步讨论的是,在水环境变迁的整体态势中,治水机制的转变如何在地方的具体水利实践中得到体现?地方官绅和民众又是如何对水利进行考量的?此外,关于新机制的运作对水环境和聚落环境产生何种影响,也需要回到具体的州县治水过程中加以考察。李卓颖在其近作中

---

[1] [日]川胜守:《中国封建国家支配の构造》,东京:东京大学出版会,1980年。
[2] [日]川胜守:《明代江南水利政策的发展》,载《明清史国际学术讨论会论文集》,天津:天津人民出版社,1982年,第536—548页。
[3] 范金民、夏维中:《苏州地区社会经济史(明清卷)》,南京:南京大学出版社,1993年,第三、四章。

指出，以往的研究常常忽略了地方水利专家的声音，以及负责水利事务的官员具体的考量和实践，由此他分析了15世纪晚期由官员和地方水利专家协力推出的治水新方案，即采取了筑圩先于疏浚大水道的策略以及用日常维持模式取代危机处理的做法，阐释其中体现的积极主动的官方治水理念。[1]其实，整个16世纪江南水利的治与不治，通常不是工程理性上的抉择，而是基于治水官员、地方士绅、普通民众的多方博弈，这种摇摆不定的水利情状，折射出江南社会的结构性变迁。

第一节　东北港浦淤塞与争佃升科

在顺治年间，太仓人顾士琏曾回顾了明代"淞浏并淤"后的高低乡水利变迁：

> 观吴江长桥迤南，水洞填塞，沿堤皆成膏腴。在宋元时，稍塞芦苇，水即四溢，何今久无水患，抑实西南诸水不入故也，太湖水源视宋元大杀矣。湖水稍弱，即浑潮深入，积土淤江，淞江、娄江之塞，职此故也。虽然，实繇人事之失，如淞江自海公后，未闻再浚，娄江沙涨，群起争佃，欲水东下，得乎？吾苏自娄江塞，高乡岁苦旱，低乡岁苦涝，于是开江之议兴而无所依傍，动言须数十万金。[2]

由此可见，明代中后期高乡苦旱、低乡苦涝逐渐成为一种普遍的积弊。究其原因，除了明初以来太湖水源减弱、15世纪后黄浦江通畅泄水使总体水势偏向东南，导致东北出海港浦的持续淤塞和衰弱之外，高乡地带的塞河占佃是改变太湖以东水环境的重要人为因素。

---

[1] 李卓颖：《新方案与十五世纪晚期江南水利改革》，《明代研究》第十五期，2010年12月，第1—35页。

[2] （清）顾士琏：《太仓州新刘河志》《附集·二江合论（娄江、淞江）》，《四库全书存目丛书》，济南：齐鲁书社，1997年，史部第224册，第199页下。

15世纪末16世纪初，弘治《太仓州志》的撰者已经注意到高乡灌溉水利的颓势。[1]此后，高、低乡水利几乎失去了统筹治理的可能。嘉靖年间昆山人吴荃认为，明代前期整治吴淞江流域的成果无法持久，是由于"逞私智者务穿凿，图苟安者乐因循"，导致"小漕大沥及诸港浦日就浅狭"，由于水势减缓，泥沙停滞，"昆山之东南隅，嘉定之西南隅，青浦之西北隅，华亭之北隅，昔日之沃壤，今皆弃为硗确而不耕"。[2]由此可见，水利失修对高、低乡地区造成了普遍的负面影响。

东北港浦的湮塞，首先使得低乡泄水受阻，河道淤垫，在这种情形下，民众利用淤塞的河道围垦造田，又导致积水聚入昆承湖、阳澄湖等低洼地区之地。正德八年（1513）昆山县令方豪曾在昆承湖区踏勘，据载：

> 豪初至湖上，遍询故老，咸云：自鲇鱼口以西，皆湖故址，湖去鲇鱼口不远，自不可信。因思郡县二志皆云湖纵横各十八里，乃用二小舟，以百步绳互牵之，自南至北得步五千四百有奇，古称三百步为里，五千四百步为里十八，所谓纵十八者是已。然后自西至东，如其法尽其数，树木以表识之，东有黄泾，去所表木不及二百六十步，阅其东岸甚老，而古意湖之故址在是也。登岸瞻视，见一父老，问之曰："岸之西即田耶？"曰："侬生来第见此岸，岸西皆茭荡，非田也。"鄙见遂决，盖人之利于湖也，始则植茭芦以引沙土，而享茭芦之利，久而沙土渐积，乃以之为田，而享稼穑之利。故湖之东为田者，旧涨也；田之外为荡者，新涨也。先度其新涨之荡，得五千亩有奇；后度其旧涨之田，得九千亩有奇，其度新涨也。[3]

---

[1] 弘治《太仓州志》卷1《山川》，《日本藏中国罕见地方志丛刊续编》，北京：北京图书馆出版社，2003年，第3册，第31页。

[2] （明）吴荃：《原三江》，载嘉靖《太仓州志》卷10《遗文》，《天一阁藏明代方志选刊续编》，上海：上海书店，1990年，第20册，第783页。

[3] （明）张国维：《吴中水利全书》卷15《公移》《方豪勘视昆成（承）湖复治水都御史俞谏揭》（正德八年），《景印文渊阁四库全书》，台北：台湾商务印书馆，1986年，史部地理类，第578册，第519页。

由此可见明中叶昆承湖围垦之迅速。到了嘉靖年间，昆承湖一带则因"诸浦渐湮，邑之田始受病，至连岁不登，湖既日入于废，民得因其葑积以为田。今自湖之南东，其外围田广长二十余里，而卑下者皆湖也"。[1]16世纪的低乡围垦，在东北水系衰弱的情形下继续进行，并形成了小河道多成围田、卑下之地积水成湖的新地貌。

对于高乡来说，大浦浅狭的连带后果，是塘泾河港等支河隔绝不通，进而使得潮水涨退循环不顺，浑沙在港浦中淤积。明中期，高乡诸州县曾各自组织疏浚境内的大塘浦，每次疏浚之后，为了维持大浦的持续畅通，常常需要保证足量清水东泄冲淤。譬如明中期常熟县疏浚白茆塘后，为了保持低乡湖区所泄的清水全入白茆，在太仓北境与昆山、常熟交接处的七浦河上曾筑有一堰，称作"斜堰"。此堰一筑，巴城等湖的清水不再流入常熟任阳和太仓直塘、沙头一带以东的太仓境内，太仓干河七浦河被浑潮所淤，"傍浦之田无虑数千顷，莫资灌溉，浑潮日积，渐成平陆，兼以连年旱暵，常稔膏腴尽皆龟拆。官逋私负，无从出矣"。[2]七浦本来是泄放湖水最近捷的港浦，又是太仓东南高乡重要的灌溉河道，显然，斜堰的修筑打破了原有的水利形势。明后期太仓学者陆之裘撰《水利说》便指出：

> 议者独谓斜堰之害，旱病高乡，潦病低乡。盖以巴城水达七浦最径，而障以堰，则湖水无所泄，故高低两受患。夫治水之利，一而已，使湖入江入海，不少壅隔，则塘浦常溢，民岂有不利。此吾东南之人，所当熟讲也。[3]

当时太仓民人因七浦之浅狭而蒙受损失，因此对斜堰之害有较清晰的认识，然而常熟、昆山，浚河后占享先利，当仁不让。嘉靖年间太仓

---

[1] 嘉靖《常熟县志》卷1《水志》，《北京图书馆古籍珍本丛刊》，北京：书目文献出版社，1997年，史部地理类，第27册，第968页。
[2] （明）金江：《新建七浦斜堰闸记》，载嘉靖《太仓州志》卷10《遗文》，第775—779页。
[3] （明）陆之裘：《水利说》，载崇祯《太仓州志》卷14《艺文志·文征》，明崇祯十五年（1642）刻，清康熙十七年（1678）补刻本，第87a—b页。

州人张榗在《答晓川太史论水利书略》一文中就认为:

> 矧低田多而其税复重,高田少而其税复轻。自是以来,议者皆以水为患,而不复忧乎旱也。以榗观于今日则不然。自江宁之五堰既治,而九阳江之水不东注……七鸦不复当以诸浦论,而又为吴中之一大川矣……彼昆山西北、常熟之南之民,有见于其尤泾以东,昔也一雨愆期民辄告涝之区,今皆井底飙塞,而为舄国不毛之地,而其西则四望成洋,积水不耕之处,今昔比邻相庆而有污邪,满车之秋遂自以为幸。而谓斜堰决不可开,其何以知?为此役也,非止为忧旱,计即有三二年之大水,宜亦有所于归,而傍湖之田从可得而治矣。……顾今一郡高田以十分为率,在吾州者可当其三,太湖入海之道虽曰三川,而其出吾州者已有其二,每为浑潮所淤,则吾州先被其害,一议修治,则吾州独当其劳。故尝先事而忧得,可谓思患预防者。[1]

张榗批评了昆山西北、常熟南境之人图私利拒开堰的态度,也突出了太仓高乡对于苏州农田水利的重要性。[2]嘉靖年间,太仓州的文人、士大夫对水利问题的重视,与弘治十年(1497)太仓设州后当地社会经济以及农田水利事业的发展有关。斜堰问题的解决,在嘉靖中叶终于被提上议事日程,嘉靖二十五年(1546),太仓州在巡抚都御史欧阳铎的支持下,协同昆山、常熟两县将斜堰改筑置闸,"遇淫潦则闭闸,而昆山、常熟之民免于水,遇蕴隆则放闸,而太仓之民免于旱"[3],并在此后疏浚了七浦河。

其实,斜堰问题只是嘉靖中叶昆山、常熟间农田水利矛盾关系的一个侧面,其中昆山与太仓间的纷争,后来甚至上升到太仓州政区兴废问题。张榗所述"低田多而其税复重,高田少而其税复轻。自是以

---

[1] (明)张榗:《答晓川太史论水利书略》,载嘉靖《太仓州志》卷10《遗文》,第786—798页。
[2] 同上。
[3] (明)金江:《新建七浦斜堰闸记》,载嘉靖《太仓州志》卷10《遗文》,第775—779页。

来，议者皆以水为患，而不复忧乎旱也。以檟观于今日则不然"[1]，点出问题的实质，则是嘉靖十七年后高低乡因税率调整造成的赋役升降问题，中编第六章和下编第八章将追述这一时期制度和社会经济的重要转变过程。

嘉靖中叶，太仓高乡开始面临赋税上调的压力。在压力刺激之下，垦殖开发的速度也再次加快，民人故意湮塞港浦、围垦河身的现象也日渐突出，这就是顾士琏所回顾的"娄江沙涨，群起争佃"这一热潮兴起的时代语境。由于湮浦占佃，高乡旱情加重，既不利于低乡泄水，又不利于高乡灌溉，所以以往苏州水利患在水，此时更忧乎旱。张檟在《答晓川太史论水利书略》中献水利五策，并强调："五者皆止为备旱计，然高乡之河港既通，亦低乡之所必由以导水者也。"[2]防治高乡之旱，实际也是为了疏导低乡之潦。整体上看，张檟主张以11世纪水利学家的高低兼治水论，解决明后期东北港浦淤塞和高乡旱情，理论上是合理的。

备旱须治河，而在塞河请佃的热潮中，治河的重点是规范营田、防止滥垦豪占。在五个计策中，张檟用较多的篇幅直指高乡水利症结，即田地赋税，并主张采用"轻地租以防壅塞"和"慎升科以抑豪强"二策[3]，他的考量在于：由于嘉靖均田改革采取"一刀切"，太仓境内田地税则划一，高阜之地不再享有轻税之便，于是民人进一步铲削冈身高地，求得平地以利灌溉；另一方面，豪民又将铲削冈身之土堆入港浦，或者在支河中筑堰，故意塞淤，每至清查田赋之时，就将新淤之田按涂荡的税则报官升科，这就形成了高乡田地的赋税种类的两个极端，一头是统一升高税则的田地税粮，一头是豪户兼并升科之涂荡米。张檟此二策，旨在一降一禁，希望把高乡人地关系拉回到15世纪的相对均衡状态。

经过15—16世纪水环境的演变以及赋税制度的改革，高乡形成了治田先于治水、开浦与升科并行的格局。高乡的升科涂荡与低乡围

---

[1]（明）张檟:《答晓川太史论水利书略》，第787页。
[2] 同上书，第798页。
[3] 同上书，第794—797页。

田实质上是相同的,都是地方与官府财税利益妥协而成的土地形态。张槚的建言切中肯綮,然而无济于事。清初顺治年间疏浚浏河时,官方颁布《禁约十条》,所禁之事反映了明后期高乡开发中的许多环境问题和民生问题:

> 一禁淤塞支河。傍河支流宜——随田开浚,……不许奸徒霸住水口。
> 一禁栽植芦苇。……凡有芦苇妨碍水道者,听民尽行削去。……
> 一禁罾箔渔舟。既阻河流,又伤物命,宜尽拆逐。
> 一禁竹木堆河。商人有开竹木行者,止许架于岸上,不许堆叠河中,以隘舟行之道,以阻通流之水。
> 一禁壅泥入河。岸上新泥不许锄入河内,及随田壅出,以隘河身。
> 一禁拦阻河路。不论航船、民船……不许奸棍借名拦阻,霸占河路。
> 一禁兵丁骚扰。水陆游兵有抢夺船只、打掠民财者……
> 一禁壅遏商贾。有地棍串通营兵,或假装营兵霸住村市关桥,抽取商人财物……
> 一禁石块坝堰。桥必用木石块,则妨水道,至干河中坝堰有碍舟楫,水口私壅,独擅永利者,并令开通。[1]

以上禁约反映了造成支河淤塞的原因还不只是霸占水口、栽芦淤河、筑造坝堰以及壅泥入河等等行为,渔民罾箔捕鱼作业、竹木商人据河屯货也是导致支河浅狭的因素。顾士琏还曾对这十条禁约进行补充说明,特别指出"泥艘"之害:

> 泥艘者,盖海舟畏浪,载泥取稳,收内河时,出泥沉水,

---

[1] (清)顾士琏:《太仓州新刘河志》《正集·禁约十条》,第156页。

泥壅之处，久成海舌涨沙。三江之塞，半繇乎此。是真禹功以来所莫可除之蛊毒也。近见沿海港口，俱为马路、塔架、浮桥，而盖草泥，遇雨洗濯，晴则复增，天妃宫镇有草泥桥二条，塞河同泥艘，宜令民全易以木，桥既可垂久，又免壅河，轸知，附记于此。[1]

所谓"泥艘"之害，即海船驶入内河后，因河床抬升，将行海时用以压舱的泥沙丢弃，导致河淤。此外，当时高乡河港上的桥梁路基多用草泥铺盖，在雨季冲蚀，泥沙也壅入河身，其害无异于泥艘。顾士琏认为，"泥艘"是造成高乡港浦淤塞的长期危害因素。

第二节 高乡专浚干河与不究水利

面对水环境的剧烈变迁，高低乡州县各谋对策。譬如，太仓把总陈王道在万历六年（1578）曾向上级汇报建言，他认为在东北港浦必然衰弱的情形下，高乡三十六浦除少数干河能履行泄放湖水的功能，其他狭小河港"如大钱、铠脚、双鸣、鹿鸣、六尺、东杨林、大舍、桃源泾之类，杂引潮沙，内多淤壅者，虽有形存，欲假之以泄放湖水之溢，殆非所赖也"。因此，他主张高乡水利应采取强干堰支的策略：

> 为今之计，将常熟之二十四浦如白茆、福山……等浦纬河之外，或为市镇之通渠，或为民运之要道，必宜开浚，以利往来。余如张泾……等泾，俱着民力开浚之后，各于两头或作土坝，或建闸斗，以潴清水，以节浑潮，不论大小潮汛，使民田均得以资灌溉，而于七浦、湖川、杨林等大塘，亦无诸浦杂引潮沙以致填淤也。即如华亭、上海二县之西，亦有三湖四十八荡及三泖之水，其泄泻出海之路，止藉一黄浦，其东入海之处，未闻有三十六浦之多也。更有海塘以为障蔽，故无海潮之冲而河道皆

---

[1]（清）顾士琏：《太仓州新刘河志》《正集·昆山乡绅致白公书》，第164页下。

通。其乡支河，若非舟楫必繇之道，俱于两头作坝潴水，以灌田禾，并获畜鱼之利，例可见矣。[1]

陈王道的建议即保证大的干浦有充足水势冲淤，其他弱势支河干脆双头作坝，不引湖水，也不通潮汐，实际上成为专门蓄水灌溉的河状湖体。他强调，这种策略是广泛采集民意所得，不只适用于太仓，也适用于松江府高乡。

强干堰支成为高乡水利普遍趋势，其实反映了农作形态的重要变化，意味着横沥冈门、横塘纵浦的塘浦圩田体系已不再成为必要。据陈王道所述，高乡水利失序，而"民多逐末。虽有树艺，亦皆花豆焉耳"。[2]逐末和植花，即商业活动和棉花种植，已成为明后期高乡社会经济的新主题。正是基于这种高乡开发格局，陈王道才特别提到，需要保持一部分市镇通渠、民运要道的畅通，其余之支河则可不究体系。此时期，高乡的干、支河道，从原来的塘浦泾浜水网中分离出来，重新构造。许多学者研究江南市镇空间形态时，较多地关注了市镇的水道形态，譬如十字河、丁字河等等，这种市镇与水道的区位关系，从图15可以获得一个直观的印象，其空间特质很可能就是因为明中后期地方水利强干堰支的普遍趋势而导致的。

正如上一节所说的，16世纪的水利积弊常常可从17世纪的工程运作中反映出来。在16世纪后高乡的加速开发中，许多港浦特别是支河也加速淤垫，这使得17世纪高乡的港浦疏浚工程工巨费繁，因此许多水利学者和治水官员常常主张另开新河。顺治年间顾士琏辅佐州守白登明在高乡主持刘家河疏浚，当时吴淞江已淤塞五六十年，自昆山而东，"百里平芜，弃舟纵马，甚至架房屋、起坟墓"，而刘家河淤塞未久，"南盐铁西尚深阔，石家塘东通潮汐，唯中段淤塞"。如果放弃公塘湾开挑，而选择在北岸直开，河长不过四十余里，"平陆故

---

〔1〕（明）陈王道：《上水院太仓州境水利揭》，载崇祯《太仓州志》卷14《艺文志·文征》，第51a—b页。
〔2〕 同上书，第50a页。

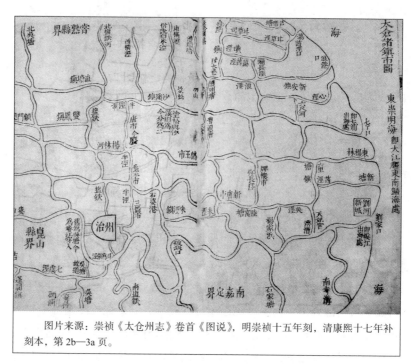

图片来源：崇祯《太仓州志》卷首《图说》，明崇祯十五年刻，清康熙十七年补刻本，第2b—3a页。

图15　明末太仓州境

多，池荡不少，恢拓尚易"[1]，因此顾士琏经过详细考察，力劝在刘家河北面另开新河，最终获得官方认可并付诸实施。太仓名儒陆世仪记曰：

> 古娄江北道，邑志犹有北刘河之称，而岁久湮塞，已成陆壤，兼之河名错杂，几不可辨。顾子谓娄江南出，迂回八十里而遥，朱泾直，当城之东，工相去什百。又娄江浮沙所积，难施畚锸；朱泾平地，易为力。且无奏请酌议、查覆勘报之劳，命官设吏之烦，牵制掣肘、营谋派扰之弊。唯朱泾便。盖一则州中积荒之后，一则以数十年来，未闻大役，一旦兴举，恐漫费无益，虽老成者皆危之，而顾子屹立不动，力排众议，州侯复坚持之，议

---

[1]（清）顾士琏：《太仓州新刘河志》《附集·二江合论（娄江、淞江）》，第199页下—200页上。

遂定。[1]

新浏河的疏浚，实际上即将朱泾"变枝为干"[2]，将其由支河升级为干河，因为在经费不足、民力有限的情况下，只有分清主次，重点开河，才不至于"诸役并兴"，"一河无成"。[3]这就是纷纷争浚而经费不足的条件下，"变干为枝"的"专浚"策略。而陆世仪所列举的"奏请酌议、查覆勘报之劳，命官设吏之烦，牵制掣肘、营谋派扰之弊"，恰好精辟地概括了明后期高乡开浦和占佃并行，全面疏浚干支河道难以实行的原因。在陆世仪之前，崇祯《太仓州志》撰者张采，曾详细列举了导致明末太仓水利"疏浚不讲，积重难返"的七项弊端：

> 向者漕期犹缓，农隙开河，春初告罢，今自冬徂春，唯漕是视，则力迫，一也；向者壅遏未甚，易可通流。今经久几成平陆，则工重，二也；向者额设导河夫银，每浚干河，官给工本，今计亩均任，兼粮额岁增，水旱风虫无间，则资竭，三也；向者工有次第，程视缓急，今诸河尽郁，争持莫让，每以筑舍致寝，则议分，四也；向者河道深阔，难容蒿苇，今职销圩者，以升科为事，寸滩毕税，水道举为区亩，则积侵，五也；向者绅衿数少，优免悉遵会典，今且数倍，又尽户蠲豁，小民田满数亩即开河盈丈，则贻累，六也；向者治河必简贤能，今专委倅贰，年例有陋规，临河有供应，余段有隐卖，完工有席程，其他车夫小甲之类，俱贿是问，倅贰又转委仓巡，自掩多差，皂快相吓，则杂蠹，七也。凡七弊，牢结莫解，致畏难工堕。[4]

豪户占佃升科，优免徭役，是水利派浚尤其是支河派浚的首要困难，对于地方官吏来说，只要保证税收足额即可，于是利用升科的

---

[1]（清）顾士琏：《太仓州新刘河志》《陆桴亭世仪序》，第138页下—139页上。
[2]（清）顾士琏：《太仓州新刘河志》《正集·浚河条约》，第147页下。
[3]（清）顾士琏：《太仓州新刘河志》《正集·晓谕专浚》，第151页下。
[4] 崇祯《太仓州志》卷7《水利志·采按》，第33a—34a页。

"潜规则"默许豪民占河为田，私相授受。

明后期地方疏浚河道的经费运用规则，一般是"干河开凿，必用公帑，枝河则照田分派"。然而，由于"塘长之弊规"、"下役之需索"[1]，在没有充足的公帑经费、摊派机制不公平的条件下，权势规避，普通民户谈浚色变，均不愿出夫。官方主持的开浚，通常也只能专浚干河，而且常常必须由高官大员出马，方能节制调动地方官民。康熙《昆山县续志》的撰者洞悉了明后期以来治水的关节要害，认为昆山田土"西北常苦潦，东南常苦旱。低乡宜高筑岸塍以防水，高乡宜深浚干河以通水。然董治之法，唯在良有司，而兴大利、除大害，则在诸大臣"。[2]用兴大利、除大害，以及委大臣来形容明后期的治水事业，实不为过。16世纪后，大员专浚干河逐渐成为高乡水利兴事的一种形式。

在"争浚"中专浚干河，仅仅是明后期高乡水利运作的一个面向，当时更为普遍的现象是州县官民不究水利。导致这种"冷漠"态度的出现，主要有两个因素：其一是棉作兴起后，灌溉需求不再强烈；其二是州县互不协同。

高乡植棉的发展并非始于明代，而大规模的棉作则是在明中期东北港浦淤塞、高乡灌溉渐失的情形下出现的。万历二十一年（1593），嘉定县民人就阐明了这一过程：

> 国初，承宋元之后，考之旧志，境内塘浦泾港大小三千余条，水道通流，犹可车戽，民间种稻者，十分而九。以故与他县照常均派本色、兑运，尚能支持几二百年也。其后江湖壅塞，清水不下，浊潮逆上，沙土日积，旋塞旋开，渐浅渐狭。既不宜于禾稻，姑取办于木棉。[3]

---

[1]（明）王在晋：《水利说》，载崇祯《太仓州志》卷14《艺文志·文征》，第90a页。
[2] 康熙《昆山县志稿》卷3《水利·水利源委》，南京：江苏科学技术出版社，1994年点校整理本，第44页。
[3] 万历《嘉定县志》卷7《田赋考下·漕折始末》《万历二十一年本县民本》，《中国方志丛书》，台北：成文出版社，1983年，华中地方第421号，第498页。

这一番表述，旨在表达木棉种植是水利失序下的无奈之举，作为申请改折漕粮的理由，带有较强的目的性。中编将会详细讨论这场影响深远的赋役改折运动。这一运动反映的基本事实是，棉植对于上级官府和高乡地方都有裨益，既保国课，又纾民困，以棉业作为明中叶后高乡的开发主流，有皆大欢喜之效。因此，高乡棉植的热潮，不仅是水利荒废的无奈之举，也是实现赋役折征、平衡钱粮征收的主动举措，甚至可以说是全面减轻嘉靖均粮改革后赋役负担的必由之路。正如崇祯《太仓州志》所言：

> 州地未必不宜稻，承佃人偏种棉花，今米价腾贵，田主强责佃种稻，又惜工本，不倡率开河，小民戽水实难，且河道一塞，无水可戽，如再泄泄，数年后，将不知所底。[1]

可见作物的选择也受市场影响，米贵之年，易花为稻也曾有之，然而在河道淤塞的情况下，水稻灌溉较为困难。在太仓州境内，实际上还存在着小农作区间的差异。大体分区是，"西北种稻，东南种棉"，植棉之处有许多地方地瘠土旱，港浦无泄。在夏季台风登陆之时，排水则面临困境，对棉作造成较大损失。[2] 在棉作区中，又有一些地方"棉稻相代，地力未竭"，而在一些冈身地带，民人则岁岁种棉，面临着土地肥力下降，棉花减产的难题。[3]

无论如何，在明末棉花已成为最适合高乡水土环境的作物，被广为种植。在棉作大兴的时期，不究高低水利，不用湖水通港浦灌溉，也就成为必然的态度。在州境东南澛漕一带的居民（图15），只用潮汐灌溉，不愿出夫疏浚支河，通潮支河的河床不断淤高，进一步限制了干河的泄水。[4]

澛漕一带不究水利，还属于州境内农田水利的利益矛盾，明末

---

[1] 崇祯《太仓州志》《凡例·太仓州志纪事》。
[2] （清）顾士琏：《太仓州新刘河志》《正集·劝谕浚河》，第151页下。
[3] （清）顾士琏：《太仓州新刘河志》《正集·朱泾水利说》，第143页。
[4] （清）顾士琏：《太仓州新刘河志》《附集·湖水灌田论》，第180页。

高乡不究水利的另一种矛盾,则是政区间的互不协作。据顺治十二年（1655）太仓人王挺回顾：

> 自刘河塞,而娄产为石田。长、昆诸境无所宣泄。当事请浚,下部酌议。然欲发官帑,则公家无十年之积,欲商协济,则旁郡多扞格之艰。欲议责成,则特设官吏,反滋驿骚之。所谓筑舍道旁,三年不成者。[1]

上一节已经提到嘉靖间斜堰问题所反映的昆、常、太等州县的水利矛盾,下编还将讨论到明后期高乡州县间在水利协作上的磨合过程,此暂不表。正是由于在高低水利分离状况下政区间协作对于水利整治的重要性,治水官员需要有专门的节制之权,嘉靖年间南京兵部尚书凌云翼曾上疏建言,东南水利须设御史专管,尽管时局维艰,多一事不如省一事,添一官不如少一官,但东南水利尤为重要,以巡按都御使或兵备副使兼理都难以胜任,须设御史专管方可奏效。[2] 17世纪后高低乡水利事业通常须任大员统筹专责,理由也不外乎上述。在明代后期,高低政区之间,甚至单个政区中水利的统筹其实一直乏力,唯一差强人意而令后世追思不已的,是万历年间昙花一现的常熟治水。

第三节　万历常熟治水的昙花一现

与太仓、嘉定、上海这些辖境全为高乡的州县相比,常熟县是一个境内高低地貌参半的县份。经过12—15世纪高低乡水利格局的演变,在东北港浦淤塞的普遍趋势下,常熟水利同时面临着前述昆山、太仓所出现的不利局面——高低水利分离。常熟境内的白茆塘,在宋元时期吴淞江渐淤、东北水系发育的过程中,逐渐成长为一条通海大

---

〔1〕（清）顾士琏：《太仓州新刘河志》《正集·序》,第137页上。
〔2〕（明）凌云翼：《东南水利疏》,载（清）周煜编：《娄水文征》卷27,清道光十二年刻本,第12a—16b页。

港,在明前期和明中期历次大的浚河过程中,都得到官方的重视。然而,白茆在明中叶也面临着与其他东北港浦相同的困境。弘治《常熟县志》的《水利》中特别列出一项"白茆港利益",叙述元末以来白茆港的发育状况以及成化以后逐渐壅塞的过程。[1]白茆港的淤塞与刘家港、七浦港等相似,浑潮涌入、清水不足是主要原因。其中,清水不足又主要与上游围垦加剧有关,官至右副都御史的常熟人徐恪(1441—1516)曾就此论曰:

> 是以塘水湍急,潮沙往来,汹涌迅激,遂致深阔而泪荡,注泄益以通利。百年之间,苏常地方旱涝大有所赖。今四五十年来,鲇鱼口与昆承湖俱被豪家杂种,菱芦渐满,而淤泥渐积。淤泥既积,乃围圩成田,以碍水利。由是塘与湖隔绝不通。昔日注泄之利不复可得。[2]

昆承湖的围垦阻碍湖水注泄,打破了白茆湖水与潮水的平衡,使得潮沙容易在高乡河段淤塞。弘治年间,朝廷虽遣工部侍郎徐贯等大员治理白茆,但这些工程大都治标不治本。[3]嘉靖《常熟县志》的纂者常熟人邓韨认为,治水官员兴大役浚河之后,往往居功奏绩,以为可以一劳永逸,而没有在浚河时防止泥沙堆积壅入高乡港口,平常既没有严禁上游围田,也没有下游置闸挡潮以维持疏浚的成果,所以导致前功尽弃。[4]嘉靖以后,李充嗣、林文沛、海瑞等大员都曾调动数州县之财力民夫,克服行政阻碍,大浚白茆,然而成效均未能持久。万历年间,在巡江御史林应训用相对较少的浚河经费换取了二十余年的安流之后,常熟县令邓炳、段然、耿橘先后于万历十五年(1587)、

---

〔1〕 弘治《常熟县志》卷1《水利》,《四库全书存目丛书》,济南:齐鲁书社,1996年,史部第185册,第33页上。
〔2〕 (明)徐恪:《白茆水利疏》,载乾隆《常昭合志》卷2《水利》,光绪二十四年刻本,第38a—b页。
〔3〕 弘治《常熟县志》卷1《水利》,第33页上。
〔4〕 嘉靖《常熟县志》卷4《水利志》,《北京图书馆古籍珍本丛刊》,北京:书目文献出版社,1997年,史部地理类,第27册,第1050页上。

万历二十六年（1598）、万历三十二年至三十四年（1604—1606）在县境内主持了一些支河的疏浚工程。其中，耿橘先后疏浚了福山塘、奚浦、三丈浦、盐铁塘、湖漕塘、横沥塘、李墓塘、贵泾、横浦等支河。至于白茆塘的疏浚，由于常熟地方缙绅势力的阻挠而未能成功。[1]万历以后推重耿侯治水者甚众，耿橘治水的成就，主要不在于其具体的治水工程，而在于其系统地总结了浚河和筑圩的技术方法，并阐述了在明初所制定的里甲系统运作失效以后，如何在新的赋役制度和乡村秩序中筹备水利经费，还推进了水利荒政的改革。苏州府认为，耿橘治水所总结的这些内容十分完备切实，促其编成《常熟县水利全书》，督令各县参其规式治水，这就使得耿橘的常熟治水得以流传久远，后世的一些方志撰者甚至将《常熟县水利全书》与郏氏水论相提并论。

有关耿橘治水与《常熟县水利全书》（以下简称《全书》），中日学者已有一些研究成果。[2]耿橘，字庭怀，别号蓝阳，河间献县人，万历三十二年（1604）调任常熟知县。上任伊始，耿橘即讲求水利，采纳众议并付诸实施。当时，常熟水利事业面临着许多阻梗，邑人陆化淳在《全书》序中概括了妨害水利之五梗：

> 至今日大都为工费浩烦，仓卒无所倚办，则当道为之梗；尸其利乃避其事，则豪强为之梗；赴役者多，服役者少，则刁顽皮为之梗；鬻法者多，程功者少，则吏胥为之梗；甘苦之相畸，劳逸之相悬，张弛之相左，则怨咨为之梗。此五梗者，水利所以佹兴复废、名兴实废之大窦也。[3]

参照此前所述明后期高乡水利总势，常熟水利无异于其他州县，同样是举步维艰。耿橘上任后发现，当时常熟县田赋"最上每亩不过一石

---

[1]（明）姚宗仪：《（万历）常熟县私志》卷2《叙水·水利》，常熟图书馆古籍部藏传钞本。
[2] 如张芳：《耿橘和〈常熟县水利全书〉》，《中国农史》，1985年第3期，第64—73页；[日]滨岛敦俊：《明代江南农村社会の研究》第八章第一节，第425—435页。
[3]（明）耿橘：《常熟县水利全书》《陆化淳题序》，常熟图书馆古籍部藏传钞本。

二斗，而实入之数不过一石，乃粮之重者，每亩至三斗二升，而实费之殆逾四斗，是什四之赋矣。以故为吾民者，岁丰仅足输纳而犹有所欠。一遇小小水旱，辄流散四方，逋负动以万计"[1]。为摆脱田粮困境，耿橘厉行水利，张萱所撰《瀛海耿公墓志铭》略述了耿橘改革的过程：

> （耿）公下令按图籍开浚，修沟洫之事，而责之田主者。顾田主者皆贵人豪室，但坐享佃户供岁入，不复问亩沟通塞何状。令下，率抗不服，公械贵人豪室，仆于里门，以徼督抗令者，而令乃行。[2]

在"五梗"之下，耿橘并未如11世纪的郑璪那样被乱众轰门，幞头堕地，反而制服豪室，推行水利，显然非同一般。对于此中玄机，滨岛在研究中揭示了耿橘及其支持者实际上同属东林派，由于当时东林派因得到上级官员的支持而获得权势，耿橘改革派与当时反对派斗争的主要内容，在于水利派浚规则的制定。据滨岛的研究，关于照田派役的改革主张，在16世纪初就已经提出，但到了万历朝耿橘改革期间，才形成较为系统的规范，张萱所谓"按图籍开浚"，指的就是照田派役，不能推诿于佃户，这一派役方式显然不利于占有田产的贵人豪室。不过，当时不少乡绅由于享有免役权，仍可躲避差役，因此，改革派又同时推行更为强硬的措施——限制优免，为了使反对派能接受这两项措施，改革派积极说服反对派乡绅，强调如果不进行改革，就会遭到老百姓的反抗，造成水利设施的荒废，还可能引发社会动乱，这促使反对派不得不支持推行自上而下的改革。[3]针对当时地主多城居，土地多为佃农所佃种的实际情况，改革派又以"业食佃

---

[1]（明）耿橘：《常熟县水利全书》卷1《大兴水利申》，第1a—b页。
[2]（明）张萱：《宝日堂初集》卷16《瀛海耿公墓志铭》，《四库禁毁书丛刊》，北京：北京出版社，1998年，集部第76册，第451—452页。
[3] 参[日]滨岛敦俊：《明代江南农村社会の研究》第八章第一节，第425—435页。另可参[日]岸本美绪著、杨永超译：《滨岛敦俊的〈明代江南农村社会の研究〉》，《中国史研究动态》，1984年第8期。

力"的原则，即田主出钱给佃户作疏浚之费，由佃户出力的方式，来落实日常的水利兴修和维护工作。

在努力解决治水机制问题之余，耿橘还"单骑轻舠遍历川原，进诸父老讲求水利之故。凡地形高下之宜，水势通塞之优，疏瀹障排之方，大小缓急之序，夫田力役之规，官帑补助之则，经营量度之法，催督考验之术，一一条画，著为图说，以至区里利害之殊，土性肥瘠之异，钱粮轻重之等，田野荒熟之故，风俗淳浇之由，形势险夷之辨，无不备具"。[1] 在仔细的踏勘和调查基础上，耿橘及主簿王化、张以正等官员编绘了八十五区水利总图（图16），随后又将这个八十五区中应浚的河浦、圩岸一一列出，每区绘制水利图和圩田图，并详细说明其中的轻重缓急、浚费安排和田粮数目等等，可谓纤细入微，极为完备。

八十五区是耿橘制定的常熟水利总规划，它既是水利兴修和维护的实施单位，又是疏浚费用的调派单位，实质上是系于赋役而旨在水利派浚的一套区划。耿橘在《全书》中说明了八十五个"区"的划分根据，当时县下赋役区划名目较多，大体的系统是县下分乡，乡下分都，都中分图。有时乡又称并，图又称里，都之大者又称扇，以扇统图，有时扇又称作区。显然，这些基层区划是明初实行里甲制和粮长制（按：区、扇即粮长所管辖的粮区）之后，随着赋役制度的演变过程中形成的。到了明后期，名目存废不一，较为庞杂。更麻烦的，各种赋役簿册中，所统计的都、区以下的图的数目多寡不一，相当混乱。要分摊浚费，必须确定一个比较稳定、范围适中、名称互不混淆的基层区划作为调派单位。经过比勘，耿橘发现：

（都图）多寡分合，今昔异致，吾诚不得其故矣。至于扇与区，二名古志、新志俱无之，唯田粮科则数实载乡、城八十五扇，与今比簿各册数合，今公私通用之。扇即区也，而呼区者为多，顾不以地方名而以粮户名，甚不雅驯。本县此举原为水利，非地

---

[1]（明）耿橘：《常熟县水利全书》卷1《大兴水利申》，第1b—2a页。

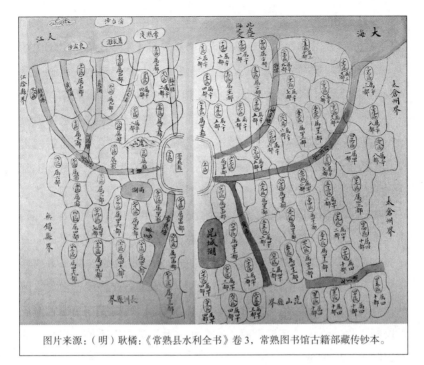

图片来源:(明)耿橘:《常熟县水利全书》卷3,常熟图书馆古籍部藏传钞本。

图16 常熟县八十五区水利总图

志也。然水由池中行,地志不明水,胡以定。故斟酌古今,通其变,将城乡八十五区次第排之,以便称谓。又各区下仍带都名扇名,以便稽考,复注以地名以便听睹焉。[1]

由于"区"的单位、数目与钱粮簿册能一一对应,所以耿橘认为,虽然"区"不是正式的单位,但只要利于水利运作就应该变通而接纳之,作为常熟县水利区划的单位。

通过这些努力,耿橘就可以将水利浚治机制落实到基层运作,建立起一整套水利整治程序,这就是由"照田起夫量工""水利不论优免""准水面算上方多寡分工次难易""分工定居""堆土法""考工法""分管员役""立章程赏勤罚惰以示鼓舞""干河甫毕刻期齐浚支

---

[1](明)耿橘:《常熟县水利全书》卷3《通县八十五区总图》,该卷不分页。

河"九法所组成的"开河法",其次是由"围岸分难易三等及子岸同脚异顶法""戗岸岸外开沟难易亦分三等""围外依形连搭筑岸围内随势一体开法""筑岸务实及取土法""业户出本,佃户出力,自佃穷民官为出本"五法所组成的"筑岸法",以及"建闸法""水利用湖不用江为第一良法""兴工止工""设处钱粮""出放钱粮""高区浚河低区筑岸各随民便"这六项补充条款。这些规定基本囊括了水利工程由定工、派浚、运作、结算、善后的各个过程,又在八十五个水利区中分别说明细则,实用性很强。

在这一套水利整治章程中,对疏浚费用分配的规定,主要是"照田起夫量工""水利不论优免"以及"业户出本,佃户出力,自佃穷民官为出本",前两者针对的是疏浚工程,后者主要是针对日常的圩岸修筑和维护。如前所述,明后期浚河常常出现官方偏浚干河、支河缺费难理的弊端,耿橘旨在全面解决这一难题,他规定,不论官修还是民修工程,不论是疏浚干河还是支河,无论是大户还是小户,一律照田起夫,理由是:

> 说者谓有近水利者,远水利者,不得水利者,及田止十亩以下者,分为四等。除十亩以下者免役外,余以三等为伸缩。盖往年之役如此,职深以为不然。本县之田未有不籍水而成者,但河有枝干之殊,水有大小之邑耳。彼干河引江湖之水,而枝河非引干河之水者乎?田近干河者称利矣,田近枝河者非干河之利乎?若必为四等之说,则奸户积书朦胧作弊,上户挪而为中户,中户挪而为下户,近利挪为远利,远利挪而为不得利,而田少愚弱之民反差重役。即有控告,而堂高廉远,下情胡达。官即知矣,亦苦于查算之难,将置之而不问,如小民之偏苦何?故开河,必观水势所向,应用某区某图之民,必无论大户小户,通融验派。[1]

耿橘的主张,即按照水利区划,统一处理区内水利,杜绝因区分

---

[1] (明)耿橘:《常熟县水利全书》卷1《开河法·照田起夫量工给食》,第2b—3a页。

轻重而出现舞弊行为，如此一来，只须调出黄册，查出区中各图坐圩田地，找出业户，就可以摊派费用。除了解决上述区分轻重的弊端，分区派浚方法还旨在解决一种较为普遍的情况，就是人户与田产坐落分离，以及人户、田产多处分布的情况。耿橘得以作此决策，与常熟县中支持改革的一些乡绅的呼应是分不开的。《全书》附录卷上收录了许多乡绅对于水利改革的建言，其中，奚浦乡绅钱岱就以自己家族的田产状况，举例说明随区疏浚的必要性，支持耿橘的改革。他说道：

> 照田均派，此今日之公议，而台下当执之以果，断之以必，勿复狐疑者。第均派一节，盖亦有说。治生于福山港，相离稍远，不甚谙习。唯三丈浦，则祖居存焉，即一浦而余港可推，即治生一户而余户可推。三丈浦坐落六、七、八、九、十一及上十四、中十四、下十四等八区，则开三丈浦者，唯照此八区之田，而余区不相涉也。如治生，九都人也，治生一户有九都田，有六、七、八、十四等都田，则皆应派者。若别收各区之田，则与该浦何与，而亦混派乎？譬如低乡，自有筑岸之事，与高乡无干。治生田在低乡，而亦派及，则低乡之民可俱派乎？若低乡之民有田在此八区者，则亦当计亩照派。如治生，虽远离福山港，而有田在彼都，则仍派开福山港，无辞也。治生一户以十分为率，田坐八区内者十之六七，在各区收入者十之三四，此责令各总书查报销圩细数，不能隐蔽。若户内有弟男子侄并入者，只照都分尽派治生名下，治生另行通融，计算分派弟男子侄，总了治生一户事而后止。此不独官户为然，其民户亦照此分派，则上下轻重至公至平，土俗人情允宜允合，而台下之美意遵行无碍矣。[1]

另一位乡绅陆枝也表态支持"高区专任开河，以防旱灾，低区专任筑岸，

---

[1]（明）耿橘：《常熟县水利全书》附录卷上《钱侍御回书（讳岱，号秀峰）》，该卷不分页。

以防水患",并明确反对"缙绅以图优免"。[1]在乡绅的配合下,耿橘出台了以八十五区为基础的,"高区浚河、低区筑岸、各随民便"区内派浚总方针[2],并以"水利不论优免"为原则,解决了在浚河工程派浚的问题。

当然,高乡干、支河的统一派浚,并不意味着工程上不分主次先后,耿橘在开河法最后一法特别强调仍须先开干河,工程进行一半时,马上筹备支河疏浚,防止耽误支河的疏浚,进而破坏干河疏浚的成果,这就是"干河甫毕刻期齐浚支河"之法。[3]可见,区内派浚法兼顾了干、支河道,从费用分配和工程操作上同时避免了偏浚干河的积弊。业食佃力的原则,主要是解决包括浚河工程在内的低乡日常筑圩活动,《全书》中分析了常熟圩岸失修的五大原因,阐明业主出本,佃户出力即"业食佃力"的重要性:

> 业主出本,佃户出力,自佃穷民,官为出本。常熟之岸塍何其多坏而不修耶?询诸父老,其故有五:小民困于工力难继,则苟且目前而不修;大户之田与小民之田错壤而处,一寸之瑕,并累其百丈之瑜,即大户亦徘徊四顾而不修;又有小民而佃大户之田,佃者原非己业,业者第取其租,则彼此耽误而亦不修;或业户肯出本矣,而佃户者心虞其岸成而或为他人更佃也,竟虚应故事而不实修;或工费浩大,望助于官,官又以钱粮无处,厚责于民,则公私相吝,因循苟且而不修。无怪乎田圩日坏,而岁多水旱之灾也。除一等难修之岸另行查议外,其二、三等易修者,即令业户各于秋成之后,出给工本,俾佃户出力修筑,官为省视,高厚坚实,务如规式。若穷户自佃己田者,查果贫难,官给工本,开河工本仿此。[4]

---

[1] (明)耿橘:《常熟县水利全书》附录卷上《陆郡丞回书(讳枝,号培吾)》。
[2] (明)耿橘:《常熟县水利全书》卷1《高区浚河低区筑岸各随民便》,第24b—25a页。
[3] (明)耿橘:《常熟县水利全书》卷1《开河法·干河甫毕刻期齐浚支河》,第12a—b页。
[4] (明)耿橘:《常熟县水利全书》卷1《筑岸法·业户出本佃户出力自佃穷民官为出本》,第12b—13b页。

此外，耿橘在"筑岸法"中所总结的筑圩方法，承前启后，影响深远。例如在明代小圩盛行的情况下，耿橘提出了并圩、联圩的技术，其技术以及对大圩规模的论证，直接为20世纪新中国成立后太湖地区联圩工程提供了重要参考。至于《全书》中其他的圩田水利技术及其影响，可参见张芳先生的文章[1]，此不赘述。

万历常熟治水虽然有强势改革派的主导，亦不乏一些乡绅的支持，然而改革中许多措施因触及乡绅豪户的利益，也会遭到他们的反对。例如在疏浚常熟东境的重要支河李墓塘和横浦时，就遇到了新法与旧例间的抵触问题。徐、归二大姓是当地权势，徐氏居横浦边，归氏近李墓塘，两姓田产则在两塘一带交错。两塘相比，李墓塘浚费是横浦的三倍，此前李墓塘每有开浚之举，常由"二姓分股任之，大小难易不均不平，百姓啧啧久矣"。耿橘认为：

> 论族较氏，江左之俗弊。今为地方持平法，唯论田起夫，开河以济田也。开里睦则里睦之田任之，开衡浦则衡浦之田任之，通开则通两河之田任之，吾何知有归、徐哉？举大工，兴大众，未有不平其心、平其政而能令众志输服者。即有强梗，又何避焉？查徐氏之田，居里睦者七，衡浦者三，归氏之田，居衡浦者七，里睦者三，而工力则两河大小不相侔耳。以本河之田为本河，法之至平，而情之至顺，吾民其各化其偏鄙耶！里睦旧名李墓，衡浦旧名横浦，今易之，里党雍睦，如衡之平，此吾之所以望吾民也。[2]

耿橘易市名而求和睦，强调照田派役之公平，反对大姓以权势掌控支河派浚。然而，最终在各大市镇所处区图中浚支河，实际上仍须由大姓主导。细读钱岱给耿橘的回书，可以发现，在奚浦经营钱市的钱氏支持官方按区派浚的同时，也提到"只照都分尽派治生名下，治生另

---

[1] 张芳：《耿橘和〈常熟县水利全书〉》，《中国农史》，1985年第3期，第69—73页。
[2] （明）耿橘：《常熟县水利全书》附录卷上《李墓塘智林寺偶书》，该卷不分页。

行通融，计算分派弟男子侄，总之了治生一户事而后止"，也就是说，照田起夫的同时，宗族中散户的田产归并到大族总户头上，这就意味着大户对于市镇的水利派浚有很强的主导性，一些控制市镇的大姓，常由此舞弊。为此，耿橘下令严禁大户科派市民开河：

> 本县疏浚水利，皆止开市镇之河，略借市廛之民力耳，况市井之民，取利锱铢，何堪奸豪大户仗役吞鲸也，深可痛恨。[1]

经过耿橘的努力，不少占据市镇的大户与官方配合，完成了市镇水道的疏浚工作，譬如上述徐氏与归氏各浚里睦塘与衡浦[2]，何氏、管氏浚何家市、管家市一带的横沥、湖漕等河道。[3] 其实，有明一代，许多乡村河道的水利事业是在当地权势大户主持下进行的，清代太仓境内璜泾镇的镇志就提到："水道通则田畴治，百货集，土之肥瘠因焉。镇之盛衰系焉……漕塘自元明以来，久为通津。明代大姓刘氏、赵氏家于其旁，屡出资疏浚。今则仅成沟形，唯穿山东南通七浦者。"[4] 有关明代江南大姓创市和经营市镇历程中对乡村水利的影响，中编将继续考察。

本章小结

总体看来，耿橘在常熟的整套治水政策和实施方法，针对明末江南治水的实际情况，在理论上是完美的。然而改革中打击面较大，虽然拥有较强势的行政权力，然而最终还是因为诸多羁绊，无法展开全县境八十五区全面治水的计划。此外，由于缙绅势力占据许多市镇和

---

[1]（明）耿橘：《常熟县水利全书》附录卷上《禁大户科派市民开河示》。
[2]（明）耿橘：《常熟县水利全书》附录卷下《里睦塘碑》、《衡浦碑》，该卷不分页。
[3]（明）耿橘：《常熟县水利全书》附录卷下《横沥湖漕等河碑》。另见于（明）管一德：《(万历)常熟文献志》卷12《邑侯耿公重浚横沥湖漕等河碑记》，《北京师范大学图书馆藏稀见方志丛刊》据明刻本影印，北京：北京图书馆出版社，2008年，第6册，第221—225页。
[4] 道光《璜泾志稿》卷5《水利志》，《中国地方志集成·乡镇志专辑》，南京：江苏古籍出版社，1992年，第9册，第163—164页。

乡村，各水利区间治水成效实际上是不平衡的。崇祯年间，常熟人陈三恪在所撰私志《海虞别乘》中便叹道：

> 陈三恪曰：蓝阳虽刻覆，而有展采错事之才，设非缙绅之沮其开浚也，必矣，何至今尚阻塞乎？盖缙绅之田产广连阡陌，其子恐计亩输供，划计授父，百方阻之，至今尚受其害，不二年，缙绅之子暴死，而其父寻继之，孤寡持家，田产殆尽，讵可谓无天道哉！缙绅故慷慨德义人也，而其子误之，惜哉！[1]

区内治水即使取得一时的成效，由于乡村权势的发展，常常出现积弊泛起的现象。其实，耿橘自己也意识到，八十五区治水的机制不足以支持诸如白茆河等大的干河的工程，尽管"本县凡有浚筑之事，唯于该区中调设，民果不足，给之官帑，不得混行派扰以拂民情而摇众志"，然而，"若白茆大工，自昔一府通开，其动通县也，又不可执一论矣"。[2] 所以，对于白茆塘这条关系着常熟县整体水利成效的干河的疏浚，耿橘只能慨叹曰"今以一邑而肩六府之工，工巨而力单，故侯谓，必多历年所始克成"。[3] 万历《常熟县志》的纂修者张应武在其所撰《水利论》中也指出，要解决嘉定县境内通海河道，"是须庙堂主张，六郡协力，非一邑之所能必也"。[4] 在明末，政区间的治水协作始终是个棘手的问题。

尽管大业未竟，昙花一现的万历常熟治水还是为后世树立了楷模，耿橘的治水体系几乎成为继郏亶之后的另一个名垂江南水学史的标杆。可贵的是，耿橘的体系旨在辨明一个县级政区内高、低乡微地貌差异，制定相应的具体治水方案和技术方案，并通过水利区划单元的划定，确立统一的经费调配和工程运作机制，具有很强的针对性和

---

[1]（明）陈三恪:《海虞别乘》第一册《水利》，钞本，不分页。
[2]（明）耿橘:《常熟县水利全书》卷1《高区浚河低区筑岸各随民便》，第24b—25a页。
[3]（明）耿橘:《常熟县水利全书》《瞿汝稷序》。
[4]（明）张应武:《水利论》，载万历《嘉定县志》卷20《文苑·文编二》，第1303页。

长远的价值。在《常熟县水利全书》颁布以后，许多后续的常熟县志将八十五区水利全图作为常熟县舆地蓝本之一，作为县政运作的重要参考系。其他的州县，则从许多方面利用耿橘的治水体系进行水利实践。万历常熟治水对于高低兼治的有限实践，为17世纪太湖以东已经完全分离、难以统筹的高低乡水利带来了一线曙光。

上编小结

　　从 11 世纪开始,水利学家对太湖以东高乡和低乡微地貌差异格局有了较全面的了解,这种地理观感是太湖以东农田水利开发达到一定阶段之后的产物。"禹贡三江"到"太湖三江"学说的转变,不是水学史的提升和推进,而是唐代以后江南地域开发史的表象。

　　唐代中期到北宋时期太湖流域的开发,总体上呈现出从西部丘陵高地向太湖以东平原转移的趋势,而在太湖以东平原的开发过程中,高乡与低乡又呈现出不同的节奏。9—10 世纪,王朝在低乡以塘路为依托,在太湖东南缘进行屯田营田开发,并逐步向东推进到冈身西侧的昆山等地,拓展塘浦圩田。这就是从塘路到塘浦,再到塘浦圩田的开发过程;高乡地区的农田开发相比低乡较为缓慢,从冈身、冈门到冈身路的故事,呈现了 13 世纪以前高乡渐辟、交通始成的拓殖过程。在高低乡不同的开发过程中,交通的开辟都至为重要。高乡的冈身路是农作聚落向东拓展的结果,它为高乡进一步平整田地、开辟灌溉提供了便利;低乡的塘路是治水先于治田的早期开发的成果,是开辟塘浦圩田的前提和基础,在塘浦逐渐开辟之后,治水和治田有了同步发展的可能。

　　10 世纪吴越王朝开辟的塘浦系统交互贯穿于低乡与高乡之间,力图将高乡冈门和横沥水利系统与低乡塘浦大圩系统统一起来,以期实现治田与治水兼利。高、低乡的交通和农作的开辟,逐渐改变了太湖以东的土地利用方式,塑造了适合农田水利发展的人为格局。高、低乡的差异，从根本上说是基于客观的微地貌差异，但在地方开发中是作为一种农田水利特征的差别被人们所认识的。这种地域开发的初始进程，决定了太湖流域水学的基本特点，即将高、低乡格局作为一种农田水利格局加以阐释。

从10—11世纪，高、低乡的开发速度加快，水利秩序却逐渐走向紊乱，高低乡水利不平衡、不统筹发展的趋势显著加强。11世纪的水学是王朝和地方共同推进水利事业过程中理论发展的结晶。北宋的官方开发战略，是治田先于治水，而不是从整体上协调高低乡水利。一部分有识官员和水利学家力图托古改制，塑造并推崇高低兼治的水利古制，向往理想的塘浦大圩田制格局，试图整饬高低乡水利。这就是11世纪高低乡水利学说丰碑出现的时代语境。

在11世纪下半叶，限于政治和社会环境，水利学家无法实现他们的治水抱负，他们所勾勒出来的10世纪乃至更早的水利古制，被后代治水者奉为最高理想，却未曾实现。11世纪后的水学理论，基本没有超越前代，而是呈现某种程度的理论"递减"，这是由于11世纪水学理论本身是一种是古非今、超越现实、过于完美化的综合理论体系。随着11世纪之后高、低乡水利格局的演变，在高低兼治愈发困难的情况下，官方治水只能指向局部的权宜治水，太湖流域水学也就倾向于讨论高低乡水利的具体问题了。水学专题化和理论"递减"的背后，是高低乡水利的继续分离和太湖以东开发的继续推进。

由于水环境的整体变化，12世纪中叶后，朝廷加快了对太湖下游东北、东南港浦的规划和经营。然而，低乡围田在12世纪后也开始激增，这使得高低水利系统更加紊乱。尽管如此，围田却给朝廷带来了可观的赋税增收，于是，虽然水利失序，而"州县惮其经营，百姓厌其出力"。到了13世纪中叶，当官府同时面临收税和治水的任务，既须依靠围田增税，又须劝谕占垦的豪户出资治水。这种利害牵连关系，在13世纪后期元朝入主后仍然存在，并进一步导致了"官吏惮其经营，富户恶其出力"的局面的出现，造成了开浦和围田矛盾并行的宋元之际太湖以东开发的总体格局。元代江南在海上漕运体制带动下，低乡围田规模化发展，高乡垦殖加速推进，东北水系持续发展，东南港浦因淤淀而产生水势演变。从12—14世纪，太湖以东泄水一度向东北、东南两翼同时发展，最后形成以东北泄水为主导的局面。

太湖整体蓄泄格局的转变发生在明代。明代前期的治水大工程，将泄水主干导向东南，打破了此前的水势平衡。此后，太湖以东泄水格局出现了淞、浏并淤，以东南大黄浦泄水为主导的新局面，东北港浦则日渐萎缩。嘉靖年间的赋税改革，提高了高乡的税则，在赋税负担之下，高乡占垦加剧，支河淤塞，高、低乡水利失序的趋势愈演愈烈，高低兼治无望。在这种情势下，高乡州县水利采取了"强干堰支"的策略，这一策略既是基于水环境整体变迁所作出的应对，也与高乡商业活动和棉花种植的发展有关。明后期高乡的普遍情形是，地方专浚干河，维护市镇通渠、民运要道，余则不究水利。

万历常熟治水，是在政治机缘下水利事业的昙花一现，尽管大功未遂，却总结出一套州县统筹治水的运作机制以及高低水利兼顾的方法体系，惠泽后世。

以上所述，大致就是11—16世纪高低乡水利格局形成、演变的过程，16世纪后的高低乡水利的整体面貌，在相当长的时期内不再有大的改变。

从今日环境理性的角度来看，高低乡水利格局的演变显然是一个逐步走向"不可持续发展"的过程。然而，从地域经济开发和社会发展的角度来看，高低乡水利分而不整的过程，实际上是太湖以东地域开发的重要进程。尽管从官员到水利学家，乃至一般民众，都逐渐意识到水利失序的危害，但在实际的地域开发过程中，还是以钱粮收益为先，以有利于高低乡社会经济的整体发展为要。在明中后期的赋税制度改革以及种植结构变动之后，高低乡经济开发达到一个较平稳的状态，而太湖以东水利格局在经历了15世纪的大转变以及随后一个世纪的发展之后，也在17世纪初维持在一个较平衡的状态。

正是这样的考察角度，笔者才在本编开头强调，必须把不同时期的水利学说与高低乡农田水利开发格局的演进结合起来讨论，重视不同时期的政治、经济环境如何作用于地域开发进程，影响水环境变化,进而影响水利学说的内容及其侧重点,否则就很容易陷入纯技术理性的论述怪圈,即认为11世纪后的农田水利是"连续倒退"的过程。缪启愉在研究中就敏锐地指出,"整个南宋'百五十年之间,公私粗给而已',财力魄力既不如北宋,纵使太湖农业为南宋偏安局面的重要经济基地,塘浦圩田系统的紊乱,仍不能不是北宋的延续。元代人或称南宋太湖水利不错,水灾很少,恐是有意夸张前代,以便引起当时人注意的话"。[1] 在对环境史的考察中,我们还必须走出环境保护理性的怪圈。20世纪90年代出版的《太湖水利史稿》撰写专家组认为,几千年来,太湖地区的围垦一直没有停止过,可以说,没有太湖地区的围田垦殖,就没有鱼米之乡的锦绣江南。然而,这只是从宏观上来认识古代围滩围湖造田的积极意义。现在太湖地区圩田面积约占总耕地的三分之一,而且多属高产区,对长三角的农业生产举足轻重。但围垦的发展,出现了阻塞水路的盲目围垦,以及过量占垦调蓄洪旱的水体,给水利和生态环境带来不良影响。[2] 考察高低乡水利格局的变迁,不能孤立地看待历代水利学说所勾画的水利史序列,最终还是要回归到实际的社会进程中,全面考察江南地域开发在各个历史阶段的空间表现形式。

  水利格局的变迁涉及诸多复杂的进程,其中有政治因素、制度因素的变动,也有经济结构和社会结构的变化,还有王朝更替与政区沿革。出于讨论主题连贯性的考虑,笔者常常是蜻蜓点水,或者是欲言又止。接下来的两编将考察与高低乡开发进程有关的更多主题。

---

[1] 缪启愉编著:《太湖塘浦圩田史研究》,第36页。
[2] 太湖水利史稿编写组:《太湖水利史稿》,南京:河海大学出版社,1993年,第114页。

中编

高低乡的聚落变迁与土地开发

讨论一个地区长达数个世纪间的经济发展和社会变迁过程，永远都是个难度相当大的工程。马克·布洛赫在《法国农村史》的前言中就说道：

> 只有那些小心谨慎地囿于地形学范围的研究，才能够为最终结果提供必要的条件，但它很少能提出重大的问题。而要提出重大的问题，就必须具有更为广阔的视野，决不能让基本特点消失在次要内容的混沌体中……这种研究，既不是强迫同化，更不明确区分，也不是像玩拼照片游戏那样构建一个虚假的、传统的、模糊的总体形象，而是通过对比，在指出它们的共同性的同时指出其独特性。[1]

上编已经初步介绍了11—16世纪高低乡的农作、商业等经济开发的情况。相对于16世纪太湖流域经济的发达，11世纪可以说是经济的起步，农作垦殖开始改变高低乡的地貌和水利格局，也导致了三江水学的兴起，对其后数个世纪太湖以东农田水利开发产生了深刻的影响。12—15世纪的三百多年间，太湖以东整体水流环境持续发生较大的变化。12世纪中叶后，官方加快了对高乡港浦的规划和经营，低乡围田则在12世纪后开始激增，这使得高低乡水利系统趋向紊乱，造成了宋元之际太湖以东开浦和围田矛盾并行的开发格局。财赋至上的官方开发策略，令13世纪水利远离了高低兼治的理想状态，却使得区域赋税水平达到相当高的水平。下编还将提到，13世纪土地围垦的成果和公田重税的"遗产"被纳入元初江南的海漕体制，推动了太湖以东新政区的设置。13—14世纪田赋激增、漕运变革与政区变化有着密切的关系，在分析特定时期政区变迁和社会变迁之时，必须重视此前相当长时期的地域开发基础。不过，由于研究者往往需要用回溯的方式来思考变迁的进程，因此也要防止目的论的危险，避免将后代的社会机制、经济区位格局前移，从而抹煞了此前历史进程的多种可能性。

---

[1] [法]马克·布洛赫：《法国农村史》《导言》，第2页。

有关 11—12 世纪的聚落变迁和土地开发，上编其实已经叙及。在 11、12 世纪，高乡开发落后于低乡较多，13 世纪高乡垦殖才显著加速。另一方面，高乡政区在 13 世纪也逐渐增设。在追溯 16 世纪高低乡经济格局形成的基础时，13 世纪的格局实际上是一个重要的台阶。本编就以 13 世纪为起点，选取 13—15 世纪高乡开发与市镇发展、15—16 世纪乡镇商贸与市场发育、15—16 世纪赋役改革与荒地开垦这三个主题，并着重将经济开发活动以及制度变迁落实到地域社会及人群，以此考察整体的经济格局。

第四章　13—15世纪高乡开发与市镇发展

20世纪以来,中外学界对江南社会经济史进行了深入的研究,其中有关江南市镇的研究,一直是最重要的课题之一,中外学者成果突出,相关学术回顾也不胜枚举。[1]以往研究江南市镇的发展历程,多从宋代以来草市和军镇向商业性聚落转变的趋势进行追溯。[2]关于明中叶以后市镇兴盛、商贸繁荣的面貌,论者甚众,而对于明中叶以前市镇逐渐兴起的轨迹,限于史料,尚缺少细致的讨论。

从时间序列上看,江南地区在宋元时期兴起的市和镇,到元明之际有一部分已走向衰废,而到了明中期,江南又有新的一波市镇兴起的浪潮。

弘治《上海志》列述了从宋元以降至明弘治间邑中市镇的盛衰沉浮。其中,宋时的通海大镇青龙镇,因水道变迁,到元末已逊位于太仓;因海漕和棉业而兴盛的名镇乌泥泾,元代时已是"鞠为草莽";元末,其他老镇如下砂镇等早已废弃,而"虽非古镇,而民物丰懋,

---

[1] 参阅范毅军:《明清江南市场聚落史研究的回顾与展望》,《新史学》,1998年9卷3期;刘石吉:《小城镇大问题:江南市镇研究的回顾与展望》,中国东南区域史国际研讨会论文,杭州,1998年9月;范金民:《江南市镇史研究的走向》,《史学月刊》,2004年第8期;吴滔:《明清江南市镇与农村关系史研究概说》,《中国农史》,2005年第2期。

[2] 参见刘石吉:《明清时代江南市镇研究》第1章;樊树志:《明清江南市镇探微》第1、2章,上海:复旦大学出版社,1990年;樊树志:《江南市镇:传统的变革》导论、第1章,上海:复旦大学出版社,2005年。

商贾鳞集"的三林塘镇等新兴市镇引人注目。[1]正统以后，市镇发展面貌发生了不少变化。范金民和夏维中关注了成弘时期苏州府吴江县市镇突出的发展面貌。[2]弘治年间，吴江县共有三市四镇，即县市、江南市、新杭市、平望镇、黎里镇、同里镇、震泽镇，据县志所述，这些市镇生成时间不一，但大多是在成弘之际发展成为巨镇的。[3]弘治《吴江志》认为"人烟凑集之处，谓之市镇……吴江为邑，号称富庶，在城有县市，在乡有四镇，及凡村落之大者，商贾之往来，货物之贸易，红尘瀚然，自朝至暮，无虚日云"。[4]可见，该志纂者吴江人莫旦把"市镇"作为一种商贸聚落，并未突出"市"与"镇"在性质上的不同。值得注意的是，莫旦还把"村落之大者"列入了记载市镇的范围[5]，反映了一些大村落因商货辏集而跻身市镇行列的趋势。

除了吴江县，苏松地区如常熟、太仓、嘉定等州县，在明正统以后，特别是成化、弘治时期，陆续出现了不少由民人创建的新兴市镇。以常熟县为例，据至正《重修琴川志》记载，常熟大多数名镇如常熟镇、庆安镇等，在元代后期已废。[6]而到弘治《常熟县志》修撰时，宋元时期的老市镇除了支塘镇、双凤镇等硕果仅存，其他如许浦镇、涂松镇，不是名存实亡，便是"人烟寥落，不能如故"，许多新市则如雨后春笋般涌现出来，如"杨兴市……旧传有杨姓者贸易于此"；"奚浦市……正统间居民钱氏所创，北通大江，饶鱼盐之利"；"徐家新市……弘治初里人徐氏所创，招致商贾，遂成市"；"唐市……正统初居民唐氏招致商人交易，遂成市，旧名尤泾市"；"李市……正统初

---

[1] 弘治《上海志》卷2《山川志·镇市》，《天一阁藏明代方志选刊续编》，上海：上海书店，1990年，第7册，第76—85页。
[2] 范金民、夏维中：《苏州地区社会经济史（明清卷）》，南京：南京大学出版社，1993年，第157—158页。
[3] 弘治《吴江志》卷2《市镇》，《中国方志丛书》，台北：成文出版社，1983年，华中地方第446号，第78—82页；乾隆《吴江县志》卷4《镇市村》，《中国方志丛书》，台北：成文出版社，1975年，华中地方第163号，第122—126页。
[4] 弘治《吴江志》卷2《市镇》，第78页。
[5] 弘治《吴江志》卷2《市镇》中所列的这类大村落有莫舍村、八斥、充浦、吴溇村、双杨村、梅堰、檀丘、庞山村、庄村。
[6] 至正《重修琴川志》卷1《叙县·镇、市》，《宋元方志丛刊》，北京：中华书局，1990年，第2册，第1166页下。

居民李氏兴创，缘近山泾，又名山泾市"；"璜泾市……成化间居民赵、陆二氏兴创"；"双浜市……弘治间居民张氏创建"。[1]

从空间差异上看，常熟、太仓等州县在正统以后村落成市的现象比吴江县更为突出，这与上编所述高低乡开发格局的演进有关。如图17所示，吴江县及其邻近的昆山、青浦等县，大体处于低乡。常熟、太仓、嘉定等州县的大部分辖境则处于高乡地带。两宋时期，低乡的开发整体上早于高乡，低乡不少市镇居于水陆要冲，坐享商货辐辏之地利，有了一定的商贸聚落基础。一部分宋元兴起的低乡市镇，在明代中期跃升为巨镇，其繁盛大多持续到清代，乃至今日。高乡地带则是从元明之际才走向全面开发的，明中期兴起的这些高乡市镇，大多是在脱胎于村落的新市，而且多由各姓民人创建，数量颇多，规模相对于低乡则较小。可以说，高乡市镇的兴起代表着一条新的市镇发展脉络，这一脉络反映了元代中后期到明代中叶江南的地域开发进程。

明中叶以后，高低乡的开发程度逐步接近，市镇发展总体上呈现出相似的面貌，而且"市"与"镇"的实质区别也进一步模糊化。正德《姑苏志》记载苏州府各县的乡、都、市、镇、村时，在按语中称"民居所聚谓之村，商贾所集谓之镇"。[2]到了清代，乾隆《吴江县志》的撰者虽区分了"市"与"镇"的称谓源流，但也指出村、市、镇的名号在实际指称中的混用。[3]该志撰者没有拘泥于称谓辨析，而更为关注明代以来市镇的商贸发展与盛衰增易。

上述高低乡开发格局的演变，为理解正统以后低乡巨镇渐成、高乡新市崛起的面貌初步提供了一种空间视角。高低乡市镇发展的"时间差"，将笔者引向对元明之际至明中叶江南社会变迁趋势的思考。

学界以往对于江南市镇的研究，不乏从空间和环境的角度进行分析。例如，海津正伦着重探讨江南三角洲内部的地形特点与市镇分布

---

[1] 弘治《常熟县志》卷1《叙地理·乡都·镇、市》，《四库全书存目丛书》，济南：齐鲁书社，1996年，史部第185册，第23页下—24页上。
[2] 正德《姑苏志》卷18《乡都（市镇村附）》，《天一阁藏明代方志选刊续编》，上海：上海书店，1990年，第12册，第77页。
[3] 乾隆《吴江县志》卷4《镇市村》，第122—123页。

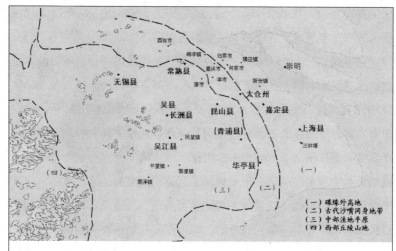

图 17 明代中期高乡市镇兴起

的关系,他认为正德年间太仓、嘉定、昆山、常熟等冈身地带县份的棉作发展,是其市镇密度逐渐高于低地平原的原因,而正德后低地蚕桑业、丝织业之崛起,令其市镇发展与冈身棉作带并驾齐驱。[1] 范金民和夏维中则从水陆运道和经济结构的不同影响,解释苏州府市镇的分布状况。[2] 在这些研究中,种植格局改变引起的经济格局变迁,成为考察市镇发展的重要参考系,而这种格局在 16 世纪中叶后趋于定型,又恰好与过往许多关于资本主义萌芽研究的年代序列相互印证,于是研究者容易承续相关研究主题,以此切入对明中叶以

---

[1] [日] 海津正伦:《中国江南デルタの地形形成と市镇の立地》,森正夫编:《江南デルタ市镇研究——历史学と地理学からの接近》,名古屋:名古屋大学出版会,1991 年,第 27—56 页。
[2] 范金民、夏维中:《苏州地区社会经济史(明清卷)》,第 281—282 页。

后社会经济变迁的分析。

范毅军近年来进行了新的探索,他着重关注明中叶以来太湖以东市镇发展的时空变化,从量的角度分析市镇的增减及其分布的动向,又注意从质的角度考察个别市镇的发展历程及市镇整体的发展态势,以此作为论述社会经济变化的指标。针对这一思路,他进一步考察了明中叶苏南市镇发展与地区开发的关系,作为讨论明中叶到19世纪中叶市镇时空变化的基础。他将"明中叶"定在1550年前后,并基于地缘、水域以及水旱农作区隔,将苏南分成盐铁塘主干区、淀南浦东区和大运河与湖群低地区三个区。他认为,苏南地区到明中叶为止,富有浓厚的拓殖性色彩。在盐铁塘主干区,也即是笔者前述的高乡地带,由棉作兴起的东向拓殖最为明显。该研究是以1550年前后苏南的"既存"市镇为基础,将这些市镇视为"集历年演化的总其成",进而从各分区市镇的性质、分布和层级关系等角度考察区域开发线路,有助于细致分析明中叶后棉业发展与地域开发、市镇发展在空间上的相互关系。然而,对于明中叶以前市镇形成和发展的过程,范毅军承认史料的缺乏限制了讨论的深入,他注意到成弘时期不少大镇形成的突出现象,但尚未能追述在此之前的"阶段性发展的动向"以及这些发展背后的社会机制。[1]

面对这一难题,笔者认为,明中后期高、低乡间经济格局变化对市镇分布的影响,是追述前事不可忽视的重要事实,但不能单纯以此反溯高乡市镇兴起的必然性,在史料不足的情况下,将这种区位条件形成的起点过度前移,可能会抹煞了明中叶以前的复杂进程。因此,笔者尝试将元代海漕时代开启的高乡开发历程作为研究起点,分析不同时期社会机制的变化如何影响高乡开发中乡村权势的演变和经济格局的变迁,从而解释"主姓"创市的可能性和动力,考察明代江南地域开发进程中的市镇发展轨迹。

---

[1] 范毅军:《市镇分布与地域的开发——明中叶以来苏南地区的一个鸟瞰》,《大陆杂志》102:4,2001年,第160—191页;范毅军:《明中叶以来江南市镇的成长趋势与扩张性质》,《中央研究院历史语言研究所集刊》,第73本第3分,2002年,第443—552页;范毅军:《明代中叶太湖以东地区的市镇发展与地区开发》,《中央研究院历史语言研究所集刊》,第75本第1分,2004年,第149—221页;范毅军:《传统市镇与区域发展——明清太湖以东地区为例,1551—1861》,第一、二、五章。

有关明代江南市镇创立过程的详细史料,至今尚为少见。相对较详细的记载,是关于上述弘治《常熟县志》所列之"璜泾市"。璜泾市隶属弘治十年(1497)所置的太仓州,弘治《太仓州志》收录一篇《璜泾赵市碑记》:

> 今太仓州之赵市,旧为常熟县之璜泾镇。弘治间增立太仓州,始割隶焉。璜泾故大镇,元季兵燹,民乃荡析离居,而昔日繁华之地,鞠为草莽之区矣。国朝混一以来,百有余年,无有能兴复之者。承事郎赵君仲辉,世居此地,慨然以为己任,乃捐家资,鸠工僦材,构屋数百楹,以处流寓、建桥梁、修道路,以便往来。于是商贾骈集,货财辐辏,若土地所产,与夫他方水陆之物,靡不悉具。凡近市三十余区之民,有而求售焉者,无而求市焉者,盖不俟赢粮负橐,操舟驰骑,远赴都邑,而不日之间已遂其所求矣。阅三十余年,聚居益盛,远近之人皆以赵市名之。仲辉殁已久,父老感其遗惠,请于州司立碑以纪其劳,而请予为之记。唯古神农氏教民日中为市,致天下之民,聚天下之货,交易而退,各得其所,利世之功大矣。盖衣食以养生,器皿以给用,药饵以救疾,棺椁以送死之类,民所日用而不可缺者。况璜泾僻近海滨,墟落阔远。卒有缓急,何所取办。此仲辉之立市所以有功于一乡,而岂登垄罔利者所可同日语哉?夫神农功在天下,固万世之人不可忘也。仲辉功在一乡,此赵市之人所以不忘之欤。继兹以往,璜溪之上,由成聚而成邑而成都,大有过于前代,殆不可知。碑以记之,庶以征夫来者。[1]

该碑记为弘治十七年(1504)礼部尚书常熟人李杰所撰,讲述的是赵仲辉"重建"璜泾市镇的经过。按李杰的说法,璜泾是故有之大镇,笔者对此甚感怀疑,因为璜泾在弘治十年划归太仓州之前,隶属于常

---

[1] (明)李杰:《璜泾赵市碑记》,载弘治《太仓州志》卷10下《文》,《日本藏中国罕见地方志丛刊续编》,北京:北京图书馆出版社,2003年,第3册,第352—355页。

熟县，而至正《重修琴川志》所列十多个市镇中，并无璜泾镇[1]，李杰称璜泾在元末兵燹前为大镇，不知何据。

碑记被录入弘治《州志》，成书于清乾嘉间的《璜泾志略》和道光年间的《璜泾志稿》（以下分别简称《志略》和《志稿》）也将其收入。[2] 有意思的是，当《志稿》的纂者施若霖欲将镇史继续上溯时，遇到了史料不足的难题，他坦言："双凤乡之名，自晋代始。璜泾属双凤乡，唐宋时已有其镇第，不知镇起于何代耳？简编莫传，不无阙如之叹。"[3] 暂不纠缠于地名起源辨证，更需要关注的是，同一时代的弘治《常熟县志》和弘治《太仓州志》都明确记载了赵仲辉创立璜泾赵市这一新鲜事[4]，引发笔者探寻赵氏创市的奥秘。据《志略》所载：

> 赵璧，字仲辉，号有怀。其先宋熙陵第八子周恭肃王元俨，后十五传至安，始迁璜泾，璧高大父也。璧治农赋致富，尝纳粟，授承事郎。勇于为义，创造宗祠，春秋祭奠唯谨。璜泾在元故通邑，遭罹兵燹，室庐童赭遂为墟。璧架屋数百楹，劝徕商贾，闾里复盛。父老感其义，名曰赵市。[5]

该传提及赵璧，即赵仲辉（晖）的家世，又透露了其"治农赋致富""创造宗祠"的事迹。《志略》中注明此段出自"李杰《墓志铭》"，也就是说，李杰同时撰写了赵璧的墓志和赵市的碑记，而后者略去了赵璧发迹的经过。另外，《志稿》收录了明代安彦泰的一篇文记，该文彰颂了赵璧之父赵德巽于景泰七年（1456）捐资修唐茜洪桥的义举：

---

[1] 至正《重修琴川志》卷1《叙县·镇市》，第1166—1167页上。
[2] 此二志均收入《中国地方志集成·乡镇志专辑》，南京：江苏古籍出版社，1992年，第9册，第125—210、211—286页。《志略》据稿本影印，不分卷，其中内容多收入后纂之《志稿》。本文为两志记载相同者，只引成书较早之《志略》为便。
[3] 《志稿》"凡例"，第125页上。
[4] 弘治《常熟县志》卷1《叙地理·乡都·镇市》，第24页上；弘治《太仓州志》卷1《市镇》，第36—37页。
[5] 《志略·人物》，第234页上。

> 邑之璜溪有唐茜泾……有洪桥穹窿,亘于南北,实为民之要道,而赵公德巽之居傍峙焉,自其曾大父子安,居此四世矣。大父孟吉,洪武初命举为税长,至厥甫文敏翁,咸积德好善,人多慕之。迨德巽大彰厥誉,家益以饶。[1]

安彦泰所述提供了诸多信息,赵德巽的祖父,也即赵璧的高祖赵孟吉,洪武初年已任粮长[2],赵氏的创市史显露了世袭粮长的动向。梁方仲、小山正明、星斌夫等前辈学者已对明代粮长制度进行了深入的研究[3],此不赘述。在梳理制度沿革的同时,梁方仲非常关注在特殊的制度改易中折射出的社会变迁,例如他从万历时期修撰的《武进县志》和《嘉定县志》中发现,嘉靖以后粮长的编审标准开始将丁田与家赀两项合并计算[4],甚至"不论丁粮而论家赀"。[5]他认为,这一新标准说明了当时商业资本已经相当抬头,可以按家赀而不必专按田产多寡来签派粮长。这一论述与他一直思考的一个问题有关,即:"由洪武以至景泰年间,亦即直至永充法废止不久这个时期,农业、手工业、商业都是步步上升的。在这个经济发展时期里,粮长干些什么呢?"[6]

对此问题,梁先生主要论述了永乐时期粮长靠倒卖漕粮牟利,以及后来不少粮长家庭博取功名、躲避粮役的现象。璜泾赵市的史料,则触发了笔者将明代粮长、市镇历程以及家族发展这三个以往常被分别加以考察的方面联系到一起,去探寻明中期以前江南社会的变迁。本文利用上海图书馆藏《璜泾赵氏小宗谱》(以下简称《小宗谱》)和

---

[1] (明)安彦泰:《重建唐茜洪桥记并铭》,《志稿》卷7《艺文志·文征·碑记》,第185页。
[2] 按:"税长""长税万石于乡""推长田赋""粮头"等表述在明代文献中一般即指粮长,且多指永充制和轮充制下的粮长,在明中后期推行朋充制和"裁粮归里"等改革后,粮长成为杂役,故多以粮役称之。
[3] 梁方仲:《明代粮长制度》,上海:上海人民出版社,2001年;[日]小山正明:《明代的粮长》,《日本学者研究中国史论著选译》,北京:中华书局,1992年,第6卷,第159—191页;[日]星斌夫:《明代漕运の研究》,东京:日本学术振兴会,1963年。
[4] 万历《武进县志》卷3《钱谷一·里徭》,万历刻本,第62b页。
[5] 万历《嘉定县志》卷6《田赋考中·徭役》,《中国方志丛书》,台北:成文出版社,1983年,华中地方第421号,第410页。
[6] 梁方仲:《明代粮长制度》,第78、120页。

《璜泾赵氏献征录》（以下简称《献征录》）两部家谱文献[1]，参以其他史料，重点探讨明中期高乡市镇兴起的动力和发展的过程。

且让赵氏的家史将我们从元明之际慢慢带入市镇方兴未艾的15世纪，那个有着多种可能性的时代。

第一节 元代海漕时代的高乡拓殖

据《小宗谱》所载，赵子安为璜泾赵氏始迁祖。此前，赵氏一族居浙江建德、浦江一带，因元末兵燹，宗族四散，至子安时迁往常熟高乡：

> （子安）始迁于海虞之双凤乡清化里避乱。隐德不仕，以农商起家。虽去海十里而近，然能以文化其俗，故子孙咸份份焉，皆府君教也。生于元至正十年间，父十九岁得公。卒，葬积字圩之阳，时习西方荼毗教，以骨殖冢，二子亦同丘陇。[2]

---

[1] 《璜泾赵氏小宗谱》，上海图书馆家谱部藏民国钞本。卷首题款"赵氏别宗派下璜泾十九世孙（按，即始迁璜泾五世孙）赵璧纂修，二十世孙天赐重修，二十一世孙潼续修，二十三世孙宧光会修，二十四世孙封补修"。赵封生于明末，明清鼎革后赵氏衰落，谱牒散佚，咸丰六年（1856），族人才觅得赵宧光所修赵氏宗统刻版，有残缺，由迁璜十七世孙赵锡智在宧光旧谱（修至迁璜第九世）基础上增修十三世至二十一世。从内容上看，第九世以后的世系表明显是赵锡智增录的，家传部分也比较容易分清宧光原本和赵锡智的增订部分，因为前者在卷目下有"二十世裔孙宧光述"的款识。另，《志略》和《志稿》列述人物时，多注明引自"赵宧光家传"，将之对照《小宗谱》"宧光述"部分，语句基本一致。结合赵锡智补修时的说明，可以推测在咸丰年间发现旧刻板之前，有宧光旧谱散见于世。赵宧光著述较丰，《志略·书籍》和《志稿·艺文志·书目》提及其近十种著作，《志稿》节录《寒山集自序》曰："氏族名号，具有宗统，若赵氏原始表及传、宋室帝系表、南渡孙枝流派、赵氏大宗小宗及传、寒山诵子、含元先生行实、赵氏传抄，合若干卷。"这些内容基本与《小宗谱》一致，然以分卷形式存录于《寒山集》中流传，这若干卷很可能即是"赵宧光家传"。《璜泾赵氏献征录》，上海图书馆古籍部藏旧抄本，佚名辑，不分卷。首以《璜泾赵氏市碑记》、赵市祠堂记、先祠记等开篇。其下以世系为序，收录像赞、行状、墓表、墓志铭、挽章等文献。世系止于韩白公赵元复。《小宗谱》载赵元复为迁璜第十一世孙，无传记，然有载元复之祖父益勋生卒年为万历二十二年（1594）至顺治二年（1645），又据《志略》载赵元复于"甲子春三月"所赋《木棉歌》（第245页），推知此"甲子"为康熙甲子年［康熙二十三年（1684）］，赵元复生活年代主要在清初。另外，《献征录》不标世系，多数为明代宗孙所作传，可能源自赵宧光撰谱前的旧谱存稿，后世不断增辑，宧光本人小传亦在其中。全书最晚之题跋为"乾隆三十四年戊子中秋日璜水狄黄铠记于芝塘清河氏馆室"，《志略》中提及"狄黄铠《晚汀诗稿》"（第283页）。笔者推测其最后成书与《志略》编撰年代相去不远。

[2] 《小宗谱·小宗传卷之二》。

元季避乱迁来，明初占籍，这是明代江南不少家族追述始迁、开基的常用叙事范式。关于赵氏的"避乱"，是实际的情形，还是人云亦云的说法，限于史料，尚无法辨析。不过，赵氏在去海十里的璜泾的开基，令笔者关注元代以来高乡太仓一带的变化。

至元十二年（1275），元朝在夺下江南财赋重地之后，利用了朱清、张瑄等沿海及崇明的岛寇、盐枭势力，开创了海道漕运，将江南财赋运往京城。[1]据弘治《太仓州志》所载：

> 朱清，字澄叔，崇明姚沙人。张瑄，嘉定之新华村人。朱张少俱无赖，相结为兄弟。宋季年，群盗相聚，乘舟抄掠海上，朱张最为雄长，阴部曲曹伍之，当时海滨沙民、富家以为苦，崇明特甚。朱尝佣杨氏，夜杀杨氏，盗妻子赀财去。若捕急，辄引舟东行，三日夜得沙门岛，又东北过高句丽水口，见文登、夷维诸山，又北见燕山与碣石，往来若风与鬼，影迹不可得。稍息则复来，亡虑十五六返。私念南北海道，北固甚径，且不逢浅用，识之胡元，廷议以兵方兴，请事招怀朱张，即日降以吏部侍郎，左迁七资最下一等授之……[2]

朱清和张瑄在宋元之际成为海上枭雄，无所畏惧，且熟悉海路。元朝灭宋之后，第一步策略就是将"亡宋库藏图籍货物"运回京师。当时运河尚未整治，河运不便，元朝想到了朱、张等海上势力可资利用，于是招抚朱、张，成功地利用他们海运亡宋库藏。海运的第一次尝试获得成功。从至元十二年（1275）到至元十九年（1282），在江南漕粮河运的过程中，元廷常感不便，于是，丞相伯颜在至元十九年建言，按照至元十二年海运亡宋库藏的方法，代替河运北输漕粮。该策获得朝廷批准，江浙行省委任上海总管罗璧、朱清和张瑄大造海船，

---

[1] 洪武《苏州府志》卷10《漕运》，《中国方志丛书》，台北：成文出版社，1983年，华中地方第432号，第446—451页。
[2] 弘治《太仓州志》卷8《杂传》，第212—213页。

北运漕粮。[1]当时"元都于燕，去江南极远，而百司庶府之繁，卫士编民之众，无不仰给于江南"。[2]海漕之开，从草创到完善，海运规模从四万多石激增到后来的三百余万石。[3]

海漕发展过程中海运路线也不断改善（图18），运输效率提到了相当高的水平。据《元史·食货志》记载：

> 初，海运之道，自平江刘家港入海，经扬州路通州海门县黄连沙头、万里长滩开洋，沿山㠀而行，抵淮安路盐城县，历西海州、海宁府东海县、密州、胶州界，放灵山洋投东北，路多浅沙，行月余始抵成山。计其水程，自上海至杨村马头，凡一万三千三百五十里。至元二十九年，朱清等言其路险恶，复开生道。自刘家港开洋，至撑脚沙转沙嘴，至三沙、洋子江，过匾担沙、大洪，又过万里长滩，放大洋至青水洋，又经黑水洋至成山，过刘岛，至芝罘、沙门二岛，放莱州大洋，抵界河口，其道差为径直。明年，千户殷明略又开新道，从刘家港入海，至崇明州三沙放洋，向东行，入黑水大洋，取成山转西至刘家岛，又至登州沙门岛，于莱州大洋入界河。当舟行风信有时，自浙西至京师，不过旬日而已，视前二道为最便云。然风涛不测，粮船漂溺者无岁无之，间亦有船坏而弃其米者。至元二十三年始责偿于运官，人船俱溺者乃免。然视河漕之费，则其所得盖多矣。[4]

终元一世，朝廷始终把海漕视为大政，因为整个海漕体系对帝国的运转起着关键性的作用，要维持海运之效率，当然需要依靠海上枭雄继续挑战风涛之险。作为交易，朱、张拜官受禄，操纵海贸，甚至获得了私自发行盐钞的特权。据元代的叶子奇在笔记中所述：

---

[1]　参《大元海运记》，(清)胡敬辑自《永乐大典》，《丛书集成续编》，台北：新文丰出版社，1989年，第62册。
[2]　《元史》卷93《志第四十二·食货一》《海运》，北京：中华书局，1976年，第2364页。
[3]　《大元海运记》。
[4]　《元史》卷93《志第四十二·食货一》，第2365—2366页。

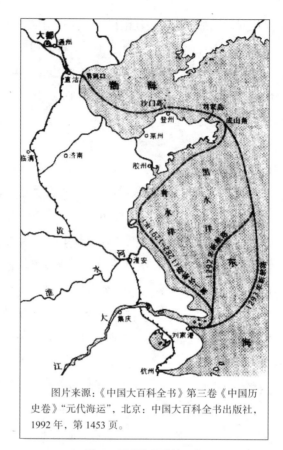

图片来源:《中国大百科全书》第三卷《中国历史卷》"元代海运",北京:中国大百科全书出版社,1992年,第1453页。

图18 元代海运路线示意

元海运自朱清张瑄始,岁运江淮米三百余万石,以给元京。四五月南风至起运,得便风十数日即抵直沽交卸。朝廷以二人之功,立海运万户府以官之,赐钞印,听其自印,钞色比官造加黑,印朱加红。富既埒国,虑其为变,以法诛之,而海运自后岁以为常。及张九四据有浙西,而海道又有方国珍,运道遂梗。而国已不国矣。[1]

从至元二十四年(1287)到大德七年(1303),朱清、张瑄主导海漕,

---

〔1〕(元)叶子奇:《草木子》卷3下《杂制篇》,北京:中华书局,1959年,第67页。

声势赫赫。宋元间因水系变迁成为通漕大港的太仓刘家港,时称"六国码头"[1],繁盛之极。当时朱、张及其手下从事海漕的豪强,有功于海漕,在江南地区聚敛钱财,享尽富贵。至元二十八年(1291),朝廷同意了朱清和张瑄之建言,将四个海运万户府并为都漕运万户府二,"止令清、瑄二人掌之,其属有千户、百户等官,分为各翼,以督岁运"。[2]当时朱张海运集团在高乡地区有诸多追随者争相攀附,明清许多江南家族的谱牒中,记载了他们的祖先参与朱张海运的事迹,譬如嘉定县沈氏的家谱,就记载了元代先祖沈雷奋在朱、张手下当任海道千户协督海运的故事。[3]朱、张在为元廷运粮的同时,利用掌握的漕船和漕粮,还在海外展开贸易,谋得私利,对此朝廷采取纵容默许的态度,包括允许其以船只遇险为借口,与外番交易,据明代笔记《农田余话》记载:

> 朱清太仓人,张瑄居上海,二人本海寇,元初就招安,即为导,攻崖山。谙识海道。漕运江南粮,不旬日达燕,遂有功。朝廷付金银牌,而许其便宜。除授几任,船水手得力者,皆投朱、张。官军慰张之子官参政,富过封君,珠宝番贽以巨万万计。每岁海运,许称没于风波,私自转入外番货卖,势倾朝野。江淮之间,田土屋宅鬻者,必售于二家,他人不敢得也。张参政尝夜过曹宣慰所居里中,相恶争斗。张氏遂于曹氏宅前疏凿河道以报之,毁其外门。事闻于朝,旨下,赐楮币二千五百贯,命本郡官营办筵宴,以平二家宿怨,复其外门。朱、张二家,厥后在朝有言其豪横罔上,结连外番,有无将之心。遂诛之,籍其家,宝货不赀。前元江浙财赋提举司,即二家之资产。[4]

---

[1] 弘治《太仓州志》卷1《沿革》,第12—13页。
[2] 《元史》卷93《志第四十二·食货一》,第2365页。
[3] 《东阳(沈氏)家乘》《大场龙跃公雷奋文辉公传》,清咸丰四年钞本,不分页。
[4] (明)长谷真逸:《农田余话》卷下,《四库全书存目丛书》,济南:齐鲁书社,1997年,子部第239册,第327页。

这段记载还叙述了当时江南民户投献田产现象，朱、张势力之大，达到可以主宰地方民事的程度，于是许多民户以田产投献朱、张，谋求庇护，当时称这些投寄之户为"户计"，元代的孔齐在笔记中描述道：

> 国初，溧阳之民有以田土妄献于朱、张二豪者，遂为户计。一切科役无所预焉。是时，朱、张首以海运为贡道，至于极品。天子又以特旨，谕其户计，彼无敢挠之者。权豪奢侈，可谓穷于天下。或两争之田，或吏胥之虐者皆往充户计，则争者可息，虐者可免，由是民皆乐而从之也。[1]

此外，《农田余话》中提到的与张瑄斗法的曹宣慰，就是上编提到的在淀山湖广开湖田九十三围，"积粟百万，豪横甲一方，郡邑官又为之驱使"的曹梦炎，在元初海漕兴起之时，"曹氏以粮万石宣投，遥授浙东宣慰副使"。[2] 曹与朱、张都是漕运权豪，显然官府对他们是礼避三分，担心他们的争斗破坏海漕大政，因此当曹、张两家构恶之时，地方官府赶紧出面调停。不过，树大招风，终惹来兔死狗烹之祸，有人状告朱、张谋反，朝廷随即借机扑杀，防止海漕之利沦为地方割据的资本。后来，朱、张被没收入官的赀产，显然是数额惊人。[3] 有关至元到大德年间元廷对海漕体制的经营，以及对海漕首领的态度的转变，下编论及松江府定府过程还将作进一步讨论。

大德七年（1303），朱、张海漕首领集团被取缔，但海漕体制得到延续。在延祐二年（1315），元廷将昆山州治迁驻太仓。至正《昆山郡志》曾描述了元代后期太仓一带的风俗嬗变：

> 归附后，世变风移，不能无异。矧今新治，旧本墟落，居

---

[1]（元）孔齐：《静斋至正直记》卷3《势不可倚》，《四库全书存目丛书》，济南：齐鲁书社，1997年，子部第239册，第254页下。

[2]（明）长谷真逸：《农田余话》卷上，《四库全书存目丛书》，子部第239册，第326页。

[3] 有关朱清、张瑄案前后涉及的元廷权力斗争，参见[日]植松正：《元代江南政治社会史研究》第4章，东京：汲古书院，1997年。

民鲜少。海道朱氏翦荆榛，立第宅，招徕蕃舶，屯聚粮艘，不数年间凑集成市。番汉间处，闽广混居，各循土风，习俗不一。大抵以善贸易，好市利，尚虚礼，美呼称。[1]

在此番汉杂居之地，赵子安"习西方茶毗"（按，茶毗即佛教的火葬仪式），算是被其风俗所化了，果真如家谱所言"（子安）能以文化其俗"[2]，也恐怕是身后之名了。

海漕成为当时升官发财的一条最佳道路，许多骁勇之士为此前赴后继，迁居太仓，投身海漕，建功立业，其中的代表性人物，常被后世文献称作海漕诸公，弘治《太仓州志》就列举了一些典型事迹，譬如：

> 朱日新，号中斋，本杨氏子，幼育于左丞朱清家，因冒其姓。历任海道千户、宣武将军、婺州路总管……
>
> 徐兴祖，号敬斋，尝从张宏范平崖山、范文虎征日本，俱有功。由崇明徙居太仓，后以海漕，累官至运粮副万户，追封东海郡侯，谥宣惠。
>
> 刘必显，号玉溪，世居崇明，至元乙亥从哈喇歹元帅收温、台、福建，授武略将军。后从张宏范征崖山，辛巳从李元帅征日本。后从事馈饷，迁居太仓。累官至信武将军、海漕副万户。
>
> 柏良辅，号南山，世居崇明之西沙，赘玉溪刘万户，家因居太仓。良辅为人警敏，有筹略，惬妇翁心，举赢周匮，阴德及人者众。官海漕授保义副尉，佩银符，运粮百户，后换金符，为千夫长，岁押纲运之燕，累受赏赉，里巷之士荣之。四十卒，人惜其用未究。
>
> 黄成，字君美，崇明人，徙居太仓。母朱氏，即左丞清之妹也。为人刚毅有为，谙练海道。至元辛巳，左丞范文虎征日

---

[1]　至正《昆山郡志》卷1《风俗》，收入《汇刻太仓旧志五种》，清末刻本，第2a页。
[2]　《小宗谱·小宗传卷之二》。

本，迤南辟置，麾下多委力焉。戊子，漕府奏授保义宣慰，运粮副千户，佩银符。辛卯迁忠显校尉，升千户，换金符。大德癸卯，丁母忧，即朱氏，至大辛亥卒。

朱明达，字显之，世居崇明，壬辰迁居太仓，官海漕，至承信校尉、运粮正千户。中年引疾，终于家。二子，文德，号菊严，承务郎太尉府长史，丁父艰，遂不仕，扁（匾）其西斋曰，可闲。士英，号松严，将仕郎，同知济宁府事，亦中年引退，于是父子兄弟俱辞禄以终，人以是高之。同时从事海漕者，又有杨茂春，字子东，累官至武略将军、松江嘉定所副千户；范文富，字润，以寻探海脉有功，升运粮副千户。[1]

当时由海漕而发迹者，有许多是从崇明岛迁居到太仓的，他们中间有些还通过入赘或冒姓的方式，直接与海漕首领建立氏族联系。另外，还有一部分与海漕首领有关的人物，在高乡成为乡村权势，对当地的社会生活颇有影响，譬如朱清之子朱旭，"至元间迁太仓，旭为中显校尉，海道千户。不乐仕进，退居田野，与士大夫交游，博涉经史，尤长于小楷篆隶章草，平生好施，勇于为义，尝出粟赈饥，买棺掩骸，乡里多感其德"。[2] 又如何敬德，上海人，"为人甚谨朴。事张瑄行舶管库，赢不自私。恒劝瑄父子，毋嗜进厚藏以速祸，瑄不能用，遂弃去。当时与敬德等夷者皆佩金虎符，为万户，千户，意气自得，敬德唯布衣蔬食，积赀以济贫乏，江南北其夫妇施舍处甚多。杭州大饥，敬德借大寺日鬻米七八石作粥，如是者半年，活饥民不可胜数。明年又集诸好善人，掩骸数十万，财尽而卒。敬德去瑄在其未败之先，故无毫发累，士无贤不肖，皆称敬德为长者"。[3]

总之，海漕体制不只是造就一些权豪，也对高乡地区的社会变迁影响颇深。弘治《太仓州志》的撰者就认为，"太仓始以海滨僻壤，

---

〔1〕 弘治《太仓州志》卷6《士宦》，第140—144页。
〔2〕 弘治《太仓州志》卷7《义行》，第187—188页。
〔3〕 同上书，第188—189页。

而成万家之邑",以朱、张为首的"海漕诸公"开拓海运,功不可没。[1]从至元年间开始,海运就已经大大推进了包括太仓在内的高乡的开发,海漕诸公如张瑄的经营和置业,就曾使得松江名镇乌泥泾盛况空前。[2]海漕体制也吸引了不少豪民置身其中,并造就了一些富家大户。据洪武年间太仓人陈伸记载:

> 延祐元年,建州治于陈门桥西南。时达鲁花赤那来莅州事,廉敏公勤,故富豪士民争趋事焉。是以官第甲于东南,税家漕户,番商胡贾,云集阛阓。粮艘商舶,高檣大桅,集如林木。琳宫梵宇,朱门大宅,不可胜记。[3]

海漕时代的契机,使得"税家漕户"成为高乡的权势,大族兼并大量田产,富户私谒官员、串通胥吏的现象也开始出现。[4]高乡渐辟,元廷也提高了赋税征收的额度。[5]从至正中期直至元朝灭亡,张士诚夺得苏州地区的统治权,在这段时间,元初经营海贸致富的大家有何具体动向,尚不清楚,但当时张氏政权的官员买田置产之风则见于方志。顾炎武在追溯明代官田起源时称:"张士诚据吴之日,其所谓平章太尉等官,皆出于负贩小人,无不志在良田美宅,一时买献之产遍于平江。"[6]另有稗说称,"张士诚据苏州,以牛种给民,募垦荒芜,耕者四集。民德之,至今有太尉庙,像如王者,香火不绝"。[7]在元末群雄争霸的乱世中,张士诚治下的高乡开发继续推进。张士诚据吴时,曾在高乡一带筑城御敌,一些筑城之地还在明代发展为市镇。明廷入主江南后,高乡民人对张士诚时代的怀念之情仍体现在一些风俗

---

[1] 弘治《太仓州志》卷6《士宦》,第143—144页。
[2] 弘治《上海志》卷2《山川志·镇市》,第76—77页。
[3] (明)陈伸:《太仓事迹考》,载周煜编:《娄水文征》卷7,清道光十二年刻本,第15b页。弘治、嘉靖、崇祯朝三部《太仓州志》均摘录了陈伸此文。
[4] 参见弘治《常熟县志》卷3《叙官治·县令》所述元代常熟官员事迹,第114页下—118页上。
[5] 不著撰者:《平阳子日识》,见于《志稿》卷8《琐缀志·稗说》,第205页。
[6] (清)顾炎武:《官田始末考》卷上,台北:广文书局,1977年,第3—4页。
[7] 不著撰者:《平阳子日识》,第205页。

之中，流传至近代。[1]此外，元代的海漕体制也影响了高乡地区的民间信仰，滨岛敦俊在《总管信仰》一书中，就讨论了与海漕体制息息相关的"总管"神，如何在江南地区开始受到民众的崇祀。[2]

表4 璜泾赵氏世系（略）

一世				讳安 子安			
二世				讳叔 孟吉	孟祥	瑞卿	
三世				讳聪 尚德	讳昱 文焕		
四世				讳谦 蒙庵		讳朴 尚质	
五世	讳奎 仲章		讳璧 仲晖	讳亢 仲辰		讳翼 仲卫	讳角 仲春
六世		天赐 思诚	祖赐 立斋		原赐 一篑		宗赐 西川
七世	讳汝 愚斋	讳汉 石川	讳濂 东溟	讳潼 复庵	讳汴 震洋	讳瀚 虚江	讳渊 北庄
八世				廷梧 含元	廷策 用我		讳果 娄川
九世				云蒸 武洋	日熹 常山	宦光 凡夫	

资料来源：本图根据《璜泾赵氏小宗谱》（上海图书馆家谱部藏民国钞本）卷下《赵氏宗统始迁璜泾派下图》制成，格式遵照原图，但因篇幅所限，此仅列出本文主要讨论的部分世系。

关于延祐后"税家漕户"的动向，只在零星史料中显露端倪。弘治《太仓州志》提到，与璜泾镇相距不过20里、后来同隶属于太仓州的新安镇，其创立者钱璞是元海道运粮千户钱贵的后代：

---

[1] 譬如，旧时常熟高乡百姓在农历七月三十地藏王诞辰当日夜间，常在屋外祭烧用木屑拌油下脚做成的"香"，相传此举是纪念当年七月三十之夜"姑苏王"张士诚身亡，张士诚小名叫"九四"，故称"九四香"，后方言语传讹，俗称"狗屎香"。参见吴双热：《海虞风俗记》卷1，《中国风土志丛刊》，扬州：广陵书社，2003年，第32册，第13页；新编《支塘镇志》，苏州：古吴轩出版社，1994年，第394页。新编《何市镇志》，合肥：黄山书社，1998年，第414页。
[2] [日]滨岛敦俊：《总管信仰——近世江南农村社会与民间信仰》，东京：研文出版社，2001年。中译本为《明清江南农村社会与民间信仰》，朱海滨译，厦门：厦门大学出版社，2008年。

> 钱氏,新安乡巨姓。有名贵者,读书,雄赀,在元时为海道运粮千户。子景春,字元卿,隐居好施,独建戚浦塘桥以便往来,人德其尚义,名其桥曰尚桥。孙琼,字孟玉,倜傥有胆气,时有勾军千户舞威虐民众,莫敢抗,琼挺身系其人,亲面太祖高皇帝,应对称旨,枭其人于市,赐琼衣钞而还,乡邦荣之。七世孙璞,亦豁达有为,因其乡陆公堰旧有小市,遂捐赀修葺,更其市名曰新安,有无贸易,货物流通,乡民便焉。[1]

钱贵治海漕而发迹,其子景春在乡间有了一定的地位。入明后,钱贵之孙钱琼,以"倜傥有胆气"博得明太祖的赏识。钱琼在明初的事迹颇具典型性,明廷在江南乡村的统治策略之一,便是利用"有恒产有恒心"的"良民"来协助政府征收赋税、维持乡村秩序。粮长制的实施贯彻了这一理念,并在明初发挥了作用。除了钱氏这类税家漕户,还有不少在元代崛起的豪户入明后仍为乡村权势,有的还在15世纪的市镇创建、经营中扮演了重要角色。

对于明代社会转型的重要问题,已有学者进行了不同程度的探讨。刘志伟考察了元明之际珠江三角洲地方势力的转变,指出明代社会转型的一个重要表现,是基层社会的支配权力由地方豪强转变为士绅阶层,这不仅是一种政治权力的转移,更包含着社会文化规范和国家秩序转型的意义。在这样的背景下,地方士人对于先世历史的叙述,无论是实录还是虚构,都反映出地方历史演变之真实趋势,成为明代以后士大夫对地方历史的一种集体记忆。从这类模式化的历史记忆中揭示其文化意义,有助于了解明代中期以后社会转型之研究。[2] 限于史料,尚无法获悉赵子安在元明之际的具体活动,然而,赵氏谱牒(赵氏世系参表4)对子安开基的简略追述,将笔者的目光引至元代中后期"去海十里而近"的高乡社会。在那里,海漕时代的拓殖将一批富家豪户送进了明代。

---

〔1〕 弘治《太仓州志》卷7《义行》,第194—195页。
〔2〕 刘志伟:《从乡豪历史到士人记忆——由黄佐〈自叙先世行状〉看明代地方势力的转变》,《历史研究》,2006年第6期。

第二节 明初至宣德时期权势的发展

不知是巧合还是赵氏撰谱时的推断，赵子安的儿子赵孟吉恰好在"大明龙飞之际"出生。通过前引安彦泰《重建唐茜洪桥记并铭》一文，可知赵孟吉"洪武初命举为税长"。洪武初年，以丁粮多寡为标准佥签派粮长。《大诰续编》和《大诰三编》记载了洪武初年常熟县官乱政的罪行，其舞弊行为是将粮区犬牙相入，既不按都编定粮长，也不按"万石"的标准设足员额，导致"钱粮不清，田地不真"。于是，洪武十九年（1386）革罢常熟县粮长，用里长催办。[1]除了常熟县的例子，苏州府嘉定、吴江等县也有许多粮长舞弊的案例。[2]

暂不论洪武十九年（1386）常熟的"裁粮归里"是否完全落实并延续下去，税粮的征收仍是责成丁田丰足之大户，"粮长"的实际职能此时也未有变化，赵孟吉能被推举为税长，足以证明赵氏在常熟三十四都田产之丰[3]，据此也似可推测赵子安在元末曾致力于置田和经营活动。至于赵孟吉在常熟粮长任上有无"污点"，无从得知，若以其子孙继任粮长、以产雄乡之后事而论，则孟吉在洪武初年以粮长立业，功不可没。赵尚德继承父业，掌税璜泾，开拓了家业。成化二十年（1484），尚德之孙赵璧请南京翰林院掌事钱溥为尚德翁撰写了墓表，其文曰：

> 君讳聪，字文敏，号尚德。世居海虞之璜溪，大父子安，父孟吉，号耕隐……天性孝友，读书，不入城市。既为邑大夫所知，令长税万石于乡，辞益坚，而勉应之。殚心悉虑，事必先集于公，

---

[1]《御制大诰续编》第49《常熟县官乱政》，《续修四库全书》，上海：上海古籍出版社，2002年，史部政书类，第862册，第288页；《御制大诰三编》第1《臣民倚法为奸》，《续修四库全书》，史部政书类，第862册，第309页。

[2]《御制大诰续编》第20《粮长妄告叔舅》，第275页；第21《粮长金仲芳等科敛》，第276页。

[3] 按：太仓州建立之前，璜泾地属常熟三十四都。参《志稿》卷1《乡域志·沿革》，第127页上。

不羡于常，不扒梳于细，乡人逮今感之。又生贤子孙，克承厥志。晚年脱屣尘务，内外之事，一切付之家督……成化八年，朝廷覃恩，推隆高年之典。时八裹（秩）有八，爰授冠服之荣。[1]

钱溥的生花妙笔也令尚德俨然德高望重之雅士。"事必先集于公，不羡于常，不扒梳于细"之类的行文，其实是成弘年间文人为粮长撰铭的惯用套路。梁方仲曾认为，这类表述反过来可证明当时粮长诡诈敲剥乃是常态，只需不舞弊，便算是好粮长。[2] 赵尚德之子赵蒙庵，承袭了祖业，并发扬光大，《蒙庵赵君墓表》记曰：

（蒙庵）曾大父曰子安，大父曰孟吉，父曰文敏，皆隐居业农，恒产特厚，至蒙庵仍再，世为郡县推长田赋……当其长田赋时，征敛转输，必出其手，然未尝倚事为私蓄计。益务义举，往往发票，赈恤贫家……蒙庵名谦，字德巽，晚自号蒙庵……[3]

经过孟吉和尚德两代粮长的开拓，赵氏已奠定了较为丰足的家底。蒙庵诞生在这个"世为郡县推长田赋"的家庭，理所当然地承袭祖业，不必如尚德那般"勉为其难"。蒙庵生于永乐六年（1408），卒于成化六年（1470），这篇墓表出自成化八年（1471）进士、后来官至礼部尚书的苏州名贤吴宽之手。吴宽的《匏翁家藏集》还收录了他为不少江南粮长所撰写的铭文[4]，其中，与蒙庵生卒年代相近且"世掌田赋"、家业殷实者，比比皆是。[5]《匏翁家藏集》之笔触，或可反映出成化年间江南士大夫对粮长致富乃至暴发的态度和观感。当然，一些粮长的后代在成化以后已攀举入仕，对自身祖业更无非辞。

---

[1]（明）钱溥：《九十翁尚德赵君墓表铭》[成化二十年（1484）]，载《献征录》。
[2] 梁方仲：《明代粮长制度》，第105—107页。
[3]（明）吴宽：《蒙庵赵君墓表》[成化十六年（1480）]，载《献征录》。
[4]（明）吴宽：《匏翁家藏集》，《四部丛刊初编》，台北：台湾商务印书馆，1967年，集部第83册。
[5] 此类事迹如《匏翁家藏集》卷62《周原凯墓志铭》，第388页下—389页上；卷63《明故中顺大夫江西南安府知府汝墓志铭》，第395页下—396页上；卷64《沈府君墓志铭》，第404页下—405页上。

赵蒙庵担任粮长的年代，正是其父尚德所"不齿"的声色货利开始抬头的年代。永乐北迁以后，漕粮激增，大运河沿线商贸也逐渐兴起，不少江南粮长利用手中掌握的大额起运粮，辗转贸易以牟利，甚至私卖官粮。[1]在此世风之下，褒扬蒙庵秉公征输，"未尝倚事为私蓄计"，颇有一番意味深长。据前引安彦泰的"德巽大彰厥誉，家益以饶"，以及吴宽的"恒产特厚，至蒙庵仍再"等语，又从蒙庵行善的慷慨来看，其发家致富也是显而易见的。

永乐北迁后，江南粮长再无缘拜见天颜，直接得官的机会也很少，而从赵氏以及其他一些家族的情况看，永充粮长的势力明显增强，有些甚至在地方造成危害，至宣德初年尤甚，"各处粮长，皆殷实之家，以永充之故，习于豪横，威制小民，妄意征求。有折收金银缎匹者，有每石征二三石者，有准折子女畜产者……稽其递年税粮，完者无几"。[2]宣德年间，应天巡抚周忱（后谥周文襄公）和苏州知府况钟针对苏州地区社会经济的困境，进行了一系列重要改革。[3]宣德五年（1430），况钟下令革除了圩长和圩老，对粮长则是勒令禁弊，并未革除。而后，粮长永充制时废时复，其后又有朋充制和轮充制的复杂改革。笔者以为，造成改革曲折的一个重要原因，便是从明初粮长制施行至宣德前后永充制盛行这段时期里，江南乡村权势的发展。例如，当时豪强大户强占抛荒地而不交税粮的现象较为普遍，其中不少便是"粮长本名并亲属伴当耕种不纳税者"[4]，而小户承担了飞洒的钱粮。面对这一积弊，周忱提出的"综核田粮"的改革需要严格的取勘，具体的执行却仍需"于每里量田粮多寡，拣选殷实之家"进行勘合。以权势制权势，官府固然可以追回部分税额，但总体上难移弊根。

据太仓人陆容（1436—1494）记述，周忱曾委任户部主事何寅丈量太仓卫的田地。

---

[1]《明史》卷78《食货志二·赋役》，北京：中华书局，1995年，第1899页。
[2]《明宣宗实录》卷74，宣德五年闰十二月壬寅条，台北："中央研究院"历史语言研究所，1983年，第1721页。
[3] 相关研究如郁维明：《明代周忱对江南地区经济社会的改革》，台北：台湾商务印书馆，1990年；范金民、夏维中：《苏州地区社会经济史（明清卷）》第2章，第90—112页。
[4]《周文襄公年谱》宣德六年"按部至苏州综核田粮"条，清光绪刻本，第11b页。

（何寅）日唯耽酒，未尝遍历田野，亲视丈量，只凭里胥辈开报，辄与准理。丈量稍多分毫者，必谓之积出，比原数亏欠者，皆谓之量同，更不开亏欠一项……盖缩于城市，而伸于郊墟，故有此积出，非原额之外田也。别处量出多余者，则以送京官之家。自正统初至今，量同者纳无地之粮，京官家享无税之利。是虽何寅贻患于民，而文襄安于成案，不察其弊，盖亦不能无责也。[1]

陆容的苛责不无道理，然而，面对如此积重难返之势，周忱估计也难尽其志。其时太仓尚未立州，高乡一带的权势关系看起来也颇不简单，大户、里胥、军卫、京官等利害互牵。在这一情态下，如璜泾赵氏一般的大姓又有何作为呢？

除赵氏一族，明前期在璜泾还活跃着刘、周、陆等大姓。譬如刘姓，其先人刘昕在元时为海道万户，其子刘昱则以忠义校尉"领海漕"，并移居璜泾附近的穿山，刘昱之子刘智，智生二子刘檄和刘朴[2]，据《穿山志》所载，刘智在明初曾在穿山以北三里的漕头塘创建一个小市集，称刘家市，但规模甚小，明代已废。[3]刘檄及其子刘儆，生活年代与赵尚德和赵蒙庵父子相近，凑巧的是，刘檄父子也同尚德父子一样，相继充任粮长。不过，刘氏更为幸运地受到了周忱改革班子的青睐，刘檄常在鹤山书院得到周忱的接见。刘氏父子还曾几次主动响应捐赈的号召。刘檄的侄子刘竑在成化元年（1465）中举，刘家也有了科举的功名。[4]

本文第一部分所引弘治《常熟县志》，提到陆、赵二氏创建了璜泾镇（按：仅弘治《常熟县志》有此提法，其他各志均只称赵氏创市），笔者至今未获有关陆氏之史料，不敢臆测，刘、赵二家在宣德、正统

---

[1]（明）陆容：《菽园杂记》卷7，北京：中华书局，1997年，第84页。
[2]《志略·人物》，第233页；《沙头里志》卷8《独行》，《中国地方志集成·乡镇志专辑》，南京：江苏古籍出版社，1992年，第9册，第598页；《穿山志》卷上《祠墓》，《中国地方志集成·乡镇志专辑》，第10册，第183页下；《穿山志》卷上《人物》，第189、191页。
[3]《穿山志》卷上《山考（市集附）》，第175页下。
[4]《志略·人物》，第233页。

以后的活动则可见一二。

首先，刘橄在景泰年间出资募浚了漕头塘[1]，在璜泾一带开了民间浚河的先例。刘橄还在璜泾捐赀兴建周孝子行宫[2]，周孝子信仰在江南高乡地带较为普及，刘橄此举明显不虚。成化十二年（1476），刘橄之孙刘昊建立了刘氏祠堂，并请翰林学士邱濬撰记[3]，刘家盛极一时。

此时期，赵氏有着相似的举措：

> 景泰间，吴中大饥，米踊贵，富人咸闭廪，以索厚价，适有司行劝分之令，一时多不乐从，蒙庵首出应之，以例得散官。[4]

景泰输粟，是蒙庵洞识时务的投机活动，蒙庵由此援恩例得散官，受冠带，这便是安彦泰所褒扬的蒙庵景泰七年（1456）修桥义举的重要前奏。

在经营致富、捐官争荣的同时，蒙庵也为家族作出了重要的贡献——创立赵氏祠堂：

> 我文庙颁性理诸书，嘉惠人臣，然后家礼行天下。三十二年来，卿大夫家乃稍垂意于礼，而士庶间亦有闻焉，岂非礼教之不易治而然欤？常熟赵氏世以产雄其乡，至德巽君，益读书好义，始遵家礼之制，立祠堂，盖凡庆吊之节，自是有所据而可行，亲疏之族，自是有所萃而不散。祠堂立，而赵氏之世望日著，家规日严。[5]

据《小宗谱》所载，赵氏"历经播迁，百事草创"，到了蒙庵则

---

[1]《志稿》卷5《水利志·开浚》，第165页上。
[2]《志略·祠庙》，第215页下。
[3]《志稿》卷2《营建志·祠院》，第129页上。
[4]（明）吴宽：《蒙庵赵君墓表》[成化十六年（1480）]，载《献征录》。
[5]（明）程敏政：《赵氏祠堂记》[成化十七年（1481）]，载《献征录》。

"敦厚族姓，建四世之庙，以联近支"。[1]上述《赵氏祠堂记》，是在蒙庵身后其子赵璧于成化十七年（1481）请当时讲侍东宫的红人新安程敏政赐墨的。至于何时立祠，不复得知，笔者推测是在蒙庵受散官之后，即大概是在天顺前后立祠。[2]蒙庵晚年的"景泰输粟"的成功一搏，给正统六年（1441）出生的儿子赵仲晖积下了福分，仲晖不负祖荫，接续了家族的荣耀。

第三节 正统后"主姓"市镇的创建

自明初至永乐北迁，再到宣德前夕，江南的不少乡村形成了世袭粮长的权势格局。宣德间的改革在一定程度上触及了乡村权势网络，却未能将其打破。像刘氏、赵氏这样永充粮长，借助了改革的实施，捐官求荣，兴族旺产。宣德后，官府对永充粮长制乃至整套赋役体系进行改革。当然，包括世袭粮长在内的豪姓富户不会是制度的护法者，对他们大多数人来讲，制度不外乎是牟利的工具和合法的凭证。世道多舛，如何另辟蹊径，经营逐利，攀援守业，才是实实在在的事情。正统后大姓兴市的潮流，就是在这一时代语境下出现的。

成弘间苏州府长洲人王锜（1433—1499）曾抒写了吴中新景：

> 吴中素号繁华，自张氏之据，天兵所临，虽不被屠戮，人民迁徙实三都、戍远方者相继，至营籍亦隶教坊。邑里潇然，生计鲜薄，过者增感。正统、天顺间，余尝入城，咸谓稍复其旧，然犹未盛也。迨成化间，余恒三四年一入，则见其迥若异境，以至于今，愈益繁盛。间檐辐辏，万瓦甃鳞，城隅濠股，亭馆布列，略无隙地。舆马从盖，壶觞垒盒，交驰于通衢。[3]

---

[1] 《小宗谱·小宗传卷之二》。
[2] 按：《小宗谱》只言蒙庵"建四世之庙"，未具列四世之名。赵璧奉祧，成化十七年立四世之祠，奉子安、孟吉、文敏、德巽。后来赵璧之子赵天赐重修祠堂，"列四龛，以奉高、曾、祖、祢，别设一龛以奉子安，为不迁之主"。参（明）方鹏：《璜泾赵氏先祠碑》，载《献征录》。
[3] （明）王锜：《寓圃杂记》卷5《吴中近年之盛》，北京：中华书局，1984年，第42页。

史家常引用这段记载,说明宣德以后苏州城市经济的逐渐繁荣。实际上,况钟和周忱在改革过程中也开始觉察到世情时态的不少变化。譬如周忱就曾指责当时非法经商的活动,如冒充军人家属到各驿站开铺经商,富户以一家之名多处开铺等。[1] 况钟也曾出告示,禁止私开商行。[2] 商货之利,世风之开,在当时具有普遍的吸引力。从明初历经几代经营田赋而发家的世袭粮长,面对这一诱惑,也难以置若罔闻,不少粮长开始涉足商业活动。

日本学者滨岛敦俊曾撰文研究明中期江南地主的客商活动,及其与农村手工业的兴起、市镇的簇生等商业化现象的关系。[3] 滨岛较多地运用了《鲍翁家藏集》的墓志材料,追溯正德以前不少"乡居经营地主"从事客商活动的现象。例如长洲的沈纲,其祖父是粮长沈友之,"在永乐、宣德间,巡抚大臣以吴中赋厚,方重粮长之设,友之于时已为郡县所推择"。友之的儿子沈孜"少为县学弟子,治易勤苦,后以父殁而母更老,度不可远仕,遂谢归以农隐,而或业贾以养生"。沈孜娶王氏,生下沈纲,沈纲的妻子正是吴宽的亡妻陈氏的侄女,墓志中也透露了沈纲长年在外经商的经历。[4] 又如成化年间常熟进士,后官至右副都御史、河南布政史的徐恪的父亲徐讷,号南溪,宣德以前便充任粮长,宣德中大理少卿熊概巡察江南时,徐讷受器重。在饥荒之岁,徐讷曾"遣人籴麦江北,得六百石,悉就舟次散给"。[5] 滨岛认为,即便有丰富的田产,单纯食种植之利的地主不可能在凶年从外地收买大量麦子,因此他推定徐讷在重振家业之际,从事了客商活动。

或许滨岛太注重"乡居经营地主""客商"这些身份标签,而且过于强调明后期地主"乡居"向"城居"的转变,因此他对所列述的

---

[1] (明)周忱:《与行在户部诸公书》,载《明经世文编》卷22《王周二公疏》,北京:中华书局,1997年,第173—176页。
[2] (明)况钟:《况太守集》卷12《严革诸弊榜示》(宣德七年四月初十日),南京:江苏人民出版社,1983年,第135页。
[3] [日]滨岛敦俊:《土地开发与客商活动——明代中期江南地主之投资活动》,载《中央研究院第二届国际汉学会议论文集(明清近代史组)》,台北:"中央研究院",1989年,第121页。
[4] (明)吴宽:《鲍翁家藏集》卷64《沈府君墓志铭》,第404页下—405页上。
[5] (明)吴宽:《鲍翁家藏集》卷58《徐南溪传》,第363页下—364页上。

许多地主的粮长世家出身不敏感,也没有追问地主在从事客商活动之前的家业基础。以徐讷的例子来说,滨岛较为轻率地将常熟旧志传说中未有确证的明初大地主、号称"徐半州"的徐洪[1],拉入徐讷的世系,却不重视《徐南溪传》的前半段记载:徐讷的高祖徐珵在元代是常熟的海道万户,佩金虎符,曾祖徐恢祖俨然乡豪,至正间曾"倾赀集乡兵御乱,居民赖之"。入明后,徐讷重振家业,创立了宗族,徐讷自己开始充任粮长,手下还有不少"僮奴,服劳农事"。可以发现,徐氏的发迹史与之前所述新安镇钱氏、璜泾刘氏乃至璜泾赵氏颇为相似。滨岛更没有指出,徐南溪的儿子、成化年间飞黄腾达的徐恪,正是弘治年间常熟"徐家新市"的创立者。[2]

与徐家相比,赵氏直到成弘时期仍未获功名,世居璜泾的赵璧则"慨然"以创市为"己任",走出一条新路。赵璧是蒙庵的次子,因为长兄赵仲章早卒,又未定其后,于是赵璧承应门户,定为宗子。当时蒙庵季子赵亢尚幼,为避免家产析散,晚年的蒙庵决定不分家,命赵璧抚养赵亢,"代父家督,弃举子业",接管全部家业。[3]蒙庵逝世后,家中仅有垂垂老矣的祖父赵尚德坐镇,奉祧的赵璧一度承受了不少压力:

> 蒙庵卒,豪右意其可凌,屡加横逆。君以理直之志,不稍挫,人始惮其有立。天性孝友,每以不及养为恨,故自号有怀。建祠堂以奉时祭……平居自奉简薄,唯于义事则毅然勇为。尝长乡税,民有逋负,辄发廪代偿。县官重建吴公祠,以地湫隘,谋于君,君即捐市廛居以益之,有司为表其事于石。滨海有塘曰陈大港,淤塞不通潮汐,田数千顷皆失灌溉,奏请

---

[1] "徐半州"的传说始见于嘉靖《常熟县志》,但后世志书即使有转录,也表明仅示存疑,且此传说与《徐南溪传》内容和人名上亦未有任何关联。参见民国《重修常昭合志》卷20《人物志》乙一"徐泰初、徐洪"条,常熟市地方志编纂委员会办公室整理,上海:上海社会科学院出版社,2002年,第992页;及同书卷12《名迹志》"徐洪宅"条,第423页。

[2] 弘治《常熟县志》卷1《叙地理·乡都·镇市》,第24页上;嘉靖《常熟县志》卷2《市镇志》,《北京图书馆古籍珍本丛刊》,北京:书目文献出版社,1997年,史部地理类,第27册,第984页上;民国《重修常昭合志》卷2《疆域志·市镇》,第29—30页。参此三志可确证徐市(又称徐家新市、西徐市)为弘治间徐恪所创,并"累代聚族于此"。

[3] 《小宗谱·小宗传卷之二》。

于朝，许疏浚之。[1]

看来，赵璧继承家业的同时，也承袭了粮长之世业，其治生策略较多效仿了祖辈和父辈，通过浚河、赈济等义举得授承事郎散官，与官府达成某种默契，维持其在乡村中的地位。然而，当时"大江之南，世家巨族富厚垺封君者，多掊克以足其欲，鄙啬以私其有，或目不知书，而人指以为钱房白丁"[2]，在鱼龙混杂、尔虞我诈的世局中，赵璧的上述举措也许还不足以力保家业。

从宗谱材料中，笔者注意到赵璧之妻刘道坚（1442—1531），正是出自前文提到的同居璜泾的穿山望族刘氏。[3] 据赵璧之子赵原赐称：

> 蒙庵公即世，先君甫弱冠，百责咸萃，虽动辄龃龉，家用益拓，盖母相助之功居多……呜呼痛哉！缅思吾母，诞自名家，辛勤燥湿，佐先考以裕厥家。[4]

不难看出，赵璧与刘家的成功联姻，既树立了赵璧在族中的地位，也对巩固赵家在璜泾的权势有着重要意义。赵璧在成化十七年建起"世恩楼"，延请王鏊、倪岳、申时行、陈继儒等名流赐墨题咏，见证绵绵祖荫。他也没有违背蒙庵的遗嘱，尽心扶助幼弟：

> 承事府君为弟筑室，一如己居宅，于己二宅之间，蒋泾之左，二十亩许祖遗三子田各十顷，府君悉与弟，尺寸无取，谓己已治他业耳，非好名也。[5]

可惜的是，赵亢一支仅传二代便绝后了，这些祖产估计还是回到

---

[1]（明）李杰：《承事郎有怀赵公墓志铭》，载《献征录》。
[2]（明）李杰：《承事郎有怀赵公墓志铭》。
[3]（明）赵原赐述：《刘孺人行略》；李杰：《承事郎有怀赵公墓志铭》，同载《献征录》。
[4]（明）赵原赐述：《刘孺人行略》。
[5]《小宗谱·小宗传卷之二》。

赵璧房下。蒙庵是在成化六年去世的，而赵璧赠祖田于弟时称"己已治他业"等语，这表明至迟在成化初年，赵璧已经在田产经营之外另谋他业了。据赵璧像赞之述：

> 冠被其躬，聊以荣也。江湖为家，云月为朋也。米船谢展，朝游而暮登也。[1]

以及《世恩楼图跋》之语：

> 传及有怀公，已三世，荷朝廷恩典，受章服。公交多宇内名达，兼能大拓其业。[2]

再参照成弘时期墓志、像赞中类似的对客商活动的雅颂"套话"，已不难推知，赵璧之"他业"即是指商业活动。

赵璧的选择无疑是正确的，经商逐利使得家业大振。也许是受到前文提到的穿山刘氏先祖刘智创建刘家市的经验启发，赵家也一跃成为璜泾的创市"主姓"。当然，璜泾赵市的建立，显然与前述宣德正统以后商货风气之开有着更直接的关系，而赵璧从商的阅历直接刺激了其创市的举措。滨海的璜泾"去市远"，赵璧"创屋数百间，以集商贾，便贸易"[3]，利于一方。"建舆梁、修道路"等其他善举，也可看作是发展市镇的"配套设施"了。《璜泾赵市碑记》未提及赵璧创市时间，但肯定是在弘治五年（1492）赵璧逝世前，也很可能是在成化十七年（1481）"世恩楼"落成之前。当然，从构筑铺路、招徕商贾，到初具规模，无疑是一个渐进的过程，市镇的建立终非一蹴而就之事。笔者在前文中对赵璧"重建"璜泾表示质疑，从赵璧经商创市的开拓过程看，即便真是市镇的"重建"，也是举足轻重的。

赵璧逝世后，赵家一度面临家族维系的困境。

---

[1]（明）李东阳：《有怀公像赞》[成化二十二年（1486）]，载《献征录》。
[2] 陈玉升：《世恩楼图跋》[崇祯九年（1636）]，载《献征录》。
[3]（明）李杰：《承事郎有怀赵公墓志铭》。

> 弘治癸丑，先君见背，遭家中落，兄天赐等行且异居，以各事厥母。（母）怅然谓曰："吾未亡人耳！何以家为？"遂以家政授之。终日蔬素，恬然若不知人世。然时不肖暨宗赐俱在龆龀，母爱之，不异己出。[1]

赵璧长子天赐（1463—1525）和次子祖赐（1470—1511）是刘母所生，季子原赐（1475—1547）和宗赐（1484—1552）则分别是戈母和胡母侧出，参以其他家族材料[2]，可推知在弘治五年（1492）赵璧去世后不久，诸子各事其母，长子天赐未能充当表率，担起家政。主母刘母不愧是名门之后，在分家降至之际稳住了阵脚。她先将家业委任于长子天赐，同时又努力维系赵璧四子的团结。天赐没有辜负期望，算是持家有方：

> （天赐）佐事承家督，诸弟产悉公总之，于是所蓄不赀。方数十里地，多公甸服之农，然皆辛勤以居之人。以上地售者必增价，酬其值，有固弗与者，亦遂已，故民畏而怀之。定子安府君为始迁之祖，自为后序，缉《赵氏家训》一册，行于族，贾侍御鹤皋为之序。别建家庙。[3]

《小宗谱》的这段小传，强调了天赐经营田产之成功，方圆十里多为其"甸服之农"。赵天赐还高价购买了田产，其购并田产的极大热情，可能与弘治以后高乡土地开发的某种"混乱"情况有关，据嘉靖《常熟县志》记载：

> 当成化之际，民物殷阜，常熟号为乐土。此后水旱荐臻，民不聊生，户多鬻产减田额以求售，巨室乘急择膏腴而弃硗瘠。

---

[1]（明）赵原赐述：《刘孺人行略》。按：钞本原文作"以各事厥母怅然谓曰……"，"母"字后过页，应是传抄时脱一"母"字，此补全。
[2]（明）赵廷梧述：《江西按察司金事进阶朝列大夫震洋府君行实》，载《献征录》。
[3]《小宗谱·小宗传卷之二》。

重以江湖坍蚀，粮不开除，小民始有弃乡井以逃窜。遗赋在户，抑粮长为之代纳，其未逃亡者，户陪输之。[1]

下编第九章还将提到，弘治十年（1497）太仓州的成立，是在田赋改革困境中进行的，太仓州的建立为昆、常、嘉三县的欠粮问题提供了一种解脱方式。种种弊端的重现，是宣德改革未尽彻底，以及成化以后低乡蒙受水患的结果。赵天赐强势购并田产的活动，便是"户多鬻产减田额以求售，巨室乘急择膏腴而弃硗瘠"的一个生动例证。赵天赐同父异母的弟弟赵原赐，则急公好义，力完国课，承续了祖辈粮长的处世作风。[2]

原赐的高风亮节背后，必定有许多利益的考量。面对弘治年间的这番世风变易，包括赵氏在内的许多高乡大族，其实都在力争上游。太仓州成立以后，原赐曾惹上一宗官司，起因是璜泾镇上有一豪强名顾禧，"黩货武断，乡间患之"，原赐与之相争，官司打到新任的太仓知州枣阳人李端那里。李端新官上任，执掌这个在某种程度上因弊而立的新政区，颇显霹雳手段。[3]按赵汴所述，这位"刺史枣阳李君某"，对于赵、顾的争执，"忿士习骜倨，迁怒先君，罗织以罪。郡守曾君某复比之，泥厥成案"。不过，赵原赐绕过州司，请来高层官员巡抚中丞彭礼圜解此局[4]，充分显示了其攀营攻关的能力。

原赐虽未在举业上有突破，但通过游学结识了不少名流。原赐之父赵璧通过与穿山刘氏的联姻提升了赵氏的权势，原赐的婚姻似乎更为成功，他的妻子正是前述礼部尚书李杰李翰林之女。[5]至此，李杰撰写《璜泾赵市碑记》的最直接由来就显现了。另外，从《璜泾赵市碑记》在李端任上被载入弘治《太仓州志》的结果来看，赵氏与州司之间的关系想必也已摆平。

---

[1] 嘉靖《常熟县志》卷2《田赋志》，第1000页下—1001页上。
[2] （明）赵汴述：《敕封文林郎先考一蓬府君行实》，载《献征录》。
[3] 弘治《太仓州志》序，第1a—b页。
[4] （明）赵汴述：《敕封文林郎先考一蓬府君行实》。
[5] （明）赵原赐述：《刘孺人行略》。

在天赐、原赐兄弟生活的同时代，太仓、常熟高乡一带的不少大姓，也有经营市镇的活动。在白茆之西的奚浦，自元末起钱氏一族便在此活动，明末清初的钱谦益即出此族。与徐讷的先祖一样，钱氏在元末也属于那种能纠结乡勇御盗的枭雄。入明后，钱氏分禄园、奚浦二支，在明初，禄园支的钱德便通过商业活动致富，买田置产，奚浦支的钱友义则任粮长（后来禄园支的钱鲋亦任粮长）。友义的侄子柳溪公钱宽生于永乐二年（1402），卒于成化四年（1468），经营圩田致富，大拓奚浦支派之家业，又创立了奚浦市，"筑室百堵以便市肆，贸易者德之"。与前述赵蒙庵"景泰输粟"之搏类同，钱宽在景泰五年（1454）岁凶之年，"捐五百斤助官俸，例补一级"，又与其弟钱洪合开粥厂，施粥救民，提升了家族威望。钱宽的儿侄在成化至正德年间，继续经营农田水利，"筑梁、浚河、凿池、开市，凡所义举争为之先"，又通过赈饥输粟捐取了功名。[1]奚浦钱市于是大兴。据万历《常熟县私志》载，奚浦钱还创立了田庄市，而禄园钱则创立了鹿园市。[2]

在璜泾西北不远的常熟白茆，活跃着大姓归氏，该族后以归有光而闻名。归有光的父亲归椿，生于成化元年（1465），卒于嘉靖十五年（1536），归椿通过整治白茆河在高乡一段的河道，置闸防沙，修筑圩田，引来了垦作者定居。归椿又修建了市廛屋舍，他的儿子则大大地拓展了田地和雇佃的规模。[3]归氏的拓殖也带来了归家市的诞生，归家市与奚浦市，包括前面提到徐恪所创的徐家市，都名列嘉靖年间常熟十六市之中。[4]

笔者在璜泾史料中尚未获知赵氏如何经营市镇的细节。从赵璧创市的记载看，赵家首先对赵市镇上的屋舍拥有了绝对的产权，白茆

---

[1]（明）钱岱撰：《海虞钱氏家乘》卷5《列传考》，上海图书馆古籍部藏明万历二十八年刻本，第55a—64b页。并参（明）姚宗仪：《（万历）常熟县私志》卷11《叙族二》，常熟图书馆古籍部藏传抄本，第3a—5b、12b—13a页。

[2]（明）姚宗仪：《（万历）常熟县私志》卷1《叙县·县市镇》，第21a页。

[3]（明）归有光：《震川先生集》卷19《墓志铭》《归府君墓志铭》，《中国古典文学丛书》，上海：上海古籍出版社，1981年，第481页。

[4]嘉靖《常熟县志》卷2《市镇志》，第984页。

归、奚浦钱创市时也有同样的市镇房产投资。在归市以北不远的横沥塘边，何氏在成弘间开始兴起，比归椿年轻十六岁的何墨（1481—1552，字翰卿，号南池），在弘治年间放弃科举，通过土地开发致富，并成功地创立了何市。

> （墨）遂奉例以资入太学，辄又为司成所知，又应乡试者二，顾独不第，于是乃一意治生。乡氓以歉岁转徙，多弃其田芜不治也。先子乃躬督妇子，相原隰之宜，令往垦之。方略既具，稽事就绪，则又因民之来集也。为庐以居之，而日征其廛息，盖上世遗先子田才数顷，尔至先子乃不知几倍于曩。所居民日益繁而庐日益增，今遂成市，人号何市。[1]

从中可见，何墨辟荒田治农事而起家，其后建屋开市，招徕居民，"日征其廛息"，以房产获利。在方圆不出几十里的范围内，创市方式类似的归市、钱市、赵市等市镇，经营策略应该无异于此。创市招商，在成弘年间也是新事物和新尝试，需要比私人经商更多的经验，比如赵原赐的儿子赵汴便曾教育子孙：

> 今世仕者，其营家治生之术多矣，而瘠人肥己，亦不鲜。若吾则唯世业田宅是营而已，若称贷以取盈，市肆以要倍，吾不为也。盖以科名发迹之人而为乡里农圃之业，意将自食其力，而亦不妄取于人。[2]

赵廷梧的回忆可能有褒饰其父赵汴的成分，反过来思考，在如此唯利是图的商业环境下，若无一定的商业权谋和强势手段，必定难以维持家族在市镇中的实际地位。要确保创市后继续合法获利，有时还须依赖官府多方面的关照。从这一角度考量，这些大姓在创建市镇之

---

[1]（明）严讷：《南池何君墓志铭》，载何卓信辑：《桂村志稿》卷2，传抄本，第54a—56a页。
[2]（明）赵廷梧述：《江西按察司佥事进阶朝列大夫震洋府君行实》，载《献征录》。

外,致力于投资田产、攀官求贵,均是必要的经营手段。

弘治初年,朝鲜使者崔溥因为偶然的海上遇险,漂流至浙江登陆,开始了其沿东南沿海北上的奇妙旅程。崔溥发现,南北土风固有不同,但弘治年间,从江南至淮北,"人皆以商贾为业,虽达官巨家或亲袖称锤,分析锱铢之利"。[1]弘治年间的地方官府,面对这种日益增长的商业活动以及同时加固的乡村权势,当然不会视而不见,必须加以管理,也争取从中分一杯羹,防止财富尽归大族囊中。太仓州成立六年后,即弘治十六年(1503),苏州府添设了太仓州课税局司局[2],不失为一项及时的建置。

从赵璧创市,到赵天赐、赵原赐的"多种经营",赵氏实现了家族的全盛。原赐的长子赵汴(1503—1570)不负众望,高中嘉靖辛卯解元,戊戌进士,先任浙江兰溪县令,再取为南京大理寺评事,最后官至江西按察司佥事。[3]原赐次子赵瀚也于嘉靖丙午中举。[4]与天赐同辈的赵福,曾"即席出橐金数百金",令打赌者瞠目结舌,后来他又成功并购数顷太仓城郭田地,"稍以资称于里"。[5]天赐的儿子赵汝(1488—1533)、赵汉(1490—1524,字于南),以及祖赐的儿子赵濂(1493—1524),更是以奢靡骄横著称,赵汉"与兄皆饶于家,公独有母风,御下过严,内外莫不惮之。每出入街衢,行者避道,居者撤闑,肃于官长……尤喜奢丽,歌童数十人,男女姑宠,令左右敬之,逾于己,然后称始快";赵濂则是"亦竞奢丽,歌童女数十人,有马六驷,出入僮从动以百计,民亦惮之如于南。及为国子生,以无文,谒选得化州守令官"。[6]

方志远在《"传奉官"与明成化时代》一文中,力图以同情理解的眼光,分析成弘时期"合理的社会需求常常以荒诞的方式予以表

---

[1] 葛振家:《崔溥〈漂海录〉评注》卷3,弘治元年六月初四,北京:线装书局,2002年,第194—195页。
[2] 正德《姑苏志》卷15《田赋(税课贡役附)·商税》,第992页。
[3] (明)赵廷梧述:《江西按察司佥事进阶朝列大夫震洋府君行实》。
[4] 《志略·选举》,第230页上。
[5] 《小宗谱·小宗传卷之二》。
[6] 《小宗谱·小宗传卷之三》。

现"的时代语境。[1]赵氏子孙的奢靡，充分折射出家族的富庶，或许也为后来的家道中落种下了祸根，因此连家谱对此都颇有微词。在同一时期，奚浦钱氏也有沿河"第宅如云"的豪奢盛况。然而，回顾明初以降高乡开发的历史进程，这样的奢华或许也是成弘时期粮长经商建市，开拓家族经济这一"壮举"的最直接见证。当然，社会在世易时移的变迁中也容下了这样的奢华。在"出格"与"容忍"之间，明代早期粮长的后人已经通过市镇的创建和家族的发展，逐渐改变着高乡的聚落格局和社会结构，带来一派成弘气象。

第四节　倭乱后的变数与市镇兴衰

在家族全盛之际，原赐之子赵汴（号震洋）也终于实现了科举上的突破。后来，吏部左侍郎、翰林院侍读学士、常熟人赵用贤在为赵汴之子赵廷梧所撰的墓志铭中，将赵汴视为赵氏振兴的关键性人物。[2]这一褒扬其实并不过分，因为原赐兄弟在弘治五年（1492）后已经分家析产，而一房、二房即天赐、祖赐的后代又是骄奢淫逸，难承重托，且大多英年早逝。在原赐之后，家族主心骨其实已转至第三房赵汴一支，赵廷梧、赵云蒸、赵日熹、赵宧光等均出此支。

在中举之后，登进士之前，赵汴还实现了较成功的联姻，其妻曹允贞出自太仓沙溪镇大族，其父是嘉靖初年南京兵马指挥曹献，当时曹献之子曹灼又高中礼魁，一时传为美谈。[3]

或许正如赵廷梧所述，其父"生当嘉初正末，天下文运方兴，专尚科试。公内惧家累，外感时荣，并心悉力"。[4]在正德、嘉靖间转变的世风中，赵汴确实争得了赵氏家族前所未有的荣耀，其仕途也算顺利，而且他持家教子有方，不辱先德。据赵汴之孙赵云蒸回忆，赵汴一家在乡邦还敬尊社神，以示不同于"乡俗尊信"周孝子、李王、

---

〔1〕方志远：《"传奉官"与明成化时代》，《历史研究》，2007年第1期。
〔2〕（明）赵用贤：《含元先生墓志铭》，载《献征录》。
〔3〕《志稿》卷7《逸事》，第201页下；《小宗谱·小宗传卷之三》。
〔4〕（明）赵廷梧述：《江西按察司佥事进阶朝列大夫震洋府君行实》。

金总管这类地方神祇信仰。[1]赵汴父子力图树立士大夫的正统形象，实际上却与乡间市井之风俗格格不入。

不幸的是，嘉靖倭乱给高乡社会造成了冲击，扰乱了璜泾赵氏的攀升步伐。嘉靖二十六年（1547），赵汴归乡丁忧，其时倭乱已起。嘉靖三十二年（1553），赵汴又丁母忧，此时，兵燹已延及海滨，赵汴与弟弟赵瀚、赵准"蠲金百两，米百石，佐守城费，上官高其义"。[2]赵汴一家如此慷慨助守，与璜泾之危难处境直接相关。早在嘉靖十九年（1540）十月，南沙贼秦璠、黄艮就曾入侵璜泾，当时"沙寇摽掠，无不受其惨祸，举镇焚烧殆尽，民人无所逃窜"。[3]在这一次兵警中，原赐之弟赵宗赐（别号西川）还有一则轶事，当时乡人四窜，无处藏身，"忽有贼首一人呼曰：'勿入赵西川宅，犯者砍首。'于是人皆避其家，赖完者无算"。[4]赵宗赐自幼孤僻，谱传称其"喜筹算"，致力于风水形势之学，"人多畏其名"。看来寇盗为图吉利，也不敢在形势家门前动刀。至于此前赵西川与这些南沙寇贼是否有干系，官府得知西川之事迹后对赵氏一族有何观感，都不得而知。但有一事值得注意，当倭寇频频侵扰纵火之时，赵汴之子赵廷梧曾上书官府"条陈八策，愿自募五千人为捍"，而"当遵韪其志而少其力，弗许"[5]，由此看来，官府对赵氏在倭乱中之动向似有戒心。

赵汴三兄弟捐金助守，未能阻止寇盗的继续入侵，在嘉靖三十三年（1554）的倭乱中，赵廷梧伯兄赵栋一家三十余人被烧杀，损失惨重。[6]镇志认为，赵栋家住璜泾镇北长泾河边，尚且遭祸，可知全镇罹难之惨烈。实际上，赵汴一家在嘉靖中期已迁居郡城，还增辟第宅。赵廷梧也随父徙郡，其妻杨氏怀胎后留乡，恰好在倭乱时产下赵

---

[1]（明）赵云蒸：《重建璜泾岳庙旁三大神庙记并传》，载《志略》《文征·碑记》，第249页下—250页下。按：周孝子、李王、金总管均为明清江南高乡一带崇祀的地方神祇，笔者在实地调查中发现，这些神祇至今在常熟、太仓一代的乡间仍为人们供奉膜拜。
[2]（明）赵廷梧述：《江西按察司金事进阶朝列大夫震洋府君行实》；《志略·第宅》，第218页下—219页上。
[3]《志稿》卷5《兵警志》，第166页上。
[4]《小宗谱·小宗传卷之二》。
[5]《志略·人物》，第236页上。
[6]《志稿》卷5《兵警志》，第166页上。

云蒸,在凶境中辗转返郡团聚,化险为夷。[1]赵廷梧倭乱后还家,已是满目疮痍。[2]

从谱传记载来看,赵氏之家业在嘉靖中期已有颓势,但非独倭乱使然。期间,家族成员纷纷徙居州城、郡城的过程,实际上折射出璜泾家业经营的危机。前述祖赐长子赵濂奢靡出格,次子赵潼(号复庵,？—1578)斥资捐得八品散官,但未能诣任,归乡后家道已中落:

> (复庵)既闲居弗仕,家益落然。以巨室名在,有司岁课必责办以粮役,翁不堪,乃悉售产,侨迁于州城之寓邸居焉。[3]

赵潼迁居州城,显然是放弃璜泾田产经营的结果,而他的侄儿赵廷梧随父徙居郡城后,也面临家产经营策略的抉择:

> 伯子故从其父徙郡,而有田在州可耕。人谓:"区赋长,亦易践,奈何不一省视之？"伯子笑曰:"夫长五湖者何人也？而乃以一区长为也,卒业之如瓯脱已。"故家稍困,而伯子亦不顾布裕。[4]

赵廷梧显然对区赋长的权责不以为然,赵氏的粮长世业至此走向尽头。实际上,赵潼不堪粮役出卖田产,赵廷梧不充粮长,均与嘉靖年间苏州地区赋役改革有关。下一章将介绍这场由礼部尚书顾鼎臣、南直隶巡抚欧阳铎、苏州知府王仪主导的重要改革,其中包括土地清丈、税粮"征一"、官民田税则均平、粮长制改革等关键内容。其中,对高乡影响最大的是税则改革,因为在官民田税则扒平的同时,各县在清丈土地基础上,各自对田地税则进行了不同的调整,在下一章的分

---

[1] (明)赵廷梧述:《江西按察司佥事进阶朝列大夫震洋府君行实》;(明)张世伟:《太学赵龙伯传》,载《献征录》。
[2] (明)赵廷梧:《倭乱后初还家》,载《志稿》卷6《艺文志·诗征》,第174页上。
[3] (明)赵廷梧:《复庵先生墓志》,载《献征录》。
[4] (明)王世贞:《赠含元赵伯子彦材叙》,载《献征录》。

析中,可以明显看到,太仓高乡税则普遍提升最多,璜泾镇也因此承受了比改革前更重的赋役负担:

> 镇地从常熟三十四都分割,属海滨边境,原输一斗九升粮。今昭文田与镇地接界者,如三十二都、三十八都等区,仍输一斗九升。独分割在太仓者,嘉靖十五年均粮法行,升二斗八升,后增至三斗。
>
> 曾见时习《双凤镇志》,极赞均粮之公,以双凤与直塘两镇俱系水田,重则田赋一均,而粮皆从轻。不知傍海硗瘠之区顿浮三分之一矣。[1]

在新的编签方式和高税则下,无论以田产还是按家赀编派,对经营大量田产的市镇主姓璜泾赵氏都是十分不利的。另外,"官民一则"改革中,官田之租转为民田之税,土地自由买卖得到默许,这也就不难理解为何赵潼在不堪粮役的境地下售产迁郡了。在嘉靖后期由"均徭"向"一条鞭法"的赋役改革时期,田产一直是评定户等以均徭派役的主要依据,自嘉靖初均徭始,便"以田为定,田多为上户(有从人起者,有从田起者)。上户则重,田少则轻,无田又轻,亦不计其资力之如何也"[2],赵廷梧一家终以田产家赀被编为上户。嘉靖后期,赵廷梧居郡,赵云蒸(字龙伯)先游学南京国子监,又改北学文,但乡试终不利,举业无成,归而受业于王敬臣(少湖先生)治理学,后"居乡为家督"。[3]面对家道之中落,赵云蒸以一首《上户谣》吟叹怨憾:"编氓数编为上户,岂知上户身无裤。啼饥告籴谁见怜,逋负屡遭官长怒。……铺垫常规稍不敷,呼名嘲笑挥如帚……薄产空名只办粮,素封先业俱零落……"[4]

---

〔1〕《志稿》卷1《乡域志·田赋》,第127—128页。
〔2〕(明)王鏊:《王文恪公文集》卷1《吴中赋税书与巡抚李司空》,载《明经世文编》卷120,北京:中华书局,1997年,第1151—1153页。
〔3〕(明)张世伟:《太学赵龙伯传》,载《志略·人物》,第236页。
〔4〕(明)赵云蒸:《上户谣》,载《献征录》。

有关嘉靖年间均田均役的影响，第六章将继续追述。对于璜泾赵氏，他们无法再如宣德改革期那样与官府打通关节，安富乐业。祸不单行，赵氏的其他支派在隆万之际也都面临着家业危机。灵机妙算的西川公赵宗赐大概也算计不到，正是自己的孙子赵果（1544—1617）惹来破家之祸：

> 娄川公，讳果，字毅甫，别号娄川……有兼人之才，无容人之量，族中咸惮之，公富于财产，为一区耆老。值万历九年丈量，守至，公家以巨鲫为供，公恶食鲤，与从人不合，指鲫为鲤，守公数以事诬呈之，详上台，遂坏其家。[1]

赵果因"指鲫为鲤"而破家的故事反映了隆万之际一个普遍世情：在粮役的编派中，一般的富户只有不断地媾和地方官吏，达成"默契"，方可保家。事实上，许多富户正是因粮长或解头之役而赔累破家，因此，中下之户更愿意将命运托付于仕宦势要，规避赋役。嘉靖朝之后，赵家始终无法晋升仕第，光耀门楣，甚至连承载祖荫之世恩楼也为他姓所得[2]，如此看来，即使赵果安分诚意地为州守呈上巨鲫，璜泾赵市估计也好景不长了。

与璜泾赵市同样在成弘时期崛起的常熟何市，其创市家族何氏在嘉靖前期尚能"不以儒故废农圃货殖业"，倭乱之际也曾力助筑城之役，但在倭寇侵掠之时举家逃离。后来何钫等成员在万历初年虽在仕业上有进，然而终不成大气候。加上此前曾不惜大倾家业而求官，因此在万历中期"产以故日减"，何钫等人"亦不复理故业"。[3] 何氏家族也逐渐失去对何市的主导能力。

万历年间，一些高官名宦开始在乡里建立新市镇，这是值得注意

---

[1]《小宗谱·小宗传卷之三》。
[2]（明）赵云蒸：《跋世恩楼图》，载《献征录》。
[3] 参见（明）姚宗仪《淮府长史何钫传》、顾大韶《淮府长史何公家传》等篇，载吴卓信编：《桂村小志》卷4，第159a—162b页；徐兆玮：《桂村士女传》，常熟图书馆古籍部藏稿本，不分卷。

的新动向。前文曾提及弘治时期，徐恪在常熟故里创立了徐家市。嘉靖末年至万历初期，活跃在朝坛、曾任工部尚书的徐栻，其家族在常熟东境李墓、贵泾二塘间创立了市镇：

> 老徐市，跨李墓、贵泾两塘，（据唐顾府君墓志，时名黄村。旧属思政乡。）吴越将李开山葬其地，故名李墓。后因徐尚书栻聚族居此，遂称老徐市。（先有徐恪所居邑西之徐市，故称东以别之。栻孙昌祚后迁居董浜，称新徐市，又改称此为老徐市。未几，知县耿橘以为一市而属一姓，里中不睦，乃取李墓谐声，名为里睦。）距城四十里，（实测见四十二里，距海口二十里。）东西大街、横街共三道。（明时商贾骈集，居民万灶，与梅李、支塘、老吴市，为邑东四大镇。）[1]

县志的这段叙述，恰好阐明了几个同以姓氏命名的市镇建立的不同背景，李墓之地名源于吴越时期江南初始开发阶段的历史记忆。徐恪一族在成弘之际早已业贾创市，到嘉万时期徐栻一族发迹后，亦以官兴市，然因"市姓"早被"抢注"，只得冠以方位，成东西二徐市。经过两代之开拓，栻之孙徐昌祚迁居董浜后又建一市，于是又产生了新、旧市之分。万历中期，有着"东林"派背景的耿橘知常熟县，力除旧弊，势压豪右，主张废除缙绅免役权，推行"业食佃力"之役法，大兴水利。上编第三章第三节已经追述了这一改革过程，不难理解，耿侯为何要在市镇名称这一"小事"上煞费心机，其背后是他试图打破缙绅大族欺行霸市、专横乡里这一权势格局的举措。在万历前后，常熟有一些"主姓"市镇便因"主姓"的败家而发生剧变，譬如由朱氏所创的花桥市因市主监生朱坦以"败伦论斩"，市遂废；而薛家市则因创市者薛忾犯法"狱死"，导致该市"转属他姓"。[2]此时期一些"主姓"市镇的衰亡，直接反映了江南赋役制度调整、官府干预地

---

[1] 民国《重修常昭合志》卷2《疆域志·市镇》，第37页。
[2] （明）姚宗仪：《(万历)常熟县私志》卷1《叙县·县市镇》，第20a—b页；（明）管一德：《(万历)皇明常熟文献志》卷1《市镇》，传抄本，第12页。

方权势等改革所带来的较大影响。

除了"主姓"市镇的兴废，整个高乡开发的格局，在嘉靖以后其实已经发生了很大变化，其中最突出的，是本文引言中学者所揭示的高乡水利荒废、棉植兴起所带来的种植结构和市场网络的改变。万历十一年（1583）以后，嘉定县漕粮改折便是典型的转变。[1]高乡棉作在明中期以前已经兴起，如松江府，早在正德时木棉已是"沿海高乡多植之"。[2]明末，太仓已是"郊原四望，遍地皆棉"。[3]新兴的棉业市镇网络，对于市场运作有着非同寻常的意义。江南高乡的棉花、棉布营销状况在16世纪下半叶以后，已同全国性棉业市场网络的变化息息相关。[4]自明末到清初，太仓对南方各省的棉花贩出有了很大的发展，到清代前期，"闽广人贩归其乡者，市题必曰'太仓鹤王市棉花'。每秋航海来贾于市，亡虑数十万金，为邑首产"。[5]可惜的是，璜泾赵氏早已退出历史前台，失去了在高乡棉作新时代的竞争能力。

赵廷梧在郡城度过了余生，其子赵宧光（号凡夫）奉父之遗言，在苏城外寒山斥资卜得阴宅下葬，认领坟山粮差，"修五世祖墓，收赎故宅，葺治宗统"[6]，这应该就是"赵宧光家传"产生的背景。事毕，凡夫筑室墓旁，挈眷山居，买地二百余亩修建法螺庵，延僧守墓。凡夫之学识文学闻名遐迩，诸多缙绅士大夫谒山求字，交游题咏，寒山庐墓，盛极一时。

与此同时，留居璜泾的赵宧光的昆季则连年潦倒。在明清鼎革之际，太仓沙溪镇乌龙会起事[7]，清兵挥师镇压，赵氏被人诬告与乌龙会有涉，留居璜泾的许多族人惨遭屠戮，家业大破。到乾隆时，赵

---

[1] 万历《嘉定县志》卷7《田赋考下》、《漕折始末》，第481—540页。
[2] 正德《松江府志》卷5《土产》，《天一阁藏明代方志选刊续编》，上海：上海书店，1990年，第5册，第240页。
[3] 王在晋：《水利说》，载崇祯《太仓州志》卷14《艺文志》，第89a页。
[4] 参见［日］西嶋定生：《中国经济史研究》第4章。
[5] 乾隆《镇洋县志》卷1《封域类·物产》，清乾隆刻本，第13b页。
[6] （清）冯时可：《赵凡夫先生传》，载《献征录》。
[7] 参见［日］森正夫：《1645年太仓州沙溪镇における乌龙会の反乱について》，载《森正夫明清史论集》第二卷《民众反乱·学术交流》，东京：汲古书院，2006年，第269—302页。

象春一辈曾"志欲起之，卒不得"[1]，非但如此，赵凡夫的寒山庐墓也被郡城豪绅侵夺殆尽，后恰逢乾隆皇帝南巡吴下，江南制府谋建行宫于寒山，象春之族父赵松乘机上书陈情，终于收回坟山及祭产。后来，赵松之子赵耀将前后有关函件、官牍、契约总入《寒山留绪》一书。2005年，《寒山蔓草》《寒山志》和《寒山留绪》三部与寒山事迹有关的著作，被收入《枫桥地方文献汇纂》。[2]

寒山事算是后话了，至于璜泾赵市，在崇祯《太仓州志》修撰时，撰者已不再如前志那样收录《璜泾赵市碑记》，而"人亦卒不以赵市名之"[3]，"赵市"之地名重新变成"璜泾"。

本章小结

崇祯《常熟县志》曾以一种简要而又独特的叙述方式，列载明末境内市镇：

> 市镇未有不远于邑者，所以便贸易也。支塘镇在白茅、盐铁间……梅李镇因吴越时戍将梅世忠李开山得名；邑之东，唐市、李市、何市、归市、东徐市、张市（即双浜市）、吴市各有主姓焉。邑之西，杨尖市、练塘市、大河市、徐家市、河阳市、田庄市、奚浦市各因里闬成集，石冈市之改为庆安镇也，自元丰间也，其地西北滨江，习嚣而气悍，声教邈矣；许浦镇之废兵屯而巡司也，浦已填淤也……福山镇有屯戍之众，有鱼盐之饶，而商舶出没亦倍于曩时，在虞邑固为要害，就金陵视之，亦一门户矣。今之镇桥，旧为常熟镇。而涂松镇、沙头镇、双凤市、直塘市、璜泾镇、三家市、陆公市、陆河市、甘草市俱割隶太仓云。[4]

---

[1]《志稿》卷3《人物志·文学》，第148页上。
[2] 徐建良主编：《枫桥地方文献汇纂》，北京：中国文史出版社，2005年。
[3]《志稿》卷7《文征》题注，第181页下。
[4] 崇祯《常熟县志》卷1《市镇》。

这段叙述在强调"便贸易"这一功能属性的同时,对常熟境内的市镇按产生方式进行了"分类",撰志者也已注意到了常熟邑东(按:常熟邑东为高乡,邑西为低乡)"主姓"市镇崛起的事实。通过璜泾赵氏以及其他家族的家史,笔者希望追述15世纪这些高乡市镇兴起潮流的来龙去脉。其中,粮长行踪的不断出现,促使笔者更多地考虑大姓"创建"市镇的具体的权势基础和社会机制,避免抛开人群活动而仅仅条列市镇"产生"的各种经济因素。

笔者也力图避免造成另一种"类型化"的错觉,即是将宋元大镇衰落到明中期家族创市的过程,视为一种市镇兴起"类别"的交替。前文插叙的许多大姓的发家史,虽与璜泾赵氏有着不同程度的雷同,但笔者的用意不在于归纳某种发展"模式"。元代的海贸、明前期的永充粮长制、宣德时期的改革、成弘时期的商业发展,都是世袭粮长拓展家业的重要契机,但并不直接指向创立市镇这一结果,也未决定市镇发展与家族发展的关系,我们无法抹煞他们作出多种选择的权利,更不可苛求他们在创市后需遵循某种经营思路。唯有尝试置身于不同时期的世态,才能理解其策略。元代经营海贸致富者,可能只有少数能在明代延续家业的开拓;明代前期的世袭粮长,可能也只有一部分走上了创市的道路。然而,追述这些现象背后的过程,有助于探寻不同时代的社会变迁趋向。在嘉靖后新的社会机制下,又陆续有新的创市主姓崛起于市镇舞台。物换星移,背后是地域开发的沧海桑田。

基于这些思考,笔者既回到历时性的叙述,从"类别"转向"时代",又不愿意囿于"时代",笔者希望淡化所谓的"时代特色",揭示元代以来江南地域开发中乡村权势的延续和转变,追述市镇兴起这一面向背后的地域整体史。

无论如何,即使将市镇作为考察对象独立出来,追述其整体发展历程,至少也应看到,16世纪后结构式的江南市镇全景,其实是不同时代成立的市镇"层累"和发展的结果,也是社会经济结构的延续和内在转变的结果。从空间上看,明中期以降市镇的大量兴起,也改变了江南乡村聚落的格局,譬如本文前引乾隆《吴江县志》便指出,明中期以来市镇"递有增易",而"村则小者日多,名亦益俗"的趋势。[1] 以往学者们对明后期地主"城居"的现象多有讨论,笔者以为,明中期乡村聚落中市镇的创立,是形成地主"城居"的一个重要背景,"城居"不一定是人群迁移的现象,而更多的是市镇创立所带来的乡村聚落结构变化的表现形式。

需要强调的是,笔者尽量避免把明中后期高、低乡间经济格局的变化,阐述为一种影响市镇分布的一贯因素,从而反溯高乡市镇兴起的必然性,因为这种后果预设的分析逻辑,可能会掩盖了明中叶以前社会发展的多重可能性,也掩盖了16世纪高低乡经济格局中的一些"异常"因素产生的基础。譬如下一章就将讨论16世纪土地开发积弊是如何在16世纪之前的赋役改革中应运而生的,又是如何在曲折的改革中被剔除的?

质言之,笔者在本章中所论之"高乡",不完全是系于地貌格局和明中叶以后的棉作格局,而是将"高乡"作为考察元代以降地域开发的一个空间视野,从富有多种可能性的地域开发动态中,理解市镇发展的各种经济条件以及重要的社会基础。

---

[1] 乾隆《吴江县志》卷4《镇市村》,第122—123页。

第五章　15、16世纪乡镇商贸与市场发育

吴承明在《论明代国内市场和商人资本》[1]一文中,曾对"市场"作出以下定义:商品流通形成市场。商品流通的量决定市场的大小,商品交换的内容决定市场的性质。他按照市场性质和规模,将明代国内市场分为地方小市场、城市市场、区域市场和全国性的长距离贸易市场。本章所要讨论的太湖以东地区的市场情况,主要针对后两者。按照吴先生的观点,虽然区域市场内的流通,一般并不反映生产的地域分工或社会分工,这种区域市场是作为自然经济的补充,不过,"一个区域总包括一定的城镇,区域市场内的城乡交换,反映一定的工农业产品的交换,这是应予以充分注意的"。[2]在上一章里,我们已经分析了14、15世纪高乡市镇在农村聚落中崛起的机制和兴起的步伐,本章将进一步考察16世纪的市镇网络在城乡物资交流中所发挥的重要作用。上编第三章已提到,棉植发展和商业市镇兴起,对16世纪高乡水利格局的变迁至关重要。本章将围绕高乡的棉业经济和商业活动,略论高低乡市镇网络的拓展和市场的整合问题。

在资料允许的条件下,分析市场及其整合程度的方法,当然是计量分析,譬如,有不少学者利用清代档案中的粮价资料对清代区域市

---

[1] 吴承明:《论明代国内市场和商人资本》,收入吴承明:《中国的现代化:市场与社会》,北京:生活·读书·新知三联书店,2001年,第111—143页。
[2] 同上书,第115页。

场的整合程度进行了考察。[1]由于明代缺乏相关可供量化分析的资料,只能借助文献中描述进行初步分析。本章将参照吴先生的做法,即是从城乡商贸、商业市镇发展、棉业主要商品的运销以及商人资本的积累等方面,粗浅探讨高低乡市场的发展情况。由于本编所涉专题,学界已有较丰富的研究成果,此不赘列,而在述及具体问题时尽可能多地参考这些成果,并提出笔者的一些思考。

第一节 官布、货布与土纱

有关明代中叶以前江南地区棉植的发展,文献记载较少。学界一般认为,太湖以东最早开始种植棉花,是在宋元之际。最早植棉的地方,是在松江府的高乡地区,特别是乌泥泾一带,较早的记载见于元代陶宗仪的《辍耕录》:

> 闽广多种木棉,纺绩为布,名曰吉贝。松江府东去五十里许曰乌泥泾,其地土田硗瘠,民食不给,因谋树艺,以资生业,遂觅种于彼。[2]

根据陶宗仪的叙述,当时高乡部分地区田土亢旱贫瘠,不适合稻作,出于生计,民人主动选择植棉,作为农作的补充。元人熊涧谷所

---

[1] 代表性著作如:Han-sheng Chuan(全汉昇)and Richard A. Kraus, *Mid-Ch'ing Rice Markets and Trade: An Essay in Price History*, Havard University Press, 1975; Yeh-chien Wang(王业键),'Secular Trends of Rice Prices in the Yangtze Delta, 1638-1935', in T. G. Rawski and L. M. Li eds. *Chinese History in Economic Perspective*, University of California Press, 1992; Lillan M. Li, 'Grain Prices in Zhili Province, 1763-1911', in T. G. Rawski and L. M. Li eds. *Chinese History in Economic Perspective*, University of California Press, 1992;[日]岸本美绪:《清代物价史研究の现状》,载《中国经济史研究》第5集,1987;陈春声:《市场机制与社会变迁——18世纪广东米价分析》,广州:中山大学出版社,1992;陈春声:《清代前期两广市场整合》,载《中国经济史研究》,1993年第2期;侯杨方:《长江中下游地区米谷长途贸易——1912—1937》,载《中国经济史研究》,1996年第2期,等等。相关成果的学术述评,参吴承明:《利用粮价变动研究清代的市场整合》,收入吴承明:《中国的现代化:市场与社会》附录,北京:生活·读书·新知三联书店,2001年,第304—318页。

[2] (元)陶宗仪:《辍耕录》卷24《黄道婆》,《元明史料笔记丛刊》,北京:中华书局,1959年,第297页。

作《木绵（棉）歌》中曰"秋阳收尽枝头露，烘绽青囊翻白絮。田妇携筐采得归，浑家指作机中布。……半拟偿私债，半拟输官赋……"[1]据此可知，当时植棉织布可以分担一部分税收负担。元代孔齐在《静斋至正直记》中还曾叙及"松江花布"的织造状况：

> 近时松江能染青花布，宛如一轴院画，或芦雁花草尤妙。此出于海外倭国，而吴人巧而放之，以木棉布染盖印也，青久浣亦不脱，尝为靠裙之类。[2]

显然，松江花布在元代已经颇有名气，其样式也在海贸的环境中受到海外文化的影响。西嶋定生认为，木棉传入松江府，即与元代海上贸易的发展有关。[3]

在明代前期，明太祖奖励植棉，并把木棉列入田赋税种，棉布正式进入赋税体制[4]，刺激了江南高乡的棉业，令低乡的蚕桑业一度相形见绌。据明代严书开所述：

> 至宋元间其种始至，关陕闽广，首得其利。洪永之际遂遍于天下，其利殆百倍于丝枲。自此而天下之务蚕者，日渐以少。[5]

棉植之所以发展迅速，还得益于永乐以后的田赋改革提高了棉布在赋税体制中的地位，下一章我们将提到，在宣德改革时，周忱进行了一些灵活的"体制内调整"，其中便包括嘉定二十万匹官布的折征改革，以缓解逋负田粮无法追征的压力。弘治至正德年间，这一笔折征的官

---

[1]（元）熊涧谷《木绵（棉）歌》，见于正德《松江府志》卷5《土产》《杂植八》，《天一阁藏明代方志选刊续编》，上海：上海书店，1990年，第5册，第240页。
[2]（元）孔齐：《静斋至正直记》卷1《松江花布》，《四库全书存目丛书》，山东：齐鲁书社，1997年，子部第239册，第216页。
[3]［日］西嶋定生：《中国经济史研究》，第580—582页。
[4]（明）丘濬：《大学衍义补》卷22《治国平天下之要·制国用》《贡赋之常》，《景印文渊阁四库全书》，台北：台湾商务印书馆，1986年，子部儒家类，第712册，第307页。
[5]（清）严书开《逸山集》卷8《濠上迩言》，《四库禁毁书丛刊》，北京：北京出版社，1998年，集部，第90册，第404页下。

布变成苏州府和常州府间用以调节财政的赋税配额,赋役体制中的官布,一度变得奇货可居。西嶋定生还注意到崇祯《松江府志》所收成化年间张弼的一段政论:

> 棉布虽松江所产,旧亦不多,故无其额。自二三十年来,松江之民多倚织布为生。见今正粮多折粮布,以之起科入册,何不可耶?况非入册,民恐后患,谁肯从耶?[1]

成化二十二年(1486)松江知府樊莹还曾奏请松江税粮折银,并令布行人代粮长输布。据此可知,松江府的棉布折征制度也渐已成型。[2]成化年间,不少商人已从事江南棉布的贩卖活动,松江府地区的棉花和棉布的流通尤为活跃。[3]到弘治时期,苏州府属各县的棉花种植也有了发展,据弘治《常熟县志》载:

> 凡高乡皆种棉花,工纺织为布,贸之以资生业。[4]

正德年间,高乡的棉植进一步铺开,正德《松江府志》称:

> 木棉本出闽广,可为布,宋时乡人始传其种于乌泥泾。今沿海高乡多植之。[5]

棉业的兴起,改变了农村的生产面貌。在植棉的嘉定县,"邑之民业,首藉棉布。纺织之勤,比户相属。家之租庸、服食、器用、交际、

---

[1] (明)张弼:《附南安守东海张公弼积荒粮议》,见于崇祯《松江府志》卷10《田赋四·赋议利弊》,《日本藏中国罕见地方志丛刊》,北京:书目文献出版社,1991年,第256页上。
[2] [日]西嶋定生:《中国经济史研究》,第54页。
[3] 范金民、夏维中:《苏州地区社会经济史(明清卷)》,南京:南京大学出版社,1993年,第75页。
[4] 弘治《常熟县志》卷1《土产》,《四库全书存目丛书》,济南:齐鲁书社,1996年,史部第185册,第34页上。
[5] 正德《松江府志》卷5《土产·杂植八》,《天一阁藏明代方志选刊续编》,第5册,第240页。

养生、送死之费，胥从此出"。[1]在昆山农村，"乡村女妇最为勤苦，凡耘耨、刈获、桔槔之事，与男子共其劳。官府有召，则男子避去，而使老妪当之。至于麻缕机织之事，则男子素习焉，妇人或不如也"[2]。

明中后期江南棉布品种繁多，规格不一，大致分为官布（充赋役入官和官用布匹）、一般商品布（上市贩卖）、自用布（织户自用）三类。这三者在规格上就有明显的区别。官布规格特殊，有三棱、二棱、木棉加阔等。一般商品布品种十分繁复，大致有两类。一种是比较高级的，如番布、云布、斜纹布等，织造精细，市场上很少流通。另一种是一般品种，占生产量的绝大部分，各地名称虽有差异，大体上有标（或称东套）、扣（或称中机）、稀三种，或者分别称为大布、小布、阔布。另外还有棉丝、棉麻的交织品，但在整个商品土布所占的比重甚小。[3]

据崇祯《外冈志》记载，在当时乡村和市镇的棉布生产中，"阔大者为官布，不常织，唯官买时为之"[4]。这说明当时农村和市镇的棉布织造，并非以集中的官布生产为主。西嶋指出，当时官布的生产主要采取政府订购的方式，并集中在松江府城等城市进行织造。[5]也即是说，官布生产并非独立的商品经营形态。一般商品布的织造和经营则成为民众重要的经济来源。当时人们常称这类商品布为货布，嘉靖《常熟县志》就指出：

> 至于货布，用之邑者有限，而捆载舟输，行贾于齐鲁之境常什六。彼氓之衣缕，往往为邑工也。[6]

---

[1] 万历《嘉定县志》卷6《物产》，《中国方志丛书》，台北：成文出版社，1983年，华中地方第421号，第476页。
[2] 嘉靖《昆山县志》卷1《风俗》，《天一阁藏明代方志选刊》，上海：上海书店，1981年，第9册，第30页。
[3] 徐新吾主编：《江南土布史》，上海：上海社会科学院出版社，1992年，第82—83页。
[4] 崇祯《外冈志》卷2《物产·货之属》，上海市地方志办公室编：《上海乡镇旧志丛书》，上海：上海社会科学院出版社，2004年，第2辑，第27页。
[5] [日]西嶋定生：《中国经济史研究》，第619—623页。
[6] 嘉靖《常熟县志》卷4《食货》，《北京图书馆古籍珍本丛刊》，北京：书目文献出版社，1997年，史部地理类，第27册，第1053页上。

显然，货布产品不是自给，而是直接进入长途贸易市场，以贩布得钱，或者进行商业交易为目的。在商品布中还有一些简单的棉制产品，例如棉袜，也是农村棉纺织业生产的初级商品，进入城市和市镇的商贸运作之中。例如松江"郡治西郊，广开暑袜店百余家，合郡男妇皆以做袜为生，从店中给筹取值，亦便民新务"[1]。在一般商品布之外，棉丝、棉麻等土纱产品在棉业市场中所占比重虽很小，但也有一定的销路。据徐新吾研究，个别地区织布技术差，农民除织自给布外，很少织商品布，故有余纱出售，从而出现了最早的棉纱商品市场。[2]譬如正德《金山卫志》称：

> 妇善绩麻为网，织棉布粗不及松人，故纺木棉为纱者，市钱，不自织。[3]

正德《松江府志》也有一段常被研究者引用的典型记载：

> 纺织不止乡落，虽城中亦然。里媪晨抱纱入市，易木棉以归。明旦后抱纱以出，无顷刻间。织者率日成一匹，有通宵不寝者。田家收获，输官偿息外，未卒岁，室庐已空。其衣食全赖此。[4]

在低乡金泽镇一带，"无论贫富，妇女无不纺织，肆中收布之所曰花布纱庄。布成持以易花，或即以棉纱易，辗转相乘，储其余为一家御寒具，兼佐米盐"[5]。

土纱产品尽管没有进入大的棉布市场贸易体系，但它在联系城乡棉业生产以及沟通城乡物资交流方面，也有着重要的意义。

---

[1]（明）范濂：《云间据目抄》卷2《记风俗》，民国年间上海进步书局印本；第2b页。
[2] 徐新吾编著：《江南土布史》，第70页。
[3] 正德《金山卫志》下卷之二《风俗》，《松江府属旧志二种》，上海：传真社，1932年，第32b页。
[4] 正德《松江府志》卷4《风俗》，第214页。
[5] 乾隆《金泽小志》卷1《风俗》，《中国地方志集成·乡镇志专辑》，南京：江苏古籍出版社，1992年，第2册，第430页下。

第二节　棉业市镇与商业水网

商品布的生产和流通带动了一些新兴市镇的崛起，归有光在嘉靖中叶便提到，嘉定县的新泾镇"四十年前为荒野，今起为市，商贾凑焉"[1]。万历《嘉定县志》也记载了这一"棉花管屦所集"的棉业市镇。[2]康熙《昆山县志稿》曾列举了明后期到清前期县境内兴起的九个新兴市镇，撰者在按语中称：

> 已上九处皆花布鱼米盐之所辐辏，商贾贸易之所也。集附近乡村，郁然成市，较兵墟、泗桥诸镇倍盛，今并增入。[3]

这段叙述，反映了由于棉花、棉布和粮食等物资流动而导致农村聚落中出现市镇的趋势。明后期城乡的物资交流，有许多是围绕市镇来进行的，洪焕椿在《明清苏州农村经济资料》一书中，曾将明末《沈氏农书》的《逐月事宜》篇中所述前往市镇添购物资的事项摘录如下：

> 正月：买粪（苏杭）、籴豆泥（甪直）、买糟烧酒（苏州）
>
> 四月：买牛壅磨路（平望）、买茧黄（南浔）
>
> 九月：买牛壅（平望）
>
> 十月：买牛壅（平望）、租窖（各镇）[4]

据此可知，市镇方便了商品交换，为日常的农事活动提供了许多物资交易的平台。万历年间耿橘在常熟治水时，就曾提到唐市在白茆与阳

---

[1]（明）归有光：《李惟善墓志铭》，载（明）归有光著、周本淳校点：《震川集》卷20《墓志铭》，上海：上海古籍出版社，1981年，第487页。

[2] 万历《嘉定县志》卷1《疆域考上·市镇》，第124页。

[3] 康熙《昆山县志稿》卷2《乡保 附市镇》，南京：江苏科学技术出版社，1994年点校整理本，第31—33页。

[4]（清）张履祥辑补、陈恒力校释、王达参校增订：《补农书校释》上卷《沈氏农书》《逐月事宜》，北京：农业出版社，1983年，第11、16、20、21页。洪焕椿编：《明清苏州农村经济资料》，南京：江苏古籍出版社，第282页。

澄湖之间低洼水区中的重要地位,他说:

> 本区亦低瘠区也……若遇洪涛汹涌,室庐尽遭漂荡,何有于田畴耶?所恃唐市砥柱其中,商贾辏集,居民稠密,享有贸易之利,此民之得免于离散也。[1]

安亭镇是明后期在昆山、嘉定两县交界地带兴起的棉业市镇,据清代的镇志回顾:

> 安亭镇介昆山、嘉定之间,一哄之市,四乡之民朝往暮归,犹四境之联于城邑也。故凡事物之在吴塘西、瓦浦东、鸡鸣塘南、吴淞江北岸者,其疆域虽分隶昆、嘉,要不可不统谓之安亭。[2]

这段叙述将安亭镇与周边乡村的关系,比作县治与一县四境的联结关系,反映了市镇与乡村之间网络的重要性。在明后期,许多市镇实际上成为其附近乡村聚落的中心。川胜守还注意到,明后期许多新兴市镇的乡镇志中,叙及本镇的四至八到时,常以其他市镇为距离的参照点,譬如嘉定外冈镇的镇志中记道:

> 镇之境东抵浒泾三里,至县治十五里,西至吴塘三里,至昆山界十二里,西南至安亭镇十五里,南抵方泰寺十里,至黄渡镇十五里,东南至南翔镇三十六里,北抵葛隆镇六里,至太仓刘家河二十里,东北至娄塘镇二十里。[3]

川胜守认为,这种四至八到的标示,揭示了外冈镇棉业的经济圈、通

---

[1] (明)耿橘:《常熟县水利全书》卷7,常熟图书馆古籍部藏传钞本,第26b页。
[2] 嘉庆《安亭志》《凡例》,上海市地方志办公室编:《上海乡镇旧志丛书》,上海:上海社会科学院出版社,2004年,第2辑,第1页。
[3] 崇祯《外冈志》卷1《里域》,第2页。

商圈。[1]

明代中后期，江南地区还出现了不少商人书、经商指南等日用类书，许多经商指南记载了由府治、县治城市以及市镇连接而成的水陆交通路线，这引起了许多学者的关注。[2]川胜守认为，明代中后期商人书中所记载的水路，都是当时的连接各市镇的商业水路，表明了当时棉业和丝织业兴起后，市镇之间在产品生产与流通方面关系非常紧密。[3]譬如黄汴的《一统路程图记》一书对江南水路中苏、松地区水陆路线记载如下：

苏、松二府至各处水路（路须多迁，布商不可少也）
苏州府由嘉兴府至上海县……
嘉善县至嘉兴府，或遇顺风，由本县西门过跨塘桥，十二里至三店石条街，又十七里出嘉兴。北离桥不通大船，桥低，遇风可行，无纤路，近九里。
松江府由南翔至上海县……苏州府由周庄至松江府……嘉兴府至金山卫水、陆路……松江府至吴淞所水、陆路……松江府至乌泥泾……陶桥至各处……
嘉兴至松江，无货勿雇小船。东栅口搭小船至嘉善县，又搭棉纱船至松江，无虑大船。至上海，由泖湖东去，黄浦为外河，有潮、盗之防。松江至苏州，由嘉定、太仓、昆山而去，无风、盗之忧。上海驳船，怕风防潮。南翔地高，河曲水少，船不宜大，过客无风、盗之念，铺家有白日路来强盗之防。地产香芋、黄鸡，并佳。至上海，或遇水涸，七宝、南翔并有骡马而去，港多桥小，雨天难行。嘉善由三白荡至苏州，无纤络，亦无贼，且

---

[1] [日]川胜守：《明清江南市镇社会史研究——空间と社会形成の历史学》，东京：汲古书院，1999年，第324页。
[2] 相关商人书、经商指南文献介绍可参陈学文：《明清时期太湖流域的商品经济与市场网络》第三章《明清时期太湖流域的水陆交通与商路》，杭州：浙江人民出版社，2000年，第52—74页；陈学文：《明清时期商业书及商人书之研究》，台北：洪叶文化公司，1997年；杨正泰：《明代驿站考》《增订本前言》，上海：上海古籍出版社，2006年，第1—16页，等。
[3] [日]川胜守：《明清江南市镇社会史研究——空间と社会形成の历史学》，第177—190页。

近可行。由泖湖双塔船至苏州，有风、盗、阻迟之忧，船大人多，雨天甚难。船属宦家，永久难变，甚受其害。干粮宜带。泖桥东去黄浦，西去黄泖，南往嘉兴，北去松江，早晚多盗，宜防。[1]

  这篇路线指南，在标题中就注明是为棉布商人提供路线指南，介绍具体路线十分详尽，限于篇幅，拙文所引省略了部分地名、河名、湖名、桥名以及镇、村地名。整体看来，这个商业路线结构，其实就是由水（陆）路以及府治、县治、市镇组成的交通网络。西嶋对于这段材料反映的棉业运作状况，有两个精妙的解读。其一，他认为"路须多迂，布商不可少也"，表明了当时选取迂回的水路，实则对客商经商有利，可以在各地收买棉布，增加盈利的效率。其二，嘉兴到松江的水路中，"无货勿雇小船。东栅口搭小船至嘉善县，又搭棉纱船至松江，无虑大船"，即是说，不带货物的旅客，在嘉善县和松江府之间可以就便搭乘棉纱船，这表明当时嘉兴府和松江府之间有棉纱船往来。结合天启《海盐县图经》关于海盐县纺纱织布的记载，便可知道嘉善县就是海盐县与松江府之间棉产品运输的转运点。[2]

  综上所述，商业水网实际上支撑着整个棉业市场最基本的运作。在商业水网和市镇网络不断发展的过程中，市镇与乡村的关系越来越紧密。16世纪太湖以东棉业市场的空间形态，其实就是市镇及商业交通路线组成的网络。

第三节　布行、布庄与布商

  商业化水路和市镇网络是市场运作的平台，而活跃在这一平台之上的，则是形形色色的商人。当时不少棉布批发商，就居住在各地的市镇之中。开设布庄，收买棉布。市镇中还有许多棉布牙行，充当交易中介。

---

[1]（明）黄汴纂，杨正泰点校：《一统路程图记》卷7《江南水路·苏、松二府至各处水路》，收入杨正泰撰：《明代驿站考》《附录》，第266—268页。
[2][日]西嶋定生：《中国经济史研究》，第614、639页。

在明代中后期，朝廷对官布的需求量仍然较大，除了宫廷用布、赏赐用布，大部分的官布是供应九边的军需。在松江府，明中叶以前的官布征输一般由粮长承担，但随着明中叶粮长制的变化，以及赋税折银化改革的趋势，粮长输布出现不少弊端。成化二十二年（1486），松江知府樊莹进行了税粮的折银改革，并规定由布行代替粮长输布，允许布行"赍持私货，以赡不足"。[1]于是，布行"代粮输布"，在赋税折银化的改革中渐成定制。范濂在《云间据目抄》中提道：

> 松民善织，故布为易办，而文襄以布代银，实万世良法，况今北边每岁赏军市房，合用布匹无虑数万。朝廷以帑藏赴督抚，督抚以帑藏发边官，边官以帑藏赍至松郡，而牙行辈指为奇货，置酒邀请边官，然后分领其银，贸易上海、平湖稀布，染各种颜色，搪塞官府。[2]

牙行通过收买负责采办的边官，获得办布的特权，从采办官布过程中牟利。这些办布的牙行分布在当时各地乡镇中，成为充当棉布交易中介的布行。在布行之外，还有布庄，布庄拥有大量资本，是经营大规模的中间买卖和仓库业的批发业者，其贩卖的交易对象是外来的布商。棉布牙行即布行则是外来的布商和布庄间的媒介，许多布行可能从属于布庄。[3]除了布行、布庄，还有一种包买商制度——布号。傅衣凌根据顾公燮《消夏闲记摘抄》所载"前明数百家布号，皆在松江、枫泾、洙泾乐业，而染坊、踹坊、商贾悉从之"[4]，参以其他材料，认为明代江南布号在经营牙行式的收购业务之外，也开始从事包买主的活动，以原料付与小生产者，而使其隶属于自己，这种由商业资本支

---

[1] 崇祯《松江府志》卷8《田赋一》，《日本藏中国罕见地方志丛刊》，北京：书目文献出版社，1991年，第196页下—197页上。
[2] （明）范濂：《云间据目抄》卷4《记赋役》，第3b页。
[3] [日]西嶋定生：《中国经济史研究》，第641—642页。
[4] （清）顾公燮：《消夏闲记选存》《芙蓉塘》，收入江苏省立苏州图书馆编：《吴中文献小丛书》第13种，苏州：江苏省立苏州图书馆，1939年，第23页。

配的结构延至清代。[1]

在16世纪，州县田赋中原来已折布的税额，大部分以白银方式征收，然后由官府下拨到布庄和布行，令其采购，这样可以避免官布征输在中间环节上出现过多的弊端。改革之后，布行实际上就成为政府的采购商，并在官布运输环节从事其他的商业活动，商业活动在货币化逐渐提高的贡赋体制内，也就越来越发挥其灵活的作用。傅衣凌在《明清时代商人及商业资本》一书中，曾提到洞庭商人从松江贩布，经商于大梁、陕、扬州，辗转牟利，他还敏锐地注意到，成化年间一些江南布商已经组成行会，在山东临清从事棉布的贩卖。[2]隆万年间，这类客商行会颇为兴盛，江南布商利用大运河沿线水道，在棉布客商贸易中获利。

在江南本地，牙行对市镇棉业的影响则最为直接，万历《嘉定县志》有一段常被研究者引用的资料，描述的就是牙行在市镇中的形象："市中交易，未晓而集。每岁棉花入市，牙行多聚，少年以为羽翼。携灯拦接，乡民莫知所适。抢攘之间，甚至亡失货物。"[3]在明后期棉业发展中，布行发挥积极作用的同时，也存在着欺行霸市的现象，譬如在太仓州：

> 州为小民害者，旧时棍徒，赤手私立牙店，曰行霸。贫民持物入市，如花布米麦之类，不许自交易，横主价值，肆意勒索，曰用钱。[4]

牙行在代收官布的同时，有诸多的经营自由，他们常常为外地客商收布，充当中介，外地客商则扮演着贩运棉布的主要角色。[5]许多棉业市镇正是因为布行和客商集聚，商品布运销量扩大，出现了繁盛的局

---

[1] 傅衣凌：《论明清时代的棉布字号》，收入傅衣凌：《明代江南市民经济试探》《附录》，北京：中华书局，2007年，第336—339页。
[2] 傅衣凌：《明清时代商人及商业资本》，北京：中华书局，2007年，第95—96页。
[3] 万历《嘉定县志》卷2《风俗》，第154页。
[4] 崇祯《太仓州志》卷5《风俗志·流习》，明崇祯十五年刻清康熙十七年补刻本，第9a页。
[5] 徐新吾编著：《江南土布史》，第54页。

面。清初叶梦珠在《阅世编》中就称：

> 前朝标布盛行，富商巨贾操重赀而来市者，白银动以数万计，多或数十万两，少亦以万计，以故牙行奉布商如王侯，而争布商如对垒。牙行非藉势要之家不能立也。[1]

这段记述形象地描述了当时布行与布商的关系，由于布行既擅官布之利，又争商货之利，因此必须倚仗势要之家，才能力保其地位不失。"幸运"的是，16世纪后许多官绅之家也乐于染指业贾经营之事，嘉靖年间苏州人黄省曾在《吴风录》中曾说：

> 自刘氏、毛氏创起利端，为鼓铸囤房，王氏债典，而大村名镇，必张开百货之肆，以榷管其利，而村镇之负担者俱困，由是累金百万。至今吴中缙绅大夫多以货殖为急，若京师官店，六郭开行债典，兴贩盐酤，其术倍克于齐民。[2]

可以看出，正德、嘉靖年间大村名镇商货之兴，与官绅的投资和经营颇有关系。

隆庆、万历年间，商业氛围较为浓厚，许多外地客商携重赀前来投资商品布的买卖和运销，促进了棉业市镇商业规模的扩大。嘉定的外冈镇，"神宗初年，民益稠密，俗称繁庶，四方之巨贾富驵，贸易花布者，皆集于此，遂称雄镇焉"。[3]太仓州棉产区"隆万中闽商大至，州赖以饶"。[4]在外地客商中，徽商的活动尤为突出，譬如在嘉定县南翔镇，向来有许多徽商寓居，"百货填集，甲于诸镇"，而到了万历年间，嘉定的罗店镇"比闾殷富，今徽商凑集，贸易之盛，几埒

---

[1]（明）叶梦珠：《阅世编》卷7，《清代史料笔记》，北京：中华书局，2007年，第179页。
[2]（明）黄省曾：《吴风录》，收入（明）杨循吉等著，陈其弟点校：《吴中小志丛刊》，扬州：广陵书社，2004年，第178页。
[3] 崇祯《外冈志》卷1《沿革》，第1页。
[4]（清）吴伟业：《梅村家藏稿》卷10《〈木棉吟〉并序》，《四部丛刊》初编集部，上海：上海书店，1989年，第15a页。

南翔矣"。[1]当时的棉布,还常因为徽商在某一个市镇采购,而因镇名布,例如钱门(鸣)塘布,据明末《外冈志》载:

> 各镇名色不一。唯外冈布因徽商僦居钱鸣塘收买,遂名钱鸣塘布。[2]

清代修纂的《钱门塘乡志》则突出了"钱门塘布"的品牌效应:

> 丁娘布,纱细工良。明时有徽商僦居里中,收买出贩,自是外冈各镇多仿为之,遂俱称钱门塘布。[3]

徽商通过在高乡市镇收买棉布,再投入到长途贩卖,不断积聚财富。他们除了经营棉业贸易,还从事土地开发活动。16世纪布行和客商的商业活动,与官府亦有不少牵连,由于商人掌握了雄厚资本和便捷的运销管道,官府缺粮输兑的时候也曾向商人借米。[4]这充分显示了当时商人的影响力。

第四节 棉业市场与米粮市场

16世纪后期,徽商之所以在棉布运销中获得比较突出的支配地位,是与全国性棉业市场的行情变化有关的。万历初年,江南的商品布市场行情较好,尤其是标布,朱家角镇就是在标布贸易中兴起的"巨镇"。[5]标布的运销主要是由秦晋商人支配的。《木棉谱》的作者褚华,其六世祖长史公,是明后期布行的坐商,据褚华回忆:

---

[1] 万历《嘉定县志》卷1《疆域考上·市镇》,第124—125页。
[2] 崇祯《外冈志》卷2《物产·货之属》,第27页。
[3] 民国《钱门塘乡志》卷1《土产》,上海市地方志办公室编:《上海乡镇旧志丛书》,上海:上海社会科学院出版社,2004年,第2辑,第17页。
[4] 万历《嘉定县志》卷7《田赋考下》《漕折始末·万历十一年本县粮塘里老等役通状》,第481—483页。
[5] 崇祯《松江府志》卷3《市镇》,第66页下。

> 明季从六世祖赠长史公，精于陶猗之术。秦晋布商皆主于家，门下客常数十人，为之设肆收买，俟其将戒行李时始估银与布，捆载而去。其利甚厚，以故富甲一邑。[1]

据此可见，秦晋商人与江南布庄、布行交往密切，在标布贸易中获利甚丰。

明后期北方棉业兴起之后，标布北贩开始受阻。徐光启曾对北方棉业兴起后江南棉业的前途表示了担忧。[2]当时北方各省如山东的棉业兴起，主要是受到赋役改革的影响。许檀指出，隆庆年间山东在"一条鞭法"的改革中，将原先征收本色的棉布折银，促使山东的棉纺织业出现了新的迹象，即是"家庭棉纺织业由赋税性生产向商品性生产转化"。明中后期山东方志中明确记载有商品布出产的州县就有十八个，此外又有一些沿海地区如登州府，本地不产棉，多从江南输入棉花原料再进行加工织造。[3]总体看来，江南标布在北方的需求量明显减少。另一方面，从明代中叶开始，早期盛产棉花的闽广地区反而停滞衰落，出现了北花南运的现象。随着江南棉区的日益扩展，上海地区的棉花与闽广的糖、木材等进行了沿海贸易，同时产棉区也需要其他地区的粮食补给，从而使棉花、棉布和粮食的商品交换发达起来。这是当时全国商品远距离贸易的主流。[4]在这种全国性的市场变化之下，江南的徽州布商促使棉布业者生产适合在南方销售的新改布，即"中机"。西嶋定生对此过程进行了非常详细的考察，他分析了明末松江"标布"贩出衰退、"中机"贩出增长的总体趋势，指出华北各省棉布业兴起引发的市场变动，并从中阐述松江府市镇中徽商势力崛起、秦晋商帮淡出的过程，从中揭示全国市场的变化以

---

[1] （清）褚华：《木棉谱》，收入《上海掌故丛书》,《中国方志丛书》，台北：成文出版社，1983年，华中地方第404号，第886页。
[2] （明）徐光启：《农政全书》卷35《蚕桑广类·木棉》,《景印文渊阁四库全书》，台北：台湾商务印书馆，1986年，子部农家类，第731册，第506页下—507页上。
[3] 许檀：《明清时期山东商品经济的发展》，北京：中国社会科学出版社，1998年，第85—92页。
[4] 徐新吾编著：《江南土布史》，第4页。

及商帮势力的角逐和沉浮。[1]

在分析棉业市场变化的同时，还有必要对16世纪米粮市场及其他物资的市场情况略作考察。龙登高认为，明后期江南棉织业和丝织业专业化、商业化的发展，是市镇网络形成的重要原因。市镇网络是商品从产地向市场流动的重要环节，而粮食是非粮食生产者的基本需求，江南丝棉专业生产区粮食需求巨大，商品粮市镇完成了这一功能。[2] 成化、弘治时期江南低地（低乡）兴起的许多市镇，在米粮贸易上已经发挥了极大的作用。譬如弘治时期吴江县城的县市就是一个重要的米粮转运市，"其运河支河贯注入城，屈曲旁通，舟楫甚便。其城内及四门之外，皆市廛阛阓，商贾辐辏，货物腾踊，龙断之人居多。当冬初输粮之际，千艘万舸，远近毕集。其北门内外两仓场，米廪如南山之笋，何其盛也。出东门，过长桥，为江南市居民，又千百家，使舟官舰之往来，贡赋财物之接递，朝暮不绝，难以备述"。[3] 吴江的平望镇，水路四通八达，交通非常便利，在弘治以后发展为一个非常重要的米粮市镇：

> 明初居民千百家，百货贸易，如小邑然。自弘治迄今，居民日增，货物益备，而米及豆麦尤多，千艘万舸，远近毕集，俗以小枫桥称之。[4]

时人认为平望甚至可与苏州城外枫桥米市相媲美。枫桥米市到了16世纪又有新的发展，其商贸规模和线路继续拓展，据嘉靖《吴邑志》记载：

> 运河一名漕河，在西城下，……自阊门北马头抵胥门，馆

---

[1] 可参［日］西嶋定生：《中国经济史研究》第四章第三节，第638—652页。
[2] 龙登高：《江南市场史——11至19世纪的变迁》，北京：清华大学出版社，2003年，第68页。
[3] 弘治《吴江志》卷2《市镇》，《中国方志丛书》，台北：成文出版社，1975年，华中地方第163号，第78—79页。
[4] 乾隆《吴江县志》卷4《镇市村》，《中国方志丛书》，台北：成文出版社，1983年，华中地方第446号，第123—124页。

驿长五六里，东西两岸居民栉比，而西岸尤盛。……河中荆襄川蜀大船多于东泊，盐舻商贾则于西泊。官舣钲鼓，昼夜不绝……自此过钓桥，水北流，由南濠至枫桥将十里，人烟相续而枫桥为盛，凡上江、江北所到菽麦绵（棉）花，大贸易咸聚焉此。[1]

该志卷14《物资》还详细叙述了当时在南濠、枫桥一带各村镇物资转输的情况：

> 盐出东海……邑之南濠，众舻聚焉，转输村镇，施及傍邑，莫不赖之。其用造酱腌菜，冬夏尤急。大率多夹带私醝，法不能禁也。豆麦自上江来，皆泊枫桥，上塘等处，其多万斛，岁时常然也。绫锦、纻丝、纱罗、绸绢，皆出郡城机房，产兼两邑，而东城为盛，比屋皆工织作，转贸四方，吴之大资也。[2]

据说当时苏州城外枫桥一带，由于水道便利，所以"郡中诸大家之仓廪与客贩囤园栈房，陈陈相因，以百万计"，官方曾有意在这一带修筑防卫堡垒，但考虑到这些官商豪户必定不肯内迁，只好作罢。[3]这表明枫桥一带商货转输的重要性在16世纪有增无减。

米粮市场的流通，使得棉业发展有了一定保障，而米粮市场波动之时，棉业也会受到较大影响。棉业市场发生变化之时，米粮市场的稳定也显得非常重要。在万历前期棉布市场变化过程中，高乡棉作区的州县所受到的冲击不尽相同。下一章将讨论的万历年间嘉定县的折漕改革，正是在16世纪后期标布贩运受限的困境中发生的，当时的申请文书中就强调：

> 今北方自出花布，而南方织作几弃于地矣。法禁加严，而

---

[1] 嘉靖《吴邑志》卷12《水·城外河渠》，《天一阁藏明代方志选刊续编》，上海：上海书店，1990年，第10册，第1036—1038页。
[2] 嘉靖《吴邑志》卷14《物资》，第1101页。
[3] 嘉靖《吴邑志》卷首《图说》，第695页。

本折交并不待春熟矣。兼之地方荡析之祸，无岁无之。[1]

导致漕粮永折的关键起因，其实就是棉业的市场变化。万历年间嘉定折漕，未及太仓，因此太仓在万历时期棉布市场变化中所受到的冲击，比嘉定要严重。由于"齐豫皆捆载而南，货多用寡，日贱其值，只恃闽广之贸易"，因此，太仓地区"少资纤作，而百无一至，尽畎亩之获，朝夕且不支，其不能清理赋役之事也，审矣"。[2]到了明末，在旱灾之年，太仓州还是容易受到棉业市场和米粮市场同时受阻的威胁，太仓知州钱肃乐论曰：

> 肃乐论漕粮曰，州地高阜，水利不究，佃人挟便私而罔公上，喜树木棉，每亩输租七钱，赢得过当。虽严禁之不可止，以故士大夫及富家多盖藏，陈陈相因，木棉遂为天下饶。方盛时，不暇虑困厄，富商大贾，挟重赀，转输相属，升斗之需，仰给市廛，勿为怪。故人饱于花，而饥于粟矣。比十三年，常镇两郡旱，米价石三两，州中木棉倍收，柿比丛生，望之如荼。然方是时，民苦漕甚，则何也？内之花不能出，外之粟不能入，各县严粟米出境之禁，地棍乘机蜂起，金钱半委泥沙矣。[3]

为此，他主张当时州境内不能尽种木棉，而应该多种粳稻，以降低对外部米粮市场的依赖性。[4]明末王在晋叙及太仓水利时也说：

> 迩年郊原四望，遍地皆棉，种棉久则土膏竭，而腴田化为瘠壤。古来则壤成赋，娄土毛原，不宜谷，十数万本色漕粮，从何措办？水利通而岁时稔，或可给漕之半，一逢水旱、虫螟，尽

---

〔1〕 万历《嘉定县志》卷7《田赋考下》《漕折始末·万历十一年本县粮塘里老等役通状》，第482页。
〔2〕 乾隆《沙头里志》卷1《附属隶始末》，《中国地方志集成·乡镇志专辑》，南京：江苏古籍出版社，1992年，第8册，第541页。
〔3〕 崇祯《太仓州志》卷8《赋役志》，明崇祯十五年刻清康熙十七年补刻本，第30a—b页。
〔4〕 同上书，第32a页。

仰籍于转籴。倘邻封遏籴，束手无策，不取足于邻而欲远贩于江湖，此万分无聊之计，立毙一方之民命者也。[1]

明末官府对辟荒治田的重视，与当时棉布市场和米粮市场的变化不无关系。

本章小结

明代江南棉业是在棉布纳入赋役征解体制的条件下逐步兴起的，明中后期田赋的货币化，伴随着商业活动的兴起，进一步刺激了棉植和棉布业的迅速发展。综合起来考察，明代江南棉业发展一直与王朝的赋役体制"挂钩"，并与赋役折银改革息息相关。正如明末徐光启所总结的那样：

> 壤地广袤，不过百里而遥，农亩之入，非能有加于他郡邑也。所繇共百万之赋，三百年而尚无视息者，全赖此一机一杼而已。非独松也，苏杭常镇之币帛枲纻，嘉湖之丝纩，皆恃此女红末业，以上供赋税，下给俯仰。若求诸田亩之收，则必不可办。[2]

棉业的发展促进了城乡各种物资的流动。江南市镇在14、15世纪兴起之后，到16世纪又出现了普遍发展的势头。16世纪高低乡市场中的物资交流和商人活动，是围绕市镇网络和商业水网进行的。明代黄汴的《一统路程图记》，在介绍"杭州府、官塘至镇江府水路"时，称"缓则用游山船漫漫游去，急则夜船可行百里，秋无剥浅之劳，冬无步水之涉"。[3]据此可见，当时的水路运输之便利。商业水网的拓

---

[1]（明）王在晋：《水利说》，载崇祯《太仓州志》卷14《艺文志·文征》，第89a—b页。
[2]（明）徐光启：《农政全书》卷35《蚕桑广类·木棉》，《景印文渊阁四库全书》，台北：台湾商务印书馆，1986年，子部农家类，第731册，第506页下。
[3]（明）黄汴纂，杨正泰点校：《一统路程图记》卷7《江南水路·杭州府、官塘至镇江府水路》，第265—266页。

展使市镇与乡村的关系越来越紧密，也使得江南的棉业市场逐渐整合，并与全国市场紧密相连。在16世纪棉布走俏的情况下，江南不产棉花的地区也有棉纺织业的发展，例如在嘉兴府海盐县：

> 地产木棉花甚少，而纺之为纱，织之为布者，家户习为恒业，不止乡落，虽城中亦然。往往商贾从旁郡贩棉花，列肆吾土，小民以纺织所成，或纱或布，侵晨入市，易棉花而归，仍治而纺织之，明旦复持以易。无顷刻间，纺者日可得纱四五两，织者日成布一匹。[1]

通过"商贾从旁郡贩棉花"，低乡民人纺布，然后纳入棉布市场，在市镇网络中，原料、劳动力和产品实现了有效的流动。

成化、弘治以后，江南低地的丝织业的发展也颇为显著，以苏州府吴江县为例：

> 绫绸之业，宋元以前，唯郡人为之。至明熙、宣间，邑民始渐事机丝，犹往往雇郡人织挽。成、弘以后，土人亦有精其业者，相沿成俗。于是盛泽、黄溪四五十里间，居民乃尽逐绫绸之利。有力者雇人织挽，贫者皆自织，而令其童稚挽花。女工不事纺织，日夕治丝。故儿女自十岁以外，皆蚤暮拮据以糊其口。而丝之丰歉，绫绸价之低昂，即小民有岁无岁之分也。[2]

到了明后期，吴江县盛泽镇的丝织业在太湖流域颇具盛名，小说《醒世恒言》曾记载了当时盛泽镇中丝业发展以及商贾辏集的情况：

> 镇上居民稠广，土俗淳朴，俱以蚕桑为业。男女勤谨，络

---

[1] 天启《海盐县图经》卷4《方域篇第一之四·物产》，《中国方志丛书》，台北：成文出版社，1983年，华中地方第589号，第337页。

[2] 乾隆《吴江县志》卷38《生业》，《中国方志丛书》，台北：成文出版社，1983年，华中地方第446号，第1132页。

纬机杼之声，通宵彻夜。那市上两岸绸丝牙行，约有千百余家，远近村坊织成绸匹，俱到此上市。四方商贾来收买的，蜂攒蚁集，挨挤不开，路途无伫足之隙；乃出产锦绣之乡，积聚绫罗之地。江南养蚕所在甚多，唯此镇处最盛。[1]

无论是16世纪江南的棉业市场还是丝业市场，商人活动都相当活跃，棉布牙行和本地布商、外地布商在收买解输官布的同时，从事大规模的商品布贸易。隆庆、万历年间，以松江府为中心的江南棉布生产和运销规模相当庞大，并具备了较高的市场运转水平。

在高乡棉植普及的情况下，米粮的流通有时受到诸多因素的掣肘，但总体上还是保障了当时高乡棉作区的市场平衡。为了弥补粮食运销因政区利害而造成转籴上的弊端，在普遍植棉的趋势下，江南地方特别是高乡州县在土地的垦荒和粮食的种植上仍着力甚多。总体上看，棉业市场和米粮市场的有效联系，维持了太湖以东区域内的物资流通和经济平衡。另一方面，尽管全国棉布市场在16—17世纪发生了较为重大的变化，但商人势力此消彼长，新的棉布样式和长途运销线路应运而生，商人唯利是图，其经营活动总能适应市场的变化。此外，牙行和布号继续在高低乡的市镇中发挥着沟通商货、联络客商的灵活作用，保证了17世纪江南棉业的继续发展，并使得区域内市场与长途市场实现了较好的对接，这些充分显示了16世纪江南的市场整合水平。

---

[1]（明）冯梦龙：《醒世恒言》卷18《施润泽滩阙遇友》，济南：齐鲁书社，1995年，第381页。

第六章　15、16世纪赋役改革与荒地开垦

自 20 世纪上半叶以来，日本学界长期关注江南农田水利开发史，及其相关的社会经济变迁。20 世纪 70 年代，地理学者高谷好一、海田能宏在东南亚特别是湄南河三角洲的地貌学和灌溉排水学的研究成果，引起了从事江南研究的日本学者的高度关注。[1] 高谷好一曾归纳出一种三角洲开发序列的模型，即大体上从山地到中游扇形地和丘陵复合地，再到下游三角洲的开发过程。斯波义信认为，这一模型与长江下游地区的开发过程颇为契合，于是加以运用，分析了唐代以前从山地向三角洲开发的整体进程，以及唐代杭州湾南岸宁绍地区的开发，但较少涉及唐代以后太湖平原特别是太湖以东的开发情况。[2]

稻作三角洲的开发进程是否具有普遍的模式？要回答这一问题，首先要细致辨析各个三角洲不同的地貌特质，并讨论地貌特质对区域开发过程的影响程度。整体上看，太湖流域和湄公河流域，虽然都曾是世界著名的稻作区域，且同处于三角洲地区，但长三角的地貌特质与湄南河三角洲有所不同，太湖流域与湄南河流域的水环境演变形式也有较大差异。正如本书上编第一章所述，太湖流域在早期地貌形成

---

[1] [日] 高谷好一：《热带デルタの农业发展：ソナム・デルタの研究》，东京：创文社，1982 年；海田能宏的成果，参 [日] 渡部忠世、樱井由躬编：《中国江南の稻作文化——その学际的研究》，第四章。

[2] [日] 斯波义信：《宋代江南经济史研究》，第 174—246 页。

过程中形成了西低东高的地势特点,有利于太湖从西部山地获得来水,却不利于太湖向东排水。假如用"排水盆地"的概念,可能比"三角洲"概念更能贴近于太湖平原的地貌特质。

对于这个"排水盆地"式的稻作三角洲,低湿地的改造(即所谓干田化)是重要的开发过程。对于干田化开始的时间,学界观点有所不同。李伯重认为始于元代,期间江南农田改良的进展、中稻种植的普遍、肥料使用的进步等,为明代江南区域发展奠定了较好的基础。[1]滨岛敦俊在明清江南社会经济史领域进行了长期的耕耘,他在深入研究明代赋役制度改革与乡村社会结构的基础上,致力于从农田水利开发、聚落形态变化与商业发展、社会阶层转变、小区信仰等问题中间寻找关联,开拓了许多重要的研究课题。1979 年,滨岛在京都大学东南亚细亚研究中心的"江南开发史"研讨会上,与高谷好一、海田能宏就"分圩"问题展开了热烈的讨论。[2]在这次会议过后,滨岛逐渐接纳了高谷和海田的观点。他基于此前发表的若干篇有关水利史和赋役史的文章[3],在其专著《明代江南农村社会の研究》中,除了阐释里甲共同体解体之后建立新秩序的需要,又加入了对土地开发饱和趋势的论断,以此说明分圩也是以高度利用土地为目标,即通过分割大圩,使水路密度细密化,建立排灌,把圩心湿地改造成耕地,从而确认了"分圩"作为 15 世纪中叶以后集约化开发的典型转变过程。[4]在 1989 年所作《土地开发与客商活动——明代中期江南地主之投资活动》一文中,滨岛将干田化称作土地"内涵式开发",以区别于此前以围垦荒地为主的"外延式开发"。他认为"内涵式开发"始于 15

---

[1] 李伯重:《有无"13、14 世纪的转折"?——宋末至明初江南农业的变化》。
[2] 参[日]渡部忠世、樱井由躬雄编:《中国江南の稻作文化》,第四章。
[3] 例如《明代江南の水利の一考察》,《东洋文化研究所纪要》(东京大学)47,1969 年;《明末清初、江南デルタの水利惯行の再编について——以湖州府为中心》,《社会经济史学》40.2,1974 年;《明代前半の江南デルタの水利惯行——田头制再考》,《史潮》新 3,1978 年;《江南の圩に关する若干の考察》,《中国聚落史の研究——周边诸地域との比较を含めて》,东京:刀水书房,1980 年(中译见王妙发,《关于江南"圩"的若干考察》,《历史地理》,1990 年第 7 辑,上海:上海人民出版社);《业食佃力考》,《东洋史研究》39.1,1980 年。
[4] [日]滨岛敦俊:《明代江南农村社会の研究》,第 64—65 页,注释 78,第 113—114 页。

世纪中叶，止于 17 世纪前期。他还将这一观点融入其对明中叶以后江南区域社会变迁的整体理解之中，认为这一"内涵式开发"过程反映了土地开发的饱和状态，并导致了明代中叶地主从事客商活动，农村手工业兴起以及市镇发展等变化。[1] 在 1997 年带有总结性的《农村社会——研究笔记》一文中，他进一步指出，16 世纪低地圩田开发的结束，与世界范围大航海时代同步，商业化的发展使得江南成为中国最先进的地区。[2]

1979 年那场地理学家与历史学家的讨论具有深远的影响，它触发了学者们从多种角度阐释宋元以后江南三角洲的整体社会进程。滨岛的学术实践和研究路径至今仍深富启示，与"分圩"相关的地域开发问题，也仍吸引着学者们继续探究。譬如王建革在近年研究中认为，低乡小圩的发展主要是为了顺应吴淞江水流环境变化而作出的选择，开发的细密化恐怕是这一趋势中呈现的表面现象。[3]

按照海田能宏的观点，"分圩"所代表的土地集约化，势必伴随着河网密集化的趋向。然而，我们可以想见，假如后者并未发生，则意味着对"分圩"性质的判断也有相当大的讨论空间。就笔者管见，海田能宏有关低地集约化开发中河网细密化的趋势，并不具有普遍性，长三角水利格局的转变过程，恰恰在后期开发中呈现强干弱枝的河网稀疏化趋势。对于干田化的整体进程，笔者则以为，宋末元初围垦加速、围田发展以及土地改造的迹象已趋明显，这种开发状态到了明代已达到较高水平，因此，干田化趋势应早于明中叶。至于明中叶

---

[1] [日]滨岛敦俊：《土地开发与客商活动——明代中期江南地主之投资活动》，《中央研究院第二届国际汉学会议论文集（明清与近代史组）》，台北："中央研究院"，1989 年，第 101—122 页。
[2] [日]滨岛敦俊：《农村社会——研究笔记》，明清时代史的基本问题编集委员会、森正夫等编集，《明清时代史的基本问题》，东京：汲古书院，1997 年；中译版见于复旦大学历史学系、复旦大学中外现代化进程研究中心编，《近代中国的乡村社会》，沈中琦译，上海：上海古籍出版社，2005 年。
[3] 参王建革：《水流环境与吴淞江流域的田制（10—15 世纪）》，《中国农史》，2008 年第 3 期，第 3—15 页；《宋元时期吴淞江圩田区的耕作制与农田景观》，《古今农业》，2008 年第 4 期，第 30—41 页；《泾、浜发展与吴淞江流域的圩田水利（9—15 世纪）》，《中国历史地理论丛》，2009 年第 2 期，第 30—42 页。

的商业化，主要是在元代以后江南社会结构和赋役制度变迁的基础上出现的，虽与土地开发格局转变有关，但不是对应关系。本编第四章对此已有讨论。滨岛在阐述客商活动与低地开发结束存在时间上的关联时，言语间其实保留了充分的余地，譬如在《土地开发与客商活动》一文结语中，他表示两者虽有"密接之连关"，但"推理之环节，尚有许多应补充之处"。[1]在《农村社会——研究笔记》中，他又补充道："现在所知道的明代后期江南地主的城居化倾向，可能和这种商业化是联动的……相反，如果能够确保和成本相符的足够的收入，地主也会选择直接经营农业……在17世纪初，具有官僚身份的人不住在城里，继续直接经营，并非仅此一例……进入17世纪后，还有可能存在直接经营的地主。"[2]

总体上看，明中叶以后江南的土地开发过程相当复杂，与此同时，围绕"均田均役"的赋役改革过程也头绪纷繁，这也是滨岛长期研究的课题。与圩田水利有关的劳役摊派方式以及田赋征收细则的变化，很大程度上影响了江南土地开发的导向以及土地经营者的投资与投机策略。不同时期作为开发对象的土地，其地貌属性和赋税特质同样需要我们深入考察。在这个意义上，辨析明中叶的江南地域开发过程是否符合稻作三角洲开发的一般规律，仍需置于与土地开发直接相关的赋役体制之中去思考。

第一节　抛荒、坍涨与分圩

我们首先关注作为开发对象的田地。明代江南官、私文献中提及不少所谓的"荒地""荒田"或"不耕之田"，这些土地固然有许多是从宋元时期延续下来的低乡大圩田中地势最低洼的积水地，或者是冈身以东比较高阜、灌溉不足的"斥卤之地"，但也有很多属于所需成本高而产出歉薄的土地。这些"荒地"并非一直无人耕种，

---

[1] [日] 滨岛敦俊：《土地开发与客商活动——明代中期江南地主之投资活动》。
[2] [日] 滨岛敦俊：《农村社会——研究笔记》。

有很多是一度成田却因赋税居高不下、开垦者负担不起所导致的人为抛荒田地。

荒田的出现一直与赋役制度有着密切的关系。永乐以后，里甲人户逃亡、大批耕地抛荒、税粮逋负的现象较为严重，豪强大户强占抛荒地而不交税粮的现象亦屡屡有之。因此，宣德改革时的"开荒"政策，并非为了集约化开发耕地，而主要是为了解决抛荒逃赋，先是招徕人户，给予税收优惠条件，令其耕种贫户逃绝后留下的"无主"荒地；然后，既保证重新开垦的耕地不被富户占种兼并，也将新开田地登记在册，防止垦荒户采取"游击战术"，故意再度抛荒以逃避正常赋税。宣德年间应天巡抚周忱就曾说：

> 唯独苏松之民，尚有远年窜匿，未尽复其原额，而田地至今尚有荒芜者。岂忧恤未至乎？凡招回复业之民，既蒙蠲其税粮，复其徭役。室庐食用之乏者，官与赈给；牛具种子之缺者，官与借贷。朝廷之恩，至矣！尽矣！如此而犹不复业者，亦必有其说焉。盖苏松之逃民，其始也，皆因艰窘，不得已而逋逃。及其后也，见流寓者之胜于土著，故相煽成风，接踵而去，不复再怀乡土，四民之中，农民尤甚。何以言之？天下之农民固劳矣，而苏松之民比于天下，其劳又加倍焉；天下之农民固贫也，而苏松之农民比于天下，其贫又加甚焉。天下之民，常怀土而重迁，苏松之民，则尝轻其乡而乐于转徙；天下之民，出其乡则无所容其身，苏松之民，出其乡则足以售其巧。忱尝历询其弊，盖有七焉。何谓七弊？一曰大户苞荫，二曰豪匠冒合，三曰船居浮荡，四曰军囚牵引，五曰屯营隐占，六曰邻境蔽匿，七曰僧道招诱。〔1〕

宣德七年（1432），况钟在苏州主持赋役改革，在该年六月，他

---

〔1〕（明）周忱：《与行在户部诸公书》，见于陈子龙等选辑：《明经世文编》，北京：中华书局，1997年，卷22《王周二公疏》，第173—174页。

提出了"分圩"的政策[1]，滨岛认为这是有关分圩最早的史料。[2] 笔者则注意到，在同年十二月，况钟还提到了豪户兼并抛荒田却不肯纳粮的时弊：

> 切详苏、松二府词讼，多因秋粮而起。盖属县田地税粮额重，人民逃绝数多。势豪大户之兼并者，占种他人田地，动至数十百顷，常年不肯纳粮，有司不能究理。稍欲催征，辄构诬词，告讦赖免。[3]

显然，周忱和况钟都很清楚，"荒田"和"抛荒田"的生成，主要是赋役制度的不稳定和不完善所导致的。至于"分圩"，则是在这个总体形势下推行的土地开发政策之一。宣德改革之后，赋役不均造成的抛荒现象仍旧出现，据成弘年间陆容所述：

> 巡抚周文襄公存恤惠养，二十余年，岁丰人和，汔可小康。自后水旱相仍，无岁无之，加以运漕亏折，赔贬不訾，民复困瘁。况沿江傍湖围分，时多积水，数年不耕不获，而小民破家鬻子，岁偿官税者，类皆重额之田，此吴民积久之患也。[4]

弘治年间，姚文灏等官员在江南推行分圩措施的时候，许多临近水面的圩田土地仍处于坍涨不定的状态，抛荒挪荒现象乃是常态。譬如弘治十一年，吴江县官员沈经在调查中发现：

> 看得各都田今昔坍入湖中者，有全圩俱坍，有一圩半坍不等，俱在水中。年坍年告，有前勘已完而粮未豁，有前勘已明

---

[1] （明）况钟：《况太守集》卷9《修浚田圩及江湖水利奏》（宣德七年六月初二日），南京：江苏人民出版社，1983年，第85页。
[2] [日]滨岛敦俊：《土地开发与客商活动——明代中期江南地主之投资活动》，第112页。
[3] （明）况钟：《况太守集》卷9《请禁词讼牵连越控奏》（宣德七年十二月二十六日），第96页。
[4] （明）陆容：《菽园杂记》卷5，北京：中华书局，1997年，第59页。

而未报,有前勘未明而尚勘,浑乱其中,所据各役,指点某处水中,原无疆界为准,难以为据。况各粮虚实多寡,止据书手册底,亦多改抹。若照各词勘报,不无移虚作实,有负委选……切思本县西有坍湖,东有新涨,东涨之土即西坍之田。是坍湖者,新涨之原额;新涨者,坍湖之后身。非有二也。今坍湖之民日苦赔粮,贫困愈甚;新涨之民日享其利,国课不输。利害不均,莫此为甚。使新涨之田若复升科,则坍湖之赔终无了日。[1]

这种状况在15世纪后期到16世纪前半期一直延续。基于田赋难理的情况,加强圩岸的修筑,避免圩田的坍涨无常,便显得尤为重要。

于是,一系列修圩主张、分圩策略以及分圩技术,在这样的背景下被提出来。滨岛常引用《吴中水利全书》收录的两则材料,一是关于嘉靖元年(1522)工部郎中林文沛的水利改革措施,另一篇是嘉靖年间昆山王同祖的《治田议》,他着重阐释了两则材料透露出的分圩技术细节,即通过大圩内添筑径塍或开十字沟的方式实现分圩。这里我们进一步分析这些分圩技术提出背后的策略考虑。林文沛提出分圩主张的完整行文是:

> 各处圩岸塌坍者,圩甲开报。得利之家,照田出夫,协同修理。泥土就于傍圩田内起取,本乡都内有义民为众信服者,治农官举报,委之管理,或四五圩,或六七圩。有功者通行奖劳,怠废者治之。工完,府县治农官取其修筑数目,造册以凭查考。其圩内石埠无存者,圩甲置补。圩大者分之,或作积水溇横亘于中,阔约一丈,两头加阔。用石砌作车口,遇潦车救。[2]

王同祖在阐述分圩必要性时则提到:

---

[1] (明)张国维:《吴中水利全书》卷15《公移·沈经勘报吴江水利呈》(弘治十一年),收入《景印文渊阁四库全书》,台北:台湾商务印书馆,1986年,史部地理类,第578册,第517—518页。
[2] 《吴中水利全书》卷15《公移·林文沛水利兴革事宜款示》(嘉靖元年),第526页。

小圩之田，民力易集，塍岸易完。或时遇水，则车戽易遍，水潦易去，虽有巨浸，莫能为害。而大圩之田，塍岸既广，备御难全，雨潦冲激，东补西坍，皆荡然淹没矣……为今之计，莫若较田圩之大者，取而分之，以二三百亩为率，高者因其高，下者因其下，督民取土，裹以塍岸，则田圩之形成矣。[1]

综合两则材料可以看到，当时分圩策略的考虑在于，通过缩小圩的规模，减轻管理的困难，可望消除大圩圩岸坍塌、圩田"东补西坍"、"荡然淹没"而造成的田地混乱、赋役难征的弊端。其中，取土的问题亦须重视。因为筑塍分圩需要取土，常常以开掘良田为取土代价。弘治七年，姚文灏在提出分圩方案时，已经考虑这个问题，他主张，对那些因取土分圩而毁掉的田亩，由圩内众田主罱河泥填补，万一无法填补，则须用田亩挪补。此时就要分清毁田之家在圩内和圩外的田亩数量，防止挪补时出现混乱。[2]这也是王同祖的分圩策略中强调"督民取土"的原因。

　　如本书上编所述，从北宋以来，太湖以东的水利问题基本都是农田水利问题，自11世纪郏亶的水利学说开始，治田和治水的关系一直是论太湖治水的要旨之一。从北宋到南宋时期，随着水环境格局和地域开发格局的变迁，官方常以治田凌驾于治水之上，南宋至元代的官方水利经营，实质上成为官府与富户之间利益妥协的结果。明代前期，太湖流域上游改筑东坝等大工程的实施，令太湖来水情势发生突变，促使太湖以东以黄浦江为泄水主干的局面最终奠定，形成了江南水利的新格局。这一新格局伤及太湖以西的地方水利，却换来太湖向东泄水的稳定趋势，它改变了江南圩田开发的水环境，也提供了太湖以东进一步围垦土地的便利，水利徭役等赋役制度的改革亦由此展开。到了15世纪末16世纪初，派浚水利的具体实施，前提是清楚说明怎么派浚、怎么组织的问题，这就与农田、人户的赋役编制捆绑在

---

[1] （明）张内蕴、周大韶：《三吴水考》卷14《水利考·编修王同祖治田议》，收入《景印文渊阁四库全书》，史部地理类，第577册。
[2] 《吴中水利全书》卷15《公移·姚文灏申饬水利事宜条约》（弘治七年），第515页。

一起了。因此，姚文灏、林文沛、王同祖等水利官员在提出分圩的主张之时，就不仅仅是在提出筑岸、排水等技术层面的问题，而在其行文中都涉及土地管理和水利派浚问题，分圩策略的实施，已不是专门为了增加田赋而深入开拓低湿地，而更多指向稳定田赋登记及摊派水利役费的管理问题，究其根本，关键不在于增田，而在于清田和派浚。

即使将低湿地排水改良作为土地利用集约化的表现，也须考虑低湿地排水改良在具体的环境机制以及社会机制下如何运作。既然荒田非全为真荒，常有抛荒和坍涨之间的诈荒，分圩非指向深度开发和增赋，而是指向圩田管理和方便派浚，那么，"集约化开发"的概括就难以成立了。

诚然，分圩的趋势确实在明中叶显著出现，但我们还要看到，大量小圩的出现不尽是分圩的结果，还有直接围垦所致。那么，在15到16世纪的小圩围垦又是怎样的情况呢？官至右副都御史的常熟人徐恪（1441—1516）就曾专论常熟白茆塘渐趋淤塞的原因：

> 是以塘水湍急，潮沙往来，汹涌迅激，遂致深阔而汩荡，注泄益以通利。百年之间，苏常地方旱涝大有所赖。今四五十年来，鲇鱼口与昆承湖俱被豪家杂种，茭芦渐满，而淤泥渐积。淤泥既积，乃围圩成田，以碍水利。由是塘与湖隔绝不通。昔日注泄之利不复可得。塘中滩淤日积，而江滨之流沙涨阜横绝于塘口，使潮水无由出入，塘渐浅塞，而涉不濡胫矣。于是境内诸邑之田，旱则潮不能通，雨则水不能出，田禾湇槁，两无所恃。前此二年，大雨连旬，腴田尽为巨浸，经年不得退泄。[1]

可见，16世纪的低乡围垦，在东北水系衰弱的情形下，开发重点转向在小河道围筑垦田，导致小河道淤塞成田，水流进入卑下之地，形

---

[1]（明）徐恪：《白茆水利疏》，收入乾隆《常昭合志》卷2《水利》，嘉庆二年刻本，第38a-b页。

成集中的积水湖荡区。诸如此类"细密化"开垦行动，主要是承续宋元以来的湖田开垦的方式，只不过将围筑点从湖区转移到河道。从开发方式上看，完全不同于"分圩"。

另一方面，16世纪初期，高乡因民人私自在港浦种菱围占，而导致水利废弛、田地抛荒包赔的现象已经颇为突出。[1]其重要的背景过程在于，大规模的棉花种植在明中期东北港浦淤塞、高乡灌溉渐失的情形下大量普及。万历二十一年（1593），嘉定县民人也追述了这一过程：

> 国初，承宋元之后，考之旧志，境内塘浦泾港大小三千余条，水道通流，犹可车戽，民间种稻者，十分而九。以故与他县照常均派本色、兑运，尚能支持几二百年也。其后江湖壅塞，清水不下，浊潮逆上，沙土日积，旋塞旋开，渐浅渐狭。既不宜于禾稻，姑取办于木棉。[2]

一方面，由于官方水利经费只能用于干河疏浚，不究支河，州县间的水利协作又常不合拍；另一方面，地方习于棉作之利，灌溉要求不再强烈，而围垦支河水面反倒有利可图。两者共同作用，导致了不究水利的局面出现，也使得整体水网格局出现了强干弱枝、支河成田的局面。厘清这一过程，我们又明显地看出三角洲内部水网格局的差异变化，而这又与三角洲开发模式中"水路密度细密化"的经验模型背道而驰了。

16世纪以后，由于赋役制度的改变，新的荒地再度出现，政府不得不采取新的开荒政策推动垦殖。总之，即使将15世纪中叶的开发过程总体上视为一个集约化过程，那么，这一过程也存在曲折和反复。

16世纪以后，太湖以东有一轮比较明显的开荒运动，其问题与

---

[1] 《吴中水利全书》卷15《公移·朱衮水利兴革事宜条约》（嘉靖九年），第535—536页。
[2] 万历《嘉定县志》卷7《田赋考下·漕折始末·万历二十一年本县民本》，《中国方志丛书》，华中地方第421号，台北：成文出版社，1983年，第498页。

"分圩"无涉。与15世纪前开荒相比,这一轮垦荒开发在制度上延续了前代经验,在成荒原因和开荒机制方面则有新的表现形式。其中一些"异常"的土地开发现象,比如"积荒""复熟米""新荒"以及"垦荒图""异乡甲"等,也有必要重点加以考察。

质言之,三角洲的排水改造本身是一个非常复杂的过程,其一,三角洲水流环境变化存在特质,对于"排水盆地"式的江南三角洲,由于排水活动打破了原先的水环境平衡,新的水利问题常常导致开发活动出现新的变化,仅仅视之为土地利用集约化,可能过于简单和僵化,而且容易因此产生一种错觉:后期"内部"开发呈现"边际递减",实践者选择改变经营策略。可是实际情况并非尽然。其二,水利疏浚、土地垦发均带有赋役特质,对于官方来说,一方面由于三角洲内部的水土变动的特点,在赋役体制下,土地开垦后如何准确地登录官方簿册,人户以何等税则缴纳赋税、摊派水利劳役,存在不少制度设计的难题,看似完善的制度仍然容易留下舞弊的空间。再者,在赋役改革中,人户与土地的关系一直是赋役征派规则需要处理的核心问题,赋役随人户而计,还是依土地而定,存在不同方案,各有利弊;在处理抛荒地的问题上,怎样清理原有欠额,复位税则,使复垦后的土地和人户进入赋役体制,是关键问题,怎样防止土地复垦后原业主和新垦户出现争端,亦须考虑。对于许多土地经营者来说,如何基于不同地区水环境的特点,根据水土利用的经验,设法围垦土地,又能在官方的制度改革中设法规避重负,获得便利,就成为经营土地时考虑的要着。这些便是圩田水利劳役摊派及田赋征收细则之所以影响土地开发导向的社会机制所在。

第二节 从"均粮"到"积荒"

嘉靖年间,由应天巡抚欧阳铎和苏州知府王仪发起的均田改革,是一场整治田赋结构性弊端的著名改革运动,然而,改革后却出现了一些地方田地抛荒的现象。松江华亭人何良俊(1506—1573)见证了16世纪土地开发格局的变化,他在《四友斋丛说》中写道:

> 苏州太守王肃斋仪牵粮颇称为公，然昆山县高乡之田粮额加重，田皆抛荒，而甪直一带熟区与包粮。华亭县青浦荒田亦是熟区包粮，今下乡之粮加重，则田必至抛荒，若要包粮，又未免为上乡之累矣。[1]

万历五至七年（1577—1579），吴江生员张内蕴、华亭监生周大韶协助御史林应训在江南治水，并将治水经验汇纂成《三吴水考》。张内蕴对田地抛荒问题亦有颇多见解，他指出抛荒之故有三：一是税额太重，民不能供；二是地利所限，极高与极低之处，人力难为；三是水利失修。[2] 据他的观察，水利失修常常是造成抛荒的主要原因。那么整治水利，招民垦种，是否就能恢复生产呢？实际情形是抛荒后招垦效果却不佳。于是他进一步分析原因：

> 顷者屡行招抚，民不乐从者，其故亦有四：方欲施工，犹恐所得不补所失，一也；开垦未几，赋役随至，二也；仅得成效，奸民认为故土，三也；抛荒田地多系极洼极亢，三年难保一熟，原非中上腴田，已行复熟，升科输纳，后设遇旱潦，仍复抛荒而税粮不可复豁，四也。四者不同，而虑其仍复抛弃之故，则亦十居其六七。[3]

基于这些难题，张内蕴认为，垦荒固然要先修水利，然而，"水利固急，而其甚不可垦之处，尤当以破格优恤为先"，因为苏松赋役太过繁重，"民何以堪之而不抛荒也"。除了减免赋税，他还提出调拨水利武职官统领开荒、裁减卫所新军、荒年以工代赈招民开垦等方案，并主张在垦荒实施时，除了强调工程技术，还要十分重视"吊取真正

---

[1]（明）何良俊：《四友斋丛说》卷14《史十》，《元明史料笔记丛刊》，北京：中华书局，1997年，第115页。
[2]（明）张内蕴、周大韶：《三吴水考》卷14《水利考·巡按直隶监察御史刘准行生员张内蕴垦荒议》。
[3] 同上。

图籍"、勘定荒田、造册登记、规范升科、施工用地摊税等赋役登记的细节,以避免垦荒后出现混乱和纠纷。[1]

综合这些叙述,我们可以看出,16世纪下半叶出现抛荒田并且重复抛荒的现象,在种种复杂原因中,与垦荒收益直接相关的赋役问题往往较为突出,在实施较大范围的水利工程之时,官员和水利专家对此有着较为清醒的认识。何良俊与亲身参与水利工程的水利专家张内蕴同样关注这一时期的抛荒问题,而且他直接将抛荒现象归咎于"均粮"改革的弊端,笔者目前尚未在其他文献中找到与何良俊相似的表述,但结合张内蕴对于"重复抛荒"的复杂性的叙述,何良俊所述问题仍然值得思考。为何"均粮"一方面被视为维护公平的改革,但另一方面却会造成抛荒呢?这一过程对后世又有何影响呢?我们或许可以尝试从宣德以后赋税改革和调整来追述。

宣德、正统时期,巡抚周忱和苏州知府况钟在赋役改革中对官、民田均征加耗,再用这笔耗米充当地方政府的各种开支,同时,用折征、轻赍等机制来调节官、民田之间的负担,取得了一定成果,但也留下不少缺憾,尤其是官、民田田则不均的弊端仍然无法解决。从景泰二年(1451)周忱致仕及成化年间(1465—1487)历任江南巡抚,重点通过加耗等手段调整官民田之间赋役负担悬殊差异的代表性官员有巡抚李敏、陈泰、李秉、崔恭、刘孜、毕亨和牟俸等,其中陈泰、李秉的加耗改革较多地顾及了重则官田的负担,毕亨和牟俸的金花银折征改革,也为加耗的合理操作以及解决官民田的负担不均找到了新的突破口。王恕(1416—1508)在成化十五年(1479)接任应天巡抚,他对上述宣德以后的历次改革进行了总结,分别以论田一体加耗一斗二升,并由官方以加耗米的羡余米代纳夏税杂项、金花银每两折米三石余一石充耗等方法,修正出一套论田加耗的办法。[2]

---

[1] (明)张内蕴、周大韶:《三吴水考》卷14《水利考·巡按直隶监察御史刘准行生员张内蕴垦荒议》。
[2] 以上改革过程,参范金民、夏维中:《苏州地区社会经济史(明清卷)》,南京:南京大学出版社,1993年,第113—124页。

宣德以后的加耗改革，主要方针徘徊在"论田加耗"与"论粮加耗"之间。由于富户权豪占有大量轻税的民田，而重额的官田税往往在小户身上，所以只要官、民田税则差异存在，均粮就不可能彻底。不过，在官民田税则不均的情况下，只能尽量通过各种机制缓解矛盾。周忱的"论粮加耗"法、陈泰的分级论粮加耗法，以及毕亨的金花银折米率改革，都属于"体制内调整"。同"论粮加耗"相比，"论田加耗"则属于体制内的一刀切式加耗，其主旨不在于调整官民田之间的负担，而在于统一加耗的绝对额，防止由于加耗额度的差别而导致舞弊者再度有机可乘。

从官民田负担角度来看，像王恕所推行的论田一体加耗法，显然还是对富户更有利一些，官田贫户的负担还是被损害。不过，成化年间的论田一体加耗法为嘉靖年间苏州府首先开展的均田改革奠定了制度的初步形态，并影响了湖州府等地区的改革。嘉靖十六到十七年（1537—1538），欧阳铎以及王仪在礼部尚书顾鼎臣的主持下，发动了针对江南官田的综合改革，废除了官田制，这标志着均粮改革走出了一大步。

对于嘉靖年间这场均田均役的改革，中日学界已经有诸多研究成果[1]，这里暂不详述改革过程，而专注于考察改革前后有关荒田开发的情况。在嘉靖六年（1527），顾鼎臣第一次上书建议改革官田时，就提道：

> 东南诸府，法制大坏……或将官田改作民田；或将肥荡改作瘦荡；或将蠲粮叩卖别区；或将熟粮洒派细户。其泰甚者，城郭附近田涂虚报坍江、坍湖、坍海；膏腴常稔地土捏作板荒、抛荒、积荒。每年粮额亏欠，以千万计。负累概州县善良人户包

---

[1] 相关成果见唐文基：《明代赋役制度史》，北京：中国社会科学出版社，1991年；范金民、夏维中：《苏州地区社会经济史（明清卷）》，南京：南京大学出版社，1993年；[日]森正夫：《明代江南土地制度研究》，京都：同朋舍，1988年；[日]川胜守：《中国封建国家的支配构造——明清赋役制度史的研究》，东京：东京大学出版会，1980年；[日]滨岛敦俊：《明代江南农村社会的研究》，东京：东京大学出版会，1982年；赖惠敏：《明代南直隶赋役制度的研究》，台北：台湾大学出版委员会，1983年；等等。

补。日积月久，坐致困穷。奸顽得计，或有田无粮，或不耕而食……奸顽里书，愚弄踏荒官员，将邻界别州县荒田，一概丈量，以足虚捏之数。其坍江等项，穹远四散，多被推荡影射，尤难根究……[1]

顾鼎臣列举了很多种虚报荒田的现象，他认为在这种复杂的积弊之下，地方官员在普遍为三四年的任期内，是很难对各种虚假的荒田一一踏勘查证的。要破除积弊，只能从制度上进行规范，并重新丈量土地，将各种虚假"荒田"登记入册。针对这些积弊，从嘉靖十五到十六年（1536—1537），欧阳铎和王仪在苏州清查田粮，统一审核，实行了"征一""均粮"以及里甲均徭以丁田统一计编为重点的改革。据《明史·食货志》载：

应天巡抚欧阳铎检荒田四千余顷，计租十一万石有奇，以所欺隐田粮六万余石补之，余请豁免。户部终持不下，时嘉兴知府赵瀛建议："田不分官民，税不分等则，一切以三斗起征。"铎乃与苏州知府王仪尽括官、民田裒益之。履亩清丈，定为等则。所造"经赋册"，以八事定税粮：曰元额稽始，曰事故除虚，曰分项别异，曰归总正实，曰坐派起运，曰运余拨存，曰存余考积，曰征一定额。又以八事考里甲：曰丁田，曰庆贺，曰祭祀，曰乡饮，曰科贺，曰恤政，曰公费，曰备用。以三事定均徭：曰银差，曰力差，曰马差。着为例。

征一者，总征银米之凡而计亩均输之。其科则最重与最轻者，稍以耗损益推移。重者不能尽损，唯递减耗米，派轻赍，折除之，阴予以轻。轻者不能加益，多梗其议，鼎臣独以为善，曰："是法行，吾家益千石输，然贫民减千石矣，不可易也。"顾

---

[1]（明）顾鼎臣：《陈愚见划积弊以裨新政疏》，收入（明）顾鼎臣：《顾文康公文草》卷1《顾文康公疏草》，《四库全书存目丛书》，济南：齐鲁书社，1997年，集部第55册，第265页上—267页下。

是时，上不能损赋额，长民者私以己意变通。由是官田不至偏重，而民田之赋反加矣。[1]

从这段材料可以看出，扒平官民田税则的改革之所以箭在弦上不得不发，是因为嘉靖初年清丈中发现荒田激增至四千顷、赋税亏累，而朝廷又不肯减损元额，只有平衡税则，才可能从根本上改变顾鼎臣所说的"有田无粮""不耕而食"的情况，保证赋税足额。尽管缙绅大户"多梗其议"，顾鼎臣还是力挺欧阳铎和王仪，坚决执行改革。

"征一"的基本原则就是确定本色米和折色银的额度，再统一"计亩均输"。要确定"征一"的"平米"定额，就必须在清丈基础上，彻底调整原来官、民田体制下的田则分级的口径。调整原来的轻、重田则时，主要采用"以耗损益推移"，也就是说，参考此前提到的宣德后加耗改革中有关分级加耗的经验，归并各种科则，重新按轻重分类，然后确定不同的加耗额度。森正夫曾利用崇祯《吴县志》收入的《嘉靖十七年知府王仪摊耗丈量田地册》[2]考察当时均粮的操作办法，发现其总体安排就是在归并科则、轻重分类之后，对原来税粮负担重的重则田加轻耗，对负担轻的轻则田加重耗。通过这种损重益轻的办法，再按"征一"的原则，以平米单位为确定本色米和折色银的标准，使得每单位面积水田的平米额趋于接近。[3]以"均粮"和"征一"为基础，论田加耗就真正发挥了其统一税粮的积极作用。

苏州府先于松江府进行这场均粮改革，在苏州府各下属政区，又以最晚设立的太仓州首先进行改革，嘉靖二十一年（1542）增补刊行的正德《姑苏志》，记载了苏州府各州县均粮后的税则（表5）。

---

[1]《明史》卷78《食货二》《赋役》，北京：中华书局，1995年，第1900—1901页。
[2] 崇祯《吴县志》卷7《田赋上》，《天一阁藏明代方志选刊续编》，上海：上海书店，1990年，第15册，第641—648页。
[3]［日］森正夫：《明代江南土地制度研究》，京都：同朋舍，1988年，第447页。

表5　嘉靖十七年均粮后苏州各州县税则

州　县		税则（每亩平米）
吴　县		3斗4升4合
长洲县		3斗7升5合
吴江县		3斗7升6合
昆山县		3斗3升5合
常熟县	低乡	3斗1升8合
	高乡	2斗1升8合
嘉定县	一般田	3斗
	碱薄田	2斗
太仓州		2斗8升

资料来源：正德《姑苏志》卷15《田赋（税课贡役附）·税粮》，《天一阁藏明代方志选刊续编》，上海：上海书店，1990年，第11册，第987—988页。

苏州府均粮改革的结果主要反映在税则的统一，各县的情况虽略有不同，但颇为接近。也不难想象，各县的田产所有者和经营者，其实并不会在意分级加耗的具体过程是否有利于整体的官方财政，只会关心新的统一税则与此前相比是升还是降，以及对自身利益是否有损害。

吴县、长洲、昆山、吴江等低乡州县均粮后，扒平了官民田分则，并简化了等第不均的田则，对于大部分水田经营者而言，至多只是"以肥作瘠""捏熟为荒""改官为民"等舞弊的空间较少，从而使"灰色收入"减少而已。在合法的框架下，极低水荡田仍可以享受低税则或者较多的折征优惠，一般的水田经营还是可以在新的统一田则下保持好收益的。

与低乡相比，嘉定、太仓等高乡州县以及拥有部分高乡县境的常熟县，税则普遍提高较多，其中又以最早完成均粮改革的太仓州为甚，因为嘉定尚且有碱薄田可享受二斗的低则，常熟的高乡则全部只征二斗一升。唯独太仓全部征二斗八升。弘治十年（1497）析置太仓州时，昆山之高乡几乎全入太仓，常熟、嘉定割入的部分均为高乡，然而，此次均粮后同为高乡的太仓，税则却升至接近低乡。这就是第四章述及嘉靖年间璜泾镇发展时，提到"傍海硗瘠之区顿浮三分之一矣"[1]，在璜泾与常熟交界处形成田同税异状况的原因。下编第八章将提到，正是由于太仓税则的提高，昆山太仓间的纷争也得以部分化解，使得太仓"废州案"不再重演。

从这些问题反思嘉靖时的均田改革，就能体会前引《明史·食货志》所说的"户部终持不下""上不能损赋额，长民者私以己意变通"的深刻内涵。质言之，嘉靖均田本来就是在比较复杂的钱粮积弊中作出的一种着眼于全局而非局部的改革。改革后，新的田粮问题很快就不可避免地产生了。均粮总体上是负担的扒平，部分原来背负重则的荒田可能恢复，部分熟区为荒区"包荒"的负担可以减轻，但在具体的州县田地分布上，却容易顾此失彼，许多"本益比"较差的田地仍然会被抛荒，均田划一后，新的"积荒田"出现了。

归有光（1507—1571）出于昆山大族归氏，他经历了嘉靖年间的均田改革，针对改革后新出现的"积荒"现象，他在给县令的上书《与邑令论三区赋役水利书》中说：

> 窃承明侯以本县十一、十二、十三保之田土荒莱，居民逃窜，岁逋日积，十数年来，官于兹土者，未尝不深以为忧，而不能为吾民终岁之计。明侯戚然于此，下询刍荛。有光生长穷乡，谭虎色变，安能默然而已。窃唯三区虽隶本县，而连亘嘉定迤东沿海之地，号为冈身。田土高仰，物产瘠薄，不宜五谷，多种木棉，土人专事纺绩。周文襄公巡抚之时，为通融之法，令此三区出官布若干匹，每匹准米一石。小民得以其布上纳税粮。官无科扰，民获休息。至弘治之末，号称殷富。正德间，始有以一人之言而变易百年之法者，遂以官布分派一县。夫以三区之布，散之一县，未见其利，而三区坐受其害。此民之所以困也。夫高阜之地远不如低洼之乡。低乡之民，虽遇大水，有鱼鳖菱芡之利，长流采捕，可以度日。高乡之民，一遇亢旱，弥望黄茅白苇而已。低

---

[1]《璜泾志稿》卷1《乡域志·田赋》，第127—128页。

乡水退，次年以膏沃倍收；瘠土之民，艰难百倍也。前巡抚欧阳公，与太守王公行牵耗之法，但于二保、三保低漥水乡，特议轻减，而于十一、十二、十三保高阜旱区，却更增赋。前日五升之田，与概县七、八等保膏腴水田均摊三斗三升五合。此盖一时失于精细，而遂贻无穷之害。小民终岁勤苦，私家之收，或有不能及三斗者矣。田安得不荒，逋安得不积。此民之所以困也。……生愚妄为执事者计之：其一曰复官布之旧……其二曰复税额之旧……其三曰修水利之法……[1]

归有光所论积荒逋负的重点，就是昆山与嘉定接壤的高乡地带几个保的田地，由于税则被提高到为昆山全县统一的三斗三升五合税则，出现"失于精细"的偏枯现象。他在文末提到，当时三区已无富户。这显然是由于这个高乡地带的开发成本上升而导致的。

归有光在文中指出，这几个保的田地之所以负担较重，首先是因为吴淞江下游淤塞，水利失修，虽然木棉不如水田需水量那么大，但亢旱之年，棉田的收成还是大受影响。因此他认为，欲救三区，必须"修水利之法"。他很明确指出吴淞江下游淤塞，是由于上游豪户在河道中种植芦苇，然后成田，但有司没有取缔，却采取了征税的办法，实质上是"教之塞江之道"。[2]

归有光将修水利之策置于三个对策最后，首要两个对策不在水利，而在税粮制度，一是"复官布之旧"，二是"复税额之旧"。第二策比较简单，就是把三区之田像嘉定县那样列为碱薄，用一县总额的"余积米"来冲减薄田的税额，最后按二斗左右的稍低税则来征薄田之税。所以关键就是清出余积米，把三区的田则减下来，从而吸引开荒者归田，他说道：

欲乞查出前项余积，作为正粮，而减三区之额，复如其旧。

---

[1] （明）归有光：《震川先生集》卷8《书》《与邑令论三区赋役水利书》，《中国古典文学丛书》，上海：上海古籍出版社，1981年，第167—170页。
[2] 同上书，第169页。

此则无事纷更，而又有以究王公欲行而未遂之意矣。夫加赋至三斗，而民逋日积，实未尝得三斗也，复旧至五升，而民以乐输，是实得五升也。其于名实较然矣。既减新额，又于逃户荒田开豁存粮，照依开垦荒田事例，召募耕种。数年之间，又必有生息之渐也。〔1〕

第一策涉及官布问题，则比较复杂，需要稍作追述。官布问题始于宣德年间周忱对嘉定县钱粮的改革，万历《嘉定县志》的《赋役考》曾列"官布所始"，大致阐述了官布问题的由来：

[文襄]公见嘉定土薄民贫，而赋与旁邑等，思所以恤之。谓地产绵（棉）花，而民习为布。奏令出官布二十万匹，匹当米一石。缓至明年，乃带征。盖布入内帑，中官掌之以备赏赉，视少府水衡钱较缓。公实用以宽瘠土之民。已而割地以置太仓，分布一万五千匹。正德之末，抚臣为一时那（挪）移之计，以一万匹分之宜兴，以四万六千匹分之昆山，而当米一石之额，一减而为八斗，再减而为六斗，文襄公之遗意鲜有存矣。〔2〕

宣德改革时，周忱采用各种灵活的手段，在官田制还难以撼动的情况下，尽量在体制内调整赋税负担问题，嘉定二十万匹官布折征便属于这种灵活的体制内改革。这一次改革颇为重要，因为它开创了以棉布代征一县大额钱粮的先例，另一方面，从弘治到正德年间，随着太仓立州分一万五千官布，以及宜兴、昆山分别分得官布，官布其实变成一种可供府县财政调节之用的赋税配额，而且随着配额的流通，官布的折价开始变动，总体上呈现走跌之势。到了归有光的时代，随着均田改革将加耗并入本色、折色并重新定税额，各县曾分得的官布之额其实逐渐变成折色银的一部分。由此，归有光认为：

---

〔1〕（明）归有光：《震川先生集》卷8《书》《与邑令论三区赋役水利书》，第169页。
〔2〕万历《嘉定县志》卷5《赋役考上》，《中国方志丛书》，台北：成文出版社，1983年，华中地方第421号，第335—336页。

其一曰复官政之旧。乞查本县先年案卷，官布之征于三区，在于某年。其散于一县在于某年。祖宗之成法，文襄之旧税，一旦可得而轻变，独不可以复乎？今之"赋役册"，凡县之官布，皆为白银矣。独不思上供之目为白银乎，犹为官布乎？如犹以为官布，则如之何其不可复也？古之善为政者，必任其土之所宜以为贡。文襄之意盖如此。即今常州府有布四万匹，彼无从得布也，必市之安亭，转展折阅，公私交敝。有布之地，不征其布，而必责其银。无布之地，不征其银，而必责其布。责常州以代输三区之银，则常州得其便。责三区以代输常州之布，则三区得其利。此在执事言于巡抚。一转移之间也。[1]

当年昆山之所以分得官布，正是由于归有光所提到的三区与嘉定县境田地状况相似，都是种棉不产粮，所以得以分得官布配额。但随着均粮改革，这种配额其实成了折色银。归有光的意思，即是将原属高乡的官布配额回归高乡，并直接征输"本色布"。

总体看来，嘉靖均粮改革以后，税则虽简单划一，但由于不同的田地肥瘠不一，实际的效应就是土地经营者拣肥弃瘦，乃至投机取巧、偷梁换柱，其后果自然旧荒未垦，新荒又生，积荒不除。

归有光在隆庆五年（1571）去世，在他的晚年，正逢苏松两府均田均役总调整的成熟阶段，其提议尚未被官方所接受和实施，但他所提出的重返官布机制以及高乡减则开荒两个献策，是极富前瞻性的。从万历初年开始，政府对高乡土地开发和赋役制度的调整就是围绕这两个方面进行的。这场调整的具体内容和影响，远远超出了归有光的预计。

第三节　嘉定模式："折漕"与"复熟"

16世纪江南由棉作引起的最典型的制度性变动，莫过于高乡田赋从折征棉布到棉布折银的变化。清代道光年间，程钅各将万历年间嘉

---

[1]（明）归有光：《震川先生集》卷8《书》《与邑令论三区赋役水利书》，第168页。

定从折漕到漕粮永折的改革过程中的公牍文书，汇成《折漕汇编》一书，嘉定知县程其珏在题序中曰：

> 嘉邑濒海兀瘠，粒米不登，每遇漕兑，民甚苦之。自前明万历十二年始行改折，三岁一为题请，至二十一年定为永折。崇祯年间迭经部议，复兑本色，不果行。入国朝顺治二年，钦奉恩诏，土田科则悉准万历中赋额，而折色遂以为常。[1]

这段叙述强调了万历折漕意义之大，在万历二十一年（1593）确定永折之后，嘉定县漕粮从未再返回征输本色的老路上去。清代之后，折漕亦为常制。

从隆庆年间到万历初年，尽管嘉定在均粮改革后比太仓负担稍轻，但也面临着办粮的难题，主要困难就是，嘉定当时大部分田地已经种棉，无米办漕，只能从外地买米兑本色，因此当时运粮到嘉定成为一项颇为赚钱的生意。据王锡爵在《永折漕粮碑记》中所记：

> 地势固然也。加以米不土出，常不能豫具以待事；运船之至城下，舳舻相次如鱼鳞，而仓庾尚无稊粒。于是，四方糠秕船浥润之米，一入其境，价必翔踊。而军士动以米恶为辞，所以摧抑之百端，……庆历之际，四境荒芜之田，无虑数万亩。老稚提携而去者，项背相望。议者以为数年之后，殆不可以为县。[2]

嘉定折漕就是在这样的米粮难办、田地抛荒的困境中应运而生的。万历《嘉定县志》的《田赋志》专列出"漕折始末"一门，其所述即是从万历十二年（1584）初次折漕到二十一年（1593）定永折的过程。在万历十一年（1583），嘉定县以"粮塘里老等役"上呈状的形式，向户部申请把漕粮改折为银两，他们陈述了当时嘉定办粮的情

---

[1]（清）程钰：《折漕汇编》《原序》（程其珏序），光绪刻本，第1a页。
[2]（明）王锡爵：《永折漕粮碑记》，载（清）程钰：《折漕汇编》卷6，第6b—7a页。

形：首先是嘉定产棉不产米，以往都是卖布易米输粮；第二，嘉定与其他州县一样，以米纳粮时百姓总会受粮长欺扰，而粮长兑粮上仓又受官军胁迫；第三，以棉易米风险较大，灾害之年，台风之袭，会令棉业大大受损，更严重的是，万历前后，北方棉布业兴起，江南棉布的销路受限；第四，此前两年都是缺粮可兑，于是嘉定县只能采取权宜之计，先是从商人处借办，然后是出官帑买米，而这些显然都不是长久之策。这就是嘉定申请漕粮折银，不再用本色米粮输兑的四个突出理由。[1]

户部得状后，委派地方查勘，汇报详细嘉定田地及钱粮实情，关键是要查明改折是否会亏损原额，假如只采取改折，是否有其他钱粮可供抵补漕粮。[2]当时嘉定知县朱廷益奉命踏勘，他将调查结果汇报如下：

> 嘉定县知县朱廷益勘得实征田地涂荡等项，共一万二千九百八十六顷一十七亩四分七厘六毫，内有板荒田地一千三百一顷九十余亩，粮累里甲包赔。其宜种稻禾田地止一千三百一十一顷六十余亩，堪种花豆田地一万三百七十二顷五十余亩。复集乡耆父老酌议，得本县地形高亢，土脉沙瘠，种稻之田约止十分之一，其余止堪种花豆。但遇霪雨，则易于腐烂，遇旱燥则易于枯槁。又海啸之虞，不得有秋。十年之内，荒歉恒居五六用……所议改折漕粮必当经久，但奉部札咨准改折，先议漕粮作何抵补，诚为长虑，但在本县并无别项钱粮堪补。细查本县田内，宜种稻禾者，照常该派本色米一万九千六百七十四石二十六升一合，而县额有岁派南北二运白粳、糙糯、春办夫船正耗平米二万六千四百一十九石九升一合五勺，存留儒学吴太军储平米一万一千五百九十七石八升七勺，势不免用本色，则前项水田一分本色之数尚未足抵其前项。漕粮十万六千六百七十一石八斗九

---

〔1〕万历《嘉定县志》卷7《田赋考下》《漕折始末·万历十一年本县粮塘里老等役通状》，第481—483页。

〔2〕万历《嘉定县志》卷7《田赋考下》《漕折始末·户部移谘查勘》，第483—484页。

升，委无措补……[1]

朱廷益旨在阐明，本县可出本色米的水田只占全县田地涂荡的十分之一，其他都是棉田，而这部分本色米不到二万石，还不够办每年二万六千多石的白粮，因此，漕粮十万六千六百七十一石八斗九升，除了全部改折银两，别无他法。

在嘉定县勘粮后，苏州府和兵备道[2]又进行了覆勘[3]，呈报巡抚都御史郭思极以及巡按御史邢侗，最后由抚按联合题奏，向户部申请"将嘉定县应运漕粮一十万六千六百七十一石有零，俱准于万历十二年为始，查照议定价值，尽行改折，每年征银解部，永为定规"。[4]

当时户部对于嘉定折漕的申请采取了审慎的态度，原因是当时其他各省的赋役折银化出现了一些亏损原额的弊端。[5]不过，户部还是考虑到嘉定办粮的实际困难，最后决定将嘉定县万历十二年（1584）应征漕粮十万六千六百七十一石零，试行改折一年，正兑米每石折七钱，改兑米每石折六钱，"席板脚耗俱在内预先开征，及遇赴粮时，候即以本色粮米一并起解，不许拖欠"。并且声明，如果该年折银依期完解，以后可以再议题请改者。但如果造成逋负，将停止折漕，照旧征输本色。

这就是万历十一年（1583）申请折漕获得成功的过程，从万历十二年嘉定初行折漕，万历十三年各州县通行改折，嘉定不必申请，到万历十四年，巡抚都御史王元敬和巡按御史邓炼又为嘉定申请到改折三年的批示。其后，嘉定折漕形成三年一申请、一次批三年改折的情况。于是，到了万历二十一年（1593），嘉定县提出了永折的申请，理由首先从万历十一年后的"无漕不折"定为永折，可以为中央和地方省去从申请到批示的时间，其次，由于十几年未办本色输兑，"民

---

[1] 万历《嘉定县志》卷7《田赋考下》《漕折始末·本县查议》，第484—486页。
[2] 按，有关明后期兵备道设立的前后过程，参看下编第八章。
[3] 万历《嘉定县志》卷7《田赋考下》《漕折始末·本府覆查》，《漕折始末·兵备道覆查》，第486—491页。
[4] 万历《嘉定县志》卷7《田赋考下》《漕折始末·抚按会题》，第493页。
[5] 万历《嘉定县志》卷7《田赋考下》《漕折始末·部覆》，第494—495页。

不习兑，官无成法，仓廒颓废已久，斗甲革除殆尽，一朝议复，百费丛生"。[1]折漕一事，涉及官民利益，不仅地方官员奔走筹划，一些地方大族也因利益所系，对于永折之事，也是十分关切，诸如嘉定周氏，就有一些家族成员参与了折漕的申请和运作。[2]

经过十几年的试行折漕，制度运转顺畅。另一方面，自从隆庆初年，应天巡抚海瑞在江南各地推行"一条鞭法"改革之后，赋役合并、统一纳银已经成为当时赋役体制不可逆转的大势。因此，嘉定县已完全具备永折定制的条件，漕粮永折的申请得到户部的批准，成为定制。

漕粮永折从整体上纾缓了钱粮困境，也减少了漕粮收兑中的舞弊行为，总体上有利于消灭嘉靖均粮后赋役压力下的"积荒"田地。至于如何有效地进行开荒复熟，消除熟区所背负的"包荒"负担，并且杜绝人为的开垦后再度"抛荒"，则需要有新的制度进行规范管理。这不仅是嘉定的问题，也是隆万年间苏松地区面临的普遍问题。此处就从折漕的话题转到开荒，看看从嘉靖末期到万历折漕期间，官府如何解决积荒田地的开垦问题。

隆庆元年（1567），巡抚都御史林润出任应天巡抚，他对松江府均粮改革不彻底、富者以熟作荒、贫户逃亡的现象十分关注，下令松江知府和华亭、上海两县知县"拘集年高有德耆老粮塘里排，多方审访，田赋等则何以均平？荒田何由核实？荒粮如何处豁？开垦作何施工？或应该丈量，或先审处其太甚。苟可永逸，毋惜一劳"。[3]林润过于乐观地估计了局势，解决当时的积荒问题其实难度甚大，一劳永逸实非易事。

在嘉靖后期，江南地方官府其实已经开始设法解决均粮改革后的积荒问题。比如在嘉靖三十八年（1559），应天巡抚就下令苏州各州县勘查荒区，并统一减则。万历六年（1578），巡江御史林应训主持

---

[1] 万历《嘉定县志》卷7《田赋考下》《漕折始末·万历二十一年本县民本》，第500页。
[2] 参（清）周鼎调撰：《嘉定周氏宗谱》不分卷，《清代稿本百种汇刊》，台北：文海出版社，1974年，史部，第35册，第52、129页。
[3] 《巡抚都御史林公润移文》，载崇祯《松江府志》卷10《田赋四》，《日本藏中国罕见地方志丛刊》，北京：书目文献出版社，1991年，第252页下—253页上。

吴淞江下游疏浚工程，在昆山和嘉定二县驻扎了三四个月，他对水利与积荒田的关系有了较深刻的了解。他指出，嘉靖三十八年的减则由于是权宜改革，没有制度保证，因此效果未能持久。要解决水利和垦荒问题，就必须坚持减则的思路并加以调整：

> （嘉靖）三十八年，续经巡抚衙门委官勘覆，每亩减米七升八勺，将麦地新增余米照数抵补。行之未几，即被奸书改灭。自隆庆五年到今，复征三斗重额，以致刑毙棰楚，民复逃而田益荒。夫赋重而钱粮无措，则民不得不逃，民逃而水利不能修，则田不得不荒……然则招复荒民，开垦荒田，固昆、嘉二县之首务。臣窃谓欲复荒田，莫若先开水利；欲复荒民，莫若先停逋逍，次议减则……今乃不论上下等则，一概均征三斗，何其舛也。查得嘉靖三十八年，曾将下区每亩减耗七升八勺，共该减米一万一千余石，正额不足，而以概县麦地米七千六百余石，及官布解扣银一千九百余两抵之。当时特为权宜之策，未经题定，是以奸胥敢于变易。臣谓麦地抵补是矣，而官布解扣终非良策。臣因开浚吴淞江，即昆山一县已经查出涂田万余亩，若就中分别新旧，科粮大略可补该县荒田减则之数。至嘉定县，臣访得该县东北皆濒临江海，历年新涨涂田亦不下数千亩，久享厚利，俱未升科，以之补荒有何不可？宜行巡抚衙门查将二县新涨滩田丈量明白，定则升科若干，然后荒区之田斟酌减则，庶几粮稍轻而税足纳，民自将渐复，将来荒芜可垦而正赋可完矣！[1]

林应训的建言，重点在于销去旧的欠赋，并把荒区减则彻底固定下来，然后清查当时沿海沿江的新涨滩地，升科补荒，以足原额的思路。显然，林应训的补荒措施就是归有光此前所反对的"教之塞江之道"[2]的做法，即是默认当时占河开涂荡田的做法，并以课税的办法

---

[1]（明）林应训:《查通水利议处荒田疏》，载康熙《昆山县志稿》卷19《艺文上》，南京：江苏科学技术出版社，1994年点校整理本，第325—326页。
[2]（明）归有光:《震川先生集》卷8《书》《与邑令论三区赋役水利书》，第169页。

加以规范。归有光的反对固然有其道理，但他忽视了林应训在治水实践中体会到的实际困难，那就是水利的疏浚离不开钱粮和人户，要解决水利维护和荒民招复问题，关键都在于荒田减则，而在原额不能亏损的情况下，只能采取各种办法填补。林应训认为可以靠新涨滩田升科来填补这个缺额，不过，他的建议虽然直击要害，却没有解决另一个突出的问题，积荒田如何招民开垦？在当时的条件下，还需要付出比田赋减则更大的成本，那就是在征税起点年限上对开荒提供优惠，否则难以吸引垦荒者。据万历《嘉定县志》记载：

> 县有积荒之田，为粮九千五百石有奇，垂十余年，屡募开垦，民莫之应，至欲以吴淞军为屯田，亦不能行。万历十二、三年，令朱公廷益议招徕远人告佃，而起科之限，则土民以五年，客民以十年。于是草莱之中，耒耜交集。然民当不科之时，相与偷衣食其间，一旦定税额，则又鸟兽散，迄无成功。夫民莫不贪殖生产，亦莫不畏避征敛，但人情渐习之则驯，顿加之则骇。[1]

在万历十一年（1583），嘉定知县朱廷益除了推动漕粮改折，还颁布了招徕远人垦荒的新政策，这项政策为垦荒者提供了很大的税收优惠，但其制度漏洞也是很明显的，垦荒者采取"游击"战术，在免税期结束之后再度离开田地，因此这项新政并没有达到预期的垦荒效果。于是，在万历十五年（1587），嘉定知县熊密主张让下区荒粮从缓带征，将这笔所谓"带征钱粮"附于经赋册之后。[2] 熊密的改革没有解决朱廷益招垦所遇到的困境，只能采取权宜之策，单列出这笔"带征钱粮"，附于簿册之后，以免使熟区包荒，蒙受"带荒米"之害。

到了16世纪的最后一年，即万历二十七年（1599），嘉定知县韩策才真正设计出一套较为完善的垦荒政策：

---

[1] 万历《嘉定县志》卷5《田赋考上·田赋》，第346—347页。
[2] 乾隆《嘉定县志》卷3上《考赋》，上海：嘉定图书馆藏清乾隆刻本复印件，第10a页。

二十七年，韩侯参酌其宜，令一县弃田田主愿垦者听，不愿而诸人告佃者，即以为业，不听争。三年之后不分土客，先起半科，至五年、十年限满，各照轻重则全征，而沟洫湮没者皆治之。令有所灌泄，于是江南北之民争集，昔所谓不科之田大抵尽辟矣。初，荒粮既不得没其额，则系之熟粮之上，曰带荒米，久而错乱，名实不符。是岁县中清理圩号，分别荒、熟田，与粮各有所归，初得复熟米二千八百余石，乃于三斗田亩减二合，于二斗八升五合一勺二抄田亩减八合一勺二抄。盖是时会计以宗人府米折抵免荒粮，故不用以补无征之额，而用以减概县之粮。至二十八年宗人府米折并入考成，而会计亦编入熟粮内矣。三十二年，又查升复熟米四千五百余石，前后凡八千三百余石，盖合不科荒田与涂荡新垦者也。夫荒米类不派本色，皆入折色中为停征，而以通县熟米覆盖之，既熟之后，虽于验派之数无所减，而于征收之数少有所宽矣。[1]

韩策的开荒政策，首先是缩短了荒田起征的年限，减少了"游击"式开荒给政府带来的损失；其次是在簿册上区分荒田和熟田，进一步完善熊密的权宜带荒方案，以开垦后的"复熟米"来销减荒田田则。与前述林应训的减则方案相比，韩策的方案更为合理，也更为稳定。

韩策还试图在解决一个突出的积弊，即是乡村权力结构对于开荒的干扰。从这段叙述来看，当时垦荒者有一部分是土民，一部分是客民。由于大部分积荒田本来就是逃户留下的抛荒田，所谓的土民，很多就是这些逃户，也即荒田原来的田主。一旦垦熟，这些逃户眼看有利可图，经常会追占旧田，导致讼案迭起。正如此前所述，这种豪户占佃的现象是长期存在的弊端。一旦豪户占佃，他们还常常买通胥吏，以熟作荒，导致开荒的成果在官府的赋役册中无形地"蒸发"，长此以往，官府又将失去对荒田的控制。所以，韩策力图通过新的垦荒政策，不分土客，采取告佃者"即以为业，不听争"的办法，确定

---

[1] 万历《嘉定县志》卷5《田赋考上·田赋》，第347—349页。

复熟荒田的产权,可谓洞悉积弊之举。

万历二十九年(1601)以后,开荒政策明显取得了成果,"不科之田大抵尽辟","复熟米"渐增。嘉靖均粮后高乡的积荒状态,逐渐有了改观。在高乡垦荒的利润提升之后,新的不稳定因素又开始干扰开荒的进行,其中,韩策对于荒田产权的规定尤其受到冲击,万历《嘉定县志》是在万历三十三年(1605)修成的,龚锡爵在该志序言中说:

> 比岁屡登,污莱尽辟,复熟者万计,田价翔踊三倍。昔时浚河之为农利,抑何彰明较著也。独奈何农愈利而田愈贵,田愈贵则挟赎而争讼者愈繁,甚且以曲加直,以贱加贵,以不贤加贤,贤者愈却,则不贤者愈前。[1]

如此看来,16世纪末的开荒政策还没有达到稳定的效果,17世纪初年,高低乡在推进垦荒的同时,官府继续完善开荒政策,其中,对荒田产权的规范用力最深。

第四节　高低乡垦荒中的"异乡甲"

嘉靖中期的均田改革,是一种"快刀斩乱麻"式的解决钱粮积弊的整体改革,着眼于全局而非局部。均粮改革总体上扒平了官民田税则,减少了各地方的田则等第,从而使得部分原来背负重则的荒田可能复垦,部分熟区为荒区"包荒"的负担可以减轻,但在各州县内部,土地肥瘠的差别不会因为税则"划一"而消失,许多"本益比"较差的田地仍然会被人为抛荒,这就是"均粮"导致"积荒"的根本原因。从"均粮"到"积荒"的过程,既有圩内低洼地、冈身亢旱地的抛荒,又有支河中、湖荡边的占荒,这就是在新的税则体制下拣肥弃瘠和拣轻弃重的复合现象,在这种情况下出现的"积荒"田,就

---

[1]　万历《嘉定县志》《序》,第20—21页。

是赋役体制中官府控制不到人户、无法征税的无主抛荒田,而不是自然状态的不毛之地。

万历年间嘉定县的折漕改革,其改折基础在于嘉定县棉业的普及,其制度根据在于宣德年间的折征先例,而其诱发因素则是万历年间棉布市场的变化。漕粮折银是在赋役货币化趋势下的一种宏观减负的改革,旨在刹住抛荒之势。地方州县急于申请漕粮"永折"的固定化,一方面是棉布跌价,民户办粮实在困难;另一方面,是官员惮于考成,实在不想因此亏损原额。在漕兑困难的情况下,地方政府甚至采取了向商人借粮的权宜办法,以及用官帑补粮的下下策。在官员、粮里书等半公职人员以及地方人户的配合下,嘉定县成功将"折漕"定为永制,缓解了嘉靖均粮后的积荒矛盾,保住了均粮的成果,使积荒土地渐得开辟,守住了原额。其结果也有利于"一条鞭法"等银钱化改革的进一步实施。在开发制度的调整上,嘉定模式可谓引领潮流,对其他州县具有借鉴意义。17世纪初年,嘉定继续在制度改革上作出表率,为了规范荒田开垦的产权问题,嘉定县为外来垦荒者编立了"异乡甲"的专门赋税编制,并将下区荒田固定斗则,为垦荒者提供保障。万历中期嘉定的开荒制度,影响了太仓、昆山、常熟、青浦等州县,"异乡甲"作为一项为垦荒而设的特殊的赋役编制,在高低乡州县很快普及开来。

万历中后期的一些荒田斗则告示碑幸得存世,其中提及17世纪初期高低乡垦荒中的"异乡甲"制度。较早提及这一制度的是万历三十九年(1611)十月嘉定县所立《嘉定县为院道批详允告垦下区田永额斗则告示碑》,其文曰:

> 直隶苏州府嘉定县为恳恩酌定粮额,恪守成规、以固民心、以裕国课事,于三十八年二月十六日,□钦差巡按浙江等处监察御史韩批据开垦荒田民黄良、顾贤、秦受、茅奇等连名呈词前事,呈称:切照良等奉示招徕,(下阙)多熟。□先年幸荷天台苤治,福庇流民,连岁获受丰登,聊可苟延残喘。即今连遇水灾,穷荒已极。前升科则尚蒙口镯,凶岁复升,何能完纳?(下

阙）此需求无论限期，应否一概加升，苦莫能载，切思良等西乡之田，较之东乡田地，大相悬绝。上区荒田尚且一斗五升，（下阙）焉可违例加额？伏望天台准行本县，先将违例加升科则，趁此未入会计，先行勘明除豁；次将限满之田，分别高下肥瘠，仍照东乡事例起科。（下阙）垂之千载而不替矣。等情，蒙批："异乡垦荒之民，离坟墓、携妻小，露处霄（宵）耕，劳辛十倍。该县荒粮，亦以若辈力渐次抵，□（下阙）粮复逋，谁当其咎？不过仍复累概县之包赔耳！一人作奸，善事难终，仰县着实禁谕，有犯必惩，勿令失远人来归之。（下阙）"钦差兵备副使李批据下区垦荒业户顾仁、张钿等连名呈为垦定粮额，以垂永久事。蒙批："仰嘉定县查报。"又据顾仁（下阙）仰嘉定县查确详夺，毋徒令公正高下其手也。通经行仰居民王汴、瞿汝谦、王谦等勘称，会同召募开耕，公正卫（下阙）去沿□履亩逐一勘得县治西南，自一都、十四、十六、十七、十九、二十一等都，俱系极下低乡，河道久淤。遇旱则无水（下阙）熟不同，地形极低，不堪耕种；故尔废弃抛荒，先官亦尝履勘。后蒙前任韩王二爷见得荒田数多，设法召民开垦，议以十年之外升科。如原额一斗五升者，减去三升；原额无粮及六升一（下阙），各上司允议勒石遵守。后因宗人用钱□不容迟缓，令各公正查照年限升科。内有二斗、一斗五升升至二斗七升七合者。（下阙）能□，未免弃废。仍解原□□□□耕之苦，似此具呈，今奉查，勘应增应减，酌定斗则，通共升加米一百五十三石四十二斗（下阙）七□三□九□□，应升米九十四石一斗六升八合七勺九抄，相应不□序入三十八、三十九、四十、四十一年会计征纳（下阙）一斗□米六石二斗七升三合二勺，待后例满中入会计。今将实在永额不等科粮斗则田□造册，□□呈县议（下阙）本府堂事同知吴，覆看得□项抛荒之田，非膏腴之田也。先为土民轻弃，□以荒粮□积至九千有奇，当□者□心（下阙）国□乃召民开垦，亦曾给帖。原议以十年之外加科。原科有六升者，有一斗者，倘得稍熟，加至一斗二升而止，其原科有□斗五升（下阙）称情，第未知一图一圩之内，亦有高下不同，苟非□亩详勘，则□□□于额者固有之，亦岂无赔累。如黄良、顾贤之辈者？（下阙）故王□等议，欲以现科二斗者，不减不增，其余低洼之乡，姑无拘于一斗一升之例，应增者不得加少，应减者不得加多。（下阙）庶粮不亏额，赋有限期。裕国之中，深□□远之道。□□各该公正皆□□□□□□□□原则原（下阙）本院详批该县开垦荒田，加科□益既□□均准（下阙）本道详批垦田科则，最宜斟酌。非徒以仁治□之民政，以（下阙）院示立石永守。如地方公正通同史书□□□□□□□□□□□□□□行□□（下阙）本县知县胡□□无异，应照原详申□□□斗则□□□□□□□□□□□□□须至碑者。

　　计开：

　　异乡甲除原额全科并加至二斗七升七合及三斗者不载外。□该详定永额斗则田一百二顷二十四亩三分二厘□□。二斗五升田一顷六十二亩七分三厘。二斗田二十九顷六十亩五分二厘三毫。一斗五升田五十五顷一亩二□。一斗田十顷六十九亩五分六厘二毫。六升田五顷三十亩二分五厘一毫。

业户　顾仁　茅祁[1]顾□　顾□
□□　沈□　顾□　□□
（下阙）

万历三十九年十月　日　知县　□士□
胡　容　立石[2]

　　从碑文看来，嘉定县的"异乡甲"在万历三十九年以前就已经编立，而且很可能是在万历二十九年（1601）到万历三十九年间，也就是十年起科的期限之内设立的。编立"异乡甲"的目的，主要是将这

---

〔1〕原文如此。
〔2〕《嘉定县为院道批详允告垦下区田永额斗则告示碑》（万历三十九年十月），载上海博物馆图书资料室编：《上海碑刻资料选辑》，《上海史资料丛刊》，上海：上海人民出版社，1980年，第135—137页。

些外来垦荒的业户及其垦荒的田地数据单列出来，以便征税时识别。这篇碑文里提到的黄良、顾贤、秦受、茅奇等外来户，垦种的是嘉定东乡部分低洼田地，他们在万历三十八年（1610）上诉的主要理由，就是在十年起科的期限内，开垦的荒田就已经被升科，违背了万历二十七年（1599）韩策关于下区荒田十年起全科的初始规定。官府对垦荒复熟田提前升科，主要是财政困难，特别是宗人府急需银钱所致。

提前升科只是弊端的一个方面，另一个关键问题就是复熟升科的升税幅度过大。因为异乡垦荒业户开垦的荒田都是"地形极低"的"抛荒之田，非膏腴之田也。先为土民轻弃"[1]，这些田地倒是符合滨岛所说的圩田内心的卑湿洼地，开发难度其实比高乡地方的沙瘠板荒地更大。据碑记所述，当时嘉定东乡，也即高乡地区的半科开荒和到限升科等运作相对较顺利，不难推知，这是由于高乡的荒地相对较为连续，相邻的高乡田地田则差异不会太大。低乡的低湿荒地，则大多趋于分散，正如碑记所言"一图一圩之内，亦有高下不同"，如果不仔细履亩踏勘，分清熟、荒地以及相邻荒地之间田则的具体差异，就会造成升科不均的弊端。因此，这份下区垦荒永额斗则告示碑要解决的核心问题，就是当荒田到达升科年限之后，要细化征税的科则要求，落实到具体的地块，并固定科则，不再继续升高。不搞"一刀切"的升科标准，而是"现科二斗者，不减不增，其余低洼之乡，姑无拘于一斗一升之例，应增者不得加少，应减者不得加多"。所以，这次定则改革其实是十分急迫的，因为官府必须将"违例加升科则，趁此未入会计，先行勘明除豁"，否则垦荒户很可能逃走，而且提升后的在册钱粮，又会"复累概县之包赔"。[2]

简言之，这篇"异乡甲"垦荒科则告示，就是在编立"异乡甲"，发给户帖之后，明确十年升科的规则，并细化说明，进而彻底固定科则。

万历中后期的垦荒制度和"异乡甲"制度，乃至整个赋税体制，

---

〔1〕《嘉定县为院道批详允告垦下区田永额斗则告示碑》（万历三十九年十月），第136页。
〔2〕同上书，第135—136页。

到此已经调整到较为完善和稳定的状态。入清后，朝廷明确下令参照万历中期的赋税额度进行征税，据乾隆《嘉定县志》记载，在"顺治二年钦奉恩诏民间土田科则，悉因前明万历中赋额为准，天启崇祯加派钱粮并永除之，次年邑民潘润等以本邑崇祯十年加漕正贡银请于巡抚，题免"。[1] 在顺治二年（1645）确立赋额之后，顺治三年（1646）嘉定县又对"异乡甲"制度进行了说明，相关的一方告示碑刻《嘉定县为东西两异乡升科田亩照旧办粮告示碑》也幸得传世，其碑文如下：

江南苏州府嘉定县为圣朝王步初更，开垦流民宜抚，恳宪查照旧额饬行□□□□□□事：奉钦差巡抚都御史王批："据本县东西两异乡甲十六、十七、十九等都粮民陆荣、秦汤、□□等连名呈词前事内称：嘉定以海堧瘠壤，河道淤塞。前朝万历二十八年间，田荒户绝，积欠额粮无筹。是以奉旨召民开垦，薄赋轻徭，委曲招徕，自此荣等荷锸移家，霄（宵）耕露□十年，恩免升科。嗣后渐垦渐熟，累世辛勤，仅拾嘉民唾余之产，祖孙胼胝，止补嘉定积逋之粮。因系下区硗瘠之乡，斗则高下不一，历蒙先朝抚、按、道、府檄县，沿丘履亩，逐号清勘。分□□□□定斗粮，勒碑立额，永着不刊；编户立甲，自催自纳，世免徭役，迄今相沿，四十余载。恭遇大清革命，如膏腴土著之民，尚蒙浩荡之仁。在荣等附辟草莱之伍，引领抚绥更切。岂府县奸究吏书，辄借清丈实征，并查弊隐轻粮为题，朦混差役追呼，泣思宪查弊隐，盖指上区以熟作荒之弊。衙胥玩法，反累版（板）荒开垦之民。荣等小民，焉能堪此！伏乞电瞩原勒碑文，并酌定田额，严行申饬等情，蒙此。仰嘉定县查报。"奉此。案行本都公正赵复、卞陈等，吊取定额碑文，查明详夺。随据具覆内称："查得异乡甲之奉宪招徕，始于万历二十八年间。召募开垦，免其徭役。渐垦渐熟，上则不胜茧赋，下则屡受欺凌，于万历三十五年间，将酌定粮额等事，控之盐院韩、该署印同知吴，参酌众论，定为永额。查将实

---

[1] 乾隆《嘉定县志》卷3《考赋下》，第21a页。

该不等斗则田一百二顷二十四亩三分二厘，内有二斗五升者、三斗者、一斗五升者，以及一斗者，详允勒石，以杜混加。迨天启三年，大造实征，县委耆老瞿汝谦、须大任，将异乡甲现在之田细加查核，除全科及二斗五升则重粮免加外，勘其稍可加者。又西乡不等升米二百三十八石，东乡不等升米二百四十石，并入概县盈米，分补下区之减数。将开垦碑田承免再加之扰，仍勒一碑，垂示遵守外，今新朝鼎革以恤民，而清丈田亩，胥役作奸巧之弊，隐轻粮以肆扰。是以异乡之民，奔控都院，求送查核等情前来，该署县事理刑方参看得嘉定一邑，僻居海滨，田土亢瘠，不宜禾稻。前朝万历初年，因漕兑为累，民多弃产逃亡，田荒粮缺。而下区低洼之乡为尤甚，积逋不可胜计。彼时前县王、韩诸令，相继招徕，召民开垦，宽其赋役，于是有通州等地处流民倪谦、陈鸿等，负米来归，穴居草莽，东则垦四、五、二十四等都，西则垦十六、十七、十九、二十一等都。或浮沙瘠土，或低下荒区，为土著所弃而不耕者，若辈不辞劳苦，渐垦渐熟，开嘉定之旷土，补通邑之荒粮，实与有力焉。嗣后得题永折，逃窜之民，渐次归来，复争故业，所以前县申蒙抚、按诸台，定土客年限。又验地之肥瘠，以定税之高下。而异乡之民，犹免一应差徭，勒石以垂永遵。前贤之抚恤流民，其详且尽。后历三十余年，相沿无改。自天启三年，清造实征，前任卓县委耆老瞿汝谦等，查两乡轻则之田不等，加米四百七十八石有零，抵补下区之减额。夫下区之田，其收获较之上区，不及什一，而粮则均是三斗；其下者亦有二斗七升七合。故乘大造之年，而求为蠲减也。但异民所垦之田，原在下区，即以升抵减，轻重适得均来。再勒碑文重示遵守，又二十年所矣。今我清鼎革，首先薄赋，兹奉宪查弊隐，盖为势豪侵占而言，非谓下区流民额定之赋役，而重加苛计之也。或胥役藉端滋扰，故陆荣等奔诉于宪台，以祈申饬耳伏。侯（候）批示下县，仍勒禁碑，庶旧德新恩，共垂不朽矣。"等因。案于九月二十四日，具由申详本院，奉批："清查田亩，原以剔兼并；而厘隐占，何得苛求？垦荒区图，殊非新朝惠民本意？据详，该县东西两异乡升科田亩，准照旧办粮，勒石申禁。但斗则佃册变毁，所当清造备查，俾后无轻重混淆之弊可也。此缴。"奉此。除斗则佃册候清丈完日、造明备查外，所奉前因，合行勒石申禁。以后凡遇丈量编审，垂照宪立碑文，酌□斗则办粮，自催自纳，蠲免差徭。如有里胥作奸，指称加科派役，混行需扰者，许该粮里指名告理，定以违宪诬诈论罪不贷！须至碑者。

垦荒业户

陆荣	张钦	郁蔡	汤镜	秦姚	潘□
秦奎	李云	高钱	秦能	俞凤	顾惠
黄元	陶显	高明	卞文	陈留	秦章
汤□	□龙	卞德	张敬	余爵	陈卯
倪贵	曹卿	顾成	黄皋	赵奇	倪鲤
孙凤	朱槁	沙奎	沙杰	倪贤	倪仁
陈赵	龚祥	赵学	杨□	郭学	苏□
沈汉	戴山	陈荣	陆祖	唐武	苏愚
金山	黄南	唐先	王镇	秦元	顾昌
倪惠	季伦	王成	倪银	沈石	顾廉
赵瞿	顾奉	毛俸	沈份	顾贞	吴敬
赵英	顾用	陈仓	沈爵	顾贤	陈德
顾宾	鲁立	沈锦	丘学	赵愚	苏姚
林畴	陈邻	□□	陈俊	陈爵	

顺治三年十月[1]

该告示对万历年间的垦荒情况进行了不少回溯，对照万历三十九年的告示碑，可以更详细地梳理出明末"异乡甲"编立的过程：万历年间嘉定县招徕外来垦荒人户的主要原因，就是万历初年"因漕兑为累，民多弃产逃亡"，"田荒户绝，积欠额粮无等"。垦荒的重点主要

---

[1]《嘉定县为东西两异乡升科田亩照旧办粮告示碑》（顺治三年），载上海博物馆图书资料室编：《上海碑刻资料选辑》，《上海史资料丛刊》，上海：上海人民出版社，1980年，第141—143页。

是"下区低洼之乡"。垦荒业户中,有许多是通州等地的流民。这些垦荒户有一部分进入嘉定高乡的四、五、二十四等都,更多的人则进入低乡十六、十七、十九、二十一等都,无论是高乡的"浮沙瘠土",还是低乡的"低下荒区",都是当地土民抛荒的田地。万历二十一年(1593)后,由于嘉定的漕粮永折收到了较好的效果,荒田渐辟。于是,一些荒田的原主见有利可图,又"渐次归来,复争故业",造成所谓的土民和客民争夺复熟荒田的产权。在这种情况下,万历二十八年(1600),嘉定正式编立"异乡甲"。"异乡甲"的特点是"编户立甲,自催自纳,世免徭役"。然而,刚刚编甲时,没有确定荒田升科的具体斗则,当时逐渐复熟的荒田,其具体肥瘠情况各不相同,另一方面,由于府县承受着中央财政征调的压力,在升科时将复熟田统一上调到相对较重的斗则,使得垦荒业户"上则不胜茧赋",此外,地方权豪又常以熟代荒,侵占复熟荒地,导致异乡人户"下则屡受欺凌"。在矛盾日益显现、"异乡甲"本身可能逃户的情境下,官府在万历三十五年(1607)以后陆续"酌定粮额",细化升科田地的不同斗则,从一斗到二斗五升不等。[1]

这就是万历三十九年《嘉定县为院道批详允告垦下区田永额斗则告示碑》立碑的前因。顺治三年(1646)的照旧办粮告示碑,则是万历二十八年(1600)"异乡甲"编立以后"迄今相沿,四十余载"[2]的后果。入清以后,官府虽然认为垦荒区图没有违背新朝惠民本意,实际上是承认了"异乡甲"的垦荒效果。鼎革之际,由于"斗则佃册变毁",所以顺治三年重新勘查斗则。"清造备查",也即是重新完善"异乡甲"机制。

到了顺治七年(1650),嘉定县清丈土地的过程中,"知县随登云勘丈沿江沿海轻粮田荡,及东西两异乡甲、在城附郭公占废基,并议复中下区减则田荡,共升米五千九百五十一石七斗八升四合八勺八抄八撮,以抵坍额,只存无处荒粮米一十六石一斗二升四合四抄八撮"。[3] 可见,

---

[1]《嘉定县为东西两异乡升科田亩照旧办粮告示碑》(顺治三年),第141—142页。
[2] 同上书,第141页。
[3] 乾隆《嘉定县志》卷3《考赋下》,第21a—b页。

"异乡甲"在清初的官方赋役簿册中，也是一项单列的编制。

有关嘉定的问题暂谈至此，再看看万历以后高低乡其他州县垦荒中"异乡甲"的情况。崇祯《太仓州志》撰者钱肃乐在《赋役志·乡都》的按语中，提到了万历四十五年（1617）太仓编立"异乡甲"的情况：

> 肃乐按：异乡甲，非额设。盖缘二十六七等区，多无主荒田，于万历四十五等年有沙民王□等具呈各宪，愿出工力开垦。本州岛知州赵赞化，躬临勘确二千余亩，给以印帖，宽其升科年限，正粮之外，免其一应杂役，编为异乡甲，以示优恤，仍禁本籍土著，概不敢溷入滋弊。[1]

太仓编立"异乡甲"与嘉定县的情况基本相同，都是为外来垦荒业户开垦无主荒田，并防止土民争讼而专门设立。而且，太仓在升科问题上还采取了宽松的政策。常熟县存世的万历垦荒文献亦颇为丰富。万历三十二至三十四年（1604—1606）常熟县县令耿橘大兴常熟水利的时候，已着手解决开荒问题。在其编纂的《常熟县水利全书》卷1附录了一篇《开荒申》。该文提到，万历二十八、二十九年常熟县清理荒田，共勘得旧荒田地一万二千多亩，新荒田地一万九千多亩，坍江田地两万多亩，于是下令开豁坍粮和缓征荒粮。然而，事与愿违，实际的效果是"不闻有荒者之复熟，第见有熟者之告荒"，冒荒诈荒的情况大量出现。耿橘上任后，大兴治水，并设法规范荒田问题的处理，他道出了当时组织开荒的诸多无奈：首先，赋役繁重，使得瘠地一荒而不可复熟，即便招民开垦，但是"积逋未豁，原主告争，民难有欲垦之心"，一旦宣布缓征，却往往就意味着"断断乎不可征"。其次，催征最难，逋额又会影响考成，因此，官员必须想尽各种办法应付开荒问题，当时常熟就曾采用类似"劳改"的方式，组织诸多犯罪

---

[1] 崇祯《太仓州志》卷8《赋役志·乡都》，明崇祯十五年刻清康熙十七年补刻本，第70b—71a页。

人员进行开荒，编列荒田册，算是取得一定成果，勉强"不失原额"。在完善了一系列规定之后，常熟县二十五等都的民众申请认垦田地，与其他垦荒人员俱注名荒田册中。[1]

万历后期，有关开荒的政策调整仍在继续。万历四十六年（1618），常熟县又有三方开荒碑直接涉及"异乡甲"的编立情况[2]，其中较早的一方是万历四十六年九月的《开垦荒田碑》，其文曰：

> 常熟县为遵宪复熟升粮，裕国抚民，以溥德政事，四十六年二月初十日，蒙本府批，据沈柏等呈词开称，招抚流移，圣谕颁行天下，召民开垦，国家第一良谟，先蒙 都院朱爷 按院李爷 矢心忧国，遍召流民开垦，是以太仓嘉定数万荒田，悉召通州人民开垦，成熟无遗，柏等崇明穷黎，祖为洲海，遵奉 宪例，出示招徕，幸遇 常熟县正印廉明，抚民如子，查有二十二、四、四十等都严昌羊庄等圩开存板荒，并悉则抛荒田尚有五千余亩，虽为低下水区，亦可耕种养生，柏等情愿捐资竭力，开河筑岸，尽力番耕，仍恐土豪大户，利于樵牧，阻挠攘夺，终不得为□业，恳天批该县查勘给贴悉县奏准事例，如嘉定县事例，编立异乡甲分，土客各不相关，立石遵守，永为世业，庶豪强不得阻挠，差役不得暗陷，德政永垂等情，准批，隔属小民来归，愿受恒业，是可观化矣，仰常熟县查报，奉批到县，案经本县于二月初四日，先准沈柏等呈词，遵例开垦，裕国抚民事，准批，查系抛荒，准收开垦，据此，即便照会朱典史，奉领官册，单骑里粮，前往四十、二十四等都严昌张姑等圩，沿丘勘钉，接领管种，编立异乡沈柏虞成黄渝等十甲里排，收户粮役，随蒙本县查看得县属荒区田亩，共计四千□百六十五亩九分有零，已经行委朱典史逐一勘明，俱

---

[1] （明）耿橘：《常熟县水利全书》卷1附《开荒申》，常熟图书馆古籍部藏传钞本，第27a—31a页。

[2] 《开垦荒田碑》（万历四十六年九月）、《开垦荒田碑之二》（万历四十六年十月）、《开垦荒田碑之三》（万历四十六年十二月）载江苏省博物馆编：《江苏省明清以来碑刻资料选集》，北京：生活·读书·新知三联书店，1959年，第561—568页。

有界限坐落，但法久易玩，人心难保，始未尝不勤业而后渐惰窳也，则非独阻挠攘夺之患，而有初鲜终之患，今本县先尽土著之民，亟谕开垦有结者许之，而剩有前亩，俱给沈柏等领种，即有阻夺之奸，已嘿销之矣，唯是远人易合亦易离，意气锐进亦易退，合照嘉定事例，编立异乡甲分，勒石优恤，务使人为编氓，田为恒产，阻挠兼并之弊，一并杜绝，而惰农有禁，粮有罚，即世世守之无替也，备文申详院道本府陈，蒙详批，勘明荒区田亩，先尽土著认垦，其剩亩数，给来归沈柏等耕种，照例勒石编户，杜阻夺兼并之弊，望新附之心，至迩安子民裕国，其两得之矣，仰候 院道详行缴，蒙 钦差整饬苏松兵备兼理粮储水利湖广提刑按察司副史高详批，异民能垦田熟者，与为世业，则必无荒田也，如议行缴，候 抚院详示缴，蒙 钦差总理粮储提督军务巡抚应天等府地方都察院副佥都御史王 详批，该县各荒区，在土民既有垦剩田亩，准给沈柏等领种，不许豪户阻占樵牧，其编甲纳粮勒石等项，俱照嘉事例行，此缴，奉此，细查嘉定碑文，蒙前任 本府孙钦差整饬苏松兵备按察司查，巡按直隶监察御史秦 钦差总理粮储提督军务右侍郎兼都察院右佥都御史赵 各详批，允通州民倪谦等呈词，为大造异乡民命事，行送嘉定县知县王 查议得上区垦熟之田例满五年者，加其全科，其下区本地居民告垦者，比之上区之田，收获不同，五年之上，验其田之肥瘠起科，若流移复业人户，资本工作，咸借称贷，或有旧逋奸民，易为挟制，比之现住居民，穷苦不同，异乡寄居人户，□基居室，咸用创始，原无亲属，地民易至欺凌，比之本地居民，孤苦不同，均议十年之外起科，仍免一应差徭，又蒙 巡按浙江等处监察御史韩 于三十八年二月十六日，准垦荒民黄良等呈词，为垦恩酌定粮额，恪守成规等事，蒙批，异乡垦荒之民，离坟墓，携妻小，露处宵耕，劳辛十倍，概县荒粮，亦以若辈力渐次抵足，乃奸民蠹法害成，百计驱之，不啖其肉不止，倘此辈去，田复荒，粮复逋，谁当其咎，不过仍累概县之包赔耳，一人作奸，善事难终，仰县着实禁谕，有犯必惩，勿失远人来归之心可也，批行 本府掌县事同知吴 复议，得前项荒田，召民开垦，给帖原议，以十年之外加科，如原额有六升者，有一斗者，倘为稍熟，加至一斗二升而止，其原额有一斗五升，今不堪种者，减至一斗二升而止，衰益称情，深得柔远之道，申蒙本院详批，开垦荒田，加科衰益，既已适均，准如议勒石缴，又奉兵备副史李详批，垦田科则，最宜斟酌，匪徒以仁招徕之民，政以免合县虚赔赋也，只遵院示勒石永守，如地方公正通同吏书生，端图诈者，许该佃民指名陈告，尽法究遣，详勒碑石，今沈柏等所告，本县二十四都、四十都极低深水，荒田开垦，筑岸之费，尤十倍于各县，不唯其事同，其弊亦同，不须垂禁，酌定良规，恐贻日后无穷之患，及卷查沈柏等所垦全次利田亩，俱于四十四年申允在卷，原额三斗二升者，减至二斗五升，原额二斗五升者，减至一斗九升，前院道府俱有定议，应照嘉定事例，俟至于十年之外，照依申允斗则科粮，复蒙本县张，看得唯地有利，民实生之，唯民有力，上实鼓之，故地无沃瘠，转干人者也，民亦无勤惰，自上转者也，海虞号称沃壤，地形如釜底，最忌水患，涝则不易泄，民其鱼矣，于是低区有抛荒田万余亩，固其民俗惰窳，不蚤自堤防，以致此，亦令兹守者，劝课无术，俾其坐失全算，徒几幸于芦苇次利，甘为逋负顽民也，殊足愧报，本年二月内，远人沈柏等荷耜而愿耕于其土，且据招抚流离之词，从府临下，为之勘结者再四，先尽土著乐领，约以足课，无失队，遂得剩亩四千有奇，通详院道府，给柏等垦而□之，务令高其堤岸，以防冲溃，辟其草莱，以树禾稼，亦既安为己业，不惮胼胝，俾一时之劳，阶百世之利，行且变为乐土焉，且为之，查原额粮，酌量递减，期成熟后，如嘉事例，仍起前科则，余不虞乐趋者之无全力，而虞游惰者之恶其形已也，则□不虞猾狯者之肆阻挠，而虞豪强者之久且兼并也，其毋乃非院道府柔远至意，忍令群而耕之，不群而享之，亦安庸令兹土者为也，适柏等稽首，请以异乡甲，树碑以志不朽，庶几镂骨铭心，匪徒铺张粉饰，世世长为常熟编氓，毋相渎□，则守兹土者，不借有光宠乎，遂命之从故事勒石云。

常熟县知县张节

　　县丞施王政　刘维震

　　主簿赵忠谟　李大瞻　杨志道

　　典史朱思孝经勘

　　　　万历四十六年九月　日立奉批碑立本县前永为定规

　　公正　孙臣

　　区书　毛振

　　排年黄瑜　孙臣　虞成　沈柏　沈贵　倪显　陆周　刘文　汤英　沈寿　带甲毛振　康受荣勒石[1]

碑文直接阐明了其制度设置受到嘉定和太仓的影响，并提到了通州垦荒外来户到太仓和嘉定开荒，使得数万荒田复熟的突出成果。当时常熟县也招徕了通州的垦荒户开垦境内五千亩抛荒田，为了防止"土豪大户"兼并"复熟田"，防止"旧逋奸民"挟制滋讼，于是合照"嘉定县事例，编立异乡甲分"。常熟县对"异乡甲"垦荒的政策，显然吸取了嘉定县的经验和教训，比如异乡民不论垦上区荒田还是下区荒田，一律"均议十年之外起科"，防止提早升科给舞弊者留下空间。此外，提前定下荒田减则起科的规定。碑中还直接引用了嘉定垦荒的相关碑文。

　　总体看来，万历四十六年常熟县的"异乡甲"基本就是"嘉定县事例"的翻版。这种制度因袭现象的出现，主要是因为嘉定县在开荒中所遇到的困难，并非嘉定所独有，而是各州县都存在的普遍困难。常熟县第二、三则《开垦荒田碑》分别立于万历四十六年十月和十二月，碑文透露了更多的细节，比如第二则碑刻提到，当时上海、昆山、嘉定等县其实都有减则开荒的事例，其中，昆嘉两县实施的"异乡甲"制度最为成功。[2]

　　第三则碑刻中，则述及当时异乡免差役，而且"永议折银"[3]的制度，并提到当时勘荒过程还是有里书舞弊、以熟作荒的现象，官府

---

[1]《开垦荒田碑》(万历四十六年九月)，第561—564页。
[2]《开垦荒田碑之二》(万历四十六年十月)，第564—566页。
[3]《开垦荒田碑之三》(万历四十六年十二月)，第566页。

对此认为：

> 迩来复多新荒，岂民力日瘵，而地利亦日减乎，明系业户贪饕，里书□冒伪诡粮避差之计耳，一俟农（下缺）终者，痛加惩治。[1]

为了解决这种弊端，常熟县采取了在"异乡甲"基础上，编立了"异乡图甲"，"尽将客民之田，另立异乡图甲，仍立公正图书各一名，永照相比，自办□规升粮"。[2]根据第一方《开垦荒田碑》的落款，可以看出当时常熟县"异乡图甲"的组成情况，其中比较突出的，就是"区书毛振"，从《开垦荒田碑之三》的开头，就可以看到，毛振其人，就是"异乡民"。[3]由于"异乡图甲"采取自比自办的形式，因此，区书也就由异乡民自己担任。

外来垦荒队伍在明末有逐渐壮大的趋势，《开垦荒田碑之三》说道：

> 远人毛振等之偶偶来也，挟资本无惜，竭胼胝无惮，相当浚洳，开垦沙田四千余亩，流移之众，渐为土著。[4]

从碑文叙述来看，毛振对各项垦荒减则、折银升科的规则是非常熟悉的，他在某种程度上充当了后迁入的垦荒业户的"中介"，也成了官方征收复熟荒田赋税的中介。据碑中所记，当时通州地区迁入常熟垦荒的业户就有百余家，除了荒田，还开垦沙田达四千亩。

崇祯年间，常熟人陈三恪著成《海虞别乘》，他提到了明末"异乡甲"和"异乡民"在常熟开荒的情况：

> 邑故称沃壤，然西北极燥，东南极洼，田亦甚多版荒。嘉

---

[1]《开垦荒田碑之三》（万历四十六年十二月），第567页。
[2] 同上书，第566页。
[3] 同上。
[4] 同上书，第568页。

靖间凡开垦者，官给谷种、锹锄、牛畜之费。万历庚寅，御史荆州土题准，开垦成熟六年后量纳轻粮。近来异乡民托处吾邑，其材力十倍邑人，版荒渐为良田。编异乡甲，不知几年后此辈能久其居否也。[1]

明末的"异乡民"在规模上显然颇为可观，其势力提升也较快。他们在乡村生活中扮演何种角色？他们与土著间除了纷争和冲突，有没有利益的媾和与开荒的配合？这些问题有待求证。

纵观明后期苏松各县的开荒，大致可以看到以下过程：在万历朝前期荒田，既有本县土著开垦，亦有外来流民认垦。到了万历中期，随着部分田地的成功复熟，新的问题暴露出来：其一，部分开垦后的"复熟田"引来原业主强行霸占；其二，部分荒田的复熟，以及开荒的优惠措施，促使更多的外乡人前来垦荒，如何管理越来越多的外来垦荒户，并保障他们的"复熟田"不被侵占，这对官方的制度设计提出了新课题；其三，在开荒制度不完善的情况下，由于胥吏舞弊，权豪作梗，一部分非荒土地被移荒诈荒；其四，由于荒田升科年限及斗则没有细化，部分外来垦荒户获取初垦利益后，便在升科前夕逃窜，此外，由于复熟田地肥瘠不均，官府在财政压力下上调斗则，部分垦荒业户不堪赋额，遂致逃户。基于这些弊病，万历中后期的官方垦荒改革，主要方向有二：一是建立新的垦荒田地和人户的赋役编制，二是确定复熟田地升科的年限和税则方案。到了万历晚期，垦荒图甲制度和升科细则得到了确定。"异乡甲"制度的重点，不在于区别人群是异乡还是土著，而在于将垦荒业户于常规赋役编制外单列编甲，实现专门的管理，从而防止荒熟挪移、原主霸占。在"异乡甲"制度逐步规范后，越来越多外乡人前来垦荒，并逐渐取得土地开发的优势。

"异乡甲"制度在清初顺治年间得到了延续。但是到了康熙年间，随着均田均役改革的开展，田赋制度又进入全面整顿和调整期。常熟县的"异乡图甲"在改革中，被查出存在诸多"变质"弊端，主要是

---

[1]（明）陈三恪：《海虞别乘》第一册《田赋》，苏州：常熟图书馆古籍部藏钞本，不分页。

被官绅霸占，借此逃避赋役，因此被勒令废止，康熙三十五年（1696）常熟县《均划异乡田地一体当差均役示》碑记载了这一过程：

> 异乡十五都均划西北高区坐圩田地，分隶管辖，以均劳逸，转请宪夺等缘由，奉批，常邑先贤绅衿等田，向多附图，诡避差徭，是以饬令于额设图甲之中，一例均编，今既称已照二十一年事例编定，在绅田不致愈增，民田不致渐缩，原系一体当差，舆情允洽，唯异乡十五都应令分辖西北高区，以均劳逸等语，但异乡图甲，各属原无此项名色，岂容藉端分立，仰司严饬该府县永行革除均划坐圩地方分管同绅衿等项另编田数及一体当差均役缘由，勒石晓谕，取具遵依碑摹，并编定各区图田亩数推收细册，详送查核缴等因，到司，合就饬行仰府，即将常邑销圩一案，遵照　院批，将异乡名色，永远革除，均划坐圩地方分管，同绅衿等田，一体当差均役缘由，勒石晓谕。[1]

整体来看，"异乡（图）甲"作为一种特殊的垦荒赋役区划，源于嘉靖均田均役改革遗留的积荒问题，在万历中期赋役折银化以及田地税则调整的改革浪潮中应运而生，最后在康熙年间较为彻底的均田均役改革中被废除，前后存在了一个世纪。

本章小结

16世纪太湖平原的田地荒而复熟、熟而复荒；州县税制改革从荒田减则升科，到漕粮永折；土地垦荒则由土客相争"复熟田"，直至客民渐成"土著"。笔者越发觉得，要解释16世纪的土地开发过程，用"集约化"或者"细密化"之类的分析模式一言蔽之，虽然大体不错，但容易因此而忽略了赋役制度对于土地开发的重大影响，也容易

---

[1]《均划异乡田地一体当差均役示》（康熙三十五年），载江苏省博物馆编：《江苏省明清以来碑刻资料选集》，北京：生活·读书·新知三联书店，1959年，第627—630页。

使对16世纪土地开发的曲折性和反复性的特点估计不足,并忽略了一些"异常"的垦荒制度所反映的土地开发的普遍机制。16世纪的"开荒"与赋役改革是紧紧结合在一起的,甚至可以极端地认为"开荒"是赋役改革的产物。

16世纪的均粮改革从全局出发,旨在解决15世纪以后高低乡土地开发中的制度性积弊。这场均粮改革主要选择了"一刀切"的税则统一,因此难以兼顾高低乡土地肥瘠的差别,许多人户面对部分土地开发成本的提高,弃田逃赋,导致了土地"积荒"。面对"积荒"的增加而税收原额不减的压力,高低乡州县通过各种努力,借助赋役折银化的趋势,通过改折漕粮、减则开荒等方式,调整土地开发机制,使得荒田渐辟复熟,巩固了地方财政。

如果把眼光放长到16世纪之前和之后,可以发现,从宣德到万历,荒田的产生以及再荒田的出现,其机制都是差不多的。不过,随着"均粮"的深入开展和调整,荒田越来越能够被固定为真正较为贫瘠的土地,官府对"荒田"和"熟田""复熟田"逐渐用制度加以界定,这种思路导致了16世纪后期"垦荒图甲"的出现。嘉定县"异乡甲"的编立,使得外来垦荒业户得到产权上的保护、税收上的优惠以及免役的权利。嘉定县"异乡甲"的成功实践,为各州县树立了榜样。此后,譬如常熟县还编立了"异乡图甲",进一步赋予客民自纳"异乡甲"税额的权利,从而防止土民以及抛荒田的原主霸占复熟田。"异乡图甲"的编立,异乡民规模的增加,有助于客民地位的提升,以及荒地的大规模垦发。在16世纪中后期,高低乡面临诸多相似的土地开发积弊,因此,各州县在制度改革上也互相效仿。像"异乡甲"这种为了垦荒而临时设置的非常规的赋役区划编制,在17世纪初年成为通行的垦荒制度。16世纪末到17世纪初的开荒活动,基本解决了16世纪均粮改革造成的土地积荒问题,也使得16世纪后期形成的整套赋役体制更加稳定。

中编小结

在为本编作结之时，面对"聚落变迁和土地开发"这样的专题，笔者仍感到战战兢兢。暂抛开论述内容不提，单单是在选择讨论的时段以及确定讨论的方式上，就足以令笔者徘徊不前。在这样的困难之下，本编借助上编关于农田水利格局的考察，从高乡开始进入加速开发的时期——13世纪开始讨论。作出这样的选择，主要是因为上编已经叙及11—12世纪高低乡农田水利的发展，这种发展直接推动了聚落变迁和土地开发，所以，本编设定13世纪作为本编分析的起点。接下来的问题，就是选择什么样的讨论方式，进一步揭示经济发展和社会变迁的节奏呢？笔者选择了一条研究路径，即围绕人的经济活动和王朝的经济制度，分析社会机制的变化，从而考察土地开发形式和城乡聚落格局的变迁过程。

按照这一考察路径，13世纪的起点意义在于：首先，这一时期江南田赋激增，奠定了14世纪以后的赋税规模；其次，高乡政区的设立、海上漕运体制的确立，刺激了低乡的围垦，带动了高乡农作和聚落的拓展，进一步扩大高低乡水利分离的趋势；此外，13世纪高乡的加速开发，还造就了一批乡豪势力，这些乡豪势力在明中期以前乡村社会的发展中扮演了重要的角色，譬如，一些乡豪入明后充当粮长，并于明中期在乡村创立了市镇。

通过璜泾赵氏以及其他家族的家史，第四章追述了15世纪高乡"主姓"市镇兴起的来龙去脉，将明代粮长、市镇历程以及家族发展三个主题结合讨论。在研究视角上，重点阐释大姓"创建"市镇的权势基础和社会机制，而不是罗列可能导致市镇"产生"的经济因素。

粮长创立市镇这一现象，反映了元代到明中期以前江南社会的变迁。傅衣凌在20世纪60年代开始将明中后期江南市镇发展与资本主义萌芽问题联系起来，他也注意到明中期以后常熟、嘉定、太仓、南汇等地"触目皆是"的大族所创市镇，其中便包括本文涉及的太仓璜泾赵市、常熟何市、新徐家市、归市、奚浦市等。当时，傅先生将研究框架建立在"市镇经济的资本主义萌芽为何长期停滞并处于封建经济的附庸地位"这一问题之上，因此，他对大族创市的阐释，倾向于从"封建性""宗法性"的角度分析江南市镇的发展原型，他认为在商业发展的基础上，地主阶级为满足经济需要而创立市镇、控制市场，并压制资本主义萌芽及雇佣劳动者的反抗。[1]暂无须臧否资本主义萌芽问题研究的价值，笔者以为，傅衣凌对江南市镇发展原型和社会基础的阐释，仍值得重新反思，因为他提示我们不可割裂地分析明中后期以降的"结构转变"，而应该历时性地追述社会演进中的变与不变。

在这个意义上，梁方仲的粮长制研究亦值得重新品味。梁方仲"把赋役制度演变和乡村社会关系的研究结合起来，将视角深入到活跃在乡村中的各种地方势力的关系变化上，并且把这种变化置于商业发展、王朝制度及政治环境变动的脉络中考察"。[2]梁先生同样没有回避资本主义萌芽问题，他深刻地指出，明中叶以后赋税货币化的动力其实仍是来自政府的财政体系运作的需要，并不是建筑在农业和手工业同步发展的真实基础之上，实际上是虚假的繁荣。[3]这一重要论断，是他在《明代粮长制度》最后一节对粮长的阶级分化的考察中带出的，他希望以此解释粮长制在正德以后所起的变化，以及这一变化所造成的影响。假若拙文真能如愿对梁先生的研究有所继承和推进，那笔者便是企望通过对15—16世纪世袭粮长创市过程的追述，尽量

---

[1] 傅衣凌：《明清时代江南市镇经济的分析》，原载《历史教学》1964年第5期，收入傅衣凌：《明清社会经济史论文集》，北京：人民出版社，1982年，第229—238页。
[2] 刘志伟：《梁方仲文集》《导言》，广州：中山大学出版社，2004年，第12页。
[3] 梁方仲：《明代粮长制度》，第126—145页。

细致地考察从明初至明中叶江南社会结构演变的轨迹，并尝试解释不同时期的转变动力和机制。

明中期以后市镇变迁的过程中，嘉靖均粮改革对市镇发展面貌造成了较大的影响。于是本编重点关注了均田改革与高低乡土地开发格局变动之间的关系。

16世纪的均粮改革从全局出发，旨在解决15世纪以后高低乡土地开发中的制度性积弊。这场均粮改革主要选择了"一刀切"的统一税则的改革方式，难以兼顾高低乡土地肥瘠的差别，因此，许多人户面对部分土地开发成本的提高，弃田逃赋，导致了土地"积荒"。面对"积荒"的增加和税收原额不减的压力，高低乡州县通过各种努力，借助赋役折银化的趋势，通过改折漕粮、减则开荒等方式，调整土地开发机制，使得荒田渐辟复熟，巩固了地方财政。

通过考察赋役改革与15世纪以后土地开发的复杂关系，笔者充分认识到用"集约化"分析模式的局限性，因为这种分析模式容易忽略赋役制度对于土地开发的决定性影响，也导致对16世纪土地开发的曲折性和重复性的特点估计不足。

在16世纪中后期，高低乡面临诸多相似的土地开发积弊，因此，各州县在制度改革上也互相效仿。像"异乡甲"这种为了垦荒而临时设置的非常规的赋役区划编制，在17世纪初年成为通行的垦荒制度。这种情况促使我们重新思考制度的异常与常规、局部与全局之间的辩证关系。

布罗代尔于1950年就职于法兰西学院，在题为《1950年历史学的处境》的就职演说中，布罗代尔介绍了他研究"16世纪总体局势"的方法和经验，并用一个研究范例进行说明：

> 全部过去都需要重构。即便我们想研究这些共同生活的最简单的情况，诸如一个特殊局势的短期的经济节奏，也会有无穷的任务冒出来，需要我们予以关注。譬如，考察1580—1585年间导致佛罗伦萨明显危机的那次相当严重的经济衰退。这次衰退来得很快，去得也很快。对佛罗伦萨内部及周围地区的研究，通

过一些迹象提供了可靠的证据：如当时佛罗伦萨商人离开法国和高地德国而回国，更重要的是，有些商人卖掉他们的船只以便在托斯卡纳（Toscane）购买土地。然而，对于这次乍看起来相当清晰的危机，应该予以更仔细的诊断，应该借助连贯的价格序列来科学地加以确定。虽然这还是一项区域性的工作，但直接引出一个问题，即这次危机是否是托斯卡纳特有的，或者，它实际上是否为一场普遍的危机。很快，我们就会发现它在威尼斯（Venise）的踪迹，而且不难发现它在费拉拉（Ferrare）的踪迹，能感受到它突然的攻击的最远的地方是哪里吗？不知道它的准确范围，我们就不能确定它的性质……这是一次无止境的旅行……甚至探索这样一个简单的题目，也会使我们周游世界。[1]

17世纪初年"异乡甲"在高低乡州县频频出现，笔者不难体会布罗代尔所讲的特殊事件与普遍趋势之间的关系。不过，也大可不必迷失于"无止境的旅行"，通过追述"异乡甲"编立的原因，16世纪后期高低乡土地开发的普遍趋势得以呈现。

在整个16世纪，太湖以东各州县的财政负担一直未得到较好的缓解，甚至在明末还有所增加。然而，随着赋役制度的巩固和土地开发的有效开展，到了16世纪末叶，官方财政维持在一个相当高的规模，同时又保持了比较有效的运作水平。下编将看到16世纪赋役制度的调整，对于政区关系和政区变动具有积极的意义。

16世纪的赋役制度之所以能对土地开发起决定性的影响，其实离不开棉业、蚕桑业经济的发展，商业活动的扩张，以及高低乡市场的紧密联系。譬如，对高乡土地开发整体上大有裨益的漕粮永折制度，其基础在于棉业的发展，其改革动力在于江南棉业在长途贸易中市场地位的变化；当政府面临钱粮征输的困境时，商人的力量曾发挥了应急的作用；徽商势力还曾参与了沿江沙田的经营。赋役折银改

---

[1] [法]费尔南·布罗代尔：《1950年历史学的处境》，载[法]费尔南·布罗代尔著：《论历史》，第14页。

革、棉业市场变动、商人势力消长、荒田沙田开垦这四个问题发生联系的关键时期，就是第六章第二节末尾所说的16世纪后期，当时北方省份进行了"一条鞭法"的折银化改革，刺激了北方商品布生产发展，江南标布北运受阻，嘉定等县棉布滞销，因此申请通过折漕改革缓解困境。标布失利，秦晋商人淡出，中机改良，徽商势力兴起，占据了棉布运销的主导地位，积累资本，进行各种经营活动。棉业市场变化也牵涉到高乡粮食市场的变化，为了弥补粮食运销因政区利害而造成转籴上的弊端，土地垦荒、粮食作物种植也就显得比较重要。

  16世纪末的高乡和低乡，在农田水利形态上，呈现出明显的差异。其中，高乡呈现了遍地皆棉以及支河堰塞、不究水利的普遍状况。然而，市镇网络和商业水路网络的发展、商贸的扩大、物资交流的频繁，将高低乡城乡聚落越来越紧密地联系在一起。从均田均役到"一条鞭法"改革所推动的赋役货币化，对高低乡市场的整合以及高低乡市场与全国市场联系的加深发挥了极大作用。在这个意义上，16世纪高低乡经济形异实合，在很大程度上归功于官方赋役体制的持续改革和行政体制的有效调整。"万历中原额"——即16世纪末赋税标准——在此后被长期沿用，彰显了16世纪经济体制的稳定性和有效性。

下编

高低乡政区变动和政区间关系

在导论中，笔者从政区问题开始撒网，尝试在政区变动的视野下，避免以静止化的政区拼图来界定"江南"的范围。上、中编曾提及水利格局发展与政区变动的联系，例如太湖以东塘路开辟与常熟县、吴江县成立的关系，还有宋元时期吴淞江流域围垦与下游政区增设的关系；笔者也述及不同政区间或一个政区内的开发活动，例如明中后期高乡政区间的水利矛盾，以及万历年间常熟治水等。显然，政区沿革与地域开发有着密切的关系。官方的开发活动，都是特定时期的政治环境以及具体的行政机制下，通过基层州县去开展的。若用一种图景来表述，即是在高低乡版图上，居于最上层的，其实是一张变动着的行政区划的大网，以及一张与各级政区相匹配的官僚等级的大网。但是，为何笔者要将如此重要的政区问题，安排在最后一编才收网呢？

正因为政区沿革与地域开发时空进程有着千丝万缕的关系，所以政区不是虚空的王朝经野符号，而是真切的地域社会要素。笔者也不想如同古代地方志那样，仅仅在开篇列出"沿革"一门，直线式地简述区划变动，而是希望观照地域开发进程中的丰富内容，考察政区变动在地域历史时空中的位置，进而探究政区变动与地域开发间相辅相成的关系。诚如导论中所述，从传统的政区沿革考究迈向区域综合研究，是中外历史地理学发展的趋势，谭其骧的研究便是一个开创性的实践，他将县的析置这一政区变动，与地方开发的进程结合起来，从总体上考察地域进程，初步把握了地域联系，也有利于进一步探究新县与旧县间的文化联系等问题，从而拓宽政区地理的视野。

谭其骧在1947年讨论浙江历代政区形成一文的末尾，对太湖平原的浙北嘉兴府的设县状况作了如此说明：

> 嘉属之平湖、嘉善、桐乡亦迟至明代始立县者，殆由于其地介湖海之间，古代三江（太湖下游有松、娄、东三江）易塞，湖水辄弥漫无归，盐潮日至，滨海多斥卤之地，故生聚较难；唐、宋以来浙西水利日修，三江宣泄无阻，杭州湾北岸之海塘逐渐告成，斥卤化成良田，天然之患既除，生民乃得以滋息，更历

数百年,新县遂因而析置焉。(苏省松、太二属诸县,析置于元、明、清者尤多,其原因亦在此。)[1]

另外,上编曾介绍了谭其骧在20世纪六七十年代有关上海市海陆变迁的研究,在这项研究中,他也曾追述上海大陆各区设置县治的先后次第,并以此分析冈身地带及其以东地区开发的趋势。他指出,由于位于西南方的冈身以内和冈身地带二区成陆在先,位于东北方的冈身以外和里护塘以外二区成陆在后,所以开发程序也是由西南而渐次推向东北。比如早期所设的海盐、前京、胥浦、华亭四个县的县治全在冈身以内,到南宋嘉定十年(1217)置嘉定县,设治地点才向东北推进到了冈身地带。再到至元二十九年(1292)置上海县,又向东推进到了冈身以外。因此,上海地区总体开发程序是西南逐渐推向东北。[2]谭其骧对太湖以东政区形成的过程已进行了宏观分析,他认为唐宋时期水利事业的发展、浙北海塘的修筑,是太湖下游沿海州县设立的基础。

通过前面两编对高低乡水利格局演变、经济发展及社会变迁的分析,笔者尝试完善谭其骧所述的太湖以东开发序列。本编大致以15世纪为界,考察10—16世纪太湖以东的政区变动。从10—15世纪,高低乡政区的增设,呈现出从低乡向高乡延展的趋势。首先,从唐代中期到北宋时期,太湖流域整体开发从西部丘陵高地向太湖以东平原转移。此后,13世纪高乡拓殖,加速开发。15世纪以后高低乡政区的变动以及政区间的关系则受到更多因素的影响。在附录中,笔者对18世纪苏州、松江、常州三府的分县过程进行了考察,并指出这场大规模的分县,其动力不在于经济开发,而是财政和行政调整。姑且将15世纪前江南的分县定义为拓展式分县,将17世纪后的分县定义为分繁式分县,那么在两者之间,也即15—16世纪的政区变动又该

---

[1] 谭其骧:《浙江省历代行政区域——兼论浙江各地区的开发过程》,原载杭州《东南日报》1947年10月4日,收入《长水集》(上),第414—416页。
[2] 谭其骧:《上海市大陆部分的海陆变迁和开发过程》,原载《考古》1973年第1期,收入《长水集》(下),北京:人民出版社,1987年,第174—175页。

作何分析呢？

　　本书强调，要考察政区在历史时空中的位置，就必须探究政区变动与开发格局变迁的互动关系，将个案考察和综合分析有机地结合起来。如何看待政区变动在地域开发不同阶段所体现的意义？如何理解某些政区设置的反复和曲折的过程？这些都是需要仔细考虑的重要问题。

第七章　10—14世纪政区增设的趋势

南宋的《禹贡》研究专家傅寅曾作《禹贡说断》[1]，书中配绘"三江既入震泽底定之图"一幅（图19），考辨汉以后的"三江"之说，并记述宋代的江流状况。暂不论傅寅对"太湖三江"之说有何看法，由于傅寅的重点在于考经，因此其水论没有明显出现上编所说的"执水利以注古经"的意图。图中对太湖下游干流，傅寅只画出吴淞江一江，反映了宋以后太湖下游泄水较真实的状况，也许也正是"太湖三江"说的虚空难考，傅寅才未对其加以论辩。

"三江既入"逾久难考，"震泽底定"则成为延续的现实。上编已经提到，从8世纪下半叶到9世纪前期，随着海塘工程和河堤工程的初步完成，太湖以东低乡的农田水利发展尤为突出，广德年间（763—764）嘉兴屯田即是典型成果。农田水利的开发成果为政区的增设奠定了基础。北宋的郏侨述曰：

> 尝考汉晋隋唐以来地理志……秀州，乃五代晋时吴越王以苏之嘉兴县分置；所谓钱塘、毗陵，在古皆吴之属县。以地势卑下，沿江边海，有为堤岸以防遏水势。如《唐志》所载，秀州之海盐令李谔，开古泾三百有一……又载，杭州之余杭令归某筑甬

---

[1]（宋）傅寅：《禹贡说断》，《景印文渊阁四库全书》，台北：台湾商务印书馆，1986年，经部书类，第57册，第1—125页。

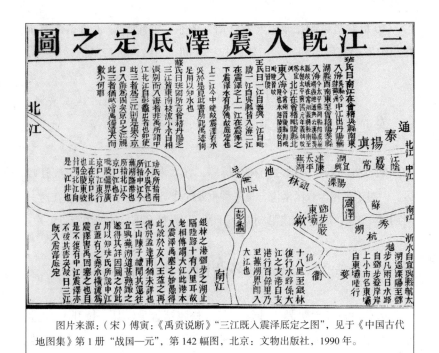

图片来源:(宋)傅寅:《禹贡说断》"三江既入震泽底定之图",见于《中国古代地图集》第1册"战国—元",第142幅图,北京:文物出版社,1990年。

图19 傅寅所撰"三江既入震泽底定之图"

道,高广径直百余里,以御水患。又载,杭州盐官县,亦有捍海塘堤二百十四里。即知古人治平江之水,不专于河,而筑堤以遏水,亦兼行之矣。[1]

在新县设置方面,天宝十载(751)华亭县从吴郡东境析置,这是后世松江府辖县中最早设立的县份。元代方志追述了华亭的设立:

> 禾兴郡领邑四,号繁剧者,华亭居其首。唐天宝中析吴郡东境而置焉。负海控江,土为上腴,其鱼盐之饶,版图之盛,视他邑之不若也。[2]

---

[1] (宋)范成大:《吴郡志》卷19《水利》,第284—285页。
[2] 至元《嘉禾志》卷20《重开顾会浦记》,《景印文渊阁四库全书》,台北:台湾商务印书馆,1986年,史部地理类,第491册,第169页下—170页上。

10世纪吴越割据政权经营江南，依靠"撩浅军"、开江营等军事化组织发展农田水利[1]，巩固政权，其间也对政区进行了调整：

> 自钱武肃分苏以为秀，用自屏蔽。其隶苏者，吴、长洲、昆山、常熟，又分吴县为吴江，合五邑而已。[2]

秀州的分置，则在吴地之南树立屏障，在太湖以东增加了一个统县政区。[3]对于吴越国政区来说，是一种重要的战略防御部署。吴江县在这一时期设立，则与太湖东南沿湖塘路开辟，以及低乡围垦的加快密切相关。

第一节　唐宋低乡营田与"吴江"问题

公元909年，吴越王钱镠割吴县松陵镇置吴江县，拉开了10世纪后太湖以东政区增设的序幕。现存最早的吴江县志，是弘治年间莫旦修纂的《吴江志》。在此之前，元明之交时吴江邑人窦德远，曾在洪武六年（1373）撰成《松陵志》，惜乎未有刻本，传写本舛讹不全，后来仅存序言。其序曰：

> 太湖环抱西南隅……自春秋以下，秦汉及唐，兵皆不至兹境，钱镠保障百余年，纳土于宋，故民不知兵，而庶且富。[4]

窦氏主要从安民保境的角度，指出吴越国的稳固经营是吴江立县的保障，后世纂志者大都赞同这种评述。[5]"民不知兵"，确实是吴越国保境之绩，"而庶且富"则应归功于唐代低乡水利的成果。上编提

---

[1]（宋）朱长文：《吴郡图经续记》卷下《治水》，第52页；（清）吴昌绶辑：《吴郡通典备稿》卷6，民国十七年铅印本，第31b—32a页。
[2]（宋）朱长文：《吴郡图经续记》卷上《户口》，第7页。
[3] 按：关于秀州分置的年代，正德《姑苏志》作后晋天福四年（939），正德《松江府志》作天福五年（940），此暂取前者，另待考辨。
[4]（明）窦德远《松陵志序》，见于康熙《吴江县志》卷首《旧序》，第1a—b页。
[5] 乾隆《吴江县志》卷首《序·叶蓥序》，《中国方志丛书》，台北：成文出版社，1975年，华中地方第163号，第44页。

到唐元和五年（810），苏州刺史王仲舒修成了江南运河苏州到平望段的吴江塘路，水陆两利，吴江塘路与太湖南岸的荻（顿）塘相接，形成了太湖东南面的环湖堤岸，减轻了风波之患。唐中叶吴江塘路方兴未艾，尚未对塘路以东的湖沼水域地貌造成大的影响，据道光《平望志》引明代中期陈克礼（按：陈克礼曾于宣德五年纂成《平望志》，已佚）之述：

> 相传隋唐以来，此地淼然一波，居民鲜少，自南而北，止有塘路鼎分于葭苇之间，天光水色，一望皆平，此平望之所以名也。[1]

岁久日长，随着泥沙的沉淀，不少湖沼逐渐成陆，民众聚居，垦发营田。塘路的开通，也使得水陆交通得以改善，如后世方志所述，"吴江为县，当南北之冲，左江右湖，民殷物阜"[2]，"若县治，若九镇仅十分之一，而田分其三，盖水已居其六也，唯邑受盛于水"[3]。

吴江立县就是在上述基础上实现的。然而，这一开发成就在宋代却遭到水利学家的质疑乃至反对，较早之论出自水利学家单锷。他认为，10世纪吴江的立县受益于9世纪的吴江塘路，而11世纪的加速开发则得益于官府为方便漕运而增筑的吴江长堤。由于长堤阻滞泥沙以及豪民势力在上游的围垦，许多水面沙涨淤垫，成为良田。一方面，聚落拓展，田赋渐增；另一方面，吴江的开发阻碍了上游向中下游泄水之势，不利于冲淤，导致中游积潦，下游淤河。[4] 这就是导致"吴江"问题出现的基本原因。据说当时举荐单锷的苏轼曾断言：

---

［1］道光《平望志》卷1《沿革》《中国地方志集成·乡镇志专辑》，南京：江苏古籍出版社，1992年，第13册，第45页上。

［2］嘉靖《吴江县志》徐师曾序。

［3］康熙《续吴江县志》（康熙三年邑人董尔基纂）《序·董尔基序》，上海图书馆古籍部藏旧抄本，第2a页。

［4］（宋）单锷：《吴中水利书》，《景印文渊阁四库全书》，台北：台湾商务印书馆，1986年，史部地理类，第576册，第4页下—5页上。

> 若要吴松江不塞，吴江一县之民可尽徙于他处。[1]

笔者暂未确认苏轼在自己的著述中真作此论。然而，可以看到的是许多后起水利学家对此坚信不疑，屡作征引以阐述太湖统筹治水的理念。于是，从苏轼开始，整治太湖泄水的问题与吴江县的存废问题，常常被捆绑在了一起。明代学者周大韶就曾指出了这一捆绑现象：

> 盖水之在天地间，每随气候以为盈虚，犹人之鼻息然也。古今言水患者，必先于吴江，及归咎于长桥挽路也。然考之宋元以来，其变迁之故有不尽然者。[2]

明代的归有光则推测，苏东坡的"发挥"并不符合单锷的本意：

> 单锷以吴江堤横截江流，而岸东江尾茭芦丛生，泥沙涨塞。欲开茭芦之地，迁沙村之民，运去涨土，凿堤岸千桥走水，而于下流开白蚬、安亭江，使湖水由华亭青龙入海。虽知松江之要，而不识禹贡之三江，其所建白犹未卓然，所以欲截西水，壅太湖之上流也。苏轼有言："欲淞江不塞，必尽徙吴江一县之民。"此论殆非锷之所及。今不镌去堤岸，而直为千桥，亦守常之论耳。[3]

为此，归有光认为改长堤为长桥，其实也是单的主张，不失为解决"吴江"难题的补救之策。周大韶也有相似的看法，他主张"治水有古今之异宜"，不同时候的治水形势各不相同，不能以古诬今，太湖

---

[1]（元）任仁发：《水利集》卷2《水利问答》，《四库全书存目丛书》据明钞本影印，济南：齐鲁书社，1997年，史部第221册，第82页上。

[2]（明）周大韶：《宜兴西氿水利议》，收入（明）张内蕴、周大韶：《三吴水考》卷9《水议考》，《景印文渊阁四库全书》，台北：台湾商务印书馆，1986年，史部地理类，第577册，第347页上。

[3]（明）归有光著，周本淳校点：《震川集》卷3《水利论后》，第63页。

以东水土变迁本来就是应有之理，他还举出明代嘉靖年间吴江南境湖荡迅速成陆的例子，指明后世不应再迂腐地提出废除吴江长堤乃至迁吴江之民的老套路。[1]

根据上编的分析，周大韶所举的例子，显然与明初以后太湖整体蓄、泄水量减少有关，而他以此来说明宋代低乡开发导致泄水渐缓，低乡水面由此加速淤垫的过程，其实也合乎事实。总体而言，归有光和周大韶从宋代以后低乡开发实际进程出发，较全面地评价了吴江立县的影响。11世纪的吴江迎来了快速垦殖的机遇。另一方面，单锷等水利学家权衡了吴江长堤的利弊，建议官方重视太湖以东泄水河道的疏浚和规划，避免吴淞江中下游水利失序。然而，北宋官府接受了"治田为先"的建议，却将"泄水"之论旁置，单锷的批判性水利学说石沉大海。支持单锷的苏东坡，同样没有改变11世纪后吴江县继续围垦开发的步伐。

第二节　嘉定创县与官方的高乡治理

正如上编所述，12世纪的高低乡垦殖进一步推进，塘浦堙塞的趋势也逐渐明显。低乡的围田与开浦并行，高乡地区随着农田的开辟，冈门、横沥的水网平衡逐渐损坏。人们在冈身地带种植农作物的同时，还不断地铲削冈身、取土作筑，并开辟陆路，高阜崎岖的冈身地貌逐渐趋于平坦。12世纪以后，人们对冈身的认识不断加深，方志对于冈名的记载也不断增加，且越来越精确。种种迹象表明，高乡开发速度12世纪显著加快，聚落也进一步拓展。南宋嘉定十年（1217）嘉定县设立，就是在这种情境下出现的。

嘉定县境在唐代属昆山县疁城乡，因此后世常简称嘉定为疁。嘉定十年（1217），"知府赵彦橚、提刑王棐谓与昆山相距辽远，奏割县东安亭、春申、临江、平乐、醋塘凡五乡二十七都，置都于练祁市，

---

[1]　（明）周大韶：《宜兴西氿水利议》，第347页下—348页上。

纪之以年，故云嘉定"[1]。赵彦橚和王棐在上疏中，陈述了嘉定设县的具体理由，其重点在于昆山县境广阔，东乡难治：

> 照对平江府管下五县，其境土广袤无如昆山，而顽犷难治亦无如昆山。详考其故，盖昆山为邑，十四乡五十二都，东西相距几二百余里，县治以迁就马鞍山风水，僻在西北，故西七乡与官司相接，稍稍循理。自昆山县治东至练祁七十里，自练祁至江湾又七十里，通计一百四十里，其间止有商量湾、杨林两寨，又皆不足倚仗。故东七乡之民，凭恃去县隔绝，敢与官司为敌，不奉命令，不受追呼，殴击承差，毁弃文引，甚而巡尉会合，亦敢结集千百，挟持器仗，以相抗拒，习成顽俗，莫可谁何。其害有三：争竞斗殴，烧劫杀伤，罪涉刑名，事干人命，合行追会，不伏赴官，至有经年而不可决者，此狱讼淹延之害；滨江傍海，地势僻绝，无忌惮之民，相率而为寇，公肆剽掠，退即窝藏，殆成渊薮，此劫盗出没之害；豪民慢令，役次难差，间有二十余年，无保正之都，两税官物积年不纳，只秋苗一色言之，岁常欠四万余石，其它类是，此赋役扞格之害。有此三害，昆山遂为难治之邑，其来非一日矣。盖县方百里而兹邑广袤倍焉，以一令临之，制驭必有所不能及，养成顽恶，亦地势使然。[2]

昆山的东七乡基本处于高乡，由于滨江傍海，与地处风水宝地的马鞍山相距颇远，赋税征收以及治安维护问题令官方感到棘手。文中对昆山东乡治安失控、劫盗横行问题已有诸多描述，而赋役疲难一项，应是关键弊害。据淳祐十一年（1251）修成的《玉峰志》所载，"自嘉定分治东邑，赋随地迁，由是岁输减半"，昆山县共输秋苗额管五万九千八百四十七石五斗九升。[3] 以此数字，参照赵、王之述，分

---

[1] 正德《练川图记》卷上《建置》，民国十七年油印本，第1a页。
[2] 《宋知府赵彦橚提刑王棐请创县疏》，载万历《嘉定县志》卷1《疆域考·建置》，第77—79页。
[3] 淳祐《玉峰志》卷中《税赋》，收入《汇刻太仓旧志五种》，清末刻本，第3b页。

县前昆山东七乡岁欠秋苗四万余石，一方面可知东七乡逋赋之严重；另一方面则可推想当时昆山高乡开发的水平，因为按官方评估，其税额可提升到（处于低乡的）西七乡的水平。然而，东七乡在农垦和聚落拓展中地方豪强势力凸显，他们掌控垦殖之利，不纳税，不服役，甚至敢于结众拒官。商量湾、杨林两寨起不到管制作用，而东七乡二十年间也无保正为官府征输，官方行政难以实施，这就造成了"赋役扞格之害"，使东七乡成为昆山难治的症结所在。东七乡赋役逋负，拖累了西七乡，西乡民人对于东乡另置一县应该是十分赞成的，这应是上疏中所言"今日所乞，庶使近畿之邑，无不率化之民。寇盗可弭，赋役可均，于公于私皆有利益"[1]等语的潜台词，也即是说，嘉定设县对于昆山县均赋役、理刑名都是大有裨益的。

有关在练祁市添设一县的调研和筹备工作，在嘉定七年（1214）已经启动。当时，平江府并未将调研任务委任于昆山县，而是委任两个附郭县的官员——长洲县娄主簿和吴县丘县丞到练祁考察。不知其间是否有昆山地方上的阻力，这两名官员认为，确实有建县的必要，但"恐有起廨宇等费"，担心营建成本过大，于是建议先添置一巡尉，改善东七乡行政。不过，赵、王认为，"东七乡之顽根深蒂固，决非邑尉之卑所能耸动。察其理势，莫若置县之为利便"，坚持"就练祁要会之地置立县治"的主张，报尚书省获准，正式下令创县，并初步决定参照此前绍兴府新昌县和处州府庆元县的创县体例实施创建。[2]决策既定，第一个程序是"张官置吏"，嘉定十一年（1218）四明人高衍孙被委任为首任嘉定知县。高衍孙的首要任务，就是具体落实新县的创建工作。[3]高衍孙认为，庆元三年（1195）庆元县创县的经验并不具备参考价值，因为其设县出于豪民上户所请，是一个自下而上又上下齐心的过程，而嘉定创县则出于官方施政考量，是在地方豪强专横难治的困境下实施的强硬举措，冰冻三尺，非一日之寒，新县的顺利建立和运作，需要考虑更多的地方权势因素，否则可能"玉石俱焚"。

---

〔1〕《宋知府赵彦棨提刑王棐请创县疏》，第79—80页。
〔2〕同上书，第79页。
〔3〕《宋知县高衍孙创县记》，载万历《嘉定县志》卷1《疆域考·建置》，第81页。

按高知县的分析，再参照此前吴县和长洲官员调研后的主张，不难推知，当时不少官员在嘉定设县前后，有着诸多的疑虑。除了民心向背，最大的顾虑在于创县后如何在豪民专横的地盘中筹措经费，营建公廨。针对这个难题，高衍孙的策略是以逋负添营造，把嘉定十年（1217）前的部分欠额折入营建费用，并且在新县设立后削减部分税额以安抚民心。

从后事看来，高衍孙的软性兴建的决策，一定程度上缓解了平江府强硬设县带来的紧张。如《宋知县高衍孙创县记》中所言："民听既孚，始事兴作……苟为政者，忿其顽，严刑峻法以绳之，故民有竞，心愈激，而不可革。若能抚摩其疾苦，启迪其所趋向，则良心善注，孰不油然而生。"[1]经费既已落实，各项营建于嘉定十三年（1220）初竣工，情况如下：

> 以楹计者，县百有奇，若丞若簿四十有五，尉五十有五，学官四十仓廪唯半，祠社有坛宇，宾饯有驿舍，郊设门关，巷植名表，酒馆花圃，以次备具。若夫营造之费，则有朝廷拨赐五千缗，本府给助一万缗，丁丑岁畸零苗税一万四千五百余缗，米二千三百余斛，足以充所费三分之二，其余干旋酒税仅仅给用，迄于告成，而民谓无扰。[2]

从这笔统计中，大略可见13世纪江南创建一县治的规模。在整体经费调配上，平江府助三分之一，嘉定十年（1217）新县存留的赋税占三分之一，另外三分之一，从杂税以及其他渠道调配，大概包括东七乡欠赋的转充额。《创县记》中虽提到一句"取财于旁郡"，但在这些统计中未见昆山或其他县份的助建款，即使旁郡有所助建，也是象征性的贺仪，额数不多。

综上所述，嘉定立县是13世纪昆山高乡农作开发和聚落发展达

---

〔1〕《宋知县高衍孙创县记》，第82—83页。
〔2〕 同上书，第82页。

到一定程度之后，官府为建立高乡税收秩序和治安秩序，并减轻昆山的财政、治安负担而作出的较强硬的区划调整决策，其实施过程反映了高乡开发中官府与地方乡豪势力的利益妥协。

如前所述，嘉定县治设于练祁市，练祁市遂为县市，练祁塘也即成为县市的市河，得到官方的重视，该塘东西长七十二里，据洪武《苏州府志》所述，该塘原本"西通湖中之流，清澈而深，波澄如练，故名。其后江水不通，遂开水路，接东海之潮，至今有泽潮之说，积淤深浅，随潮之往来也"[1]。正德《练川图记》也强调，后来新开的通海潮的练祁塘，"非曩时之练祁塘"[2]。从练祁塘的变迁，亦可窥见13世纪高乡开发导致水利变化之一斑。

从嘉定建县后到南宋灭亡，高乡未有新政区的设置。入元后，朝廷对高乡政区进行了新一轮的增设和调整，这一过程从至元十四年（1277）开始，到天历元年（1328）完成，共包括华亭升府、上海立县和昆山移治太仓三大变动。其中，松江府的变动贯穿了始末，其确立过程颇费周折。

第三节　华亭升府和上海立县的基础

华亭升府和上海创县，都是元朝政府基于南宋末华亭县的辖境作出的区划调整。前面提到，吴越国于后晋天福四年（939）分苏州南境置秀州，华亭县隶属于秀州，南宋庆元元年（1195），秀州升为嘉兴府，华亭县仍隶属之。入元后，区划变动过程如下：

> 元至元十四年升华亭府，时以县五万户者为州，华亭户登二十三万，故立为府。十五年改松江府，以吴松江名。属江浙行省嘉兴路。二十九年割华亭东北五乡为上海县，直隶省府。泰定三年罢，以两县属嘉兴路，立都水庸田使司于府治。天历元年罢

---

[1]　洪武《苏州府志》卷3《川·塘》，《中国方志丛书》，台北：成文出版社，1983年，华中地方第432号，第191页。
[2]　正德《练川图记》卷上《水》，第2a页。

司复府。[1]

"户登二十三万",是华亭升府的依据,另一个重要的立府基础,是赋税规模的扩大。顾炎武在其著名的《苏松二府田赋之重》一文中,曾论述了明清苏松重赋的原因:

> 愚按宋华亭一县,即今松江一府。当绍熙时,秋苗止十一万二千三百余石。景定中,贾似道买民田以为公田,益粮一十五万八千二百余石。宋末,官民田地税粮共四十二万二千八百余石,量加圆斛。元初田税比宋尤轻,然至大德间,没入朱清、张瑄田后,至元间又没入朱国珍、管明等田,一府税粮至有八十万石。迨至季年,张士诚又并诸拨属财赋府,与夫营围、沙职、僧道、站役等田。至洪武以来,一府税粮共一百二十余万石,租既太重,民不能堪。[2]

有关苏、松重赋的问题,学界有诸多争论,此不赘述。根据顾炎武的论述,倒是可以思考另一个问题,即是宋末元初从华亭县到华亭府,再改为松江府的过程,与重赋由来有何关联?

上编第二章提到,南宋隆兴、乾道(1163—1173)以后,在吴淞江以南地区,围田增长迅速,东南港浦淤塞的趋势加强,华亭县不少地区旱失灌溉,潦苦迂缓。到13世纪初,官、民豪户以及寺观围田愈演愈烈,易名请佃、围外增围、开而复围、易围为荒的舞弊行为屡见不鲜,淀山湖区的湖田开垦,以及华亭县境内湖泊因围垦而消失的现象尤为突出。[3]

---

[1] 正德《松江府志》卷1《沿革》,《天一阁藏明代方志选刊续编》,上海:上海书店,1990年,第5册,第26—27页。
[2] (清)顾炎武著,(清)黄汝成集释,秦克诚点校:《日知录集释》卷十《苏松二府田赋之重》,长沙:岳麓书社,1996年,第360—361页。
[3] (宋)卫泾:《与提举郑霖论水利书》,收入(明)姚文灏编,汪家伦点校:《浙西水利书校注》,北京:农业出版社,1984年。(宋)卫泾:《论围田札子》,载(宋)卫泾:《后乐集》卷13《奏议》,《景印文渊阁四库全书》,台北:台湾商务印书馆,1986年,集部别集类,第1169册。

在嘉定设县这一大举措顺利实施运作之后，13世纪30年代，平江府进行了一次较大规模的赋役调整，这场在理宗绍定年间（1228—1233）酝酿，在端平年间（1234—1236）实施的改革，常被后世简称为"端平经界"。"经界"是指"经界法"，它不是端平年间的首创，而是在南宋绍兴年间土地清丈中成型的赋役改革体系，"端平经界"是对经界法的一次回归运动。在绍兴年间由李椿年主持的"建行经界"的改革，对确立地方赋役制度体系产生了深远的影响。[1]平江地区是"经界法"实施的中心地带，在改革中取得了较好的效果。然而到了13世纪初，岁久弊坏，经界废弛，田产隐匿、实收锐减的趋势暴露出来，华亭县出现了"官无版籍，吏缘为奸，隐匿诡寄"，"赋役俱病，贫富交困，而争讼四起"的局面。[2]

围田激增却经界大坏的局面，平江府实施了"修复经界"的改革。在实施的过程中，华亭县令杨瑾在端平元年（1234）实施了缜密有序的修复经界的改革[3]，并进行了一些赋役制度的调整。[4]改革之后，端平元年华亭县秋苗共计五万七千八百一十石，其额数虽然只比递年之数多出两万，但整个赋役体系得到了较好的调整。[5]

端平经界的定额维持了三十余年，到了景定四年（1263），为了应付财政困难，宰相贾似道推行了公田法，官府强制性买民田作为公田，出佃纳租以充军需。尽管这场公田置买运动遭到地方势力的反对，但官方还是强硬地推行，华亭县秋苗米加征十五万八千二百石有奇，按绍熙年间旧额追加，共计二十七万零五百一十六石。[6]在地方的反对气势足以令官方将要罢公田之籍时，南宋王朝灭亡了。[7]到了

---

[1] 有关经界法实施的过程和意义，可参何炳棣：《中国古今土地数字的考释和评价》第一章，北京：中国社会科学出版社，1988年，第11—37页。
[2] （宋）袁甫：《修复经界记》，载正德《松江府志》卷6《田赋上》，第290页。
[3] （宋）郑起潜：《修复经界本末记》，载正德《松江府志》卷6《田赋上》，第292页。
[4] 《附录便民省札》，载正德《松江府志》卷6《田赋上》，第294—302页。
[5] （宋）袁甫：《修复经界记》，第291页。
[6] 正德《松江府志》卷6《田赋上》，第302页。
[7] 孟繁清：《元代江南地区的普通官田》，《中国社会科学院研究生院学报》，1984年第3期，第70—76页。

宋末，用圆斛计量，官民田土税粮共四十二万二千八百二十余石。[1]

生活在宋元之交的周密（1232—1298）在《齐东野语》中曾对宋末公田法作此评价：

> 今宋夺民田以失人之心，乃为大元饷军之利。[2]

周密之语耐人寻味，景定年间强买公田、广增税额，打破了"端平经界"稳固的赋役体制。十余年间未及调整，宋亡元兴，元代入主江南时，赋税起点是较高的。如顾炎武所述，元代没有提高税则，但诸如平江、华亭的税额仍是极为可观的。

明代的顾清在其所撰正德《松江府志》的《疆域》一门开篇写道：

> 松江虽名富饶，郡其实古一县尔，分而为二，庸赋日滋，而封域犹故也。观此可以知民力云。[3]

其实，元初华亭升府，进而析置上海，形成统领两县的松江府，其重要基础在元代打下江南之前就已经奠定。这个基础就是宋末从"端平经界"清田定额到景定公田激增田税的改革过程中所确立的巨额官田赋税。

如中编第四章所述，元朝在江南建立统治后，利用豪强盐枭势力建立起海上漕运体系，将江南的财赋运往大都。为了保证漕粮正常征解北输，至元年间，对有功于漕运的豪户，元廷给予他们在地方广置田宅、经营盐运的诸多特权。在大德以前，元廷对于海漕体制下的税家漕户以及在地方广占田产的豪户，既采取了招抚和利用的策略，但也想方设法力保宋末大量的公田被豪户占垦后仍能为官方所控制，并课以官田重租。譬如上编第二章第二节提到的宋末占垦淀山湖湖田的

---

[1] 正德《松江府志》卷6《田赋上》，第303页。
[2] （宋）周密：《齐东野语》卷17《景定行公田》，《历代笔记小说小品丛刊》，北京：学苑出版社，1998年，第167页。
[3] 正德《松江府志》卷1《疆域》，第31页。

曹梦炎一族，在元初曾以谋反之罪被课以重罚，据《农田余话》记载：

> 时有人以谋反不法事告……上怒，命下系丞相，赴京取问，遂服罪，曹氏粮万石宣投，遥在浙东道宣慰副使。有司以文字上增"岁献"字，以是岁岁趣之，子孙为之累，厥后有司以湖田散佃于乡民，以足其数。在前元元贞、大德、皇庆间言也。乡人苦其豪横，有作对偶云"雪洒荒郊，白占田园能几日，烟迷旷野，黑漫天地不多时"之语，北人目之曰"富蛮子"。[1]

这一添字增贡的戏剧性情节背后，是官方与豪户的利益妥协，受累的其实是松江府境众多的官田佃户，据元末贡斯泰所言：

> （松江府上海）县在东海之滨，其民多豪强，轻于犯法，所谓三甲五甲，尝再挺为乱，尤号难治。岁输粟三十万石，而宋季公田、曹氏湖田，额重租耗，民多闭偿，中产之家，岁一当徭即破荡无几。[2]

大德以前，诸如宋季公田、曹氏湖田等大额财赋，就是以这样的方式进入海漕体制的。海漕和钱粮事务是松江府立府后的主要政务。立府初期，许多松江府官员就因有功于海漕体制受到提拔。[3]

按弘治《上海志》的说法，上海旧名华亭海，又称上洋或海上。在宋时，"蕃商辐辏，乃以镇名"[4]。上编提到，南宋以后，吴淞江中下游加速淤塞，青龙镇因此也失去昔日之地利，逐渐走向衰落，华

---

[1]（明）长谷真逸：《农田余话》卷上，《四库全书存目丛书》，济南：齐鲁书社，1997年，子部第239册，第326页。

[2]（元）贡斯泰：《玩斋集》卷10《墓志铭》《奉训大夫绍兴路余姚州知州刘君墓志铭》，《景印文渊阁四库全书》，台北：台湾商务印书馆，1986年，集部别集类，第1215册，第690页上。

[3] 崇祯《松江府志》卷30《名臣宦绩三》，《日本藏中国罕见地方志丛刊》，北京：书目文献出版社，1991年，第768页上。正德《松江府志》卷23《宦绩上》，第369—370页。

[4] 弘治《上海志》卷1《疆域志·城池》，《天一阁藏明代方志选刊续编》，上海：上海书店，1990年，第7册，第26页。

亭县的外港从青龙镇转到上海镇。在宋末，官方在上海设置了市舶分司，入元后，朝廷也意识到上海镇的重要性，在此设立上海市舶司和榷货场。[1]至元十八年（1281），官方在上海镇西南三十六里的乌泥泾镇设立了"太平仓"，当时"国家调度参知政事郑公董师海上，以粮道为第一务，运漕转输，莫此为便，相地立仓，议峙粮二十万石"[2]。这使得元代的乌泥泾镇盛极一时，后来张瑄以海漕隆显，还曾在乌泥泾广置第宅。[3]在松江府成立前后，上海镇一带其实已经发展成为海漕转运的重地。

至元十四年（1277），华亭升府，一年后改名为松江府。海漕大拓使得松江府成为钱粮之大府，松江知府的品秩也由此升至四品，"与苏、嘉大郡同秩"[4]。当时，松江府虽然隶属于嘉兴路，但其实府下官员都位高权重。据弘治《上海志》所载，上海建县源于松江知府仆翰文之请，而他的设县主张源于一场官威对峙的小风波：

> 割县之请，从知府仆散侯翰文也。始府犹隶嘉兴路，有倅簿责来，时府监受知权近，倅不知礼之，府监怒曰："我四品秩，彼六品耳。彼以庶僚遇我耶？"因与竞诟辱之。由是侯慨然以地大户多，建割县，直隶于省府焉。[5]

这则故事所透露的细节相当重要：海漕重镇松江府的地位与其政区上下统属关系不相称，其官员对朝廷海运大政负责，不容嘉兴路随意节制，要保证钱粮征解的繁重事务得到有效处理，就必须在地大户多的转输重地上海镇设县，并直属江浙行省。仆知府的申请显然合乎海漕大政，在至元二十七年（1290）上奏后，设县方案很快在隔年获得朝廷的批准。中央下令分华亭县的高昌、长人、北亭、海隅、新江

---

[1]弘治《上海志》卷1《疆域志·城池》，第26页。
[2]（元）张梦应：《太平仓记略》（至元二十二年撰），载弘治《上海志》卷2《山川志·镇市》，第77页。
[3]弘治《上海志》卷2《山川志·镇市》，第76页。
[4]（明）长谷真逸：《农田余话》卷1，第320页下。
[5]弘治《上海志》卷1《疆域志·沿革》，第27页。

五乡二十六保立上海县,隶属于松江府。[1]

新县既立,在划定疆域、确定领户及钱粮之后,公署、学校等配套营建任务摆上日程。上海以镇升县,原先无故城,设县后,县令"尝欲建请,然无遗址可因,其势颇难。而议者又谓,市虽偪浦而素无草动之虞,在所不必作者,故屡谋而屡寝焉"。[2]至元末期,上海新县未能得到足够的经费营建新公署,官员只能暂驻原上海镇总管府运粮千户所旧榷场。当时"庭宇湫隘,藏楮无庋,系囚无圜",县衙颇为拥挤。直到建县八年后,即大德三年(1299),由于上海市舶司归入宁波,衙署腾出,上海县衙颇显宽松,但庭宇已相当陈旧,不久在一次台风中破损严重,达鲁花赤雅哈雅忠显在得知惨状之后,才作了表态:

> 县所以理民事治,所以耸民瞻,非若舶之仅储商货而已。守舶之旧,而不思改观以雄并邑,又将以舶目吾县。锦何为而制?琴何为而鸣?殊失圣朝移置之意。[3]

在上峰的意旨下,上海县官吏才对营建加以重视,并劝使富户捐助。大德六年(1302),县衙终于落成,按上海县学教谕唐时措的说法,才达到"治与县称,县与郡称"[4]的正常状态。

上海县学的前身是上海镇学,建县后首任知县周汝楫欲修葺之,却没有马上完成,直到元贞元年(1295)浙西廉访佥司朱思诚巡至上海,传达中央崇儒精神,修学一事才被重视起来,由乡豪捐赀修缮一新。据元贞元年(1295)松江知府张之翰记载:

> 浙西廉访佥司朱君思诚按行是邑,适予偕至。越二月朔,率其属拜宣圣殿。时县僚迫以田粮四出,皆不得与邑事,因诱乡贵万夫长费拱辰修葺之,乃饰正殿,完讲堂,买邻地而

---

[1] (元)唐时措:《县治记》,载弘治《上海志》卷5《建设志·公署》,第159—162页。
[2] 弘治《上海志》卷1《疆域志·城池》,第38—39页。
[3] (元)唐时措:《县治记》,第160页。
[4] 同上书,第161页。

起斋舍。[1]

修学与营建县署的过程有几分类似，都是官员无暇，豪户捐赀，这反映了上海由镇升县后县政运作的情势。上海设县本就是海漕体制的产物，虽由舶升县，但县政中心仍是田粮舶运，为了完成任务，官员四出务漕，疏于他政，新县之经营实际上是通过海漕体制调度税家漕户而实现的。可以说，至元末立县后，甚至在大德二年（1298）废上海市舶之后，上海县政仍处于半舶半县的状态。正如同达鲁花赤雅哈所言，"守舶之旧"，"以舶目县"，而"不思改观"。

第四节　松江定府和昆山移治的经过

大德年间，元廷对江南的治理政策进入了一个较大的调整期。首先，海漕豪户朱清、张瑄因树大招风，惹来兔死狗烹之祸。元初江南许多民户投靠海漕诸公，将大量田产投献，作为"户计"，求得庇护。大德诛豪户，大量的投献田产被没收，编入官田佃籍[2]，这使得大德年间松江府的税额急剧攀升。如顾炎武所说的，这笔增额再加上后至元年间（1335—1340）没入朱国珍、管明等田，松江府税粮总共就激升到了八十万石，奠定了苏松重赋的基础。

上编也提到，至元末年到大德年间，官方非常重视吴淞江水利，其重要原因在于势豪围荡占田，既与官府争田税之利，又妨碍漕运交通，于是朝廷下令，"每年海运的粮斛多在浙西，有吴淞江淤塞地面，若是有人种田，或别占着的，不拣什么人，休教阻当"。[3]

根据上述上海县政的情势，可知当时漕粮征输仍是松江府政之中心，而诸多地方事务的运作，还须依仗地方豪强；另一方面，当时

---

[1]（元）张之翰：《建学记》，载嘉靖《上海县志》卷8《文志下》，民国二十一年（1932）传真社影印吴兴周越然藏本，第15a—16a页。
[2]（元）孔齐：《静斋至正直记》卷3《势不可倚》《四库全书存目丛书》，济南：齐鲁书社，1997年，子部第239册，第254页下。
[3]（元）任仁发：《水利集》卷1《大德八年五月中书省照会设立行都水监》，第74页下。

官田的租佃关系也较为复杂，税粮征解工作需要花费较大的行政成本，农田水利事务在新的州县区划关系中也颇难统筹。上编提到，大德年间，平江路设立水利专官都水庸田使，主要是针对围田与治水的积弊，通过固定机制进行调整。官府承认了富户占垦湖荡围田的既成产权，但规定围田纳租作为都水庸田使司募工治水的费用。[1]该方案试行见效。大德六年（1302）平江路立行都水监，同时推行更为强硬的照田派夫役的政策[2]，两年后，朱、张构祸，官府正式削权豪之势。此后，便是至大（1308—1311）初年督治田围，以及泰定（1324—1327）初年的开江。

江浙行省设置行都水监，旨在治水，但由于涉及赋役整顿，因此等于行使了府县的行政职能，再加上朝廷赋予节制地方官员的权力，监司有统摄权豪的能量，因此其运作也有效地支持了海漕体制，得到朝廷的肯定。在行都水监运作的二十余年间，水利监司系统和松江府县政区系统产生了权力和事务的重叠。中书省右丞相旭万杰就认为：

> （吴淞江）河道，世祖皇帝特分行司农司衙门管着有来，在后革罢了，那里有一个松江府，止管着两县，别无亲管事，务革罢松江府，将两县拨属嘉兴路，设立庸田使司衙门，专管所管的勾当，直隶省部行省为头的官提调。[3]

在海漕征输依旧可以通过行都水监的管制而得到保障的情况下，泰定二年（1325），朝廷正式下令革去松江府，代以都水庸田司，将上海、华亭两县拨属嘉兴路。已经七十岁、致仕的任仁发在此次立司后被提拔为都水庸田副使，据说此前任仁发致仕退居上海青龙镇的老家，松江府官员对他"有不礼者"，任仁发扬言"吾欲罢府官"，至此

---

[1]（元）任仁发：《水利集》卷1《大德二年都水庸田司条划》，《江浙行省添力提调》（大德二年三月），第73页，第73页下—74页上。
[2]《立行都水监》，收入（明）姚文灏编，汪家伦点校：《浙西水利书校注》，第79页。
[3]（元）任仁发：《水利集》卷1《泰定二年八月立都水庸田使司》，第79页上。

罢府竟成现实。[1]对于此事真伪,限于史料,难作确证。

无论如何,废府立司是一个颇不寻常的政区调整。这场突变从根本上是由当时海漕至上的行政理念所决定的,也很可能受到中央与地方政坛权力斗争的影响。不过从上海县成立后县政的半舶半县状态,以及朝廷对松江府地位的"暧昧"态度,还是可以看出,从至元到泰定年间整个松江府的区划格局一直处于不稳定状态。松江的府县仅仅是江南海漕体制的附属品,并没有达到达鲁花赤雅哈所说的"理民事治"的"圣朝移置之意"。[2]

大德以后,上海、华亭两县的官员,面对县政的敝陋以及税粮的繁重负担,大都无革新之力,也无纾困之心,只能因循故事,力保不失赋额;间有改革,也是吉光片羽。譬如在至治初年,真定人邓巨川在上海县丞任上,将上海县苗粮改征豆麦[3],惠及华亭县。

泰定废府立司后的实际运作,并未如官方所预料的那样顺畅。元代的余阙曾作一序,送其友樊时中到江南赴任都水庸田使,他在序中写道:

> 国家置都水庸田使于江南,本以为民,而赋税为之后。往年使者昧于本末之义。民尝以旱告,率拒之不受,而尽征其租入。比又以水告,复逮系告者而以为奸,治之其心,以为官为都水,而民有水旱之患如我何。于是吴越之人咻然相哗,以为厉已。[4]

可见,当时的都水庸田使实际上只务漕事,不问民情,导致地方积怨颇深。另一方面,大德以后朝廷在对待地方豪右问题上过于强硬,难以得到普遍拥护,都水庸田使施政的偏颇,成为他们串同部分官员提出弹劾的借口。后事证明泰定立司的区划变动举措的确过于草

---

[1] 正德《松江府志》卷3《水下·治绩》,第180—181页。
[2] (元)唐时措:《县治记》,第160页。
[3] 弘治《上海志》卷7《官守志·惠政》,第238—239页;(元)汤弥《上海县苗粮改科豆麦记》(泰定四年六月),载正德《松江府志》卷6《田赋上》,第311—312页。
[4] (元)余阙:《青阳集》卷2《序》《送樊时中赴都水庸田使序》,《景印文渊阁四库全书》,台北:台湾商务印书馆,1986年,集部别集类,第1214册,第378页下。

率，到了天历元年（1328），中央终于承认"自立庸田司以来，殊无实效"，因此下令"罢而复府"。[1]

在后至元初年，江浙行省检校官王艮坚持免征松江田粮增科，他揭露了当时官场斗争引起增赋纠纷的内幕，也阐释了大德以后松江田赋的复杂问题。[2]总体上看，邓巨川和王艮的改革，不仅体现了他们为官之仁德，更反映了松江府县地方在海漕重负下的利益诉求。

经过大德后的调整，天历年间开始，松江府的设置自此终于确定下来，在后至元时期，增赋的势头暂得平息，府县行政稍得稳定。在松江府及其属县区划和行政的曲折调整的过程中，平江的区划变动倒显得较为顺畅。至元十八年（1281）升平江路之后[3]，在海漕体制下，平江路唯一的大变动，是延祐二年（1315）昆山移治太仓。

至元以后海漕的发展，令元廷尤为重视江南的航运，对通海大浦有所规划整治。与吴淞江相比，当时水势已经发育壮大的刘家港更符合通海大港的要求，于是，元廷选择刘家港所在的太仓，作为江南漕运出海的起点。元代以前，太仓一带与其他高乡地区的垦殖进度并无二致，相传，太仓"历晋唐宋，田畴半辟，居民尚不满百"[4]。元初海漕之兴，则极大地带动了太仓的聚落发展，朱清、张瑄和其他豪强落户太仓，致力海漕，令太仓盛极一时[5]，海运之盛，番商云集，使太仓成为名副其实的"六国码头"[6]，元贞二年（1296），昆山、常熟、吴江、嘉定四县升为州。鉴于海漕事务的中心地位，延祐二年（1315），昆山将州治徙于太仓。[7]作为海运起点，太仓作为州治的地位不可动摇，直到张士诚据吴时，州治才回迁马鞍山旧县城。

---

[1] 正德《松江府志》卷3《水下·治绩》，第181页。
[2] 《江浙行省所委检校官王艮议免增科田粮案》，载正德《松江府志》卷6《田赋上》，第312—317页。
[3] 正德《姑苏志》卷1《郡邑沿革表》，《天一阁藏明代方志选刊续编》，上海：上海书店，1990年，第11册，第71—72页。
[4] （明）陈伸：《太仓事迹考》，载周煜编：《娄水文征》卷7，清道光十二年刻本，第15b页。
[5] （明）陈伸：《太仓事迹考》《序》，第15a页。
[6] 弘治《太仓州志》卷1《沿革》，《日本藏中国罕见地方志丛刊续编》，北京：北京图书馆出版社，2003年，第3册，第12页。
[7] 弘治《太仓州志》《凡例》，第5页。

本章小结

在总结本章之前,笔者先将以上提到的宋元时期太湖以东政区增设的情况,比较直观反映在图20中。综括全文,我们可作以下认识:

其一,吴江县设立、秀州分置到嘉定设县的区划变动过程,反映了元代以前高低乡农田水利开发和水陆交通发展的成果,并呈现出从低乡向高乡拓展的趋势。用"地域开发——政区增设"的模型来概括这个过程是大致可行的。不过,通过历时性考察,更多层面的问题值得重视。譬如由吴江和吴江长堤"捆绑"而成的"吴江"问题,折射出10—11世纪低乡加速开发与高低乡水利、水学的关系;嘉定创县和营建县治的过程,反映了12世纪高乡的乡村权势与官府行政的关系——官府通过与乡豪势力妥协,在高乡逐步稳固了王朝统治秩序。

其二,元代的政区增设,呈现出海漕主导下高乡开辟的局面,华亭升府、上海立县、昆山移治太仓,从东南沿海到东北沿海,从上海镇到刘家港,整个区划格局的变动直接服务于海上漕运的布局。然而,仅仅看到交通地理的契合,还不足以理解海漕体制与政区调整的关系。其间,宋末公田重税转为元初巨额漕粮,宋末豪民转为元初漕户等经济、社会的变迁过程,更全面地体现了元初海漕体制的基础及其影响。深入探析这些细节,元代松江府及其属县在建置和运作中"辗转反侧"的原因也就迎刃而解了。

明代的王鏊在弘治《上海志》序言中这样写道:

> 今天下名郡称苏松。松之属邑才二,曰华亭,曰上海。上海,故华亭之东维耳。至元割为县,土壤始分,非独人之为也,天之分野,地之形势,民之习俗,亦若有殊焉……松一郡耳,岁赋京师至八十万,其在上海者十六万有奇,重以土产之饶,海错之异。木棉文绫,衣被天下,可谓富矣。[1]

---

[1] 弘治《上海志》《王鏊序》(弘治十七年),第2—5页。

通过本章的讨论，王鏊序言之述显得意味深长。上海升县，乃至松江升府，也许"非独人之为"，但绝非"无人之所为"。假如没有宋末两次田赋改革清田增租，假如没有元代治于大都而通过海道北运巨额漕粮，即使三江既去，黄浦独尊，那么，华亭很可能只会长久地作为嘉禾普通一县。政区沿革与地域开发得以发生关联，与官府行政机制密不可分。官方的开发活动，都是在特定时期的政治环境以及具体的行政机制下，通过基层州县去开展的。用一种图景来表述即是：在地域版图上，居于最上层的，其实是一张变动着的行政区划的大网，以及一张与各级政区相匹配的官僚等级的大网。假如没有松江漕粮激增，知府位高权重，导致路、府间关系产生微妙变化，那么，上海县的诞生也许还要延迟。也许有人会说，太仓的崛起，全然是由于刘家河的壮大而带来的区位优势，但是，假如没有漕运的支撑，太仓至多具备海贸港口的优势，而不会成为当时江南最大的港口，明代太仓的立州，恐怕也缺失了元代海漕所带来的聚落发展的基础。历史终究不容假设，真实的区划进程就是这样，在不同时期、不同社会机制下的地域开发中应运而生。当然，明代以前太湖以东区划的调整，也适应了地域开发导致的水利形势的变化。这种社会机制与环境机制的相互作用，就造成了新的区划逐渐给人以"天之分野，地之形势，民之习俗，亦若有殊焉"的感觉，形成以政区为单元的独特景观。

不过，通过对具体区划的辖境中风俗的分析，或许可以从不同地点的独特景观中，"拆解"出其所反映的不同层次的开发过程。譬如顾清在正德《松江府志》中叙及风俗差异时，就曾分析道：

> 诸州外县多淳质，附郭多繁华，吾松则反是，盖东北五乡故为海商驰骛之地，而其南纯事耕织，故所习不同。如此大率，府城之俗谨绳墨，畏清议，而其流也，失之隘。上海之俗喜事好功，尚意气，而其流也，失之夸。[1]

---

[1] 正德《松江府志》卷4《风俗》，第198页。

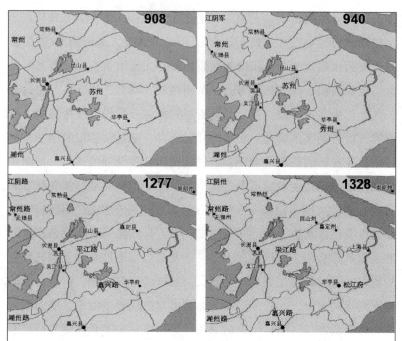

地图说明：

1. 该序列地图取自复旦大学历史地理研究中心中国历史地理信息系统（CHGIS）2.0版之"时间序列数据浏览"，每幅地图右上角的数字，表示该地图中政区分布状况所处公元年份。

2. 该序列地图主要反映政区变动。湖泊河流数据固定为1911年数据，不反映时间序列变化。

3. 908年地图主要反映了后梁开平三年（909）吴江设县前的政区格局；
940年地图主要反映后晋天福四年（939）分置秀州后的格局；
1277年地图反映南宋至元十四年（1277）华亭县升为华亭府，隶属于江浙行省嘉兴路之后的格局，图中的嘉定县在南宋嘉定十年（1217）已经设立；
1328年地图主要反映元天历元年（1328）松江府由都水庸田使司复府之后的格局，图中的上海县于元至元二十九年（1292）设立，常熟、吴江、昆山、嘉定四县于元元贞二年（1296）升为州，昆山州治于元延祐二年（1315）移至太仓。

图20　宋元时期太湖以东政区增设

不同时期地域开发的社会机制，正是以这种方式累积在区划单元的不同"地层"当中。

假如愿意的话，可以用一个玄虚的古语来概括地域开发中区划变动的奥妙，那就是"天人际会"。

第八章 14—16世纪太仓的区划沿革

清顺治年间，太仓进士黄与坚曾作《太仓考》一篇，略述太仓一地之沿革，其文曰：

> 元朱清、张瑄从太仓行海运，繁盛以时著。延祐元年，浙省参政高昉奏请昆山移治太仓……元末张士诚撤昆山，筑城据守之。迨明吴王元年，立太仓卫。弘治十年，始割邻境地立太仓州。盖太仓以滨大海，千百年间，或海运，或海防，辄为东南险要地，特以东南地势阨惬，故镇而卫、卫而州，皆积以渐。[1]

《太仓考》言简意赅，元明清太仓地区的建置，从海运到海防，镇而卫，卫而州，其沿革可谓积渐所至。只有深入考察各个时期太仓建置变化的地域场景，才能理解太仓政区转型的机制及其对地方社会的影响。

顾诚先生较早关注了卫所制度在清代的变革，重点从清前期对卫所职官、土地管辖和税收等制度的改革入手进行分析。[2] 卫所的区划特点近年来多有关注者。周振鹤提出"军管型"政区的概念，认为明

---

〔1〕 乾隆《沙头里志》卷1《附属隶始末》，《中国地方志集成·乡镇志专辑》，南京：江苏古籍出版社，1992年，第8册，第542页上。
〔2〕 顾诚：《卫所制度在清代的变革》，《北京师范大学学报》，1988年第2期。

代都司卫所是这类特殊政区的典型。[1]郭红、于翠萍采纳这一概念，从实土、准实土和非实土的区划类型及其性质出发，探讨卫所的区划特点，着重考察了作为西南地区羁縻控制向府州县转化的过渡性管理方式——军民指挥使司的设置情况。[2]郭润涛在研究明代"州"的建置特点时注意到，明代并不单纯地按照户口多寡来置州，而是分别设置直隶州和属州，来建设其上下隶属的行政体制，并与当时置州地方的治安状况以及与府之间的关系等因素直接相关。不少州是由卫所改置而来，这表明了该地从军事管制到地方行政管理的变化。[3]于志嘉长期致力于明清卫所、军户研究，其近作集中考察了潼关卫的建制及军屯，阐释明代卫所分布所体现的"犬牙相制"的区划原则，并以入清后潼关卫废卫改县、废县改厅的过程为例，分析了卫所改属、迁移、废置所反映的中央统治力量的盛衰转变。[4]邓庆平则以明清时期蔚州地区为个案，考察卫所制度如何影响该地区的政区格局、基层社会组织、赋役征派和乡村关系，虽然清初卫所改制，蔚州卫改蔚县、蔚州与蔚县合并，但当地赋役征派方式仍遗留了制度差异。[5]以上研究均涉及明代卫所建置沿革及社会变迁，所述地区由卫所转为州县的区划变动时间，多集中于清初卫所改制时期，对于发生在明代的卫所区划转型及其机制的个案，鲜有详论。

如上编所述，"太仓"地名始见于宋代郑亶的水利书[6]，它见证了11世纪太湖地区水利的兴起，其后也见证了12世纪冈身高地农作聚落渐辟的过程。元代海上漕运时代，太仓作为起运港，称"六国码头"，盛极一时，旋作昆山州治，至元末张士诚才将州治撤离太仓。

---

[1] 周振鹤：《体国经野之道——新角度下的中国行政区划沿革史》，香港：中华书局，1990年，第252—276页。
[2] 郭红、于翠萍：《明代都司卫所制度与军管型政区》，《军事历史研究》，2004年第4期。
[3] 邓庆平：《卫所与州县——明清时期蔚州基层行政体系的变迁》，《"中央研究院"历史语言研究所集刊》第80本第2分，2009年6月。
[4] 于志嘉：《犬牙相制——以明清时代的潼关卫为例》，《中央研究院历史语言研究所集刊》第80本第1分，2009年3月。
[5] 邓庆平：《卫所与州县——明清时期蔚州基层行政体系的变迁》，《中央研究院历史语言研究所集刊》第80本第2分，2009年6月。
[6] 参见（宋）范成大：《吴郡志》卷19《水利》，第266页。

本编第七章围绕元代海漕体制与政区调整的关系，分析了松江设府、上海立县及昆山移治太仓的缘由。明初太仓设卫，其后成为郑和下西洋的出海港，弘治年间建州，并辖崇明县。[1]清雍正年间江南分县过程中，太仓升为直隶州，并辖镇洋、嘉定、宝山三县。[2]太仓由建立卫所到改立州县，从州制初创到调整定制的过程，恰好提供了连续的个案，有助于我们深入考察政区变动与地域开发的互动，进一步分析明清卫所体制与州县体制之间的关系及其行政区划的转变趋势。考察太仓政区发展中与其相邻州县的关系，也有利于解答上编已经触及的政区格局与水利运作的关系。

第一节 平海：太仓由镇成卫

13世纪刘家河的壮大，成就了太仓作为漕粮海运重镇的辉煌。不过也正是由于刘家河这条通海大港的便利，在元末东南沿海群雄纷起之时，太仓成为兵家常争之地。至正十二年（1352），浙江黄岩的方国珍势力从刘家港突入，烧毁元廷的海运官船，进而攻入太仓，后被官军击退。至正十六年（1356），包括太仓在内的整个平江地区被张士诚占领，方国珍则归顺元廷，率水军再次攻入太仓，方、张两军血战，太仓几乎沦为丘墟。方国珍退兵后，张士诚召集流民，于至正十七年（1357）在太仓筑城为守。[3]出于军事防卫考虑，张士诚将昆山州治回迁，并堰塞了太仓沿海的半泾等河港，使得"田畴无潮水之利，士民无贩海之资"。[4]不过，这一番撤防部署倒使得太仓城固若金汤，后来方国珍曾调集温州、台州、明州三州之军来袭太仓，张士诚率军击退来敌，"自是海盗不复窥太仓矣"。[5]

---

[1] 《钦定续通典》卷140，《景印文渊阁四库全书》，台北：台湾商务印书馆，1986年，第641册，第623页下。
[2] 《钦定皇朝通典》卷92，《景印文渊阁四库全书》，第643册，第884页下。
[3] 嘉靖《太仓州志》卷3，《兵防·平海事迹》，《天一阁藏明代方志选刊续编》，上海：上海书店，1990年，第20册，第227—229页。
[4] （明）陈伸：《太仓事迹考》，周煜编：《娄水文征》卷7，清道光十二年刻本，第17页。
[5] 嘉靖《太仓州志》卷3，《兵防·平海事迹》，第229页。

张士诚踞吴期间，太仓一直充当重要的军事城堡。至正二十七年（1367），朱元璋打下江南，将年号改为吴元年（1367），并在这一年设太仓卫。[1]据乾隆《太仓卫志》载：

> 明洪武元年建太仓卫（按，此说有误，明代太仓诸志均载为吴元年），专治娄东地，设有指挥使二员，指挥同知六员，指挥佥事十二员，隶前军部督府。其下管辖十千户所，统军一万一千二百名，汛至嘉定县之宝山所，常熟县之远山所。洪武四年并为左右中前后五千户所，设经历司一，镇抚司一。洪武十二年分立镇海卫，同地分司。弘治十年建州治，卫始专管卫事。[2]

这段文字清楚地记载了明初太仓卫建制至洪武十二年（1379）分镇海卫的情况，文末一句颇值得玩味：言太仓建州后"卫始专管卫事"，即是意味着弘治十年（1497）前太仓卫之权责并非仅仅在于卫所防御之事，而是兼摄民政，这为后来的区划纷争埋下了隐患。

朱元璋在洪武初年建太仓卫的着眼点，与至正十六年（1356）张士诚筑太仓城时并无二致，在于防御海上敌对势力入侵。他精心选拔了一批忠勇将领驻守太仓卫，如直隶无为州人朱文，在吴元年设卫时被选为指挥同知，统率十千户，"洪武二年率众杀倭贼于沿海，军声甚振"，后被擢升为后军都督府都督。[3]江南战事既平，朱元璋定鼎金陵，"唯辽东边饷则用海运"。[4]星斌夫曾集中讨论洪武初期漕运策略的变化及其与北方战事发展之间的关系，当时运河航路跋涉，总体运力不足，海上漕运虽然运力可观，但常有风涛之险。由于辽东战事耗费大量军饷，朝廷决定沿用元代的海漕体制，主要

---

[1] 弘治《太仓州志》卷1，《沿革》，《日本藏中国罕见地方志丛刊续编》，北京：北京图书馆出版社，2003年，第3册，第12页。
[2] 乾隆《太仓卫志》卷3，《建置·公廨》，太仓市档案馆藏钞本，第50页。
[3] 嘉靖《太仓州志》卷3，《兵防·历代武勋纪》，第223页。
[4] （明）陆容：《菽园杂记》卷6，北京：中华书局，1985年，第66页。

通过海路从江南北运军粮。[1]

在明初的三十余年间，从刘家港出发的海运一直是朝廷的重要战略之一。正因如此太仓城在经历了至正后期张士诚十多年的固守之后，再度成为海漕官船扬帆出海之大港，成为一处卫所与漕港合而为一的"国家之重地"[2]，其地位一直维持到14世纪前期。

第二节　安民：太仓因卫建州

洪武末期，北方军屯的发展抑制了海漕加增的势头。永乐初年，针对海运的利弊问题，朝廷有过争论，太仓人陆容（1436—1494）曾有记载。[3]导致朱棣在加强太仓海漕问题上犹豫不决的原因，来自永乐初年河运的诱惑。黄仁宇曾指出运河地区在明初政治史中的显著地位，在运河重新开凿之前，明太祖北巡的队伍就是沿着后来的水道路线北上，燕王朱棣挥师南下夺取帝位也是沿此路线。建文帝手下反戈的水师将领，正是后来被封为漕运总督的陈瑄。永乐一朝，明成祖多次委任陈瑄在运河沿线讨伐叛乱。[4]到了永乐十二年（1414），海运粮48万多石，河运粮45万多石，已基本持平。在会通河运力逐渐提升的情况下，永乐十三年（1415），陈瑄奏请罢海运，并获得批准。浙江杭、嘉、湖以及直隶苏、松、常镇的秋粮，除了存留及供南京内府各项粮额外，尽数拨运淮安仓交收。[5]

永乐年间，太仓因成为郑和下西洋的出发港而名噪一时，然而其海漕重镇地位亦自此渐失。弘治十年（1497）太仓立州时，洪武年间的海运仓已成古迹，时人称"太仓城南有海运仓，人皆以南仓呼之。永乐初年贮米数百万石。浙江等处起运秋粮，皆赴焉。故天下之仓，

---

[1]　[日]星斌夫：《明代漕运の研究》第1章第1节，东京：日本学术振兴会，1963年，第1—15页。
[2]　（明）张寅：《海运考》，嘉靖《太仓州志》卷9，《古迹·太仓》，第640页。
[3]　参见（明）陆容：《菽园杂记》卷6，第77页。
[4]　[美]黄仁宇：《明代的漕运》，张皓、张升译，北京：新星出版社，2005年，第14—15页。
[5]　崇祯《太仓州志》卷9《海运志·原始》，明崇祯十五年刻，清康熙十七年补刻本，第8页。

此为最盛,后罢海运,遂废。今荒墟矣"。[1]

永乐北迁之后,运河漕运的运作远未达到一劳永逸的效果。如陆容所言,"永乐中,建都北平,漕运转输,始倍其耗。由是民不堪命,逋负死亡者多矣"。[2]宣德年间,苏州知府况钟就指出,漕运费用的上升大大增加了苏松地区的赋役负担。[3]松江人杜宗恒呈予应天巡抚周忱的上书中还提到,在明初朝廷没收豪强土地之前,小民到土豪处交租,也就是朝往暮回而已,后来豪强之私租收入官粮,并且要到各仓送纳,"运涉江湖,动经岁月,有二三石纳一石者,有四五石纳一石者,有遇风波盗贼者,以致累年拖欠不足"。[4]民间苦于漕粮征输之赔累,据此可见一斑。洪熙、宣德年间,苏州地区进行了一些财税制度的调整。在此期间,周忱、况钟以及继续主持漕政的陈瑄,对漕运征解制度先后进行了从支运法到总运支运相参以及兑运法的改革。对于这次改革的详情,学者已进行了比较深入的研究[5],此不赘述。宣德时期的漕运改革,旨在减轻民户运输漕粮的劳役,通过加耗改兑为军运。海运虽改为河运,但漕粮征解弊端渐显,宣德改革期间,官府曾下令禁革粮长在征收钱粮时的舞弊行为,因为漕粮验收归仓环节的舞弊行为时常有之。太仓虽然不再作为漕粮出海起运港,但卫城仍承担收粮归仓的职责,在运作中,太仓卫军官的不法行为引起了官方的高度重视,宣德五年(1430)况钟指出:

> 今访得太仓等卫千、百户,镇抚,经历,仓官,斗级及官下舍人,递年包揽各县秋粮,侵克入己,不行上仓,以致通关不给,揭出欠数甚多。设若粮里纳户不从勒要,筛飏日久,囤住在仓,不与收受,百般刁蹬,揞诈财物,民被其害不可胜数。近有

---

[1] 弘治《太仓州志》卷10上《诗文·南仓烟草》,第265页。
[2] (明)陆容:《菽园杂记》卷5,第59页。
[3] (明)况钟:《况太守集》卷8《丁少粮多请免远运奏》(宣德六年三月初),南京:江苏人民出版社,1983年,第85页。
[4] (明)杜宗恒:《上巡抚侍郎周忱书》,顾炎武著,黄汝成集释:《日知录集释》卷10《苏松二府田赋之重》,秦克诚点校,长沙:岳麓书社,1996年,第360页。
[5] 参见星斌夫:《明代漕运の研究》第1章第3节《河运期》,第31—82页;范金民、夏维中:《苏州地区社会经济史(明清卷)》,南京:南京大学出版社,1993年,第99—104页。

赎罪犯人赴仓纳粮，亦嫌米少，借以为由，不开仓廒，吓令投托，包纳一石增加至五斗，又要酒礼入己，才得上仓，以致钱粮不完。囚犯纳米艰难，抑且军无粮饷，深为未便。[1]

这篇有关漕粮征解弊害的文告，透露了永乐以后太仓卫的兵民关系。如前所述，明初太仓设卫，昆山则由州降为县，于是，"其民与太仓、镇海军士杂居者凡四区"[2]。海漕取消以后，在这个兵民杂居的卫所一带，社会秩序的确存在一些不稳定因素。

正统年间，太仓人龚诩在呈给周忱的长篇上书中，较为详细地指出太仓州废海运后的社会问题，概括起来有以下现象：民风不古，风俗渐败；乡饮酒礼未能如期举行，而且延请之时如同传唤仆夫，行礼之时秩序混乱；养济旌善名不符实；学校师生不遵法令。"居师位者唯知趋附势利，不思尽职……其来久矣。以致生徒无所畏……惧礼义由贤者出，今反自学校坏之。"[3]龚诩所说的学校，是指正统元年（1436）由太仓人查用纯建言，周忱批准兴建的太仓卫学。[4]当时卫所军户子弟入卫学享有岁贡和粮廪之特殊优惠政策，附近的昆山、常熟、嘉定三县一般的民生则没有军生的特权，人才培养受到限制。[5]龚诩所言实际上即是设立卫学之后卫军欺扰的现象。

龚诩还指出，当时官府巡察时，未严纪律，军豪私谒巡察官的现象屡见不鲜。治农官怠职、水利失修、冗卒费饷的弊端也非常明显。在钱粮方面，漕运改为官军转输后，运粮费重于海运，对于朝廷试行的补贴官军军粮的方法，龚诩表示赞成，但强调不能折色。当时太仓卫的军屯散布于邻县，每军授肥田十二亩或瘠田十五亩，耕种收成后，上交六石子粒，余者作为军粮。龚诩认为子粒过于繁重，田则不均，转运上仓扣除的手续也相当繁琐，必须改革。此外，有司擅兴土

---

[1]（明）况钟《况太守集》卷12《禁粮长各弊榜示》（宣德五年十月），第130—131页。
[2] 弘治《太仓州志》《凡例》，第5页。
[3]（明）龚诩：《上巡抚周公书》，周煜编：《娄水文征》卷10，第1—18页。
[4] 崇祯《太仓州志》卷4，《学校志·学宫》，第1页。
[5]（明）朱瑄：《奏立州治以安地方疏》，嘉靖《太仓州志》卷10《遗文》，第739页。

木，驻卫官员滥用酷刑，而卫所一带土豪竞效仿之。官员科索损民，官吏犯法以财赎罪，清理田粮未惬公道，这些官吏舞弊作恶的现象，令龚诩深恶痛绝。他还指出，当时"盐法禁令未能两全"，官盐往往不纯，而私盐洁而易买，按官方规定，盐法采取计口责纳盐钞，民间苦于无钱纳钞。另一方面，盐商须买通官吏，才能顺利支盐，因此盐商常被称为"官下舍人"，盐丁灶户则穷苦不堪。更严重的情况是，由于卫所军饷发放往往不足额，一些兵丁铤而走险，贩卖私盐。[1]

龚诩当时隐居太仓，官府曾邀其任官，被龚诩婉绝。他给周忱的上书，旨在建言兴革，剔除积弊，改善太仓高乡一带的社会秩序，其中既点出卫所军户之困难，也阐述了太仓一带民户之疾苦，可以说具有较高的参考价值。从他的叙述来看，当时太仓的军情和民情都不容乐观。作为在海漕时代兴起、进而筑城、随后立卫的太仓城及其周边聚落，在海漕时代过后，其卫所军政以及卫所周遭的民政事务都需要彻底整顿。而要调和兵民间的紧张关系，在既有的卫所系统下，尚缺乏有效的民政机制。正如弘治《太仓州志》的撰者太仓人桑悦所言：

> 洪武十二年分卫镇海，并治一城，荷戈与操耒者游居，岁久芒顿弗伦，怯膏馁强。[2]

> 众议，薄城内外，兵民糅居，岁久脆劲莫埒，当设镝键以为之防。又兵累岁荷戈，时屡乏饷，或有庚癸之呼。[3]

太仓一带的治理难题，并非仅仅源于太仓卫城内的军民关系，还反映了海漕时代推动下高乡农作和聚落发展所带来的行政难度增加的问题。周忱曾委任户部主事何寅丈量太仓卫田地，然而由于太仓卫的大户、军官等地方权势的掣肘，何寅根本没有展开丈量，而是任由胥吏开报，只管原额，不问田粮征收公平与否。宣德正统时期，太仓卫

---

[1]（明）龚诩：《上巡抚周公书》，周煜编：《娄水文征》卷10，第1—18页。
[2]（明）桑悦：《镇洋山记》，弘治《太仓州志》卷10下《文》，第294页。
[3]（明）桑悦：《新建苏州府太仓州治碑》，弘治《太仓州志》卷10下《文》，第303—308页。

与苏松各处有着相似的钱粮积弊，且同样无法根除，因此陆容才说："自正统初至今，量同者纳无地之粮，京官家享无税之利。"[1]针对龚诩的建言，当时周忱对太仓所能作出的调整，主要是优恤军士，划出太镇二卫"官军居冢地"三十九顷四十三亩多的田地，以五升的低税则起科，作为两卫官军俸粮，免去加耗和民差。[2]从正统到成化（1436—1487）的半个世纪间，由于当时沿海寇盗问题较为严重，整个太仓地区的治理形式，只能维持原来两卫军事驻防体制下的平衡。然而太仓"时屡缺饷"，民户苦于征输的情况依旧，兵丁贩私盐、军豪权势占田等积弊也就无法去除。

嘉靖《太仓州志》记载成化年间"平海"的两个事例。其一是关于追捕刘通的故事，据志中所言：

> 镇海卫小卒刘通，少年服役，为官奴，既壮长，身有勇技，不畏矢石，驾六舟，贩盐江海。他剽掠及贩匿盐者必曰："我刘长官船。"于是通之名日著。通一日出，偶值二商坐水滨哭，问之，商曰："我商人，钱财尽为刘通劫去，故留此悲恸耳。"通曰："我即通也。"问盗所往，遽追及之，叱盗止舟，悉收缚，按之水，金帛尽以归商，然通竟不能自解。[3]

这一出"盗亦有道"的传奇故事，反映了当时太镇两卫兵丁参与私盐贩卖和海上劫掠活动的一些事实。成化十七年（1481），官府为了追捕刘通，曾欲出动京军，时任兵部职方郎中的陆容认为不必大动干戈。然而，结果证明官府实在不是刘通的对手，官方调集太仓远近所有官船，刘通竟能收发自如，与官军周旋。后来官军得知刘通孝母，挟持其老母出海，才劝降了刘通并诛杀之，但未追究其党从。[4]

另一则故事是追捕崇明人施天泰。志中记载，弘治初年施天泰在

---

[1]（明）陆容：《菽园杂记》卷7，第84页。
[2] 嘉靖《太仓州志》卷3《兵防》，第215页；嘉靖《太仓州志》卷5《户田》第378页。
[3] 嘉靖《太仓州志》卷3《兵防·平海事迹》，第230—231页。
[4] 同上书，第231—232页。

海上贩卖私盐时，与同县富户董氏相呼应，后来施未将贩盐之利分予董，董一怒之下，报知府林世远追杀施天泰。崇明施氏据点遂破，地名半洋沙改为平洋，马腰沙改为马安。[1]施天泰的故事透露了另一信息，即成弘年间海上势力常常与乡豪里应外合，苏州官府和太仓卫不易撼动。

  针对太仓地区的治理问题，在成化末年到弘治初年，一些士大夫和官员已经开始谋划太仓建州之事。最早的提议出自成化十五年（1479）巡抚王恕（1416—1508）。当时苏州府进行了踏勘，但没有下文。到弘治七年（1494），御史刘廷瓒重提王恕立州之议，不料当年饥荒，其奏议遭逢搁浅[2]，不过当时士大夫间已在广泛讨论立州之事。陆容曾收到同乡孙氏撰写的《太仓志》初稿，关于志稿中把有关太仓镇两卫的建制、儒学等条目，是置于官司之前为佳，还是置后为宜，陆容持保留态度："若云此志欲为他日立州而作，故以军卫附于诸有司之后，不犹鸮炙之求乎？"[3]（按："鸮炙之求"是过早乐观地估计效果的意思。）从孙、陆有关撰志体例的讨论，可知当时立州的趋势已经颇为明朗。[4]弘治十年（1497），太仓立州终成现实。当时巡抚右副都御史朱瑄综合众议，提出了太仓立州的六点理由：

  太仓设州，诚于军民便利有六：如昆山管辖唐茜泾等处，常熟管辖直塘、双凤、涂松等处，嘉定管辖刘家港等处，各离县

---

[1] 嘉靖《太仓州志》卷3《兵防·平海事迹》，第232—234页。
[2] 正德《苏州府纂修识略》卷1《政事上·立太仓州》，明刻本，第3页。
[3] （明）陆容《复孙博士书》，周煜编：《娄水文征》卷12，第7—9页。
[4] 按：拙著修订过程中，蒙上海社会科学院历史研究所王健兄专门发来日本京都大学人文科学研究所藏陆容《式斋先生文集》资料复印件两篇。该文集为昭和四十七年京都大学以美国国会图书馆所摄日本北平图书馆藏弘治十四年昆山陆氏刊本胶片影印，其中卷20《陈言太仓不便八事》及卷36《太仓相应立州缘由与刘御史廷瓒》二则与本节所论直接相关。前者抬头书"兵部武选清吏司郎中臣陆容"，并称该奏疏之作出自其回乡守制之见闻，作于成化中期，其文主要陈言太仓、镇海二卫之抵牾及卫政之积弊；后者首段中陆容先书数语感嘱刘廷瓒之知遇，后列太仓立州缘由七则。首段末尾有双行加注，当是弘治十四年刊刻时所书，曰"今巡抚都御史朱公瑄奏立州治亦全因此词，年戊申，均岁贡一疏"，据此可知该文应于弘治元年（戊申）由陆容呈予刘廷瓒，弘治七年刘上疏后未竟，弘治十年朱瑄复奏，立州终成。由此两则材料，可知陆容在成弘年间参与了太仓改卫与立州的实际运作过程。谨此感谢王健兄赐教。

远若干里,到太仓各近若干里,若将附近乡都分割,则纳粮当差不致远涉,一也;又太镇二卫,本备倭寇而设,近年官军俸粮,俱往别县关支,犹为不便,万一寇发城闭,何恃以守,若立州,则粮积充足,有备无患,二也;又城郭内外军民杂处,大率军多刁横,欺凌民户,兴讼委官,不得约会,以致监禁日久,若立州,则民有宗主,而不致受欺,军知畏惧,而不敢纵恶,设有词讼,可以旦夕狱成,三也;又附近人民每将货物入城变卖,有等光棍用强挼买,寻闹抢夺,以致乡民别处市集变卖,路远费多,若立州,庶免前弊,四也;又崇明离苏州府若干里、太仓城若干里,其民到府必经太仓,而守御千户所又属镇海卫辖,若立州,统领崇明,则远近相制,五也;又卫学军生例有岁贡,三县民生附近卫学肄业,既无粮廪之资,又无岁贡之路,科第虽不乏人,奈鲜额有定,不无淹滞,以致皓首穷经,无由补报,若立州,军民生徒均有廪贡之沾,实为后学之幸,六也。[1]

朱瑄的上疏,主要是采纳了陆容的建言,针对太仓卫的钱粮征解以及兵民关系的调整,提出立州整治之利。立州之策很快得到中央的批准。

通过考察宣德到成化年间太仓卫的社会变化及官方的相关改革思路,可以明显看出,这场由卫立州的区划改革是势在必行的。永乐废海漕后,太仓卫一带治理难度逐渐加大,而从宣德改革期到成化年间,官府始终无法在卫所体制下调和各种矛盾,反倒对沿海的盗寇等失序状况越发失去控制力。在这种情势下,从区划上调整太仓地区治理格局,建立行政管理系统的决策也就应运而生了。

太仓从军事卫所置为治民之州的过程,处于成弘年间各项田赋钱粮制度频繁调整的时期,从景泰到成化,历任巡抚和知府在宣德改革后继续推进加耗改革,其中成化十五年(1479)应天巡抚王恕修正出一套论田加耗的办法。[2]论田加耗主要是针对官民田的税则差异,旨

---

[1] (明)朱瑄《奏立州治以安地方疏》,嘉靖《太仓州志》卷10《遗文》,第737—740页。
[2] 以上改革过程,参见范金民、夏维中《苏州地区社会经济史(明清卷)》,第113—124页。

在简化田赋征收则例,此举改善了官府的财政运作,但没有改变官民田负担不均的事实,其总体倾向还是保护富室豪右。这一时期也是商业活动迅速发展、社会财富流动加快的时期,然而,由于赋役体制的不完善,苏松地区州县的治理还存在诸多困难。据嘉靖《常熟县志》载:

> 当成化之际,民物殷阜,常熟号为乐土。此后水旱荐臻,民不聊生,户多鬻产减田额以求售,巨室乘急择膏腴而弃硗瘠。重以江湖坍蚀,粮不开除,小民始有弃乡井以逃窜。遗赋在户,抑粮长为之代纳,其未逃亡者,户赔输之。乃若析县入州,而州县田粮互为影射,兼之里书恣为奸弊,有司惮烦,莫与为理,改易粮则,讼牒繁兴,而田赋之法于是大坏。[1]

这段记载间接揭示了太仓立州在弘治年间得以顺利开展的原因,即"析县入州"为地方混乱的钱粮政策提供了一个重新洗牌的机会。新州设立时,一些坏账很可能在官吏和豪户的合作下被冲刷销去。因此,无论是昆山还是常熟和嘉定,都乐于参与这场政区析置。据州志记载,弘治十年(1497)立州后,朱瑄委任苏州府同知万祥,于四月偕同昆山、常熟、嘉定三县知县张鼎、杨子器、孙玺相址营度,其间苏州知府曹凤到任,也马上亲诣,共同商定了区划和辖境。[2]新设的太仓州辖境就包含了昆、常、嘉三县析出的部分。(图21)

在某种意义上,太仓州的析置,是在赋役改革不稳定时期的"洗牌式"区划行为。它恰好符合了苏州府昆、常、嘉三县地方的利益诉求,并力图以行政体制解决原太仓卫地区的治理问题。太仓州成立后,第一任知州李端奉命到任,他面临的任务是相当艰巨的。弘治《太仓州志》撰者桑悦在序言中评曰:

> 太仓在元为漕海要津,市声霍霍,季世尝一迁昆山州治于

---

〔1〕 嘉靖《常熟县志》卷2《田赋志》,《北京图书馆古籍珍本丛刊》,北京:书目文献出版社,1997年,史部地理类,第27册,第1000页下—1001页上。
〔2〕 弘治《太仓州志》卷2《官廨》,第60页。

图片来源：据太仓县县志编纂委员会编：《江苏省地方志·太仓县志》第二章第一节"明弘治十年（1497）年始建太仓州模拟图"绘制，南京：江苏人民出版社，1991年，第71页。

图21　弘治十年（1497）析置太仓州示意

兹。迫于水寇，州复故址。我朝立太仓卫，分卫镇海，控制三溟。岁久甲胄奋张，黔黎莫乂。当道遂奏闻割昆山、常熟、嘉定之地，建立太仓州，以为襟辖。众议艰于割业，兼才倍能，始克有济。枣阳李侯……州侯莅任，以三邑民心甘辛异味，一治调和，政若锄犁，强者突封，弱者沁洼，铲高益卑，俱为平土，又制立大防，足以垂示。[1]

从"政若锄犁，强者突封，弱者沁洼，铲高益卑"等语，可以想

---

〔1〕　弘治《太仓州志》《序》，第1—2页。

象当时李端整治太仓积弊的难度。弘治十至十八年，李端及其后的李钦、翟敬、陈铣四位州守，任期都只有一至三年。[1]即使是以霹雳手段，估计也难以调和各种利害关系。

正德初年，倪宗正任太仓知州，他向朝廷上呈《陈言地方利弊疏》，其中所言弊端有六：一是财力不支，水利失修；二是水利与捕盗未能分任专官，难以奏效；三是民壮之设并无必要，反而生扰；四是军卫月粮常有短缺；五是田粮额重，斗则不均；六是有司掌印管粮等官更代太快，簿书承受之际，胥吏从中舞弊。[2]从倪宗正的上疏来看，正德年间太仓州治理的困难，较之弘治十年立州之前，并没有得到缓解。太仓立州后，太仓卫并没有废除。太仓州处理军、民事务中，仍要解决诸多棘手的问题。州县官员的频繁流动，也加大了各项钱粮、刑名事务的行政交接成本。倪宗正还提到了水利治理的困难，强调当时以一州之力治大小泾浜尚可，如杨林、七浦等涉及一府利害的大港浦，在无大员督治、州县财力不足的情况下无法疏浚。其言下之意，即是大港浦的水利必须在大员督治下、由各州县共同承担。倪宗正所述的水利问题，就是上编第三章第一节提到的15—16世纪东北港浦加速淤塞的问题，当时围绕水利疏浚的实施，苏州府州县间存在着协调机制上的争议，譬如嘉靖年间昆山、常熟间有关斜堰存废问题就发生了纷争。[3]在嘉靖年间，赋役改革又给高低乡土地开发及水利疏浚带来新的矛盾，太仓州的区划问题成为这个矛盾过程的一个焦点。

第三节　博弈：嘉靖"废州案"

所谓"废州案"，是指嘉靖年间有关废革太仓州建制的一个提案。废州案的前因，首先是正德后期到嘉靖前期有关苏松地区州县设立水利、兵防专管官员的改革。

---

[1]　嘉靖《太仓州志》卷6《职官》，第421—422页。
[2]　（明）倪宗正：《陈言地方利弊疏》，嘉靖《太仓州志》卷10《遗文》，第742—750页。
[3]　（明）金江：《新建七浦斜堰闸记》，嘉靖《太仓州志》卷10《遗文》，第775—779页。

前引倪宗正在正德年间的《陈言地方利弊疏》中，已经提及有关太仓水利、兵防运作的难题。在成化年间，苏州水利、刑名尚无专官，最早提出立太仓州的巡抚王恕，曾与苏州知府况钟在弘治年间奏设刑部主事一员随理刑名，设工部郎中一员分治水利，当时没有设道专管，治理情况欠佳。像太仓这种在卫所基础上析入三县之县境而成立的新州，官吏团队刚搭建不久，事务必定纷繁庞杂，水利和治安事宜势必难以兼顾。正德初年倪宗正等州县官员的上疏显然引起了朝廷的重视。正德七年（1512）朝廷批示在苏州府太仓州设立兵备道，委任按察副使谢琛管理刑名，整饬兵备。[1]

到了正德九年，都御史王真上奏，要求裁革兵备道，更立都察院行台。嘉靖元年（1522），由于工部尚书李充嗣出任巡抚，并主持兴修水利，于是朝廷委派两名工部郎中协同李充嗣治水，后又罢工部郎中，改为委派浙江按察佥事兼司水利、屯田、捕盗。于是，主官品级下降，没有达到兵备道专管时的节制效果。在这种情况下，一些官员提出了复立兵备道的建议：

> 给事中曹槐、监察御史汪□、巡抚都御史吴廷举等皆以东南地广事繁，宜如正德间建立兵备官故事，相继上言。[2]

这段记载见于嘉靖《太仓州志》的《兵防》门，初看起来，该记载是有关三位官员复置兵备道的申请。然而，查阅《遗文》门中由嘉靖初年太仓知州刘世龙所撰《前存州勘案》及太仓生员王梁所撰《后存州呈议》便可知道，当时复立兵备道的相关提议，原来包含着一个废革太仓州的计划。废州之议始于进士屈儒和太仓卫官郭田之请，后由太仆寺寺丞姚奎附议，嘉靖三年巡抚吴廷举下达勘察命令，一场关于"废州"还是"存州"的大调研和大辩论自此拉开帷幕。主持此次查勘的官员是苏州府同知罗洪载、镇江卫指挥陈岳生、太仓及镇海两卫

---

〔1〕（明）陆深：《江南新建兵备道记》，《明经世文编》卷155《陆文裕公文集·记》，北京：中华书局，1997年，第2册，第1557—1558页。
〔2〕嘉靖《太仓州志》卷3《兵防》，第200页。

掌印军政指挥和太仓知州刘世龙等，查勘要点针对屈儒及郭田提出的"废州"言论，考察"州治应否撤毁，民情土俗有无乐从"。关于这场辩论的细节，除了《前存州勘案》和《后存州呈议》有所记载，笔者尚未查得其他相关文献可供补充。由于这两篇文献均代表了"存州派"的立场，对"废州派"之言论难免有所择取和强调，因此只能通过它们了解论辩的大致情况。

当时"废州派"提出的理由主要包括：其一，析县置州时昆山与太仓割分不均，太仓之民和太仓生员在州县问题上的观点不足为训；其二，立州后军民共处，借贷不便；其三，两卫官军的俸粮在本州支给不便，不如仍拨派各县支取；其四，州官处理军民诉讼事件不便，民快生事；其五，太仓州管辖下的崇明县民穷为盗；其六，立州后州学于民于军无益。[1]显然，上述废州理由，即是针对二十多年前由朱瑄所提出的立太仓州之"六便"，废州派旨在说明太仓立州并未达到先前的治理目标，有害无益，理当撤销建制。

对于屈儒和郭田的言论，刘世龙则引述州学生员王梁上呈的文书以证其谬。王梁首先回顾了太仓立州之缘起，也指出此次"废州"风波出现的背景：

> 迩年以来，连遭饥荒，昆山低乡尤甚，故昆山人户不察大体，蜂起妄议，以为膏土割分于州，而无复仰赖于东南高乡，此乃一时不揣其本之论。……前任知州等官因见民贫役烦，将寄庄军户一概照田编当粮长，似此军豪结勾民间狡黠之徒，造捏妖妄不便之说，动摇民业，煽惑人心……[2]

若王梁所述确为实情，则存州和废州的纷争之所以出现，表面上看虽只是"州卫军民各执一偏之说"，莫衷一是，而实际上是州、县

---

[1]（明）刘世龙：《前存州勘案》，嘉靖《太仓州志》卷10《遗文》，第757—767页。按，该篇文字有残缺及错字，已参《吴都文粹续集》所录该文进行校正。（钱谷：《吴都文粹续集》卷10，《景印文渊阁四库全书》，第1385册，第246—248页。）

[2] 同上书，第760—761页。

和卫之间的利害关系使然。关键在于两点：其一，弘治以后低乡连年水患，居于低乡的昆山比居于高乡的太仓受害为深，因此希望废太仓收回旧县境保收成，这便是"废州案"背后的州县之争；其二，太仓卫军豪门下的寄户，在当时赋役编排体制下必须承担粮长之役，这显然大大增加了他们的负担。出于实际利益的考量，他们主张废除太仓州行政建制，回到卫所管制体制，以便规避差役。

基于这样的立场，王梁对屈儒所述一一进行了反驳，比如两卫官军俸粮支取不畅的问题，并非本州运作不力，而是因为"二卫军粮，俱被官豪势要积年弊串关支，贫军颗粒不得，似此不行，即派官军，自谋不赡"，不能归咎于州治。若能按规定由上司拨派，本州支给，"则粮长无转输之劳，而官军有坐享之休，军民两利，群议息矣"；若分拨各县，回到设州前的制度，则跋涉不便，在诉讼问题上，王梁承认，立州之后，三县人民入城买卖与官军的冲突一直未能消除。其间"军未必皆横恶，民未必皆良善"，只要秉公处理，"事无回护，问无冤枉"，即可平息。屈儒一派以"军卫抢夺为讳，专以民快生事为言"，与事实不符。[1]至于崇明县的治理效果问题，王梁也提出了与"废州派"不同的观点：

> 今见立州之后，崇明人户多有徙居本州地方生理，其崇明本土之人，亦各安业，但各沙顽民凭险为盗，习染既久，一时难免；今之说者以为添设州治，民穷为盗，大祸屡延。殊不知州治未立之先，若刘通、金璠、杨价等悉皆大盗，抑岂立州以致之邪！[2]

"废州案"的出现，还有一个重要推力在于，昆山县以及太仓两卫军户存在一些共同的利益诉求，因此有关的辩论在屈儒提案之后并未终止。王梁《后存州呈议》即是记载其与"废州派"代表太仆寺寺

---

[1]（明）刘世龙：《前存州勘案》，嘉靖《太仓州志》卷10《遗文》，第757—767页。
[2] 同上书，第763—764页。

丞姚奎的论辩内容：

> 今姚奎所奏有云，弘治十年，巡抚朱奏立之后，人民自此而困，徭役自此而繁，百姓自此而逃亡，土地自此而荒芜，税粮飞诡牵制。自此累岁不能清楚。……所谓税粮不能清楚，殊不知黄册造报，已经三次，何不清楚之有！所云东连嘉定，西接常熟，鸡犬相闻，无广谷大川之限，州治不必建立，殊不知……皆大川广谷，杳茫远阻，谓之鸡犬相闻可乎？有云添出一番冗食官员，尤为无见。……所云添出一番解户粮里徭役，然富家巨室在州当此户役，在县亦当此户役也，谓之添出一番可乎！所谓三县额设一应差科如故，殊不知割去一亩田地，减去一亩差科，安得谓之如故乎！又云费用之倍出，钱粮之难查，供应廪禄之费，以致民困财匮，百姓逃亡，土地荒芜，税粮欠缺。……皆琐屑鄙陋之言，非识大体之论，未必皆实也。有云刘元兆连名具呈废州，巡抚衙门案卷俱在，今则案卷并无刘元兆名目。又云苏州即旧日之苏州，何昔日户口之繁，而今日之逃亡四散乎！识者见此，莫不大相骇笑。未尝见一州之立，而致一府七县之穷困也。使三十年来如此，则地方皆为鬼魅之区矣。……姚奎家居百里之外，何由而闻见若此？如其情实可痛，何本州士民曾无一人倡说具奏等因。……又云立州之后，海寇施钮作乱，直抵太仓北门，放火劫掠，烧毁居民房屋一空，臣所目击。梁生长兹土，实见当时施钮作乱。随潮进港，至西门，止烧沙船二只，并无劫掠烧毁、居民房屋一空之说。[1]

王梁在论辩中继续驳斥了"废州派"为推翻朱瑄立州"六便"说而捏造的事实，并指出富家巨室支持废州者系图私利。此外，王梁也提出了存州的一大依据，即立州是出于"备倭御寇"。三十年来，"无事则讥察之任、豫备之策在州也，有事则应调之兵、擒获之略在州也"，

---

[1] （明）王梁：《后存州呈议》，嘉靖《太仓州志》卷10《遗文》，第768—770页。

从而使得太仓两卫居于"江南诸卫之冠",因此"州有功于卫"。[1]

从两番论辩来看,存州与废州中最激烈的势力对抗是太仓州与太仓卫,两方论辩所举事实是否确凿,固然难以清晰辨别。"废州派"之言论或有夸大或捏造的成分,但"存州派"也列举不出立州后形势大好的具体表现,这种情形反映了立州近三十年间在钱粮、刑名等方面的管理并未尽善,军民关系仍显紧张,州卫之争愈趋尖锐。

除了州卫之争,州县之争也值得进一步分析。前引嘉靖《常熟县志》提到的成化以后"水旱荐臻"的原因,显然就是明前期整体蓄泄格局改变,加上高乡加速开发所导致的东北港浦被浑潮所淤,导致低乡积水不泄,"水旱荐臻"其实是高低乡水利完全分离的表现。恰恰是在成弘年间,由于太仓卫一带难以治理,以及苏州府常熟、昆山、嘉定各县赋役改革的困难,弘治十年太仓设州,旨在缓解困境。从太仓州的析置过程来看,昆山将处于高乡的东部县境划入太仓,这就出现了相互毗邻的太仓州与昆山县,前者大部分处于高乡,后者基本上处于低乡的情况。

在比例尺为1:200000的太湖流域水系与地形图(图22)中,可以清楚地看出,州县交界两侧,昆山低乡平均高程要比太仓高乡大约低一米。除了地势之差别,15世纪东北港浦河床淤高的情况已经比较严重。因此,昆山低乡不仅向东排水困难,还经常面临高乡浑潮灌入、沉淀泥沙的危险。在明代中期,昆山境内豪户占垦湖田的趋势没有停止,而高乡占河请佃升科的趋势也在加深。州县各有垦殖,却各不通属,上峰无专司节制,水利统筹因此渺茫无望,这就是上编第三章第一节所述昆山在七浦筑斜堰的时代语境。斜堰之筑,就是高低水利分离,州县水利矛盾加深而出现的水利工程,亦是嘉靖"废州案"中州县之争有关农田水利矛盾形成的水环境变迁过程。

正德年间昆山低乡连遭水害,遭受饥荒,而太仓因地势稍高不遭水害,反得灌溉之利。在这种情况下,王梁所述的"昆山人户不察大体,蜂起妄议,以为膏土割分于州,而无复仰赖于东南高乡",可能

---

[1] (明)刘世龙:《前存州勘案》,嘉靖《太仓州志》卷10《遗文》,第760页。

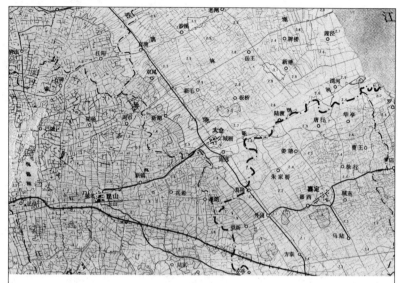

地图说明：

1. 该图选自中国科学院南京地理研究所、水利电力部太湖流域管理局编绘《太湖流域水系与地形图》局部，比例尺 1：200000，陆高为1956年黄海高程系，1987年出版。

2. 太仓设立后，与昆山之界线在明清时期保持不变，民国时期以及1949年以后，有关太仓的区划调整主要针对太仓与常熟、嘉定之交界，故图中所示太、昆之界虽为20世纪80年代数据，但仍可反映明代太仓州与昆山县之分界情况。有关太仓县境之变化，可参太仓县县志编纂委员会编：《江苏省地方志·太仓县志》第二章第一节，南京：江苏人民出版社，1991年，第71—74页。

图22　昆山与太仓的微地貌差异

确有其事。[1]弘治十年以昆、常、嘉三县沿海县境析置太仓州后，昆山县境仍比太仓要大，县大州小，如今昆山反归咎于州境过大。"存州派"从县境面积实际对比来驳斥屈儒所提出的州县划分不均使"州有不利于县"的观点，显然是合乎事实的。

其实，州境、县境的"大"与"小"，更重要的是结合财政负担和地方开发利益来考量。上文提到，成化年间最早提出立州之议的巡抚王恕，推行了论田一体加耗的改革，直接影响了嘉靖十七年（1538）欧阳铎的均田改革。不过，在欧阳铎的均田改革之前，官民田税则并

［1］（明）刘世龙：《前存州勘案》，嘉靖《太仓州志》卷10《遗文》，第760页。

未扒平，高低乡的税则也存在差别，高乡税则低于低乡。也就是说，在"废州案"发生时，昆山田地的税则高于太仓，低乡水田在丰年当然利润丰厚，除去课税仍有很好的收益，但在水患之年，低税则的太仓田地，相比之下就是膏腴之田。这是导致昆山要求废州，以求得太仓高田弥补损失的制度因素。

以此反观州卫之争，两者争论的焦点之一在于按田编粮役。正德嘉靖年间，粮长从一种有利可图的半公职人员，逐渐衍变为一种差役，一种赔钱的苦差。因此，明中期以后，民户逐渐以逃避粮长之役为幸事。太仓立州后，原来被军豪控制的人户，在赋役改革中被纳入州县行政管理中，也需要按田编派粮长。制度改革导致军户利益丧失，他们的不满情绪在立州后就已经累积，到了此次"废州案"正式显露出来。

就"废州案"的论辩过程而言，难说两派的论据孰优孰劣。其间相关官员在地方和中央的角力，限于史料，我们也不得而知。不过，在正德嘉靖年间东南寇盗兴起的形势下，王梁强调的"存州"对于"备倭御寇"的意义，朝廷显然是愿意接受的，而立州三十年的实践，确实也证实了太仓州对于海防总体上是有贡献的。正德年间，为编修实录，苏州吴县进士杨循吉（1456—1548）纂成《苏州府纂修识略》，上报朝廷。该书主要录入成弘年间苏州府的政事，杨循吉在第一卷中就撰写了《太仓立州》，他在篇末说道：

> 先是，吴浙间素无州，有州自此始。州初建立，咸谓添一衙门，百需具兴，而三县膏腴皆为州有，供办视昔为艰。至（弘治）十六年，海盗生发，官府处置收抚皆驻是州。贼虽凭陵州境，而终不敢侵轶以深入，盖有州卫犄角镇扼之故。然后乃知昔之请建，若预有见云。[1]

从这些叙述可以看出，太仓立州对于平海之利，并非是"存州派"

---

[1] 正德《苏州府纂修识略》卷1《政事上·立太仓州》，明刻本，第4页。

为了驳斥"废州论"才制造的舆论，中央和地方官员对此也有较多的认同。从整体舆论氛围来看，"存州派"还是占上风。嘉靖三年围绕"废州"的讨论和调研，以存州为结果，然而"废州案"并未烟消云散。

第四节　定局：太仓存州复道

在嘉靖年间海上寇盗势力不断骚扰沿海州县的形势下，太仓州面临较大的治安压力。太仓州没有被废革，但有关兵备道重建与否的问题，在苏州地区的官员中还是频频引发争议。嘉靖十四年（1535），给事中朱隆禧再次抛出"建道革州"的提案。他的上疏显然是在屈儒"废州论"的基础上，主张以兵备道代替州治，也可以实现靖海安民的目的，并试图推翻"存州派"关于"州利于卫"的核心论辩。他首先回顾了弘治以后太仓一带海寇频频侵犯的事实，突出太仓卫时期兵备官驻防的关键作用，从而把弘治以后的寇害归咎于立州后不设兵备官。他说：

> 臣尝得诸里传巷议，金谓祖宗之时，额建太仓、镇海二卫，以须备倭截港之役，特设兵备宪司一员，驻扎太仓，以专控御。上下严督，兵民震慑。即有小警，不旋时而销格矣。自弘治十年，巡抚右副都御史朱误听军强民弱之议，即疏建州治，乃割常熟、昆山、嘉定之半隶而为州，添设州牧等员，而宪司寝革。自兹法日隳，民日病，将不胜其众害矣。何也？州牧之与卫吏位相轧，法不相束，则其势不得不至于相玩。监司宪职不过岁一再至，积弱之弊遂不可服。……查照祖宗旧制，先行沿设兵备副使一员，领敕颛守地方，严束官戍，兼理屯田、水利、盐法，其诸贪残无耻、惯通海盗等官，以渐更调惩诫，以消祸萌。其海上贩盐造船等弊，听因势设策，禁于未发。……其添设州治，原非祖宗旧额，实系抚臣纷更，阖郡之民怨恨咨嗟亦既有年……唯是沿设兵备，吏科给事中管见曾疏言之。乞革州治，进士屈儒等亦累疏言之……[1]

---

[1]（明）朱隆禧：《重建兵备道疏》，嘉靖《太仓州志》卷10《遗文》，第750—757页。

朱隆禧旨在强调，兵备官备倭御寇的功能更在太仓州之上，然而，他将设州后的情形描述为"法日隳，民日病"，显然是言过其实，不仅否定了立州后行政官员的治理工作，还用"贪残无耻，惯通海盗"等表述，指控某些官员通倭的罪行。以这样的方式把"废州"和"复兵备"两个命题捆绑在一起，是缺乏说服力的。

不过，朱隆禧的上疏，倒是点出了弘治"立州"和嘉靖"废州"在行政层面上的两个主导因素，前者是"军强民弱"，后者是"州牧之与卫吏位相轧，法不相束"。毕竟原来太仓的卫所系统在实质上主导卫城周围民政已经一百多年，新州的行政体系一时难以凌驾于卫所之上，在行政事务上必定有诸多摩擦。

嘉靖三年"废州案"最后以维持原状而结束。朝廷对朱隆禧嘉靖十四年的提案则批示："置道可，州毋得废。"同年，按察副使李士允上任，兵备道"后为常。列衔始浙江，更山东，后更湖广，巡视地苏州、松江、常州、镇江四府，苏州、太仓、镇海、金山、镇江、新安、宣州七卫，兼理刑名、水利、捕盗、屯田，岁居太仓州外，水利、粮储各设一道，四府共三道。"[1]

州卫之争最后以存州为结局。在州县之争中，太仓保住了州治地位，不过，州县矛盾还有更复杂的一面。其实，州县双方都想维护并扩大自己的利益，或许可以认为昆山怀"贪婪"之心而未遂，但太仓也绝非没有得寸进尺之意。在崇祯《太仓州志》中就有这样一段记载：

> 弘治年间，巡抚都御史朱建议割常熟、嘉定、昆山地立太仓州。嘉靖初议毕，复止，以赋役言，则州居县上，以地言，则州小县大，民何以堪？今须再议割取二县地以益州，庶无不均患。且如常熟东南、昆山东北，多有可损。地环绕太仓三镇，三镇民辄恐两处差役，故不敢置足。合之有益于州，无损于县，士大夫其图之。[2]

---

[1] 崇祯《太仓州志》卷10《兵防志·兵备道》，第55页。
[2] 崇祯《太仓州志》卷15《琐缀志·逸事》（该册为补抄本，不分页）。

太仓"存州"的同时，州中可能也有一些人在散布"县大州小"的论调，要求太仓增地。

嘉靖十四年太仓"存州"，尚未消解太仓与昆山间在财政上的冲突，高低乡税则的差别依旧存在，官民田赋役不均的局面仍然延续，各州县内部田粮隐匿拖欠、簿册统计混乱的现象亦未改观。嘉靖十七年，由礼部尚书顾鼎臣、南直隶巡抚欧阳铎、苏州知府王仪主持的均田均役改革中，土地重新清丈，税粮"征一"，官民田税则扒平，高低乡田赋税则差距大大缩小。这场大改革最早实施的地方，正是太仓州。太仓州判官郑寅写道：

> 田赋之法坏，重臣因疏请行量田之法。适兵宪肃庵王公守苏，时挺然当之，乃遍历田野，先劳不倦，首行之太仓，然不利于豪右。胥动浮言，煽惑群听，乡大夫间有不便者，俱以纷更疑公，海内缙绅之士，亦咸为公难之，公持之益坚。[1]

太仓知州林坐积极响应欧阳铎和王仪的均田均役改革，在太仓顶住了豪右和权贵极大的压力，坚决推行了清丈。这场均田均役的改革，旨在革除多年的积弊，其难度可想而知。监生王世昌回忆了他在林坐任知州期间参与改革的经历：

> （王仪）谓世昌："可与言也？"进之幕下曰："田非量不明，耗非摊不平。"指示其略，审问其宜，推赤心而无间焉。世昌才虽庸驽，无过人之识，然将命不敢辞……但积弊既久，革之实艰。故吾州之民见世昌之始事也，意颇疑而哗之。呜呼！田赋之计，乃一方事，非世昌一家之事也。苟有毫发私意存乎其间，神明必鉴……[2]

经过太仓州的努力，清理田粮工作在嘉靖十九年（1540）终于

---

〔1〕（明）郑寅：《太仓州清理田粮书册后序》，嘉靖《太仓州志》卷5《户田》，第383—385页。
〔2〕（明）王世昌：《书量田均粮册后》，嘉靖《太仓州志》卷5《户田》，第385—387页。

完成，一共清查出在册田地荡涂共九千九百七十五顷四十二亩三分四毫，该征平米二十一万四千三百六十一石七斗四勺。当时太仓规定，清丈前见册的田地，每田官员和相关人员一亩加耗一斗二升。清理之后，查出的隐蔽田粮除抵耗外，比旧每亩得减耗米五升八合八勺七抄五撮，只加耗米六升一合一勺二抄五撮。[1]从加耗的情况看，官员对此前隐蔽田产的富户采取了相对宽容的态度。此外对于太仓二卫的军豪势力，清查过程显得小心翼翼，譬如对"官军居冢地"，在一开始的改革中，王仪按照统一标准，以二斗八升起课，这等于取消了宣德年间由周忱制定的免加耗和民差的优惠政策，两卫中出现骚动。于是太仓州赶紧上报，称这一变故是"知府王仪误听里甲诘告"，"通判包梧，不谙政体，议以十亩五亩编充里甲"，因此"申请抚按衙门，准行本州判官李乘云勘免，两卫官军稍安"。[2]这一"非常规"处理，深刻反映了"存州"之后两卫军豪之掣肘势力不减。

经过这场改革，在合法的体制下，太仓高乡的土地开发成本大大提高了，像中编第四章所介绍的璜泾赵氏那样广占田产而未能以官位规避差役的富户，利益受到了很大损失。

太仓"废州案"至此也尘埃落定，以存州复道为结果。嘉靖二十七年，巡抚陈九德在上疏中，鉴于当时苏松等府钱粮拖欠的情况，强调设立兵备道，驻扎太仓州节制苏、松、常、镇四府兵备粮储事务的重要性。[3]从此，兵备道的设置和驻跸固定下来，也就意味着太仓州的政区地位完全确定下来。

嘉靖三十年，武昌人熊桴出任太仓知州，其后在太仓官职三迁，归有光曾撰序祝贺，其序曰：

> 镜湖熊公初举进士，受命守太仓州。稍迁为吴郡别驾，寻升太仓兵备佥宪。今又奉玺书，有宪副之擢。自筮仕迄今为方面，几及一纪，官凡三迁，而不离太仓治所。太仓，旧昆山沿

---

[1] 嘉靖《太仓州志》卷5《户田》，第375—379页。
[2] 嘉靖《太仓州志》卷3《兵防》，第215页。
[3] 同上书，第203—206页。

海之地。前代备御日本，唯庆元、澉浦、上海置戍，无言太仓者。自淮阳王建海运，则泛海之役，皆自此始。万斛之舟，云屯风飘，接于辽海，当时屹为巨镇。国家罢漕事，设两卫，百数十年间，海外无事。唯沙丁醵户，时或跳梁，然不逾时扑灭。而三吴生聚，反依大浸以为天险。嘉靖初，言者欲罢新建州，请置兵备分司。朝廷留州而置分司。先是浙省有水利佥宪，兼领吴中水利，今则并归于兵备。自建兵备而后，日本之患作矣，盖若有前兆焉者。[1]

在嘉靖中期备倭形势愈趋严峻的情况下，太仓的"存州复道"被归有光视作未雨绸缪的正确决策。后世的太仓州志中对熊桴宦绩之记载，除了重点褒颂其在嘉靖四十二年倭乱期间驻城坚守，在战后的旱灾中抚恤州民，从而以功升"苏松兵备道"之外，还有一句颇值得玩味的记载："时崇明悍军不逞，啸聚而乱，桴诛首恶十人，余悉不问，军中悦服。"[2]在兵备道设置以后，约束"悍军"仍是一件重要的职责。在崇祯《太仓州志》的《风土志》中，撰者对太仓卫军亦有不少负面记载，譬如："军士先颇悍，轻争善骂，见儒衣冠，则指而诽。州治立，始知尊礼……奴欲叛主，其力大者则窜入先贤宗谱下，且冒绝丁军匠，上人不察，每为所欺，亦他方未有也。"[3]到了明末，刘河水寨等沿海驻防颓势尽显，岌岌可危[4]，太仓州及兵备道对卫所的节制和管理效果，也不尽如人意。

本章小结

太仓在元初海漕时代，由小村成大港，又因昆山移治而成为一州

---

〔1〕（明）归有光：《震川先生集》卷11《赠熊兵宪进秩序（代）》，上海：上海古籍出版社，1981年，第250页。
〔2〕 嘉庆《直隶太仓州志》卷10《名宦》，嘉庆刻本，第16页。
〔3〕 崇祯《太仓州志》卷5《风俗志·流习》，第5、10页。
〔4〕 崇祯《太仓州志》卷10《兵防志》，第53—54页。

之治、海漕之重镇。至正兵乱，太仓筑城，成为张士诚的控海堡垒。太仓由此便与兵戎结下了不解之缘。明初平吴后，太仓设卫，又分卫镇海，两卫凛然于高乡海滨，兼理卫事及周遭民政。随着卫所管制下地方聚落的发展，军强民弱、军豪擅权、兵丁入寇贩盐等弊端显露，不利于官方财政和治安的实施。在明中期赋役改革曲折、沿海防卫吃紧的情势下，太仓由卫建州治，析昆、常、嘉三县的部分县境立州，三县及卫所洗刷欠粮，破旧立新，州卫共治，御寇平海，一定程度缓解了宣德改革后的困境，官方也在太仓初步建立了州县行政体制。因卫建州在明中期的三吴实属首创，无成规可循。州卫并存，共治却互不挟制，军民杂居，利益仍有抵触，州卫关系颇显紧张。此外，立州后水患频仍，在高乡轻税、低乡重额的土地开发成本对比之下，昆山以州大县小、州不利县的理由觊觎州境。州卫、州县两层利益矛盾，终于在正德、嘉靖海氛不平的形势下，酿成了嘉靖"废州案"。在州卫、州县的利益博弈以及官员对决过程中，朝廷的态度由暧昧渐趋明朗，最终，朝廷认可"废州派"复建兵备道之说，但否决其"废州"之言；支持"存州派"州卫共治之立场，但搁置其扩展州境之谋划。至16世纪中期，太仓州区划才完全固定下来。

从明初的卫所军事管治并兼辖民政的体制，到明中叶增设州治、州卫共治的体制，再到清代前期裁并卫所，不少卫所所在地方的行政体制先后走向州县治理体制。在清代前期，包括太仓卫在内的部分卫所，由于承担漕运的需要，保留了卫的建制，但其卫制发生了较大改变，并与州县体制、漕运体制产生更为复杂的联系。在卫所地方的区划转变过程中，明清时期的国家体制、地方治理模式乃至整个政治地理意识也发生着改变。在不同地域中，从卫所到州县的转变过程，既体现了特定的地域特质，又反映了明清时期国家在地方行政体制上的整体转变态势。

第九章 16世纪州县关系和政区定局

16世纪以太湖流域为中心的江南地区社会经济的繁盛局面及其在社会经济史上的重要地位，已得到学界的普遍认可。若着眼于流域地理面貌的演变历程，又可发现，16世纪太湖流域的水利总体环境和基层政区格局趋向某种平衡局面，并在此后很长一段时期内得到延续。分析这种平衡局面出现的基础以及水利变化与政区调整之间的内在联系，对于理解明清国家在太湖流域治理体制的发展颇为重要。

赵珍在近作中提出了中国古代政区体系与资源调控之间关系的问题，较宏观地分析了历代统治者在划分政区时，如何根据资源占有和分置状况，用移民、迁都、屯垦、实施水利工程以及非均衡的赋役政策等来改造区域之间的资源配置，从而弥补依照行政建制形成的区域资源差异，实现稳固的统治。文中提到，国家对水资源的重视和调控，一方面是大一统政权合法性的体现，另一方面也是大一统能力的象征。其中，有效的水利工程和管理要求跨越县、省行政划分，尤其是大的水利设施属于跨越行政划分的政治调控工程，不同朝代国家体制中中央权力的强弱，决定了这种政治调控的有效与否。[1]若我们回到区域性的个案考察，则可以丰富对这一问题的理解。从上述15世纪以前太湖流域的政区变动与治水事业的发展中，我们可以看到，在具体流域的水道治理与州县行政中，前者之理想状况在于综合筹划、

---

[1] 赵珍：《中国古代政区体系与资源调控》，《中国人民大学学报》，2009年第6期。

统一治理，后者的实际运作则在于封疆置吏、划土而治，并服务于不同时期的国家大政，两者之间的不合拍，常常使得水道的整体统筹受到多方掣肘。水利是地方水道治理的实质要旨，政区是地方行政权限的空间表达。水利归结于"利"，蓄水、排水、交通、税收各有其利；政区起始于"政"，政事、政党、层级、官阶常有所涉。在宋以后的流域开发中，水利与政区的关系常常变得更为复杂，因为越到后期的政区设置，其面对的既有政区网络也越是密集。新政区的设立，旨在消灭经济开发和社会治理的内部边界，却同时在政区网络中生成更多的县界和权限，这使得流域政治地理格局愈发复杂。

在政治地理格局复杂化的同时，15世纪以后太湖流域经济地理格局也发生了较大的改变，地方财政的货币化也给州县行政带来一些新的方式。在这些条件下，州县水利的协作有无新的可能？苏州府、松江府在16世纪进行的赋役改革，如何应对各自地域内不同的水利和田赋问题，对政区调整与积荒田地开发造成什么影响，从而促成16世纪两府政区的基本定局？这些问题都有待分析。

第一节　高乡水利协作与州县关系

上一章所述太仓存州复道之风波背后的深刻症结，其实是嘉靖年间"均粮"改革后政区间在财政上的紧张关系。乾隆《沙头里志》总共收录了黄与坚两篇文章，除了探讨区划建制的《太仓考》，他还撰写了一篇《太仓田赋议》，其中，他专门讨论嘉靖均田后州县关系的发展：

> 太仓自明弘治时割昆山、常熟、嘉定为州，田皆滨海，不任耕，而规则纷更，易为奸利，嘉靖时划而归一。浸寻至今赋益增加，而其害不可胜语。请备言之，宋元赋额，昆、常、嘉三邑止三升，递加至明时，已四倍，太仓以坍身斥卤，与腹里平平田一体输将，此太仓之苦倍于苏州也。昆山所割一区已，唯七区称沃壤，余皆浮沙瘠土，而粮与七区同。常熟海滨之区，科银一斗九升，今三十八都尚循此额，三十九都改隶太

仓，为二十六、二十七、三十八都，则增科至二斗八升。嘉定土高仰，不种稻。万历时奉议减折，独乐智、信义二乡等一坍身而割太仓，则起运如故，此太仓之苦于昆常嘉也。太仓之偏苦如此，而昔时尚可沿者，以土产木棉之利可以支撑。今则齐豫皆捆载，而南货多用寡，日败其直，只恃闽广之贸易，少资织作，而又百无一至，尽畎亩之获，朝夕且不支，其不能清理赋役之事也，审矣。[1]

黄与坚站在太仓的立场上，阐述"太仓之苦于昆常嘉"，这显然是带有感情色彩的。嘉靖均田均役的开展，带有平衡高低乡土地开发利益的目的。在钱粮政策相对统一、合法开发土地成本逐渐接近的条件下，昆山、常熟、嘉定和太仓间农田水利的协调治理，理论上虽然可行，但是"上有政策、下有对策"的情况时常发生，吊诡的情况出现了：由于嘉靖均田改革增加了高乡原本低税的地方的钱粮负担，反倒刺激了占佃升科等垦殖牟利活动，造成高乡支河淤塞，而大部分州县又各扫门前雪，自谋对策，导致水利的统筹难上加难。

上编第三章第一节提到，嘉靖二十五年（1545），太仓州曾在巡抚都御史欧阳铎的支持下，协同昆山、常熟两县，将太仓与昆山、常熟交界处的七浦河上的一道水利屏障——斜堰改筑置闸。遇潦则闭闸，使昆山、常熟之民免于水；遇旱则放闸，使太仓之民免于旱。解决了斜堰之害以后，太仓州进而疏浚了七浦河。[2]斜堰由坝改闸，本是一次成功的县（州）际水利协作，然而16世纪高乡水利的变化趋势却不利于这种协作治水的继续推广。一方面，违法占佃升科，使得高乡支河全面萎缩；另一方面，由于木棉的普遍种植，既适应了高乡河道淤塞、灌溉不足的水利形势，又可以在折征机制下满足赋役征收，对于官民都有裨益。由于高乡棉业大盛，与棉业运营有关的商业和交

---

〔1〕乾隆《沙头里志》卷1《附属隶始末》，《中国地方志集成·乡镇志专辑》，南京：江苏古籍出版社，1992年，第8册，第541页上。

〔2〕（明）金江：《新建七浦斜堰闸记》，载嘉靖《太仓州志》卷10《遗文》，《天一阁藏明代方志选刊续编》，上海：上海书店，1990年，第20册，第775—779页。

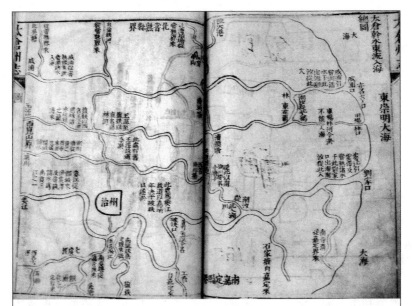

图片来源：崇祯《太仓州志》《图·太仓干水东流入海》，明崇祯十五年刻，清康熙十七年补刻本。

图 23 太仓州水利图中的盐铁塘

通也显得格外重要。[1] 于是，在万历初年，诸如太仓把总陈王道等官员主张在东北港浦衰弱以及棉作普及的情势下，弃支河，保干河，即"强干堰支"，用公帑专浚干河，借助市镇的财力维护市镇通渠、民运要道，对水利统筹无甚兴趣。因此，州县之间互不协同，竞相申请上级下拨官帑，以专浚干河。[2]

图 23 出自崇祯《太仓州志》卷首，显示了明后期太仓境内的干河情况，东向入海干河包括杨林河、刘家河和七浦（或作戚浦）河共三条，南北向仅有一条干河——盐铁塘，它连接了这三条东向入海的干河。盐铁塘形成年代较早，在北宋郏侨的水利书中，就曾

---

[1] 万历《嘉定县志》卷7《田赋考下·漕折始末》《万历二十一年本县民本》，《中国方志丛书》，台北：成文出版社，1983年，华中地方第421号，第498页；崇祯《太仓州志》《凡例·太仓州志纪事》。

[2] （明）陈王道：《上水院太仓州境水利揭》，载崇祯《太仓州志》卷14《艺文志·文征》，明崇祯十五年刻清康熙十七年补刻本，第51a—51b页。

提到吴淞江北岸的盐铁塘。[1]在早期高乡的"冈门—横沥"水网里，盐铁塘是一条重要的横塘。12世纪以后，高乡的"冈门—横沥"灌溉组合走向消亡，盐铁塘尽管渐趋浅狭，但一直延续下来。洪武《苏州府志》称："盐铁塘亦名内河，始自黄窑，缭绕数百里，南接昆山，西连江阴。"[2]到了16世纪，嘉靖《太仓州志》也记载了州境内盐铁塘"经州城中，南十二里通嘉定，出吴淞江，北四十里入常熟白茆塘，至江阴，出扬子江"，不过在州城中的盐铁塘已不复贯通，因此撰志者称"盐铁塘之水横亘南北，而中有间隔，不得分方位，故并列于首云"。[3]

在高低乡水利分离的情况下，高乡越来越多地依赖潮汐灌溉，诸如盐铁塘这种南北向的河道可以起到一定程度的蓄水功能，但也容易因浑潮停滞而淤塞。在16世纪高乡支河普遍淤塞的情势下，维持盐铁塘和东西向干河之间的干河网络的畅通，显得尤为重要。嘉靖初年，在常熟县疏浚白茆（或作白茅）河的同时，太仓州围绕盐铁塘水利曾有过一则轶事：

> 嘉靖改元，白茅之役，一治水政郎道经双凤，以双凤在位诸公漫不出迎，乃听敝民言，坝盐铁以通杨林，且曰："断此流，使双凤诸公闲坐几年也。"未几，海乡困于转输，镇以北田将荒，民蓄怨，聚众决坝。州太守怒，下令曰："民不奉法，罪及一二世家，罚筑坝如故。"王黄门聘者，山东利津人，以言事谪判。州民喜曰，吾曹得所主矣。以其事控，黄问曰："利害前人更当有说。"民曰："杨林以坝盐铁求通，令盐铁成陆，设他日通盐铁，则又将坝杨林。况今杨林沙塞如故，不当咎盐铁。"黄门亟令决坝盐铁，河复通。[4]

---

[1]（宋）范成大：《吴郡志》卷19《水利》，第284页。
[2] 洪武《苏州府志》卷3《川·塘》，《中国方志丛书》，台北：成文出版社，1983年，华中地方第432号，第189页。
[3] 嘉靖《太仓州志》卷1《山（冈墩堤附）》，第106—107页。
[4] 崇祯《太仓州志》卷15《琐缀志·逸事》，该册为补抄本，不分页。

这一则颇具戏剧性的故事，反映了嘉靖初年官方水利工程在地方上的实施情况。由于双凤镇的官家权豪得罪了治水官员，官方浚河时有意惩罚该镇。这里可以参考前面图15，双凤镇处于盐铁塘以西，杨林河以北。双凤镇一带转输漕粮的路线，主要是沿盐铁塘北上然后进入白茆河。此外双凤镇以北的田地，也有赖于盐铁塘的灌溉。因此，官方在盐铁塘筑坝，名为保证杨林河得到充足水量以畅通，实则阻断了双凤的交通与灌溉，而且"坝盐铁"后来也没有达到"通杨林"的效果，杨林河依然被浑潮所淤塞。幸好新的州判到任，决盐铁塘之坝，恢复其通流。

盐铁塘与白茆河的水网，在明后期对太仓地区的航运极为重要。崇祯《太仓州志》记载了嘉靖元年（1522）工部尚书李充嗣疏浚白茆河之役，撰者特别对此条加上按语：

> 按：白茆非我地，书者，役及州，且我西北入海道也。[1]

根据以上两段记载，还难以弄清楚"双凤在位诸公漫不出迎"和浚白茆时"役及州"这两件事孰先孰后。不过可以肯定的是，正由于太仓有赖于白茆塘的运道，所以在常熟疏浚白茆塘时，太仓才须派役助浚，所以，在嘉靖初年的水利疏浚，常熟县和太仓州之间，就盐铁塘与白茆河交界地区的水利派浚有了一定的约定规则。

嘉靖年间官方疏浚干河的效果未能持久，隆庆元年到二年（1567—1568），巡盐御史蔚元康等重浚太仓七浦、杨林塘、盐铁塘。太仓王世贞（1526—1590）记载了此次浚河经过，他说李充嗣主持的水利疏浚大兴工事，耗费巨大，但许多干河"不二十余年而塞"，其后的诸多工程也是事倍功半，只能解一时之困。[2] 可以看到，隆庆到万历年间高乡的浚河，虽然有大员督治，官帑保障，调动有力，然而

---

〔1〕 崇祯《太仓州志》卷7《水利志·开浚》，第13b页。
〔2〕 （明）王世贞：《太仓州重浚七浦、杨林、盐铁三塘记》（隆庆元年），收入（明）张国维：《吴中水利全书》卷25《记》，《景印文渊阁四库全书》，台北：台湾商务印书馆，1986年，史部地理类，第578册，第944页上。

在具体实施过程中，还需要官员采用正确的工程策划，并保证施政廉洁，不为一己之私利或小人之谗言所动，才能使水利工程获得更大的效果。王世贞对隆庆初年的这次浚河总结如下：

> 计之今，未有能用大兴者也。然使县官不爱食，民不爱力，而司役者不爱耳目，则固未有不办治者也。夫计之力，取民近利者，田二十而夫一，远者三十而夫一；计之工，夫三而丈一，难者四而丈一；计之食，夫一而缗半；计之耳目，则丞等请以不肖躯任三公，曰：善其申议。议四郡则先苏；议苏先常熟、太仓，次嘉定；议太仓先七浦，次杨林、盐铁。则为议七浦，曰：夫七浦绾毂常熟之口，贯太仓而东注海者也，利最先。于是即以今皇帝之元年春，金君任治七浦，其役夫合诸七浦之傍田者，而佐以杨林盐铁之民。凡十八日而竣……复为议杨林、盐铁，曰：夫杨林者，横州之北，其右多阜，易涸；而盐铁，故漕河也，是二河者，太仓干也，丈各八千有奇。青鱼泾至吴塘、顾浦，嘉定干也，丈各三千有奇。出七浦坝而外者，海沙所沮洳，不浚之即扬尘也。为丈三千八百五十，计之工四万五千食，若金者五千四百有奇，俱报可。……其规（模）大抵视七浦，其役夫合诸河之傍田者，而佐以七浦之民，凡三十日而竣。[1]

隆庆年间，太仓州采用统筹干河水网、循序开浚，并按照水利获益分级征发民夫的方式，完成了七浦、杨林、盐铁三条干河的疏浚。然而，此次开浚干河后，由于潮沙灌淤的情况无法得到缓解，到了万历初年，诸干河又趋向淤塞。

在上述三条干河中，盐铁塘是一条连接常熟、太仓、嘉定三州县东西河流的干河。如前所述，嘉靖年间常熟县、太仓州已经协调了两县关于白茆与盐铁之派浚问题，而太仓州与嘉定县有关盐铁塘之疏浚则尚未达成共识。万历初年，州县对此展开了二十多年的争论，才最

---

[1] （明）王世贞：《太仓州重浚七浦、杨林、盐铁三塘记》，第944页上—945页上。

终达成协议，万历三十二年（1604）一则苏州府府帖，对州县之争总结如下：

> 苏州府为济运通商以备旱潦事……盐铁一河，联跨太仓、嘉定二境，沿流二三十里，为国家之运道，及上司巡历往来，民间转输贸易、灌溉车戽，悉藉于此，所必当开浚，明矣。但二属各以钱粮畏难，彼此推诿，而积淤之河，几为平陆。嘉定县以属地多，毅然独任其在州境之河，勘该一千五百二十六丈，估计夫工银一千七百二十八两二钱九分五厘，议同太仓各半出银，以竣厥工，可谓平矣。而该州初执止助银四百两，宜该县之不肯从也。今驳行该州查果工费浩繁，同心协力，申报愿出一半，银八百六十四两九分七厘五毫，解县协济。与该县原议相同，事属可从……[1]

该帖叙述了两县从争论到协定的基本过程：一开始州县互相推诿，不愿浚河；嘉定首先开浚，将处于太仓州境内的盐铁塘河段一并疏浚，然后要求太仓州分担这一段盐铁塘浚费的一半，即八百多两；但太仓坚持只出四百两，嘉定不从，在苏州府的干预下，太仓才愿意按嘉定的估价出银。此次争论浚费分摊问题，其实已经是州县间的第二次较量。前一次发生在万历二十四年（1596）。从府帖之述，还看不出双方的核心争论，然而仅看帖文已可发现不少"疑点"：譬如，为何嘉定主动先疏浚太仓州境内的盐铁塘，而只要求太仓出银，不必出力？为何太仓在出银不出力的情况，还坚持不出一半的浚费？针对这些问题，可参照地图，并根据嘉定县和太仓州各自的论辩进行考察。

如图24所示，嘉定县境内，盐铁塘分南盐铁和北盐铁，南盐铁接吴淞江，北盐铁入太仓州境，注入浏河。再参看图23，太仓州境内，盐铁塘亦分为南北两段，北段接常熟县白茆河，而南段连接嘉定县的北盐铁出嘉定县境后注入浏河的一段。前面提到，太仓州境内漕

---

〔1〕 万历《嘉定县志》卷14《水利》，第915—916页。

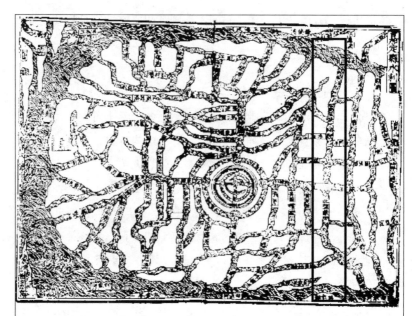

图片来源：万历《嘉定县志》卷首《嘉定县水利图》，《中国方志丛书》，台北：成文出版社，1983年，华中地方第421号。按：此图方向为上南下北。

图24　嘉定县水利图中的盐铁塘

运和商贸的船只，基本是沿太仓的北盐铁入白茆。嘉定县的漕运和商航船只，则主要通过嘉定的北盐铁北上，循太仓的南盐铁进入浏河及其他河流。因此，太仓的盐铁河南段对于嘉定的航运比太仓的航运更为重要，于是，嘉定迫切需要疏浚南盐铁，乃至主动出夫疏浚。太仓则由此认为，嘉定既然受利更多，理应由其出大部分浚费，太仓不出力，即使出银相助也不必出浚费的一半，这就是州县争论的核心问题。

万历二十四年（1596），嘉定重浚这一段盐铁塘，事后要求太仓出一半浚费，经过苏州府的协调，太仓同意了嘉定的要求，万历二十九年（1601）立碑为据，此碑收入崇祯《太仓州志》，碑文如下：

> 据本州十七、十八都粮里呈称，盐铁一河，干在嘉定县太仓州间，在嘉定为往来装运要道，在太仓并无所藉。先年开浚，

并未及州。迩来因循派州北段，用繁疲之力应得已之役。一遇开浚，怨言濒兴，民间甚苦。荷蒙鉴此情苦，据县议，河工银五百五十七两，本州认其十分之五，赍银助县，我州出银不出力，具申院道详允，牒县遵依，永为遵守。则是于县实被相助之利，于州实沾解悬之仁……前河既为嘉定往来必繇，则其切于嘉定明矣。河之岸属太仓，不知田中水利取之河内否，如有水利，太仓帮凑工料，共成其事，可也。若云独令太仓出银，嘉定出力，窃恐银之所在，即力之所在也，似非通论……察得盐铁一河，介在太仓嘉定间，在嘉定则往来必繇，嘉定以其利害切身，故连年议浚，太仓以其事不切己，故视为缓图。兼之水旱相仍，钱粮有限，苟非大不得已之役，未敢劳民。但寸土属王，难分秦越，邻封休戚，谊切同舟，本州敢不如本府水利厅所议？彼此各浚其半，顾民情难与虑始，而本州水利当浚之急者甚多，舍其所急，而驱以从事所缓，在百姓不无繁言。据该县原估银五百十七两，若各浚其半，彼此各该银二百七十八两五钱，本州愿以此银径解该县募夫挑浚，夫用该县之民力，以浚该县之河工，功可速集。捐本州之钱粮，而不役本州之民力，事可曲全，已经备申本厅，并移文知会该县遵行外，蒙本道宪牌仰州吊解前银，遵将万历二十三、四年分导河夫银共二百七十八两五钱解县，径自募夫开浚……依行立石，竖交界处所，永为定盟。[1]

碑文表述得较为清楚，嘉定出自运输之利而浚盐铁，太仓无运利，但有灌溉之利，出银助浚而不出力。由于开浚都是由嘉定发起，在此之前，太仓未曾出力，从"本州敢不如本府水利厅所议"等语，可看出太仓对此次出银一事颇显涩意。

上述协议的达成，总体上对太仓还是有利的，因为太仓出银不出力，可以均沾盐铁塘的航运和灌溉的利益，也正因为这一点，嘉定并不满足于万历二十四年（1596）的协议。在万历三十二年（1604），

---

〔1〕 崇祯《太仓州志》卷7《水利志·开浚》，第15b—16b页。

嘉定再次疏浚盐铁塘，按嘉定的核算，太仓照样出一半，须出八百两，也就是比万历二十四年多出五百多两。太仓则坚持只出四百两，这就是前引万历三十二年府帖所描述的州县浚费纷争之缘起。此次纷争的结果即是太仓只能同意出银八百两。一年后万历《嘉定县志》修成，撰志者认为太仓出银是理所当然，而且八百两其实只占总费用的五分之一，其言如下：

> 境内之水，以西南为源，而顾浦、吴塘、盐铁塘则皆南通吴淞江，北通刘家河，界太仓嘉定。方太仓未为州时，刘家河之南岸，皆邑之北境。自割建州治，而其地犬牙相错，葛隆镇以北大抵属于州矣。往顾浦之湮也。夏尚书原吉尝浚之。下流与吴塘合，浊潮由刘家河而入，积久不疏，仅存一线。永乐中，罢海运，而邑之转输改出练祁，自东徂西凡十三里，而北入盐铁塘，往复数十折以达于刘河。潮汐再至，淀淤日积，开浚之役，费大工繁。往时为州者，用奸民之言，谓为嘉定咽喉之地，我虽不浚，嘉定之人不得不代之浚也。故每一役兴，辄至聚讼。夫夹盐铁而田者数十里，固以此塘之通塞为利病，嘉定之人不与也，独谓往来之途不得不出于此，而欲以长策困之。藉令此说可用乎，则处处当效尤矣。……挽输之道绝，商贾之事废矣，此岂为通论乎？今岁太仓助工银八百两，盖舌敝唇焦而后得之，然实不当所费五分之一，况欲缩之哉。[1]

嘉定县显然把水利之纠纷归于太仓立州所造成的犬牙相错政区格局，并提出了关于商运水道权责界定的问题。除此之外，由于嘉定县当时曾开凿县境北部的公塘（参附图2，北盐铁东侧河道即为公塘），嘉定称其航运要道已经转为取道公塘。也就是说，太仓一直所把持的盐铁专利嘉定转输的理由，已经不能成立。对此，太仓则坚决予以反驳：

〔1〕 万历《嘉定县志》卷14《水利》，第917—920页。

盐铁塘，繇太仓张泾东南入嘉定，约四十余里，为嘉定水道门户，从来属嘉定开浚。是年，嘉定始以陆家桥北可十里委太仓，其辞谓夹塘而田者，水利攸赖，又谓嘉定已新通公塘河，粮艘商艕无藉盐铁。且设喻至和塘在昆山东界者，有时或淤，则昆山亦问诸太仓。不知河分支干，嘉定无盐铁，则凡四十里余，盍从引流。我两岸沟渠可济，岂肯为他邑干河役力。若云有公塘别路，此第欺台司，迄何尝一艘艕繇公塘而北也。至和塘设喻甚辨，昔周文襄公开吴淞江，合江以南四郡敛夫，倘专责之旁江业户，岂有通理。今宪议州助工价，自是年，及三十二年、四十七年、崇祯十三年，凡四给。[1]

太仓针锋相对地指出嘉定县论辩中捏造事实，旨在强调盐铁塘依旧是嘉定水道的门户。此外，笔者推测太仓也可能因质疑嘉定核算的浚费过高，而反对在万历二十四年（1596）的基础上增助银两。

州县相争的结果，再次以太仓助费一半而告终。虽然每次开浚两境总是各执一词，然而在万历四十七年（1619）、崇祯十三年（1640）的盐铁塘疏浚工程中，太仓都是出钱助浚。回顾16世纪末17世纪初盐铁塘疏浚的论争和妥协过程，可以看到几个突出的变化。

首先是嘉定迫切地主导盐铁塘这条运输主干道的疏浚。当时盐铁塘上运输的货物，除了米粮，其实就是棉花。上编和中编已经讨论了明中后期高乡棉作的发展以及市镇商贸兴起的情况。在高乡支河淤塞的普遍情况下，常熟、太仓、嘉定等州县普遍放弃支河，专浚干河，除了因为干河疏浚常常可以请得官帑，还因为干河是各种物资转输的"高速公路"。在转输路线上，除了东西向的干河，南北向最重要的运道就是盐铁塘。太仓和嘉定的船只都是借盐铁塘水道朝北向运输，共同维护这条高乡南北向大航道的畅通，其实对高乡州县都有裨益。因此，尽管太仓对嘉定的助浚要求常常提出反对意见，然而最后都是以协作疏浚而告终。

---

[1] 崇祯《太仓州志》卷7《水利志·开浚》，第14b—15b页。

其次，高乡浚河时的协作，基本都采取了州县内出银募夫浚河以及州县之间出银不出夫的办法，这与当时赋役货币化的趋势是相一致的。明末太仓水利学者王在晋在其《水利说》中曾提出，州县浚河可采用照田派役解决水利钱粮问题。[1]崇祯《太仓州志》收入这篇文章，撰者在篇末则添加按语提出商榷意见：

> 此谈水利甚悉，但所称水利钱粮，则太仓淘河夫银已久裁，充正解，非减编也，然履亩派浚，诚不如公糈雇役，无已宁量工费，计亩加编，则意同派浚，而力齐，且便逸，正恐胥吏为奸，复开多弊，凡事不在治法，因乎其人尔。[2]

也就是说，在"一条鞭法"改革以及赋役折银化之后，统一计亩加编水利浚费，行政上更加容易运作，而且可以克服履亩派浚不均的弊端。既然州县内是计亩加编，再统一出银募夫施工，那么邻县助役的形式，自然就是以出银为便了。嘉定和太仓间的水利协作，就是运用了这种货币化的机制。

16世纪的赋役折银改革，有助于州县水利协同方式的改善，也给跨州县辖境的大型水利工程的实施提供了新的机制。总体上看，赋役改革不仅给州县间的具体治理事务带来有利的条件，还给州县区划的调整带来了新的契机，松江均粮改革与青浦县的设立，反映了这一趋势，以下试作分析。

第二节　松江均粮改革与青浦设县

第八章已经回顾了松江府在海漕体制下从建立到确立的曲折过程。经过大德年间的调整，天历年间松江府的设置才确定下来，在后至元时期，增赋的势头也被及时扑灭。从元末到明代中期，松江府的

---

〔1〕（明）王在晋：《水利说》，载崇祯《太仓州志》卷14《艺文志·文征》，第89b—90b页。
〔2〕（明）王在晋：《水利说》按语，第91b页。

田赋和区划呈现基本稳定的态势。这种平衡态势的改变，发生在明代中期。

如前所述，明初以后蓄泄格局整体变迁，三江格局尽失，黄浦坐大，成为太湖泄水干道。不妨回过头参看图12，在吴淞江中下游淤塞、大黄浦泄水的格局下，淀山湖南面和东南面的华亭县境的低乡排水较为便捷，而淀山湖东面和东北面，特别是青龙镇一带，泄水问题却较为棘手。到了15—16世纪，东北港浦湮塞，使得吴淞江流域的低乡泄水更加受阻，与此同时，如上编第三章第一节所述，人们持续利用淤塞的河道围垦造田，又导致积水聚入较低之地。诸如昆成湖一带则因"诸浦渐湮，邑之田始受病，至连岁不登……而卑下者皆湖也"。[1] 16世纪的低乡围垦，进一步改变了原本已经紊乱的低乡水环境，出现小河道多成围田、卑下之地积水成湖的新地貌。青浦县境未析出之前，属于松江府华亭和上海两县的低乡地区，正是位于上述淀山湖东面和东北面的积潦区。这部分地区，与昆山常熟的低乡地区一样，都经历了成化以后的水患频仍时期，田产蒙受损失，赋税逋负日增。青浦县的建立，旨在解决正德以后的水利和钱粮问题，但建县过程颇有周折。

青浦县博物馆保存了万历五年（1577）所立《青浦建城碑》，碑记简述了从嘉靖中期到万历初年青浦县的设立过程，其中提到：

> 松江古称望郡……赋税百万，逋欠岁滋。嘉靖壬寅，议郡北青龙镇置青浦邑，鼎峙焉，三分治之。未数载，以治功不兴，邑废。又数载，隆庆壬申秋，言官论之，复焉。繇是设官署吏，粤有常员。时抚院张崛峡公议桐城令石侯继芳调更新邑。侯下车，砥砺靖恭，缔鸿规之，初构坛垣，久之是图。□縴□于桑田，循行遍乎区域。以旧城官廨后即界嘉定，西北五里许界昆山，僻在北偏，改择境内古聚唐行镇立城。镇居西土中央，昔周

---

[1] 嘉靖《常熟县志》卷1《水志》，《北京图书馆古籍珍本丛刊》，北京：书目文献出版社，1997年，史部地理类，第27册，第968页。

文襄公抚治江南，创唐行水次仓在镇，以道里适均，兑运便利也，遂定议成城。……万历甲戌二月载阳，合众志以经营，乘龙见而始事……[1]

该碑记提到了青浦建县的两个阶段，第一阶段是嘉靖二十一年（1542）到隆庆六年（1572）以前，官方于青龙镇设立青浦县，然而不久之后"治功不兴"，县治废止。第二个阶段是隆庆六年（1572）重新恢复青浦县建制，任官置吏，并勘定在唐行镇设立新县治，万历二年（1574）新县城建成。从嘉靖二十一年到隆庆六年，间隔三十年，为何青浦县始建而寻废？值得探究。

如图12所示，青龙镇处于青龙江和大盈浦之间，据康熙《青浦县志》所述，正德年间这一带农田水利荒废，松江知府已提出立县整饬的主张：

（上海）西境青龙、大盈之间，田多荒芜，税多逋额。明正德中，内江喻公来知府事，乃议分设镇治，不果行。至嘉靖二十一年，巡按御史舒汀奏割华亭西北二乡、上海西三乡立青浦县，治青龙镇，盖喻公遗意也。未几以科臣议废。[2]

嘉靖二十一年（1542）松江府于青龙镇立青浦（清浦），实际上是沿用了二十几年前的设镇策划。然而当年青浦县设立以后，却没有达到预期的效果。松江人何良俊（1506—1573）亲历了青浦县初立到废止的过程，他在《四友斋丛说》中记载了废县前后的见闻：

初立清（青）浦县时，余偶至南京，即往拜东桥[3]，东桥问我："贵府如何又新创一县？"余对以青龙地方近太仓州，离府

---

[1] 《青浦建城碑记》，载青浦县博物馆编：《青浦碑刻》，青浦县博物馆，1999年，第80—83页。
[2] 康熙《青浦县志》卷1《沿革》，康熙八年刻本，第1b—2a页。
[3] 按：顾璘，号东桥，苏州人，官至尚书，寓居上元，以诗名，与同里陈沂、王韦号金陵三俊。

城甚远，因水利不通，故荒田甚多。有人建议，以为若立一县，则居民渐密，水利必通，而荒田渐可成熟矣。故有此举。东桥即应声言曰："如此，则当先开河，不当先立县。"毕竟立县后，水利元不通，而荒田如故，县亦寻废。乃知前辈论事皆有定识，不肯草率轻有举动也。[1]

后事证明，嘉靖二十一年松江府没有整饬水利作为立县之基础，又选择了错误的治所，因为青龙镇虽有古名，但已在元代以前因水系变化而过早衰废，若要整治青龙镇这一带的水利，举步维艰。果然，县治设立不久就因"沙涨水湮，遂为斥卤"。[2]对此何良俊认为，既然在青龙镇设县治不成，就必须在青龙镇复立水利通判衙门，委任专司责管水利，方保农事。[3]

显然，何良俊关注青浦设县问题，与其对农田水利积弊的思考和主张有关。在《四友斋丛书》中，何良俊叙述了其家世，从他的祖父开始，"世代为粮长近五十年，后见时事渐不佳，遂告脱此役"。[4]何良俊所述年代处于永充粮长制发生变质的时期。何良俊生于正德元年（1506），据他回忆，在他儿提时，其父任粮长，在乡间威望甚高，百姓有事者都不入城市，直接责成粮长调停。每年八月，粮长完成赋税征收，到十月份，又开始筹办第二年的钱粮事。由于粮长制的有效实施，"百姓十一在官，十九在家"。然而，在正德十年（1515）之后，松江府的钱粮运转却逐渐失序，何良俊说道：

> 正德十年以前，松江钱粮毫无拖欠者。自正德十年以后，渐有逋负之端矣，忆得是欧石冈变论田加耗之时也。先府君即曰："我当粮长时，亦曾有一年照田加耗。此年钱粮遂不清。第

---

[1]（明）何良俊：《四友斋丛说》卷14《史十》，《元明史料笔记丛刊》，北京：中华书局，1997年，第120页。

[2] 佚名：《松事丛说》，见崇祯《松江府志》卷2《沿革》，《日本藏中国罕见地方志丛刊》，北京：书目文献出版社，1991年，第48页下。

[3]（明）何良俊：《四友斋丛说》卷14《史十》，第120—121页。

[4]（明）何良俊：《四友斋丛说》卷13《史九》，第109—110页。

二年即复论粮加耗，而钱粮清纳如旧。"夫下乡粮只五升，其极轻有三升者，正额五升，若加六则正耗总八升。今每亩加耗一斗，则是纳一斗五升，已增一半矣。夫耗米反多于正额，其理已自不通。若上乡，譬如正额三斗加六，则每亩该纳米四斗八升。今论亩加一斗，则是止征四斗，已减八升。若是正额，四斗已减一斗四升矣。夫下乡增重，钱粮不清，亦自有说。若上乡减去已多，而亦每年不清，此不知何故也。盖周文襄巡抚一十八年，常操一小舟，沿村逐巷，随处询访，遇一村朴老农，则携之与俱，卧于榻下，待其相狎，则咨以地方之事，民情土俗，无不周知。故定为论粮加耗之制，而以金花银粗细布轻赍等项，裨补重额之田。斟酌损益，尽善尽美。顾文僖作文襄年谱，所谓循之则治，紊之则乱，盖不虚也。今以欧石冈一变论田加耗之法，遂亏损国课，遗祸无穷，有地方之责者，可无加之意哉。[1]

何良俊的这段叙述，其实道出了正德到嘉靖年间松江府赋役改革中一个困扰多年、争论不休的话题，即是如何运作均粮改革的问题。具体来说，就是论田加耗还是论粮加耗的问题。显然，何良俊对嘉靖十七年（1538）欧阳铎（石冈）的"论田加耗"的均粮改革是非常不赞同的。为何论田加耗在松江府会导致如此大的反响呢？

第八章曾回顾了宣德以后苏州的加耗改革。成化年间，王恕的论田加耗简化了田赋征收则例，改善了官府的财政运作状况，虽然保护了富户的利益，但总体上有利于钱粮的运转。嘉靖十七年欧阳铎的改革顺应这一趋势，整体上起到赋役统一化的效果。当然，如第五章所述，它也导致了田地抛荒、积荒等负面效果。

对松江府影响较大的均粮改革，则是弘治八年（1495）巡抚朱瑄所推行"分乡论田加耗"则例。当时华亭县的加耗规则是：东乡沿海地区每亩加一斗，东乡不沿海地区加一斗一升，中乡每亩加一斗四升，西乡加一斗五升，其中，东乡又区分沿海和不沿海两种情况；

---

[1]（明）何良俊：《四友斋丛说》卷13《史九》，第110—111页。

上海县的加耗规则是：东乡沿海地区每亩加一斗，不沿海地区每亩加一斗一升，中乡每亩加一斗三升，西乡每亩加一斗六升。[1]正德二年（1507），巡抚艾璞仍然沿用了这种分乡加耗体系，定华亭东乡每亩加七升，中乡加一斗，西乡加一斗三升。上海东乡每亩加七升，中乡加一斗一升，西乡加一斗四升。正德四年（1509），由于水灾，华亭西乡熟田每亩加至三斗六升，此年三乡并亩加一斗九升四合。[2]

在苏州府的改革经验里，按田加耗对于占田多者是不利的，理论上是利于田少的贫户的。但松江府大部分士绅和民户却都反对按田加耗，要求按成化二十二年（1486）知府樊莹所行论粮加耗法。这种反对声音到了正德六年（1511）尤甚。

松江府地方上反对论田加耗，原因比较复杂。首先，由于松江府境内高低乡之间以及高乡和低乡内部田粮收成的差异情况，比苏州府有过之而无不及，在松江境内，存在着东、中、西乡，或者上、中、下乡，以及沿海、不沿海等等比高低乡分类更为复杂的税则划分体系，假如一体论田加耗，势必会造成不均。其次，分乡加耗固然合理，然而在实际操作中标准难以把握，分级常常过细，再加上胥吏和粮长及书手舞弊，实际上，权豪大户还是经常躲避按田加耗的负担，将其转嫁到小户头上。在正德六年（1511），巡抚张凤力求改革松江田赋之弊，当时华亭耆民就汇报道：

> 弘治年间，始于田上加耗，分作三乡，又分沿海不沿海，等第不一，粮书乘机紊乱作弊，以致民遭其殃，官受其累。连年灾伤，疫疠饥馑相仍，死亡者众，存在者寡。[3]

上海县耆民朱禋则呈报：

> 闻之父老，各处田粮多在田上加耗，唯吾松江则不可行。

---

[1] 崇祯《松江府志》卷8《田赋一》，第197页上。
[2] 同上书，第198页上。
[3] 同上。

有上中下三乡，有肥薄瘦三等，有升斗斛三科……弘治七年，本县董知县因与巡抚同乡，更变粮法，却于田上加耗。虽分三等，东乡终是不平，何也？西乡虽是粮重，每亩岁收米或三石余者有之；中乡虽是粮轻，每亩岁收或一石五升不足者有之。若滨海下田，不过可种棉花五六十斤，绿豆五六斗。法既不平，日复多变，或亩加八升，或一斗，或一斗七升四合，频年以来，率无定例。且如正德四年，何等灾伤，朝廷准荒六分三厘，官司不与主张，听从粮长卖派，以致民心不服，输纳不齐，粮长又复瞒官，私收入己，所以因循至今拖欠。……若曰轻粮多在小户，不知大户亦有重额之田，未见其害也。只是以王道待天下，自然平正。若存大小户轻重田之心，则前人立法之意全无，而物之不齐之说亦徒然也。田上加耗不可行也，明矣！〔1〕

张凤经过调查，终于明白了为何论田加耗名为铲强扶弱，实际上却不利于小民的原因，他说：

松江一府大户多轻则之田，小户多重则之赋。论田加耗，若便小民，然斗则数多，书手作弊，虽精于算者亦被欺瞒，况小民乎？〔2〕

何良俊出身粮长世家，对于田赋之积弊显然是洞悉无疑，因此他也力主松江府论田加耗不可行，点出了论田均粮舍小不均而成大不均的本质：

夫均粮，本因其不均而欲均之也。然各处皆已均过，而松江独未者，盖各处之田，虽有肥瘠不同，然未有如松江之高下悬绝者……夫既以均粮为名，盖欲其均也。然未均之前，其为

---

〔1〕 崇祯《松江府志》卷8《田赋一》，第198页下。
〔2〕 同上书，第199页上。

不均也小；既均之后，其为不均也大。是欲去小不均，遂成大不均矣。[1]

正德六年（1511）张凤的改革改变了论田加耗之弊，但此后松江府始终没有如苏州府那样相对彻底地统一高低乡税则、取消官田，因此田赋税则原本不一、加耗标准多变等积弊，还是无法消除。嘉靖年间围绕松江府税粮改革还是有诸多争论。地方钱粮运作以及农田水利的关系仍难理顺。嘉靖二十一年（1542）青浦设县之后，仍处于积弊丛生的财政体系下，亦势必难改田赋逋负、水利荒废的局面。当时苏松两地同时出现了积荒田地的问题，不过成因不同。苏州府是因为高低乡税则扒平，论田加耗所致，中编第六章已经讨论了这个问题；松江府则是在税则仍然千差万别的基础上，实施论粮加耗所致。何良俊评及苏州府均粮的弊端时就说：

> 苏州太守王肃斋仪，牵粮颇称为公。然昆山县高乡之田粮额加重，田皆抛荒，而用直一带熟区与包粮。华亭县清浦荒田，亦是熟区包粮。今下乡之粮加重，则田必至抛荒，若要包粮，又未免为上乡之累矣。[2]

据此可见，青浦设县后，荒田仍然较多，废县后由熟区包粮，但绝非长久之计。青浦废县一带积荒问题仍亟待解决。另外，一些官绅权势由于田产利益所系，也对论粮加耗等财政改革有所阻挠。日本前辈学者宫崎市定就曾将这种现象概括为"松江的风格"，他指出，明代成弘以后，苏松地方士大夫与民众的关系呈现不同的面貌，松江是当地出身的大官僚回乡逞威风的地方。他列举了不少例子，包括嘉靖年间徐阶在松江置产敛财的事例。[3]

---

[1] （明）何良俊：《四友斋丛说》卷14《史十》，第115页。
[2] 同上。
[3] ［日］宫崎市定：《明代苏松地方的士大夫》，栾成显、南炳文译，收入《日本学者研究中国史论著选译》第六卷《明清》，北京：中华书局，1993年，第229—266页。

徐阶入相正好是在青浦第一次设县后不久，据乾隆《青浦县志》引旧志书所载，青浦县是在嘉靖三十一年（1552）废置的，当时废县之举亦与徐阶有关：

> 未几，以科臣朱某议废。（陈志：徐阶入相，有称不便者，三十一年议废。）[1]

对于此次废县之细节，还有待进一步发掘史料。无论如何，治水无功，其实仅仅是嘉靖中叶青浦建县失败的一个表面因素，赋役体制的积弊才是实质的原因。隆庆二年（1568）开始，松江府的均粮改革终于有了实质性转机，据崇祯《松江府志》载：

> 隆庆二年戊辰，巡抚右佥都御史林润奏言，江南诸郡久已均粮，民颇称便，唯松郡未均，贫民受累，势不能堪，请乞暂设专官丈田均粮，以重国赋，以苏民困。吏部题以原任本府同知转员外郎郑元韶升湖广按察司佥事，领敕专管华、上二县，沿丘履亩，逐一丈量，均章斗则。三年己巳，佥事郑元韶尽数清丈，悉去官民召佃之名分，作上、中、下三乡定额田。有字圩号数册，有鱼鳞归户，至今田赋以是为准。[2]

经过这场清丈和定则，松江府属县整饬水利赋役才有了实施的基础。青浦复县的申请就是在这样的基础上提出的。此外，隆庆初年徐阶在朝廷失势，隆庆三年（1569）后海瑞出任应天巡抚，强势打压徐阶等松江豪富权势[3]，对青浦复县并整顿农田水利，也是一个利好的局面。万历元年（1573），兵科给事中蔡汝贤、巡抚都御史张佳胤奏复青浦县，获准，朝廷委任石继芳出任知县。考虑到青龙镇积荒之地，不适合充当县治，而近淀山湖东岸的唐行镇，当时颇为繁

---

〔1〕 乾隆《青浦县志》卷1《沿革》，乾隆五十三年刻本，第4a页。
〔2〕 崇祯《松江府志》卷8《田赋一》，第200页下—201页上。
〔3〕 可参［日］宫崎市定：《明代苏松地方的士大夫》，第246—247页。

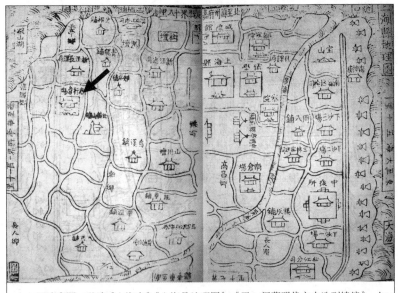

图片来源：弘治《上海志》《上海县地理图》，《天一阁藏明代方志选刊续编》，上海：上海书店，1990年，第7册，第11—12页。

图25　从青龙镇到唐行镇

荣，于是石继芳将县治从青龙镇移至唐行镇，如图25所示。万历六年（1578）唐行镇建县城，这就是《青浦建城碑记》的由来。后来，青浦知县屠隆"割华亭集贤乡、上海新江乡之未尽者以益之，编户二百四十六里"。[1] 屠隆益县之举，无疑反映了青浦县政区正式确定，并开始在实质上发挥行政职能。

本章小结

在16世纪下半叶的水利运作中，高乡的政区间关系以及低乡的政区调整，各自呈现出新的面貌。这些新面貌的出现，既与高低乡水环境的整体变化有关，也和赋役改革进程以及地方经济发展有关。在水环境变化和商业发展的新趋势下，高乡州县既需要整合官方财力和

---

[1]　乾隆《青浦县志》卷1《沿革》，第4a—b页。

民间劳力，统一治理各自辖境内的农田水利，又需要疏通商业交通所依赖的跨境水道。从嘉靖初年到万历中期，常熟县、太仓县和嘉定县在解决盐铁塘疏浚问题上，从纷争最终走向和解，协调了跨境干河的水利工程协作问题。在万历年间赋役体制货币化的趋势下，太仓和嘉定间采取了贴银助浚的方式，灵活地解决了跨境水利协作难题。

16世纪中期，太湖以东各府由于府境地貌状况、土地所有状况各不相同，在均田均役的改革中经历了不同的制度调整过程。以苏、松两府为例，苏州府在嘉靖中期以"论田加耗"为原则，取消官田制，缩小高低乡田则差异，改革后制度较为统一。虽然苏州府均粮后也曾出现土地兼并、投献等现象，以及出现局部地区田地积荒等弊端，但总体上还是有利于官方钱粮制度的有效运转和后续改革。与苏州府相比，松江府从正德到嘉靖年间加耗和均粮的改革摇摆不定，由于府境内田则等级过多的情况长期没有改变，再加上官豪权势利益的掣肘，苏州府"论田加耗"的模式在松江府一直行不通，直到隆庆年间，松江府才较为彻底地进行了"论田加耗"、取消官田、简化等则的均粮改革。青浦县从议立到设立，从废置到复设，前后相隔半个世纪，集中折射出16世纪松江府赋役改革的曲折历程。

下编小结

从 11—15 世纪，太湖以东的政区沿革，整体上呈现出自西向东、从低乡向高乡增设州县的趋势。在 11 世纪以前，高乡开发速度不敌低乡，冈身以东未有新县设立。10 世纪吴江县的设立，是低乡农田水利开发的成果之一。吴江设县与水利格局变动存在着密切联系，在 11 世纪后水利格局变迁过程中，有关吴江政区存废的问题，被纳入水利学说的讨论范围。11—13 世纪是高乡加速发展、迎头赶上的时期，到了 13 世纪，高乡政区广泛增设，包括嘉定、上海和松江府。嘉定县设立吹响了高乡建县的号角，其创县过程传递了政府在高乡加强行政管理的信息。13 世纪后期到 14 世纪早期，新县上海县的析置以及统县政区松江府的调整，"受惠"于南宋末年公田重税的"遗产"，并服务于元初海上漕运的大体制。明朝打下江南后，在财政制度和社会秩序上进行了整顿。在政区方面，除了在高乡沿海建立沿海卫所制度，其余均延续元朝的政区格局。随着高乡聚落的发展，卫所管制下的太仓地区出现了军强民弱的弊端，军事管制体制越来越不利于官方财政和治安。适逢明中期苏州府各县的赋役改革出现了困难，太仓由卫建州，割入昆、常、嘉三县的一部分高乡县境，作为太仓州境。这次政区变动使各县获得清洗钱粮"烂账"的机会，缓解了赋税逋负的压力，也有利于官方在高乡进一步巩固行政管理体制。苏州府的官员力压军豪势力，坚决支持建州，在 15 世纪将要结束之时，太仓立州一蹴而就。

纵观11—15世纪高低乡政区增设的过程，各个时期地域开发的机制得以浮现。从吴江设县以及"吴江"问题的讨论，到嘉定的设立过程，代表了四个世纪间不同王朝各自的经济开发战略，以及建立地方行政秩序的思路。每一次新政区格局的形成，不是开发的终结，而只是新的起点。从松江府属各县区划创建和调整的曲折过程中，笔者分析了元初太湖以东的经济发展、社会变迁与农田水利发展的相互影响，也初步把握了宋元时期苏、松地区政区变动机制的相似之处和不同之处。

15—16世纪，太湖以东蓄泄格局发生大的转变，高低乡农田水利面貌也发生了较大变化，土地开发秩序颇为混乱，这既不利于水利的整治，也不利于官方财政的稳定。到了16世纪，太湖以东的苏州、松江两府，同样面临重赋的压力以及农田水利的困境。两府围绕均田均役改革，经历各不相同的赋役调整过程。苏州府的论田加耗和税则统一的改革收到了一定成效，但改变了府境内高、低乡地区的土地开发局面。高乡政区间以及高低乡政区间，在财税和水利问题上发生了不少摩擦。从嘉靖太仓"废州案"的前前后后，笔者分析了州与县的利益博弈，以及州与卫的官员对决。在太仓州存废问题上，朝廷的决策受到行政、税收、海防等诸多方面的掣肘，最终，朝廷的态度由暧昧转为明朗，在16世纪中期将太仓州区划完全固定下来。同样是在16世纪中期，松江府经历了比苏州府更为曲折的均田均役改革过程，青浦立县问题由于受到赋役改革不顺利的影响，经历了半个世纪才尘埃落定。随着青浦的设立，由于明以后黄浦一江泄水而产生的松江府西北境积潦低地，开始得到垦发。16世纪中期，太仓州和青浦县区划地位的正式确立，标志着高低乡政区格局已经稳定。

也许有人会产生怀疑，为何笔者在附录中讨论了清代苏、松、常三府分县的重大调整，在本编却强调高低乡基层政区明末定局呢？那是因为，18世纪的分县完全是官府出于分摊赋役和行政负担而作出的"一刀切"调整，既非以地区经济开发和土地拓殖为目的，也未改变16世纪太湖以东基层政区的主要分布格局，只不过将每个政区从内部一分为二，并对直隶太仓州与崇明、嘉定县的统辖关系作细微调整，其他地区的府县统辖关系未发生变化。到了清末民初，随着自治运动所推动的并县的完成，政区格局回到了明代后期区划"古制"，也即16世纪中期的基本区划格局，这更加说明了16世纪区划格局的稳定和成熟，在这一意义上，可以说高低乡基层政区在明末定局。

在本编中，太仓的区划沿革问题，穿越了元初到明初的海漕时期、明初到明中叶沿海驻防策略改革期、明中叶后苏州府均田均役改革期以及明代后期州县水利协作机制的形成期。太仓的沿革故事促使笔者思考：一个新区划在既有的区划格局中设立，会面临什么样的问题？区划设立之后，在开发格局变化和经济体制调整之中，又如何同区划格局中的其他政区协调利害关系？在连续三章的讨论中，太仓几乎如影随形，它为笔者综合考察13—16世纪高乡开发与政区变动的复杂关系，提供了一个连续性很强的参考样本。

总体上看，以谭其骧"开发—滋息—设县"（按：此为笔者之概括）的模式分析唐以后太湖以东政区沿革与地域开发的关系，从宏观角度来看也是基本成立的。然而，在长达六七个世纪的发展历程中，地域开发在政区变动过程中已经逐步走向成熟，政区变动的原因也变得越发复杂。

首先，地域开发虽然是政区沿革的基础，但并不直接指向政区设置的结果。行政区划的设置，本来就是一种官方行为，区划设立和调整的过程，是在官方决策体系和行政体系里完成的，而不是地域开发直接促成的。地域开发虽具备一定的规模，但如果既有的区划格局足以应付地域范围内的治理需要，区划通常不会任意更改。从地域开发具备一定规模，到区划正式设立或调整，其时间间隔或长或短。在这个"酝酿阶段"，对于地域社会的各种变迁态势，往往需要重点考察。

其次，越到后期的政区设置，其所依赖的地域开发基础越是复杂。这类政区沿革，是在一个既有政区的密集网络中生成的。新政区的设立，虽然旨在消灭经济开发和社会治理的内部边界，却常常在政区网络中生成更多的代表着行政权限的县界，这使得政区间关系产生新的变化。有些政区在设立后，还曾经历曲折的调整期。总之，在持续变化的实际过程中，此开发与彼开发有着诸多的不同，僵化看待开发式设县模式显然更是行不通的。

对于清初分县的由来,范金民进一步从赋税征收和官员考成两个角度继续深入考察,他指出,由于清初苏、松、常赋税征收的难度超出了官员考成的合理程度,所以分县的根本出发点在于摆脱官员的考成困境,使得赋税轻重、事务繁简,实现官员考成与政区幅员相互陪衬。[1]对此观点,笔者亦十分赞同,因为行政区划的设置和调整本来就是官方行为,是在官方决策体系和各级行政体系里运作的,而不是地域开发直接促成的,清初分县如此,民国并县亦然。在大一统王朝的官僚体制下,由于区划结构与官员及其品级结构是对应的,在特定时期,出于政治利益的考量,一些官员和地方精英会以治理需要为由,提出区划变更的建议,为民请命,既求得名声,也谋得私利。另一方面,由于政区设置与地方钱粮政策相关联,地方权势出于财富诉求,会在很大程度上影响官方决策,这些都是研究政区变动时需要特别留意的。

---

[1] 范金民:《政繁赋重,划界分疆:清代雍正年间江苏升州析县之考察》,《社会科学》,2010年第5期。

结　论

关于11—16世纪太湖以东高、低乡的各种区域要素以及它们的历时性变化，就叙述到这里了。笔者衷心地希望，通过诸多"超链接"，以及各编、各章不厌其烦的引言和小结，不仅能阐述三编所探讨的主要内容，也能对三编之间的密切联系作出初步的揭示。基于这些铺垫，笔者在结论部分也减轻了包袱，不必喋喋不休地重复那些变化的细节，可以腾出空间来思考有关区域结构及其整体变化问题。

在导论中，笔者已经勾画出本书的基本思路，简言之，即是将"江南"视为时空连续体，将太湖以东高、低乡地区作为一个研究区域，分列三个专题进行历时性叙述，进而整合在统一的时间轴上，发现剖面，划分时段，分析结构。在结论中，笔者就按照这个思路，将三个进程叠加起来，重点讨论三个问题：第一，如何分析区域结构的转变？第二，区域结构变迁是在何种时间尺度上的变迁？第三，区域结构转变的驱动力是什么？

第一节　三次大转变

本节要进行的工作，首先就是将三个专题中的内容放在一起，看看在哪些时间段上有诸多关系密切的现象接连发生，并且结合起来产生了重大的影响。这项工作的可操作性，首先是基于时间的不可逆性和要素的共时性，其次是基于本书每一编在叙述上的连续性。其中，中编从13世纪叙起，略显特殊，那是因为有关13世纪以前的聚落拓展和土地开发的情况，在上编中已经叙及。

通过这样的叠加，笔者找到了三个重要时段：11世纪、13世纪后期到14世纪、16世纪，这三个时段反映了区域的整体结构转变：

（一）11世纪是农田水利大发展的时代，是低乡稻作引领开发的时代。这个时代产生了影响深远的高低乡水利理论，形成了高低乡农田水利开发的基本面貌，也开启了一种高、低乡水利不协调的格局。

10—11世纪，太湖以东地区农业显著发展，交通和聚落逐渐拓展。低乡地区吴江县的设立，是农业开发的成果，也是推进开发的需要。北宋王朝建立之后，官方非常重视太湖地区的农业开发，加快了对太湖以东水利工程的建设，并依靠运河运输江南漕粮。11世纪下半叶，整体开发加快，低乡稻作发展尤为突出，而农田水利格局逐渐显露弊端。在这种情势下，水利学家们对太湖以东的高、低乡地貌特质进行了详细的考述，探讨如何统筹高、低乡水利，建议官方把"治田"和"治水"结合起来，以便推进水田开发，同时保持水利整体协调。然而，北宋官方只采纳了治田先于治水的方针，没能很好地统筹高低乡水利，水利工程趋于权宜行事。于是，水利学家不断阐述高、低乡农田水利统筹发展的理论，描绘高低兼治的水利古制，鼓吹以塘浦大圩为形式的农田水利体制，力图托古改制。

11世纪官方对吴江塘路进行全面的改造，增筑长堤，改善了水陆交通，促进了低乡围垦，也对吴淞江中下游的排水造成不利影响。不仅如此，11世纪太湖以东高、低乡的土地开发，也直接造成了水利格局明显失序。于是，有关吴江设县的合理性，以及吴江塘路的利弊，成为有关高、低水利争论的一个突出问题。这就是"吴江"问题的由来，它见证了10—11世纪低乡农田水利的发展，也见证了11世纪中叶后高低乡水利失序的情势。

11世纪水利学说的产生和传播，受到党派斗争的影响。限于政治和社会环境，水利学家无法实现他们的治水抱负，他们所描绘的水利古制，被后代治水者奉为最高理想，却未曾实现。11世纪后的水学理论，基本没有超越11世纪的水利学说，这是由于11世纪水利学说是一种是古非今、超越现实的理想化体系。随着高、低乡水利格局的演变，在高低兼治愈发困难的情况下，11世纪后官方治水只能指向局部的权宜治水，太湖流域水学也就倾向于讨论高低乡水利的具体问题了。11世纪后水利学说专题化和理论"递减"的背后，即是高低乡水利持续分离和区域开发继续推进的过程。

（二）13世纪后期到14世纪，是以"海漕"和"重赋"为特色的时代，是高、低乡在繁重赋税压力和海上漕运体制下加速开发的时代，这在高乡表现得尤为明显。明清江南重赋格局之奠定、高乡乡村权势之崛起，都发生在这一时期。14世纪的水利工程则令失序的水利格局基本稳定下来了，没有出现水利"崩盘"。

这个转变时期，经历了宋、元、明三个朝代的更迭。在南宋中后期，太湖以东的围垦活动，在官方和权豪的利益妥协中不断加剧。低乡围田扩张，导致中游排水迂缓，下游东向港浦淤塞，迫使官方组织在下游东北、东南两个方向实施开浦工程。在开浦和围田并行的水利运作中，高、低乡水利更加失去统筹的可能，田赋规模则显著增长。景定年间的公田法改革，打破了"端平经界"改革之后比较稳定的赋役体制，使得13世纪后期的田赋升至过高的规模，弊端丛生的财政体制未及调整，宋亡元兴。

13世纪后期，元廷打下江南后，利用了沿海的岛寇势力，建立漕粮海运体制，将南宋末年不适度膨胀的田赋规模纳入新的赋役体制，将巨额漕粮运往大都。海漕体制影响了太湖以东整体开发格局，宋末公田重税转为元初巨额漕粮，宋末豪民转为元初漕户，华亭县升为松江府，松江府增设上海县，昆山州移治太仓，高乡政区增设的趋势十分明显，这些格局的变化都服务于海漕的征输。在13世纪后期到14世纪中期海漕体制带动下，低乡围田规模化发展，高乡垦殖加速推进，东北水系持续发展，东南港浦因淤淀而产生水势演变，最后在13世纪后期形成以东北泄水为主导的局面。

14世纪明朝建立后，保持了元朝的赋税规模，建立起一套与赋役体制相称的乡村社会秩序，并继续推行海漕制度。元末不少漕户豪民依旧成为乡村权势，他们的一些后代还在明中期创立了市镇。在政区方面,除了在高乡沿海建立沿海卫所制度,其余均延续元朝的政区格局。在高低乡水利方面,由于东北泄水逐渐失效,14世纪后期,明朝官方通过改筑东坝、掣淞入浏、凿范家浜导黄浦出海三个大工程,逐渐将泄水主干导向东南,引起了太湖入水、泄水格局的整体改变。这种高低乡水系格局到16世纪后仍保持稳定。

(三)16世纪是高低乡赋税制度趋于统一、水利和政区格局基本定型、市场走向整合的时代。各种经济、行政制度的改革和调整引导了这场转变,其中,嘉靖以后的均田均役改革最为重要。16世纪也是高乡棉植大兴、棉业市场拓展的时代,高低乡农作面貌分异,市场联系却加深,赋役货币化改革与市场和商贸的拓展相得益彰。

嘉靖均粮改革是一种全局性赋役改革,它旨在解决15世纪后高、低乡土地开发中的制度性积弊,主要通过扒平官民田税则,减少高低乡的田则等级,使高、低乡合法土地开发成本趋于接近。许多人户面对部分土地开发成本的提高,舍弃"性价比"较低的田地,形成土地"积荒";另一方面,对滩荡和河道的占垦则加剧,此前东北港浦持续淤塞,到这个时候,许多支河迅速消亡。16世纪下半叶,高乡地区出现了水网密度下降、主要依靠东西向的干河泄水的局面。

面对"积荒"田增加而税收原额不减的压力,高低乡州县通过各种努力,借助赋役折银化改革,通过改折漕粮,减则开荒,编立垦荒图甲等方式,调整土地开发机制,使得荒田"复熟",总体上巩固了地方财政。16世纪后期的土地开发新政,比较有效地解决了均粮改革的"后遗症",在高、低乡州县得到推广。面对水利新形势,高乡州县则采取了"强干堰支"的策略,地方政府专浚干河,维护市镇通渠、民运要道,除此之外,不究水利。在水环境变化和商业发展的新趋势下,高乡州县既需要整合官方财力和民间劳力,统一治理各自辖境内的农田水利,又需要疏通商业交通所依赖的跨境水道。在万历年间赋役体制货币化的趋势下,高乡州县还采取了贴银助浚的方式,灵活地解决了跨境水利协作难题。

16世纪末的高乡和低乡,在农田水利形态上,呈现出棉作区和稻作区的明显差异。然而,市镇网络和商业水路网络的发展,商贸的扩大，物资交流的频繁，将高低乡城乡聚落越来越紧密地联系在一起。商人力量在地方社会起到了越来越重要的作用。从均田均役到"一条鞭法"改革，16世纪官方赋役体制的持续改革，推动了赋役货币化运作，有利于改善地方行政体制，有利于高低乡市场的整合，以及高低乡市场与全国市场联系的加深。太湖以东的水利格局、行政区划格局在16世纪末基本定型。"万历中原额"，即16世纪末赋税标准，在此后则被长期沿用，充分体现了16世纪经济体制的稳定性和有效性。

这就是11—16世纪太湖以东区域结构的三次整体转变。那么这种转变"时段"，是通过什么样的进程叠加而得出的呢？导论提出将由系列剖面组成时段，为何这些时段的时间跨度会长达一个世纪呢？这两个问题的核心，其实就是理解剖面和时段的关系。

本书导论中简略回顾了20世纪地理学研究中区域理论和剖面理论的发展，大部分学者趋于接受一个观念，即是认为区域发展中的时间剖面，应该具有一定的"时间厚度"，绝非一个瞬间薄片。在某些极端情况下，剖面"厚度"可能只有一年，但在更多时候，必须根据不同的研究问题，确定合适的剖面"厚度"。如果剖面时间过短，很可能就看不到现象的发展趋势，不能考察一种现象从出现到稳定存在的时间过程。[1]

除此之外，笔者还认为，由于区域整体问题中包含着诸多专题，根据这些专题中出现的一些"特殊"现象来建立剖面，这些剖面之间将有各自长短不一的时间厚度。进行多种专题进程叠加，实际上就是把这些具有"特殊"意义的不同"厚度"的剖面叠加在一起。如果发现有一些剖面集中出现在某一大段时间之内，并且有时间上的因果联系，那么这段时间就是一个更大的区域整体剖面。这种整体剖面的时间"厚度"则会变得更大，所以不妨就直接将之视为时段。

这种作为区域整体剖面的时段，由于包括了多种主题发展的"特殊"过程，又蕴含了这些"特殊"进程之间的密切关系，实际上就反

---

[1] [日]菊地利夫：《历史地理学方法论》，第195页。中文选译系列参辛德勇译，《中国历史地理论丛》，1989年第3期，第170页。

映了区域的整体结构。因此，由一系列有"厚度"的剖面组成时段，并以此类推，构筑若干个这样的时段，就可以用这些时段来考察区域整体结构的变迁了。

这里不妨以13世纪后期到14世纪的转变为例。这个时段长达一百多年，其中包含了许多"厚度"长短不一的剖面，譬如南宋末年的公田重赋、至元到大德初年海漕建立和漕粮激增、"半舶半县"的上海县的建立、大德年间"朱张案"与海漕机制的调整、大德以后的吴淞江疏浚工程与泰定年间松江废府立司、延祐后昆山移治太仓与海漕诸公对高乡的开发、明初的水利工程与官田重赋、海漕将领的后代入明后任粮长，诸此等等。本书从这些作为剖面的现象及其过程中，找到它们密切的相互联系，将它们的时间"厚度"叠加在时间轴上，就可以看到13世纪后期到14世纪的整体变化。11世纪以及16世纪的转变时段，也都是通过这样的方法分析得来的。

这里还有一个问题，就是这些时段之间又是如何联系起来的？答案很简单：由于这些时段以及构成时段的系列剖面本身都是从历时性变化得出的，所以这些时段之间的联系显而易见。也就是说，这些联系其实也是一些历时性的变化，或者说也是一些剖面，只不过这些变化的集合还没有造成结构性变化罢了。

在本书具体的分析中，笔者并没有仅仅关注结构性的变化，而同样关注很多细节，很多"小"的变化。对于区域作为时空连续体的变化过程，从根本上说，任何在时间和空间上有变化的现象都是值得重视的，不应该过分强调结构性变化，而忽视了结构性变化与局部的乃至突发的现象的联系。讲到这一点，笔者似乎是在帮布氏的"三段论"进行辩证，而实际上并不需要限制在"三段论"的框架里，像布罗代尔那样为"长时段"和历史学家所谓的"结构"进行辩解。我们完全可以在结构性转变和其他的变化之间来回穿梭，从各种各样的尺度里考察时空连续体的变化。这也正是笔者按照三个主题重复描述11—16世纪太湖以东区域历史的原因。正如伏维尔阐述"长时段"理论的意义时说的那样：

> 说真的，我相信不久以后这一长、短时段的辩证关系问题就将时过境迁，或许成为历史的陈迹……在一揽子的历史时间里，在这一揽子的现在已摆到我们面前的长时段系列中，我认为解决的方法是使各方面相关、相比较、划分层次和等级……从这一点来说，长时段这一方法论进步的客观成果，就将既不是一种诱饵，也不是一种障眼法或一种退却，而是一种表明对历史时间进一步把握的手段。此外，现在并没有什么重大的理由值得我们悲观：我们已经说过，自从费尔南·布罗代尔这篇文章发表至今，结构主义的渗入已经发生，而史学并未因此走上绝路。[1]

对于区域结构史的描述，同样是一个开放的讨论空间，完全不需要为了阐释"结构"而限定某几种主题讨论。笔者已经强调，揭示结构的变化，关键不在主题的内容，而在于从主题间找到联系。假如愿意的话，还可以添加更多的主题历程，寻找更多的联系。

结构史的分析是灵活的，而不是僵化的。不过，本论文所有的讨论没有偏离一个原则，那就是区域发展统一的时间轴。只有把各种"时间厚度"不一的剖面，回归到区域统一的时间轴，才能防止主题的碎化，防止现象间的联系变成一种随意的推定。笔者认为，只有建立在时间不可逆的基础上，揭示历时性的因果联系，对于分析区域结构变迁才是有意义的。

弗朗索瓦·多斯（François Dosse）总结了从《年鉴》到"新史学"的学术发展过程，他在结论中指出：

> 人类的作用体现在它所处的时间中，一旦这种时间被分割得七零八落，人类便失去了中心地位。历史学家不应当热衷于把时间分割成经济的、政治的、思想的时间性，并分别研究其各自的演变，而应当坚持总括的方法，信守因果关系的概念框架，努

---

[1] [法]米歇尔·伏维尔：《历史学和长时段》，收入[法] J. 勒高夫、P. 诺拉、R. 夏蒂埃、J. 勒韦尔主编：《新史学》，第164—167页。

力揭示不同现象的关联。历史事实应该体现出抽象逻辑结构与现实之间的辩证关系,揭示从结构到情势或从情势到结构的运动过程,从而深入浅出地再现历史的脉络。……相信历史中存在某种合理性是综合方法潜在的预先假定。因此,历史学家的任务就是透过错综复杂和含义模糊的事实,发现合理性的轮廓。这其中也蕴含着关于拉开必要的距离和从抽象上升到具体的思想。只有这样才能构建一套如实反映各层次现实所起作用的网络体系。……因此,历史学家应当在事件陈述和观念框架之间反复往来。他们的综合工作不应是把各个部分简单地拼凑到一起,而是要探讨其中的因果关系。[1]

综上所述,笔者正是希望通过多种主题的历时性叙述,揭示出一系列有"时间厚度"的密切相关的剖面,以及由这些系列剖面组成的若干时段,进而以这些时段阐述区域的整体变化。正是这种"剖面分析→时段考察→结构研究"的论证序列,把三编的内容联系在一起,呈现区域作为时空连续体的整体结构变化。

第二节　中时段变化

本节使用了一个尚未作任何说明的概念——"中时段",笔者必须首先交代应用这个概念的原因。

这里不妨先回味一下布罗代尔的"三段论"的衍化过程。如同本论文导论中所示,布罗代尔最早的时段划分,是1949年《菲利普二世时代的地中海和地中海世界》第一版所说的"几乎静止不动"的地理时间、社会时间和个人时间。后来,在1958年《历史学与社会科学:长时段》一文中,他开始用"长时段"理论,强调历史学家的"结构主义"的特色,并用"长时段"理论展开讨论历史学与社会科学的

---

[1] [法]弗朗索瓦·多斯:《碎片化的历史学:从〈年鉴〉到"新史学"》,马胜利译,北京:北京大学出版社,2008年,第240—241页。

关系。其中,"长时段"对应了结构,代替了原来的地理时间。布罗代尔强调历史学必须更重视"长时段"和结构,而反对停留在事件层面或者完全抛开时间的多重性。在这篇文章中,"地理制约"只是一个长时段的例子,其他还有文化领域的结构、经济生活的结构。另外,他也举出了"短时段"的例子,譬如事件。在《历史学与社会科学:长时段》文中,他的"三段论"有了新的表述,即长时段、局势和事件。[1]在新的"三段论"表述中,他强调了时间的不可逆转,也强调了长时段、局势和事件"彼此能够融洽地相互配合,因为它们都是用同样的比例尺来度量的"。

笔者注意到一个现象:布罗代尔没有讨论"中时段"的问题。所谓的"中时段"这样的字眼,似乎更多地出现在后来诸多评论文章中,大概那些作者觉得需要在"长时段"和"短时段"之间配上"中时段"才比较匀称,并对应到社会时间和局势。

用所谓的"中时段"来对应布罗代尔所说的"局势"是有问题的,首先,他自己并没有作出这样的对应。他对局势的表述,只是与结构相对而言的,在1965年写成的《菲利普二世时代的地中海和地中海世界》第二版结论中,他在论述"社会"历史时才提到结构与局势的关系:

> 把历史分为快速发展的和慢速发展的两类,分为形势的和结构的两类。这种分法仍然是一场远未结束的争论的核心问题。我们将这些发展演变运动分类,就必须对这些发展演变运动进行互相比较。在此之前,我们并不确知是这一些发展演变运动支配了那一些发展演变运动或者相反。辨识这些发展演变运动,加以分类、进行比较,这是我们首要关心的问题和首要的任务。[2]

---

〔1〕[法]费尔南·布罗代尔:《历史学与社会科学:长时段》,收入[法]费尔南·布罗代尔:《论历史》,第52页。
〔2〕[法]费尔南·布罗代尔:《菲利普二世时代的地中海和地中海世界》下卷《结论》,第981页。

可以看出，他所说的结构和形势（即局势）本身是一种相对而言的慢和快的变化，而对于某些变化属于形势（局势）的变化还是结构的变化，他承认还难以进行确凿的区分。不过，从《历史学与社会科学：长时段》一文发表以后，他还是更加坚定地强调"长时段"的存在，坚信有一种非常缓慢的、"半停滞"的深层结构作为一切事物的基础，而且还强调要重点研究这个基础。"长时段"理论在这样的强调中，难免给人一种比较僵化的感觉，冲淡了他对多元时间的主张。在20世纪70年代，勒高夫已经提出异议：

> 因此应当研究那些变动缓慢的现象，研究几十年来人们称之为"结构"的东西，但同时也要抵制新史学的某些倾向：今天一些最杰出的史学家深感长期延续的历史现象的重要性，为了使人们更好理解实际情况，有意夸大其词，结果使用了一些带有危险性的词——"近乎不动的历史"（费尔南·布罗代尔语）、"不动的历史"（埃马纽埃尔·勒鲁瓦·拉迪里语）。不，事实并非如此，历史是变动着的。新史学应当做的恰恰相反，是要更好地使人们把握这种变动。[1]

勒高夫讨论的重点，就是主张从对"时段"的划分回到对变化的分析，而不要一味强调缓慢不变的长时段。

其实，在布罗代尔最初的"三段论"中，他的地理时间就是强调人与环境的关系，这种关系本身就离不开社会时间。所以，无论是慢速发展的结构或快速变化的局势，只有在社会时间中才能分出快和慢的差别。反之，假如脱离了社会，又不研究变化，"长时段"就变成一个可有可无的信仰了，另一方面，结构一旦与这种脱离了社会的"长时段"挂上钩，也就失去了史学分析的意义了。

所以，波米安对结构史学的阐释，可以说是拯救了僵化的"长时段"和"结构"。正如导论所提到的，波米安借用了布罗代尔的"结

---

[1]［法］雅克·勒高夫：《新史学》，第27—28页。

构"和"局势"概念，但阐述了一种布罗代尔未曾论及的观点，即是认为，"局势"不是单纯的社会时间，而其实就是结构中的各种变动，包括结构本身的革新。波米安还提出了他的新"三段论"：

> 在长时段和周期性变动之外，事实上还出现了一个革新的时间：这是一种不可逆转的时间，这一时间从局部开始到变为总体性而告终，它随着在新结构中的逐步体现而改变着自己的本质……结构、局势、革命：这就是关于历史时间的新的三分法。一系列的新问题就产生于其间，为了解决这些问题，史学家在今后还有许多工作要做。[1]

这种分析实际上就把结构和局势的关系盘活了。"结构"不仅存在变化，而且可以通过"局势"进行分析了。这种新的"局势"，实际上就是布罗代尔后来所说的"完整意义上的'社会'历史"。[2]

正是基于结构史学对"时段"理论的改造和突破，笔者才愿意定义一个"中时段"，它不是布罗代尔所说的局势（或形势），也不是评论家所谓的与"长时段"和"短时段"相配的"中时段"，而是波米安所说的"局势"，或者布罗代尔后来所说的整体"社会"历史。定义这样的"中时段"，意味着舍弃那种"近乎不变"的长时段，而重点研究社会中的变化，正如多斯所言：

> 历史学若要重新成为马克·布洛赫所称的研究变化的科学，它就必须与在年鉴学派中占主导的永恒时间说实行决裂……自从历史学带有了人种学性质，它便否定了自我，并瓦解了自身的基础，即时段，及其快慢节奏和动荡。要复兴史学论说就必须恢复被年鉴学派从一开始便抛弃的东西——事件。对事件的排斥导致历史学走上了消解自我特性和功能的道路。历史学当属唯一能把

---
[1] [法]克里齐斯托夫·波米安：《结构史学》，收入[法]J. 勒高夫、P. 诺拉、R. 夏蒂埃、J. 勒韦尔主编：《新史学》，第291页。
[2] [法]费尔南·布罗代尔：《菲利普二世时代的地中海和地中海世界》下卷《结论》，第978页。

握系统与事件、长时段与短时段、结构与情势之间辩证关系的实践活动。……我们应该避免只在讲述无谓的事件和否定事件这两者之间进行选择。有待复兴的应是那些与结构相关并由结构促成，可引发创新的能指事件。[1]

历史学本来研究的就是变化，因此，应该把"地理时间"所要讨论的人和环境的关系，放到"社会时间"中去讨论。

本书始终认为，只强调高、低乡的自然地貌差异，并无多大意义。在导论中笔者已明确提出，要重点分析地理差异及其变化如何对历史显得有意义，就必须在社会变迁中考察微地貌差异如何在人类活动中呈现为一种社会因素。

在11世纪农业大开发时代，高、低乡的差异，是作为一种服务于水田开发的水利差异格局被人们所认识的。到了15世纪以后，高乡是作为一个逐渐发展的棉作区凸现出来的。假如只关注"地理时间"，那么高、低乡农田水利格局从失序到完全分离的过程，高低差异的地貌特质，一直没有变化。反之，如果把这个水利格局变化过程，放在整体社会变化中去看待，则可以反映若干结构性的变化。正如上编所总结的那样，从地域经济开发和社会发展的角度来看，高低乡水利分而不整的"不可持续"过程，是太湖以东地域开发的重要进程。在实际的地域开发过程中，并无今日的环境保护理性，只有经济利益至上的考量。不同时期的水利学说，也必须放在这个开发过程中去看待。探讨高、低乡水利格局的演变，关键就是要分析不同时期的政治、经济环境如何作用于地域开发进程，如何影响水环境变化，如何反映在水利学说的内容及其关注点之上。单纯认为11世纪后高低乡农田水利连续倒退，显然是一个毫无意义的结论。

1982年，沃勒斯坦（Immanuel Wallerstein）在《激进历史评论》中，评述了布罗代尔的学术经历，他模仿了布罗代尔的"三段论"来叙述布罗代尔的学术，但对叙述顺序作出调整：

---

[1] [法]弗朗索瓦·多斯：《碎片化的历史学：从〈年鉴〉到"新史学"》，第241页。

> 我将用布罗代尔提出的三种社会时段来组织我所做的回答。这三种时段是：结构（Structure）、局势（Conjoncture）和事件（Event），我将试着谨记：甚至在传记中，事件也不过是"尘埃"，只有结构和局势的结合才能给出最终的解释。我还将试着谨记：无限的长时段（即永恒的无历史的时段）不可能是真实的，我应尽量避免求助于这种时段。布罗代尔的主要著作《地中海》一书处理这三个时段的顺序是：结构、局势和事件。但是我认为，这是该书的一个严重错误。如果布罗代尔先考虑事件，再考虑结构，最后以局势做总结，那么该书的说服力就会大大增加。[1]

这篇文章不是专门的理论考辨，但从中也透露出沃勒斯坦对布氏"三段论"的评价：首先，沃勒斯坦把三个时段通称为"社会时段"；其次，他放弃思考"无限的长时段"；最后，他认为将"局势"作为总结，不失为一个好的处理办法。

这种点评，其实和本节讨论的思路是一致的。只有把结构放入整体社会历史中去讨论，考察结构及其转变才有更多的意义。

这就是笔者把区域结构变迁的时间尺度定义为"中时段变化"，并强调整体社会历史的依据。实际上，本书一直强调的不可逆时间，也一直都是社会时间，讨论高低乡区域结构史，就是在这个时间轴上进行的。

第三节　转变的机制

在"中时段"——也即整体社会历史的尺度上考察区域结构的转变，引起了笔者对结构转变的驱动力的思考。

波米安在他的"结构史"理念中，主张以"作用机制"代替简单的决定论，其意图显然就是反对布罗代尔过分强调"长时段"或者"结

---

[1] [美]沃勒斯坦：《布罗代尔：历史学家；"局势中的人"》，译自《激进历史评论》第26期，1982年，收入[法]费尔南·布罗代尔：《论历史》附录，第244页。

构"的所谓"决定作用",他说:

> 结构史总是把单方面的和简单化的决定论排除在它的研究实践之外,这一决定论首先将所研究的现实划分为一系列部分,随后在这一部分或那一部分引入一些被认为是能够"最终"解释个人活动和社会演进的原因。结构史则以一个极端复杂的相互作用机制取代了这一决定论,在这一机制中任何一个因素都不能被孤立为一种独立的变量,而这种变量的演进又支配着其他因素的演进。[1]

20世纪80年代以来,中国社会经济史学界在区域社会史研究方面取得了较丰硕的成果。近年来,历史人类学的研究实践引人注目,其研究取向之一,便是把区域研究置于对整体历史的关怀之中,努力从中国历史的实际和中国人的意识出发理解传统中国社会历史现象,从国家制度和国家观念出发,理解具体地域中"地方性知识"与"区域文化"被创造和传播的机制。在追寻区域社会历史的脉络里,学者们既强调"地点感"和"时间序列"的重要性,同时也避免僵化地理解地域社会的空间结构和时间序列。陈春声认为,要"回到历史现场",关键在于认识社会机制,他指出:

> 要理解特定区域的社会经济发展,有贡献的做法不是去归纳"特点",而应该将更多的精力放在揭示社会、经济和人的活动的"机制"上面。我们多明白一些在历史上一定的时间和空间条件之下,人们从事经济和社会活动的最基本的行事方式,特别是要办成事时应该遵循的最基本的规矩,我们对这个社会的内在的运行机制,就会多一分"理解之同情"。[2]

---

[1] [法]克里齐斯托夫·波米安:《结构史学》,第286页。
[2] 陈春声:《历史·田野丛书》总序《走向历史现场》,北京:生活·读书·新知三联书店,2006年,第Ⅳ页。

正是受这类学术取向的启发，笔者更多地考虑区域结构变迁中机制的重要性，在具体的研究实践中进行理论思考，进一步考察各种机制如何作用于区域的变迁。

纵观"三次大转变"，区域变迁中充当着重要角色的各种机制就会显露出来，其中既有自然环境机制，譬如水环境变化的机制，也有官方的财政机制、行政机制，还有市场机制等等。这些机制之间有何关系？机制与区域结构转变有何关系？这里就以16世纪的转变为例进行考察。

高低乡区域发展的各种机制，在16世纪后期趋于完善，也趋于调和。然而，在此之前很长一段时间内，这些机制是处于不完善和不协调状态的。

在财政机制方面，永乐以后，里甲人户逃亡、大批耕地抛荒、税粮逋负的现象频频出现，豪强大户强占抛荒地、不交税粮的现象也屡屡有之。宣德改革时的"开荒"政策，主旨不在于所谓土地"细密化"开发，而主要是通过税收优惠，招徕人户复耕无主荒地，同时，既保证复耕后的耕地不被富户占种兼并，也将新开田地登记在册，防止垦荒户采取"游击战术"，故意造成再度抛荒逃税。面对日益突出的钱粮问题，15世纪历次田赋改革，主要是对官、民田均征加耗，再用耗米充当地方政府开支，同时，运用折征、轻赍等机制调节官、民田之间的负担。然而，这一系列改革一直未能剔除最大的积弊，即是官民田税则不均的问题。由于富户权豪占有大量轻税的民田，而重额的官田税往往在小户身上，所以，只要官、民田税则差异存在，均田改革就不可能彻底。不过，许多官员采取了"体制内调整"的策略，调整官民田负担悬殊的问题，还是取得了一定效果，为嘉靖均田改革奠定了制度基础。

在环境机制方面，15世纪以后，尽管明初三次大工程所奠定的太湖以东泄水新格局基本稳定，但由于黄浦江的通畅泄水，水势偏向东南，离开原吴淞江中游地区。因此，官方在15世纪很少再主持大规模的吴淞江流域以及东北水系疏浚，东北水系也不可避免地湮塞，使得低乡许多支河因泄水不畅而淤垫。在这种情形下，权豪人家多利用淤塞的河道围垦造田，并诡报成低则甚至免科的"涂荡"田，规避赋役。这种围垦导致积水聚入较低之地，形成了小河道多成围田，卑下之地积水成湖的新地貌。而在高乡地区，由于东北水系衰弱，低乡清水来速下降，高乡地区更容易受到浑潮倒灌之害。在嘉靖均田改革之前，高乡的税则往往轻于低乡，而民人同样也对围垦淤塞河道乐此不疲，加剧了高乡港浦的衰亡。成化以后，太湖以东特别是苏州府属县连遭几次水旱之害，权豪和民众坐视河道淤塞。占垦图利显然令水道淤塞成为不可逆转的趋势，而这显然与上述田赋机制的积弊有关。

在州县行政机制方面，当高、低乡水利同时面临水利困境之时，州县在水利工程上"各家自扫门前雪"。"斜堰"问题暴露了昆山、常熟间农田水利矛盾关系的一个侧面。在水患之年，高乡免于旱，低乡却苦于涝。更突出的问题是，高乡的税则还比低乡轻，也即合法情况下土地开发成本比低乡低，这使得昆山和太仓间的水利矛盾上升到更激烈的程度，嘉靖初年太仓"废州案"就是这种矛盾激化的产物。当然，太仓州本身行政机制的积弊，特别是州与卫的矛盾，是"废州案"出现的另一个重要原因。

各种机制的整体调整，开始于16世纪中期。

嘉靖初年，太湖地区荒田激增至四千顷，而朝廷又不肯减损原额，只有平衡税则，才可能改变"有田无粮""不耕而食"的情况，保证赋税足额。尽管缙绅大户多有反对，顾鼎臣还是力挺欧阳铎和王仪实施均粮改革。这就是16世纪嘉靖中期的均田均役改革，它取消了官田制，将官、民田税则扒平，同时大大缩小了高、低乡税则差异。这场赋役机制大改革，也带动了各种经济和行政机制的全面调整。

嘉靖均田并非尽善尽美，它是在比较复杂的钱粮积弊中作出的"一刀切"式改革，着眼于全局而无暇顾及局部。改革不久，新的田粮问题就产生了。尽管原来因重则而抛荒的田地得到复耕，"熟区包荒"的负担可以减轻，然而在新体制下，许多"性价比"较差的田地仍然被抛荒，形成"积荒"田地。16世纪后期，高低乡州县借助赋役折银化改革，通过降低税则、招徕外来垦荒民户、编立垦荒图甲等方式，继续改革土地开发机制，逐渐消灭了"积荒"田，总体上巩固了地方财政。

从 16 世纪开始，还有一个势不可挡的变化趋势，即是棉业的发展。太湖以东特别是高乡地区的棉植早在 13 世纪已经出现，但真正形成规模则是在 16 世纪。高乡植棉普及的动力，首先在于水环境的变化，由于棉植对灌溉要求不高，因此较好地适应了高乡河道淤塞的形势；其次在于赋役折征改革和市场机制，使得高乡棉植不仅可完国课，又可图货利。高乡棉业的兴起，又反过来对各种机制的调整造成较大的影响。万历年间嘉定县的"漕粮永折"即是基于棉植发展以及棉业市场变化而推行的改革。这场从折棉到折银、从试折到永折的改革，解决了完成钱粮原额的困境，也减少了漕粮收兑中的舞弊行为，避免在赋税负担下再度出现"积荒"田地。

在商贸和市场拓展的情况下，高乡州县除了用公帑专浚干河，其他的水利工程常常借助市镇的财力去实施，在赋役体制货币化的趋势下，高乡州县还采取了贴银助浚的方式，比较成功地实现了跨境水利协作，初步解决了 15 世纪后政区间的水利矛盾。

16 世纪的转变，便是在 16 世纪后期各种机制改善、整合的基础上实现的。

通过对 11—16 世纪太湖以东高低乡区域变迁的考察，笔者认为，影响区域发展的机制并不是单一的，在区域发展各个剖面，都有具体的机制在起作用。许多时候，各种具体的机制有着不协调乃至相互抵触的地方，制约了区域要素的协调发展。当各种机制在改革中从矛盾走向协调，达致某种平衡，区域结构往往就发生了转变。此外，在整体机制协调之后，一些具体的机制就会在区域内传播开来，特别是体现为官方的一种区域治理范例，在各个政区中普及。

譬如，在 16 世纪后期的转变中，松江府一开始是论粮加耗，但效果不佳，最终走上了和苏州府一样的论田加耗的均田均役改革，并获得成效。青浦县的政区地位也在这种调整和制度仿效之后得到巩固，青浦成功设县，终于奠定了 16 世纪后的州县政区格局。又如，在 16 世纪末 17 世纪初，垦荒图甲的新机制，在高、低乡的土地垦发中，由于成效显著而得到普遍推广。

所谓的"社会机制"其实是一个泛化的总称,它不应该成为一个玄虚的概念。笔者主张在具体的事件、过程中,发现各种具体的机制。当各种机制在某个时段逐渐形成一股合力,推动区域结构发生转变,或许才能把它们归纳成这个时段的整体社会机制。

直至今日,区域发展依旧依赖于各种经济机制、自然环境机制以及行政机制,考察历史时期区域结构转变的机制,对今天的区域发展策略或许有所帮助。

16世纪以前,太湖以东高低乡的区域发展,是通过最大限度地改造水环境来换取农业开发利益的。这种土地利用方式,确实也为后代奠定了深厚的经济基础。然而,今天的社会已经不需要依赖这种农业开发方式,却面临着工业发展和城乡变迁中水环境被破坏的危险。笔者在近几年的乡村实地考察中,对高、低乡农村的生活污水淤积、工业废水污染等现象尤为担忧。

2007年,"蓝藻"危机曾引起全国对太湖水环境污染问题的重视,它暴露了少雨季节太湖水位偏低、水流缓滞的弊病;另一方面,则暴露了污水处理机制的弊端。2008年,江苏省政府投入150亿元,进行太湖水污染治理,同时采取提高污水处理价格的机制,帮助污水处理厂扭亏为盈。显然,在这些应急性措施之外,整体治污和排污工程仍亟待全面实施,在市场机制之下,如何提高治理污染的效率,还有待深入论证。2008年,江苏省还曾从长江调集9亿立方米的清水注入太湖,在无锡等市,也引入长江水作为市域自来水的一个来源。这种太湖水量调整,不禁使笔者回想起明代以前的太湖蓄泄格局。明代的东坝工程,使得太湖入水量减少了近三分之二。1949年以后,东坝曾复开为闸,重新向太湖注水。在河道修筑和疏浚技术水平提高、防洪能力提升的今天,我们也许可以对太湖以西的入水格局以及太湖以东的排水格局重新进行统筹调整。这些环境改造问题,都是可以参照历史经验进行思考和论证的。

总体上看,流域历史中的政治地理,关联着国家体制及地方行政方式的嬗变。明中后期,国家治理形式发生了变化,政区密集化与水利赋役化程度加深,水利网络与政区网络、工程理性与行政效率的矛盾常常凸显出来，在清代前期的国家治水体制中，政区调整又更多地与赋役、考成联系在一起。水利的统筹与区域的整合，是一个长期的复杂的过程，即使如同16世纪太湖以东的政区格局那样达致某种平衡状态，也难言尽善尽美。"区域整合"是时下一个经常被省市政府倡导的理念。这种理念的实施，也可适当地参考历史上的区域治理经验。在历史时期的区域发展中，政区间经济制度和行政体制的不断改善和有效磨合，对于区域结构的转变是十分关键的。在今天，长三角经济区域依然归属于不同的省市。在省市行政体制下，要整合区域经济，必须实现相关政区之间财政、行政体制的兼容性，以协商方式找到符合市场机制、可以达致共赢的行政配合机制，为区域经济的进一步整合带来更多裨益。正如导论提到的，申苏浙皖高速公路工程历经省际、市际相当长时间的利益博弈，实现了全线贯通，这为长三角区域经济的进一步整合带来了更多的希望。

第四节　延续的记忆

谈到这里，结论也就到一段落了。笔者对16世纪以前太湖以东的区域历史，进行了初步的研究，对于长三角经济区的未来发展，也充满了期待。

2004年，笔者从文献中初次获知太湖以东存在"高乡"和"低乡"的概念，当时，笔者以为这种概念历经七八百年后，必定早已淡出人们的记忆。然而，2005—2007年间，笔者在江苏省常熟市的多次实地考察中，不时惊讶地发现，高、低乡的概念至今仍为人们所记取。访谈中，人们说，在新中国成立前高乡地区经济逊于低乡，高乡村落多草房，而低乡多瓦房。新中国成立后，由于棉花品种改良后迅速推广，高乡棉花产量提高，经济因此提升较快。有的人说，他们小时候就知道，常熟县内高、低乡在婚俗上各不相同。有人则说，新中国成立前，高乡沿江地区，民性勇武，许多人入伍当兵，参加革命。有长者还说，虞山上的辛峰亭，供奉的是镇蛟的"许真君"，可保蛟龙不出，不带来雨水。在民国时，围绕辛峰亭有一个民俗活动，高低乡民人都参加，由于历史上低乡多种水稻，渴望雨水，低乡民人要求拆亭，高乡多植棉花，不需雨水，力求保亭，由此展开了一场"拉锯战"。

为何常熟人会对高、低乡的差别记忆犹新？笔者有一个初步的判断：常熟县（清代的常熟县和昭文县）在历史时期县境较为稳定，县境中高乡、低乡大略各占一半，人们对县中高、低乡的对比，会比其他县更为敏感。假如您愿意的话，可以上 Internet 搜索"常熟＊高乡（或低乡）"之类的关键词，那一定可以看到不少文章。无论是政府公文还是普罗大众的随笔，他们有时会对高、低乡的特色津津乐道。[1]

各个时期的地域历史，在高、低乡大地上留下了印迹，也在人们的地理意象里留下了印迹。古代文人常常是在一个文化和历史的视野下，看待地理变迁的。清代的沈学炜曾作《娄江竹枝词十首》，歌咏高乡风物：

> 家住娄门东复东，芦滩沙渚背孤篷。娄门不隔娄江水，潮到夷亭一剪风。
>
> 野港三汊客倚桡，夜航船恰趁今宵。依稀一半苏州路，摇过天明杪子桥。
>
> 新浏河接老浏河，一片平沙水不波。谁信江南似江北，小车轧轧路旁多。

---

[1] 譬如，2008 年 12 月 8 日，"中国科学技术协会"的网站上，发布了《江苏省常熟市支塘镇科技素质培训推进四大基地建设》一文，介绍了常熟支塘镇成立的果品示范区，在 5000 亩高效农业示范区内建成 1000 亩果品示范区，1000 亩西瓜种植区，配套了道路、沟渠，完善了基础设施，为全市高乡发展果品业起到了推动作用。参网页：http://www.cast.org.cn/n35081/n35563/n38740/10989579.html。2008 年 9 月 4 日，"中国常熟政府网"上，在"社会写真"中刊登了《传统风俗：该唤醒的文化记忆》，报道中提到常熟市民邹震前往常熟浒浦镇参加了一场原汁原味的高乡传统婚礼，"老茶担摆弄好祭祀先祖的饭菜，点起蜡烛，燃起纸符，指导着家长和新婚夫妇行礼祷告，还引导新娘子到灶台翻炒米饭。邹先生觉得很新鲜：'我看到这个仪式，一下子就觉得结婚也庄重起来，传统习俗的仪式到底不一样。周围人讲，高乡低乡的结婚仪式有所不同，意义也有差异。'"参网页：http://www.changshu.gov.cn/content/2008/0904/00000861759626j1237500.html。又如常熟人"翠竹居士"（网名）先生在 blog 中发表散文《麦片》，提到"我小时候曾经吃过麦栖饭，那是'高乡'农户的特色饭，所谓高乡人'半段麦肚肠，半段米肚肠'，指的就是一年中有半年要吃麦栖饭，而在低乡稻区，那里的农民是不吃麦栖饭而吃麦片饭的。记忆中，麦栖饭吃上去有些呛喉咙，尤其是吃第一顿麦栖饭。"参网页：http://blog.subaonet.com/html/86/2786-6813.html。

横海将军此地过，楼船百道拥干戈。负暄老叟从头说，不记张瑄记郑和。

横塘纵浦一条条，南指吴淞廿里遥。何不移家盐铁港，门前接着两头潮。

白茅江水秋潺潺，黄姑渡头月一弯。送君相别又相见，十八湾中第几湾。

木棉万顷海边沙，不采柔桑不绩麻。试问七鸦江口泊，村村夜雨听弹花。

田家心事祝丰年，要看春分谷雨前。昨日百花生日过，今朝最好眼花天。

百尺沙冈细路通，游人多半出城中。寻常一种金蓥草，开上帆山分外红。

薄荷苗向春前种，扁豆棚开秋后花。最好山厨樱笋了，筠篮唤卖画眉瓜。[1]

正如法国地理学家梅尼埃所说的那样："人文环境是个独特的网络，交织着现今的社会现实和往事的模糊回忆。惯性则是一种超常的保守力量。同样，现代的地理综合体如果同一切过去的制度所产生的事实割裂开来，也就无法理解了。"[2]沈学炜追抚古今，拜访老叟，朝望春苗，夜听弹花，浏河平沙依旧，娄水依稀不隔，乐道横塘纵浦，遥忆张瑄、郑和。宋元以来高低乡的历史，正是以这样一种交织的地理意象，化作一种历史记忆，在人们心中绘成地域文化的图景。

在11世纪，高、低乡作为一种农田水利格局开始为人们所认识，一千年后的今天，与高、低乡农作有关的种种民俗，仍然流传下来，令人叹为观止。不仅如此，人们还在用新的形式，保存着对过去地理的记忆。

---

[1] （清）沈学炜《娄江竹枝词十首》，收入赵明等编著：《江苏竹枝词集》，南京：江苏教育出版社，2001年，第777—778页。
[2] ［法］安德烈·梅尼埃：《法国地理学思想史》，蔡宗夏译，北京：商务印书馆，1999年，第76页。

附录

清代江南苏松常三府的
分县和并县研究

县制问题历来为历史政治地理研究所关注。探寻县制的起源和发展，不仅对于地方行政制度史至关重要，而且常常成为研究地域历史的一个较好的切入点。谭其骧在《浙江省历代行政区域——兼论浙江各地区的开发过程》一文中提出的地区开发史序列，是基于对县一级政区稳定性的定位和理解：

> 县乃历代地方行政区划之基本单位。州郡置罢，分并无常，境界盈缩不恒，县则大致与时俱增，置后少有罢并，比较稳定……后世的道、路、行省，初创时皆辖境极大，历久而逐渐缩小，略如州郡之比。县则历代标准大致相似，虚置滥设者较少。一地方至于创建县治，大致即可以表示该地开发已臻成熟；而其设县以前所隶属之县，又大致即为开发此县动力所自来。故研求各县之设治时代及其析置所自，骤视之似为一琐碎乏味的工作，但就全国或某一区域内各县作一综合的视察，则不窗为一部简要的地方开发史。[1]

将县的析置这一政区变动与地方开发的进程结合起来，在了解地

---

[1] 谭其骧：《浙江省历代行政区域——兼论浙江各地区的开发过程》，收入《长水集》(上)，第403—404页。

域进程的同时，可以把握地域联系，新县与旧县间的文化联系、族群关系等问题可由此展开讨论，政治地理研究的视野也得以拓宽。谭其骧的研究虽只是简略梳理了浙江各地区开发的过程，但其提出的研究方法是意义深远的。晚近的许多研究者在各自的研究专题上将这一学术思路继续推进，他们较多地注意到王朝和民间的力量，如何在地域的开发、新县的设立中起着复杂的作用，影响着地域社会的发展过程。代表性的成果是几位日本学者上田信、青山一郎、前村佳幸的研究[1]。

新县之设，通常代表着一个地区开发到达一定规模，而且设县伊始便较多地考虑到了自然环境、经济和行政运作需要等因素搭配，经过较长时间的发展之后也形成了一个个辖境适中的地域单元，在行政和文化上都有其稳定性和合理性。[2] 因此，历史时期形成的许多县份至今幅员大体不变。然而，在不少开发程度已经相当成熟的地区，析县的现象仍有之，其中的缘由并不是经济开发，而有着其他更丰富的内容值得研究。就笔者所关注的江南地区，雍正初年便出现了苏州、松江、常州三府的十三个州县分县的事件，各州县各分为二，数目翻倍。这一格局一直维持了近两百年，到民国初年，雍正年间所分之县又省并复归。本文将从这一事件出发，初步去分析分县的缘由、细节和结果，并以常熟分县前后所涉诸问题为例，追述由分县到并县的前后过程。

政区也是一种区域，作为实际存在的有幅员和边界的县，是自然聚落散布和生态要素分布的地理空间。赫特纳曾提出一个关于区域研究的重要观点，即是：

> 以区域观点考察地表事物和事变过程，意味着不是把它们理解为这些事物和事变过程的本身，也不是理解为它们随时间的

---

[1] [日]上田信：《地域の履历——浙江省奉化县忠义乡》，《社会经济史学》，49 编第 2 号，1983 年；[日]青山一郎：《明代の新县设置と地域社会——福建漳州府宁洋县の场合》，史学会编：《史学杂志》，101 编第 2 号，1992 年；[日]前村佳幸：《南宋における新县の成立——江西・江浙・广东を中心として》，《史林》，83 卷第 3 号，2000 年。

[2] 周振鹤：《中国历史上行政区域划界的两大原则》，《中国方域》，1996 年第 6 期。

发展，而是把它们理解为对空间的充填。[1]

国外许多现代区域地理学及区域史的研究者也意识到：须把政区变迁纳入整体地理语境中讨论，注重人类社会经济活动与自然环境的相互作用所形成的景观及其变化。[2]将政治地理学的视野放到"县"以下，空间和制度、地方行政系统与基层社会结构等诸多关系可以得到新的理解。在这一意义上，或许只有达到最低一级政区之下，才有可能实现对地域要素的综合理解，考察其相互联系所填充着的空间。分县置吏，是一套制度、条令和人事的运作，期间也是地方经野的总讨论，许多县级以下区划的空间要素及其关系得到充分呈现。区划变动前后的地方治理问题，复杂的地域空间联系，或许也可以丰富我们对明后期至清前期江南社会变迁的理解，这也是笔者考察清代江南分县和并县问题的又一旨趣。

一、分县由来

雍正二年（1724）苏松常三府分县的请求，由时任两江总督查弼纳提出，后由九卿会议准其所请，由朝廷下旨分县置吏。对雍正二年（1724）六月到九月间的这一决策过程，乾隆《元和县志》保留了较完整的题本以及议覆文书，全文如下：

> 雍正二年六月十九日，两江总督臣查弼纳题为请分大县以收实效，窃照江南赋税甲于天下，苏松所属大县额征地丁漕项杂税银米多者至四十余万，是一县粮额与四川贵州一省之额数相等。况州县钱粮纳户零星款项繁杂，民情巧诈，百端诡隐，征比倍难，加以人情好讼，盗贼窃劫刑名又极纷繁，县令征比钱粮，办理钦部案件，日夜匆匆，不得休息，力既疲惫，才难兼顾，安

---

[1]〔德〕阿尔夫雷德·赫特纳：《地理学——它的历史、性质和方法》，第241页。
[2]〔英〕阿兰·R.H.贝克：《地理学与历史学——跨越楚河汉界》。

有余力除弊。故莅任未几，动多□误。升迁者少，获罪者多，非尽其力不逮，实亦力不能周也。夫人之材力不甚相悬，岂他省之吏干济独优，而苏松之官材能偏拙？良以事务殷繁则才短于肆应，而税赋难清则政拙于催科，官既不能久任，吏遂夤缘舞法，蚀课蠹民，奸弊百出，亦事势之必然也。臣闻琴瑟不调，取而更张，流之不洁，在澄其源。大县难理，莫若分而为二，则银少易征，上有益于国课，事简易从，下有裨于民生，此亦因地制宜、补偏救弊之一术也。查苏州府属之长洲、吴江、常熟、昆山、嘉定五县，太仓一州；松江府属之华亭、娄县、青浦、上海四县；常州府属之武进、无锡、宜兴三县额征银米，多者至四十余万，少亦不下二三十万，以此十三州县各分为两，其钱谷刑名尚与大省之中府相等，经理亦非易易，然较之未分之前仅为得半，中材或可奏效矣。至大县既分，官役、俸工、仓库、城池亟应筹划。臣查苏州府有同知三员、通判一员，松江府有同知二员、通判二员，常州府有同知一员、通判三员，三府共同知六员、通判六员，其名虽有捕盗、管粮、海防、水利之不同，而其事实堪兼理，原属冗员。令每府止留同知一员、通判一员，以捕盗者兼司海防，以管粮者兼司水利，其余同知三缺、通判三缺尽可裁汰，请将三府现任同知通判拣选才堪牧民之同知三员、通判三员以摄新分之县，仍照原衔升转，将来遇有事故缺出，仍听部选知县治理。再长洲、吴江、昆山、华亭、娄县、青浦、上海此七县皆有县丞二员。夫县有一丞佐理足矣，何必有二？此七缺亦应裁去。再此外之首领佐杂，现遵谕旨议裁具奏，今新分之县只添设知县一员，典史一员，将以上所裁之官役俸工尽足以供新县之用，俸不须增，役无多添，而足用。至城池，则臣于上年查海之时，亲历边海地方，见武职驻扎之处多有城垣。新设沿海之县，令其与武职同城，如常熟所分之县应驻福山，嘉定所分之县应驻吴淞，上海所分之县应驻川沙，华亭所分之县应驻青村，娄县所分之县应驻金山卫，皆现有城垣，无庸兴筑。再苏松二府附郭俱有两县，常州府城内独止武进一县，令将武进所分之县即驻府城，与武进分理,比照苏属之长、吴,松属之华、娄正复相等。常州通判三员原有衙署在府,即改作新分县署,不特城不必建而衙署已备,仓库亦易为力,此外长洲等七县,即各择该县境内地方紧要、人民殷庶之市镇居住。查江南属县亦有未经建城之处,此新分之七县应否即行建城,统听部议遵行,至仓库衙署,如有公所,即行修整居住,如无公所,酌量建造,均请动支正项钱粮应用。臣遴委谙练道府大员料估督造,其分县疆域自某某处至某某处归旧县管辖,自某某至某某处归新县管辖以及田亩若干,钱粮若干,内地州县应居何处,市镇之处并,一切应行事宜,统候俞旨允行之日分晰条议具题。再太仓一州现在请恩准即将该州所分之县并崇明、嘉定及所分之县均归该州管辖,所有新分之十三县听部颁县名以垂永久,微臣刍荛管见未必有当,仰请圣主睿鉴,缘系分县事理贴黄难尽,伏乞皇上全览敕部议覆施行。

七月初八奉旨九卿会议具奏,初九日抄出到部,户部等衙门会议得:两江总督查弼纳奏称江南赋税甲于天下,苏松所属大县额征地丁漕项杂税银米多者至四十余万,纳户零星款项繁杂,征比倍难,加以盗案刑名又极纷烦。查苏州府属之……额征银米多者至四十余万,少亦不下二三十万,以此十三州县各分为两等语。查江南为财赋重地而苏松常三府之州县尤为繁剧,一州县之钱粮多者至四十余万,少者不下二三十万。兼之民情巧诈,讼狱繁多,为牧令者即有肆应之才,亦难治理。今该督请将苏州府属之……凡十三州县各分为两,夫以难理之地责之一人,虽长材不能兼顾,分而为二,但勤职即可奏功,此诚因地制宜之良法也,应如该督所请,将长洲等十三州县各分立一县。

又疏称将苏松常三府所有同知……等语,查苏松常三府同知通判十二员,其职掌原可兼顾,而长洲等七县各多一县丞,尤可裁省,其所分十三县止设知县十三员,典史十三员,已足办理县务。又以所裁同知三员、通判三员、县丞七员之官役俸工银两,移为新设二十六员之俸工,既无增于经费,复裁并其冗员,亦应如该督所请,将苏松常三府同知通判各裁去其三员,长洲等七县县丞各裁去一员，其新分之县各设知县一员、典史一员。

又疏称边海地方武职驻扎之地多有城垣，新设沿海之县令其与武职同城，如……此应否即行建城统听部议等语，查江南州县或有未建城之处，然系地僻粮少、讼简刑清之州县，故虽无城郭之固，亦可保无虞。今长洲等七县以钱粮重大，故分为两县，所分之县，钱谷刑名与大省之中府相等，仓库牢狱关系重大，是必不可不建立城池者也。然建立工费浩繁，且江苏之大市大镇虽人烟凑集，而其中多溪河水港，且田畴阡陌相杂其间，若于此建立城垣，形局不能方整，又不无侵占田亩。臣等愚见，窃谓长洲等所分七县，其设立官吏宜照附郭两县之例，与旧县同城而治。其太仓州分出之县即为太仓州之附郭。则既无建立之费，又有城垣之守。而百姓之纳粮完赋者，虽分两邑，原在一城，与昔无异。将来分进生员之肄业者即附于旧县之学宫，则学宫亦可不必另建，似为省便。至常熟之福山、嘉定之吴淞、上海之川沙、华亭之青村，虽有城垣，系分汛驻防之地，其规模狭小，不称建设大县，又居民寥寥，藉欲所居成邑，非数年迁徙不能，恐滋烦扰，且沿近海边，兵民杂处，亦有未便，而华亭之金山卫自有学宫仓库，虽系卫所，实与一县无异，不便又将一县并入，似应将常熟等五县新分之县所设官吏亦与旧县同城而治，其武进所分之县应如该督所请即驻府城，与武进分理。则吏治得分县之利，百姓无分县之烦矣。

又疏称分县疆域自某某至某某处归旧县管理……统侯（候）俞旨允行之日，分晰酌议，具题等语，查苏松常三府地亩皆分属区图，而区图之地犬牙相错，非履亩按域不能清界，而钱粮有花户甲户，一县田亩多者至三十余万顷，纳粮花甲名姓即有数百余万，其分疆划界，推收图甲，诚非月日可办。令立法之始，必期尽善无遗，方可永行无弊。应令该督选择才干道府大员，将此十三州县田亩、疆域、钱粮、刑狱案卷一一详查分晰清楚，应归旧县新县确然分定，纤悉无遗，详造清册具题。一面将仓库、衙署或以公所修整，或作何建造，斟酌妥议，再请皇上特赐新县嘉名。分县既定，该督将拣选才能之员，题请署摄，将来缺出仍听部选。至太仓州分出与嘉定县分出之县，该督业经题请太仓州改为直隶，现在户部议覆，恭候命下之日，应如该督所请均归太仓州管辖，可也。九月初一日题，本月初四日奉。[1]

在查弼纳的题奏中，赋税繁剧，政事难理，是分县的主要理由。江南大县之"大"不在于幅员之大，而是"额征地丁漕项杂税银米"之多，额征银米"多者至四十余万，少亦不下二三十万"，"一县粮额与四川贵州一省之额数相等"，加上各种刑狱治事，带来极大的行政负担。因此，此次分县的直接目的，即是将大县一分为二，使"钱谷刑名"与大省之中府相等，而奏疏中查督也承认这只是权宜之策。

查督所言苏松常大县税额之高并非空穴来风，江南重赋问题由来已久，因为期间涉及的税法、税则等改革相当复杂，历来学术界对此问题争议纷纭。暂不论"重赋"与赋役改革过程的具体关系，笔者倾向于范金民和夏维中的观点，即是"重赋"应指苏州地区为国家承受的实际负担，因此关键问题在于赋税总额。历朝的减赋蠲免也是重赋政策的最好证明。[2]清顺治二年（1645），"量田定赋，悉照明万历中赋额为准，其明末无艺之征悉除之"。清初又厉行考成，官员完征数量成为关键，而实际负担未减的情况下，额征难完，顺治十八年（1661）的江南"奏销案"便是极致后果。差额形成的逋赋日积，浮粮问题也便日益严重。这种实际的负担和困难是江南分县的根源。

康熙初年至雍正初年苏松常分县之前的六十年间，历经江苏巡抚都御史韩世琦、巡抚都御史马祜、礼科给事中严沆、御史孟雄飞、左都御史吴正治、江苏布政使慕天颜、江苏巡抚都御史汤斌、工科给事中任辰旦等官员上疏减免苏松重赋，康熙十九年（1680）重订简明赋

---

[1] 乾隆《元和县志》卷1《建置》，《中国地方志集成·江苏府县志辑》，南京：江苏古籍出版社、上海：上海书店、成都：巴蜀书社，1991年，第14册，第16—20页。
[2] 范金民，夏维中：《苏州地区社会经济史（明清卷）》，南京：南京大学出版社，1993年，第44—53页。

役全书，其后又有一定减额[1]，然而到康熙后期，苏松田赋仍维持着较高的总额，表6所列的即是康熙四十五年（1706）常熟的赋额。雍正二年（1724）分县虽只是分繁而非减额，但在此前后，却是减免江南重赋重新提上朝廷议事日程的一个重要时期。雍正三年（1725），户部尚书怡亲王允祥带头疏请酌减苏松浮粮，奉旨苏州府额征银蠲免三十万两，新分出的常熟县和昭文县各减银二万多两。[2]江南减免浮粮问题在六十年的努力之后也有了初步起色，然而其时苏松两府积欠已累计一千余万两，地方的实际负担仍然繁重。

另外，雍正初年也恰是苏州地区均田均役和摊丁入地的赋役改革的重要时期，表7所列出的即是新分的常熟和昭文两县摊丁入亩后的赋额。和表6比较，分县后又经丁银入地改革后两县的总额数，比分县前并未减少太多，且其中差额主要是分县决策下达后一年即雍正三年（1725）减赋所导致。江南分县的大策确实不在于减额，而只是分繁，但它与减免赋粮、赋税改革都是解决江南财政问题的一系列努力，从大的过程上是顺理成章的。因此，雍正分县的由来，不能按一般的"开发式"政区析置来看待，而必须从清初江南经济环境的整体变化中去理解。

表6　康熙四十九年常熟县赋额

当差田地	16,468顷79亩2分
实征平米	395,211石4斗9升2合
额征地丁等银	196,637两3钱
（遇闰加征银）	714两
匠班银	451两8钱
额征本色米豆麦	204,797石1斗9升
（遇闰加征米）	594石1斗6升

资料来源：乾隆《常昭合志》卷三《田赋》，光绪二十四年刻本。

---

[1]　同治《苏州府志》卷12《田赋一》，《中国地方志集成·江苏府县志辑》，第7册，第316—321页。
[2]　乾隆《常昭合志》卷3《田赋》，光绪二十四年刻本，第14a页。

表7 雍正十三年常熟、昭文两县赋额

	常熟县	昭文县
在册田地山荡滩等	9,392顷11亩1分7厘	7,803顷24亩9分8厘
实征折色银	81,512两8钱6分2厘	67,034两4钱9分3厘
（遇闰加征银）	629两7钱5分	513两9钱9分4厘
摊征人丁银	964两1钱1分	740两1钱6分9厘
（遇闰加征银）	19两4钱3分1厘	15两5分4厘
匠班银	250两4钱9分1厘	199两4钱8分1厘
实征本色米	112,598石5斗2升1合	91,848石4斗2升9合
（遇闰加征米）	82石1斗8升9合	67石5升9合
麦	220石9升6合	179石5斗9合
豆	82石5斗6升5合	67石3斗3升9合

资料来源：同治《苏州府志》卷十二《田赋一》，见于《中国地方志集成·江苏府县志辑》，南京：江苏古籍出版社、上海：上海书店、成都：巴蜀书社，1991年，第7册，第324—326页。

二、分县策划

在形式上看，从上述题本和议覆形成的条令下达，到后来具体的苏松常分县，是两三年间的顺畅过程。但分县的经野大政当然不可能一蹴而就，而且恰恰在这段时间，由于朝廷的权力争斗和江南吏政问题的变化，江南地区的上层官员结构却持续发生了较大的变换，也即是分县的"操刀者"在变换着角色，这也是讨论分县决策过程不可忽视的一个方面。

雍正二年（1724）六月的分县请求，是由当时在任上的两江总督查弼纳推出的，之后六月至九月间，查弼纳和江苏布政使司鄂尔泰奉旨审理了前任督臣赫寿常鼐与藩臣李世仁等亏空一案[1]，此间，在前述减赋的努力之外，江南也在奉旨查办地方亏空情形。就在分县部议

---

[1] 参见《宫中档雍正朝奏折》第二辑，雍正二年正月十一江南江苏布政使司鄂尔泰奏，台北：故宫博物院，1977年，第225—226页；《宫中档雍正朝奏折》第三辑，雍正二年十月二十四江南江苏布政使司鄂尔泰奏，台北：故宫博物院，1978年，第363—365页。

下发后不久,却发生了查弼纳与在朝廷任吏部尚书的隆科多串通图谋不轨被揭发的大事,但雍正帝对其有所宽恕,虽革去其职,当时尚未调离其位。雍正三年(1725)五月前后,皇帝委任张楷任江苏巡抚,此时刚好也是减免苏松浮粮的决定下达的时候,诸多政事实际上开始由张楷执掌,对于分县一事,张楷在上任开始两个月间,持较为谨慎的态度:

> 又分县一事系属创始,必须筹划万全,地方斯有裨益。俟臣到松江勘明上海华亭一带城垣县治并查明苏属分县事宜,即行会同督臣查弼纳另疏。[1]

> 窃臣叨任封疆所有分县一事,系属创始,不得不过为慎重,臣已将勘过松属之华亭、上海、娄县,苏属之嘉定等县分县之处,另折奏明外,伏查苏松等属,县分繁剧,前经督臣查弼纳疏请分县一十三处,然每县地方有肥瘠不同,民情有奸良不一,俱未到任,若听现在各县分疆定界,倘有偏枯,新县到日未免又多一番议论,况查现在各县地方事务殷繁,无暇专心料理分县之事,恐致迟误。仰求皇上将新分各县锡以嘉名,并求敕部即速遴选能员星赴新分县治,公同分晰疆界,俾各新县躬亲料理,得悉地方情形,将来自可驾轻就熟,吏治民生均有攸赖。臣为地方起见,除经会同督臣查弼纳另疏题报外合行缮折奏请圣裁。[2]

当然,张楷在分县问题上须和分县的发起者查弼纳交接,其时张楷也对雍正帝一直较为不满的江苏刑狱积压一事展开调查,并和江苏布政使鄂尔泰踏勘沿海地区的海塘、防卫和盐场诸治事,因此,苏抚张楷对于分县进程的推进,主要从新县的县治、城池问题上开始着手。

先回到第一部分的题奏和议覆,查弼纳的题奏经九卿会议和部议后,对于各县分二、钱粮均分一项,毫无操作上的问题,无条件通过。

---

〔1〕《宫中档雍正朝奏折》第四辑,雍正三年五月二十六日江苏巡抚张楷奏,台北:故宫博物院,1978年,第406—407页。

〔2〕同上书,第537—538页。

其次，查弼纳提议以三府富余的同知、通判以及七县富余的县丞等官员分任各新县，既淘汰了原有各府县的冗员，又解决了新县的班子配备，不失为一创意之手笔，部议也准其所请。接下来的问题是县治和驻地城池的问题，查督在奏疏中提议新县与沿海地区的卫所、守城等驻地共用城池或者兴修新城池，部议认为不妥，主要理由是各所城形制条件不适合，新修城池又耗费财力，而且受江南的自然地理条件的限制，此次分县初衷本来就是要分繁省便，当然不可能兴师动众、劳民伤财。因此，朝廷的意思是仿照附郭县的成规，令各新县与旧县同城而治。

从此次分县的十三个州县来看，苏州府、常州府下辖的属县比松江府的属县较为富饶，幅员也并不大，较符合同城共治模式，然而松江府属县幅员较阔，又面临着边海防卫的实际问题，所分新县的治所问题也就需要另行商榷了，其中还包括沿海又毗邻松江府的苏州府嘉定县。雍正三年（1725）六月份，张楷巡查松江海塘，也对此问题作了勘察：

> 再前督臣查弼纳疏请分县一事，部议俱令同城。臣由松江往勘，沿海一带绵亘数百里，地方辽阔，除上海而外，别无县治，以致奸匪丛生，盗窃累累。今勘得沿海现有城垣，相度地势，华亭应分青村城，上海应分南汇城，娄县应分金山卫，嘉定应分吴淞城，皆城池坚固，地基宽敞，若分县，于此附近数十里之居民完纳漕米钱粮，可免黄浦江过渡之险，且沿海稽查匪类于地方大有裨益。所有文庙官署，据士民纷纷呈请情愿捐建以图捍卫，不动国帑，似可行。又勘得柘林城亦系边海地方，甚为紧要，据士民呈请将松江海防同知分驻柘林城，更资弹压。臣为地方起见，现在会同督臣查弼纳另疏，题覆外合将亲勘过情形，谨缮折绘图具奏。[1]

---

[1]《宫中档雍正朝奏折》第四辑，雍正三年六月十八日江苏巡抚张楷奏报查勘塘工折，第538—539页。

奏疏中透露的情形，沿海地方士民情愿捐建城池公署，不动帑银而图捍卫，是一个关键的上疏理由，然而，此疏过后却没有后续的上奏，颇为奇怪。对于此间过程，笔者在光绪《宝山县志》卷一的附录中找到了答案：

张楷《分城题疏》

> 为分县大惬舆情，同城不无异势等事，看得江南财赋重地，苏松常三府尤为繁剧。先经督臣特疏题请将太、长等十三州县各分为二，转繁成简。又令其与武职同城，常熟分驻福山，嘉定分驻吴淞。部覆令与旧县同城而治等因，遵行在案，臣查勘塘工，并查阅应分县治，时据布政司鄂尔泰详称，分县与旧县同城，固属省便，但有关国便民之事，又当因地制宜。松属华、娄、上海三县旧治所辖大半在黄浦江之东南，居民以浦面横截，输粮往来不便，且地近海滨，匪类潜藏，若非地方官就近弹压，难以肃清。应就浦东适中之地，华亭仍分青村，娄县仍分设金山，上海则分设南汇。再查金山之北，青村之南，相悬各五十里，有柘林一城，分驻海防同知一员，兼司捕盗，则浦东沿海之民所补非小。至苏属嘉定一县，风俗习顽，县治偏居西北，东南一带实难兼理，吴淞一城适居东南半邑之中，士民呈恳分设。勘明城郭完固，民居鳞比，仍请分治，以顺舆情。至于建造学宫、衙署等项，现据青村等处士民情愿捐输等情，具详前来。臣随覆核无异，谨会同督臣查合词具题，伏乞睿鉴敕部议覆施行。部议不允。雍正三年七月二十九日奉旨：该部所议亦是，但张楷人最谨慎，伊必深知灼见，始如是具奏，俱照伊所请行，钦此。[1]

该卷正文叙述宝山建城之事，又提到（雍正）"三年，赵向奎勘详布政使司鄂尔泰转详张楷据情疏题部议，未允，七月奉特旨着照所

---

[1] 光绪《宝山县志》卷1《建置》，《中国方志丛书》，台北：成文出版社，1983年，华中地方第407号，第111—112页。

请,八月得旨名为宝山县"。[1]很明显,最后分设这一批新县之县治,是奉了雍正的特旨,这是否是雍正擢升张楷任苏抚要职后对张的荫护,未可得知。但无论如何,宝山等县顺利地实现前疏中提到的"因地制宜",也赶上了雍正三年(1725)八月颁布新县县名的末班车。此间也透露了此城分县决策过程除中央到地方一般议事程序之外的一些微妙变化。

八月的新县赐名似乎表示着江南分县大政迈出一大步,但最关键的划界问题还根本没有开始,因为张楷在前疏中也清楚地指出:"新任俱未到任,若听现在各县分疆定界,倘有偏枯,新县到日未免又多一番议论,况查现在各县地方事务殷繁无暇,专心料理分县之事。"但前面提到朝廷部议的意思是要"将此十三州县田亩、疆域、钱粮、刑狱案卷一一详查分晰清楚,应归旧县新县确然分定",这无疑是比以往的十年造册更为庞大的工程,分县决策走到这一步,碰上了最大的难题。就在八月新县赐名之后,另一位大员江苏学政俞兆晟登场,他在八月二十八日上长奏呈雍正帝,趁着当时为雍正帝减免苏松浮粮歌功颂德之机,向皇上详陈分县建议:

> 我皇上捐免苏松两郡钱粮四十五万,以为从古未有之仁政,况历来减赋由臣下条奏,今发自宸衷独断,且免粮止及于有田之人,而今佃户还租亦在减免之例,是我皇上天恩无一人不周浃,所以苏松万姓感入肌髓也。唯是皇上既加莫大之恩,而分县以后有应行应止事宜,臣未能尽悉,先就一二端系臣访闻者,敬为我皇上陈之:
>
> 一、分县之丈量宜先行禁止也。我皇上念苏松赋繁,官民劳困,特命分设州县,意甚深远。但一县之田地山荡皆犬牙相错,忽分为二,势必混淆争执。若欲清理必行丈量之法,然丈量必造鱼鳞册,每图必设立图正、图副、弓手、算手、书手各一人,此辈食费各项尽派田亩,而奸民豪右乘机贿嘱弓手,以长为短,

---

[1] 光绪《宝山县志》卷1《建置》,第108页。

以短为长，改换旧号。懦弱受欺，细民仅田数亩，落在远乡，而图正等延挨需索，其所费之数视田价过半。至于影射占田、涉讼费业，弊窦百出，及丈毕册成，计食用及造册交册逐层有费，不胜烦扰。况本朝实征册簿其科则极分明，小民各完户内钱粮，自无飞洒虚架之弊，仰恩我皇上特颁谕旨，令督抚于新分各县止须划清地界，各按原立乡都区图字号现成鱼鳞册并实征簿，分晰明白，磨对存案，不必重丈量造，则官无不清之粮，民无拖累之虑，胥吏无索诈之衅，百姓省数万之费，皆出圣主恩赐矣。

一、欠粮之流弊，宜立法肃清也。江南欠粮之弊，在奸胥隐搁。如花户有十两之银，管粮经承受银一两，于出票时列追他户，而独漏此一户，及听比时又作法躲闪，州县官事繁，难遍稽查，其始不过为暂缓之计，不知至明年则十两者积为二十两矣，积数年而益多，则愈不能完，不得不重贿经承，仍前漏搁，虽积欠实数原有历年根串簿可查，但拖欠既久，其产或变易他姓，钱粮渐无着落。又有典产包粮，后虽找价契卖，而粮存原业主者，又有富家中落，逐渐卖产，不及算清钱粮，留下零数以为包赔有限，迨产已卖尽，而零数堆积无从开除者，皆为无产之粮。臣愚以为从前苏松钱粮大州县止一官征收，耳目难遍，今既分县，似宜先清此等积弊。至各省州县亦宜通行清澈，庶国课不致亏欠，而良莠亦有分别矣。

一、分县之生监宜随地划界也。苏、松、常三府钱粮数倍于他郡，贡监生童亦数倍于他郡，今既分县，则贡监生童亦随之而分，但止据钱粮地亩分界，则贡监生童富者东西南北皆可置产，皆须完粮，倘两县各据其田产粮票为限，势必难于定向，贫者无寸田尺土，则律以完粮之所，又且茫无适从。万一奸顽犯事，两邑互相推诿，讼端百出矣。臣愚以为，无论有田无田，皆据其原住之都图籍贯为界，新旧两县备造清册分定之后，不许再为更张，其贡监仍遵新例查考优劣。臣于录科时验照登册，会同督臣抚臣咨访。核题生员亦照住居籍贯分造学册，以便补廪出贡等项。至于一县虽分为二，以钱粮之数计之，尚浮于别郡之大县，童生应试者亦各有千余人，其入学名数或照原额平分，或于平分之外量增数名。[1]

俞兆晟的三点意见可谓字字珠玑，切中肯綮。他指出，重新清丈其实有弊无利，更关键的问题是必须彻底清算欠粮，新县的分繁才能起到时效，否则新县照样背上沉重的逋赋浮粮包袱，而且也可防止有人趁分县蒙混过关洗洒逃银。另外，学额问题是分县不可不议的一个重要问题，要实现学额均分，在可预见分县结果的情形下，一定要贯彻原住地籍贯问题，才不致造成混乱。俞兆晟的上奏得到雍正帝的充分肯定，它既沿着减免苏松浮粮的思路进一步指出了地方实际运作规范，也使得分县得以顺利地进行，意义非同小可。

然而，江南的诸多弊政还是令朝廷颇为不满，查弼纳当政时，能够掌控地方资源查拿盐枭，查一免职此事也成问题[2]，苏府库银亏空案也迟迟未解决，而最令人吃惊的是，雍正四年（1726）春节，张楷奏称江南"地方鱼鳞册竟有湮没无存者"[3]，雍正自然是十分气愤。雍正三年（1725）年底至四年（1726），江南大员又作较大调整，漆绍文上任江苏布政使，鄂尔泰回京[4]，直隶马兰口总兵官范时绎署理两江总督[5]，查弼纳正式离任回京，改任内务府总管[6]，陈时夏取代张楷，加布政使衔署理江苏巡抚[7]。

尽管江南分县处于清初江南复杂的赋税改革、吏政调整等过程中，颇费周折，但经过各种努力，还是完成了中央到地方对分县基本

---

[1]《宫中档雍正朝奏折》第五辑，雍正三年八月二十八日，《江苏学政俞兆晟奏报地方见闻折》，台北：故宫博物院，1978年，第40—42页。
[2]《宫中档雍正朝奏折》第五辑，雍正三年十二月初六日，《江苏巡抚张楷奏报盐枭就捕折》，第316页。
[3]《宫中档雍正朝奏折》第五辑，雍正四年正月初一日，《江苏巡抚张楷奏报钱粮折》，第499页。
[4]《宫中档雍正朝奏折》第五辑，雍正三年十二月初六日，《江苏巡抚张楷奏报鄂尔泰陛见折》，第315页。
[5]《宫中档雍正朝奏折》第六辑，雍正四年六月二十四日，台北：故宫博物院，1978年，第213页。
[6]《清世宗实录》，雍正四年四月、五月。
[7]《宫中档雍正朝奏折》第六辑，雍正四年十一月二十日，第911页。

原则方案的决策，新任官员走马上任，新、旧县具体的划界分治工作也便在各县铺开了。

三、常熟县分县划界的过程

《清实录》作为晚出的文本，对于雍正江南分县的记载实际上就是最后决策的概括，其中已对新析之县名、析县之原则、官员之调整、县城衙署之设作了说明：

> （二年九月）甲辰，户部等衙门议覆。两江总督查弼纳奏言：江南为财富重地，而苏松常三府之州县，尤为烦剧。额征赋税款项繁多，狱讼刑名案牍纷积。为牧令者，即有肆应之才，亦难治理。请将苏州府属之长洲、吴江、常熟、昆山、嘉定五县，太仓一州，松江府属之华亭、娄县、青浦、上海四县，常州府属之武进、无锡、宜兴三县，各分立一县，庶得因地制宜之法。又此三府旧设同知共六员，通判共六员。今应各裁去三员，每府止留同知一员、通判一员，以捕盗者兼司防海，管粮者兼司水利，亦足办理。其长洲、吴江、昆山、华亭、娄县、青浦、上海七县，旧有县丞二员，亦应各裁去一员。新分之十三县，各设知县一员、典史一员。将各该县疆域田亩均匀分界，一应钱粮，刑狱案卷详查分晰，各归所辖之处办理，均应如所请。至于建立城垣，工费浩繁，江南虽有大市镇，率多溪河水港，错杂其间，形局不能方整。应将新县之官吏衙署各与旧县同城而居，如系附郭之县，所分者仍驻府城，其学官亦不必另建，似为省便从之。寻定苏州府长洲分县曰元和，吴江分县曰震泽，常熟分县曰昭文，昆山分县曰新阳，嘉定分县曰宝山；太仓州分县曰镇洋；松江府华亭县分县曰奉贤，娄县分县曰金山，青浦分县曰福泉，上海分县曰南汇；常州府武进分县曰阳湖，无锡分县曰金匮，宜兴分县曰荆溪。[1]

---

〔1〕《清世宗实录》，雍正二年九月甲辰。

可见，此次分县的原则，是"疆域田亩均匀分界"、钱粮刑狱分管，衙署"省便"，总体上做到"因地制宜"，"以收实效"。

结合前述可以看到，分县旨令下达之后的程序，是先定缺设官，两县"分治"，再议具体分县方案，最后进行划界。也就是说，常、昭地方志中称雍正"二年"分县，乃就分县旨令下达而言，若称"四年"分县，则是将"置吏"之年作为分县之标志：

（一）关于常熟分县的程序，民国所修乡镇志《双浜小志》所记，较各县志和合志更详：

> 雍正二年两江总督查弼纳等疏请分县，三年奉旨允准，四年实行分治。[1]

（二）定缺设官的情况，由光绪《重修常昭合志》和光绪《江苏全省舆图》之载可知详情：

> 雍正二年，两江总督查弼纳等疏请分苏松常三府之大县。事下九卿会议，议应如所请……得旨依议，四年遂定常熟知县为繁疲难题缺，昭文知县为繁难选缺。[2]

> 常熟县（要缺）繁疲难（与昭文同城）。官职：知县一员；县丞一员；教谕一员；巡检一员，驻田庄镇；典史一员；提标福山营游击一员，驻福山堡；千总一员驻福山堡；把总二员分驻鹿苑、唐市等汛。

> 昭文县（中缺）繁难（与常熟同城）。官职：知县一员；训导一员；主簿一员；巡检一员，驻白茆镇；典史一员；提标千总

---

[1] 民国《双浜小志》卷1《沿革》，《中国地方志集成·乡镇志专辑》，南京：江苏古籍出版社，1992年，第11册，第156页。笔者按：双浜乃东张市之旧称，《双浜小志》例言中道："以本地较古之双浜市名志，犹徐市称里睦，何墅名桂村，怀旧之意也"。

[2] 光绪《重修常昭合志》卷1《疆域志》，《中国方志丛书》，台北：成文出版社，1974年，华中地区第153号，第28页。

一员,驻徐六泾汛;把总二员,分驻薛家沙、支塘等汛。[1]

昭文是新析之县,当时先任命劳必达为昭文县令,再由他与常熟县官共同商议分县方案,此事在劳必达亲撰的一篇碑记中有述,此碑记收在清末纂成的《梅李文献小志稿》抄本中:

《昭文邑宰汉阳劳必达撰汉尚书令孝子墓碑阴记》:"国家分县置吏之年,必达首膺简命奉宰昭邑。莅事之初,与常邑会议析壤,因搜讨旧志。不但山川风土、城社坊市、户口贡赋,了如指掌。即名贤往迹,以及祠宇邱陵,靡不历然在目,两县境计狭西南广东北,以东西画界,常□南而昭半北……雍正戊申勒石。"[2]

前引分县旨令中已命"新县之官吏衙署各与旧县同城而居"。时析昭文新县,曾有打算在靠近江口沙洲的福山城修筑治所,但督抚考虑到福山作为分汛之地,"地隘,难作大邑,僻居海虞,库狱单外,又兵民杂居,动多牵制"[3],于是按议与常熟同城而治,而当时位于宾汤门大街海防同知的旧署刚好停空,于是修缮之后将昭文县治设于此。

此处顺便澄清"附郭"问题。华林甫在《我国古代的双附郭县》一文中关注了雍正二年(1724)江苏南部的析县事件,但将常熟昭文、昆山新阳、吴江震泽、无锡金匮、宜兴荆溪、青浦福泉称为六对"县治双附郭县"[4],似欠妥当。"附郭县"之称专指府治所在之县,县治无所谓"附郭县",府治之外的两个县治共处某个县城,只能称同城二县,而无所谓"作为县治的双附郭县"。常昭二县同样不是附郭县。对于此差别,第一部分所引部覆已言明:"宜照附郭两县之例,与旧

---

[1] (清)诸可宝辑:《江苏全省舆图》,《中国方志丛书》,台北:成文出版社,1974年,华中地区第144号,第314、318页。
[2] 《昭文邑宰汉阳劳必达撰汉尚书令孝子墓碑阴记》,见于《梅李文献小志稿》《集文》,《中国地方志集成·乡镇志专辑》,第10册,第328页。
[3] 光绪《重修常昭合志》卷13《官廨志》,第708—709页。
[4] 华林甫:《我国古代的双附郭县》,《中国方域》,1993年第6期。

县同城而治"，前引之《清实录》条文已分得很清楚："应将新县之官吏衙署各与旧县同城而居，如系附郭之县，所分者仍驻府城，其学宫亦不必另建。"

但"附郭"则有多层含义，其中经常用以指称近城的地方。[1]譬如光绪《重修常昭合志》对积善乡的方位及都图记载：

> 积善乡在县东南附郭，管都二。[2]

前面提到，分县方案，是昭文县令劳必达上任后两县进行讨论的，最后形成的县界中处也涉及"附郭"问题：

> 两县分界：北起耿泾口以河为界。南入盐铁塘。向西自花庄转南，过王市，又南行转西入芦荻泾。西南入新泾，又由慈姑浜入坊浜，西出福山港。由港内南至罗家塘口，又东至杨树溇。东南出小桥入耿泾，又南进哞塘口，又西出福山港。南抵镇海门水关。（旧志云：分县时定议以河为界，北以耿泾，南以黄泾，俱取大河全身为界，则径直分明。后因新县附郭单薄，<u>故于福耿二塘之间，割坊浜以南一段属新县，遂成相错之势</u>）。[3]

附郭为近城之地，多包括城厢及周边富庶之地，在分县时当然必须利益均沾，以防其中一县"附郭单薄"。前面提到劳必达因"析壤"之议而搜讨旧志，也在此过程中对"山川风土、城社坊市、户口贡赋，了如指掌"，可见分县非草创之事。

乾隆《常昭合志》对两县分界的表述，与前引民国《重修常昭合志》有所不同，但对分县程序的记载，符合前面拙论对分县程序的解释：

---

[1]《辞海》、《辞源》和现有历史地理专业词典均未收"附郭"词条，《汉语大词典》则收入，有二释：一为"近城的地方"；二为"属县"。《汉语大词典》（缩印本）下卷，上海：汉语大词典出版社，1997年，第6909页。此二释恰当与否尚可商。
[2] 光绪《重修常昭合志》卷8《都图志》，第300页。
[3] 光绪《重修常昭合志》卷1《疆域志》，第31页。

> 国朝雍正四年分立昭文县，剖定疆域。北出镇海门，循福山塘，近谢家桥，折而东入坊浜，北趋耿泾，东为昭文，西为常熟。东出迎春门通河桥陈范两市，以河为界。东南至戈庄七星桥，以东西分界；又东自新闸，至鲇鱼口，南北分界。又东南至莲泾李墅，进山泾，又东西分界；自山泾由石牌湾出七浦，又南北分界达昆山县。城内，则自镇海门南逾江桥，至炳灵公庙，南循大街，入东子游巷、逾醋库桥、历河东街、显星桥跨塘，东至迎春门水关，左为昭文，右为常熟。[1]

两县析壤要同时符合"疆域田亩均匀分界"、钱粮刑狱分管，衙署"省便"的原则，必定无法按几何直线划界，上述县界如何敲定？福山塘和耿泾塘之间的"附郭"地区如何造成"相错之势"？对后事运作有何影响？均值得关注。

分县之策的缘起，出于方便行政之因，然而分县划界的过程，则是基于地理形势、政治和经济运作等诸多因素的综合考虑。由此，各种空间因素及其分布可以窥见一二。

《重修常昭合志》称"初议分县时，疆吏欲南北分治，陈祖范言其不便，后定以东西分治，大致采陶贞一之议也"。[2]据此可知，定界时争议有之。常昭分县时的各种商议，在常熟本地人，也是雍正《昭文县志》编纂者之一陶贞一的两篇文章中，难得地被保存了下来，此二篇后来也被收入了《皇朝经世文编》，雍正《志》之后，常昭诸志也有所引述。[3]在《经世文编》的编者的观念中，更多地将"分县"视为国家封土置吏之符号象征，抑或是因为编者找不到相应的体例来安排，于是将此二文归入《吏制·官制》卷中。此处先全引如下：

陶贞一《常熟分县条议》

> 分县之议，闻诸道路曰：地有肥瘠，必配并而后均。为是

---

[1] 乾隆《常昭合志》卷1《疆域》，第10b—11a页。
[2] 光绪《重修常昭合志》卷2《疆域志》，第35—37页。
[3] 陈祖范也有所建言，见于光绪《重修常昭合志》卷2《疆域志》，此不赘列。

说者，为夫西乡之有高区，而欲割以分属也。邑之东西，其北境皆有高区，而东乡又独多低区，割西乡之高者与东，亦应割东乡之高者与西，而东乡之低区，又应割以分属，不割则仍不均，割则取田土而瓜分之，有是理乎？凡东西之高区不同，而所以畜水宣泄之道则一。往者兰阳耿侯，尝大兴水利，著有成书，案而行之，则变瘠为沃，在指顾间，常熟之名可以不虚。今不以是属望于贤父母，而首以畏难避就为说，是以细民分爨之智而为体国经野之规，何其缪也。议者徒见连旱四年，西乡被灾较甚，故视为畏途，设有不幸，连岁遇涝，则东乡之为害，亦何异西乡乎？水利修则高低皆可熟，水利坏则东西皆可虞。不此之问，而但顾目前，斯亦愚矣。然此犹未究极其害也。今农家治田，同段异邱，犹往往以争水起衅。若瓜分两属，则数里之内，便如秦越人之肥瘠，而界上之争，当无已时。即有耿侯其人，欲为民兴利，而咫尺相牵，难以措手。其或遇灾请命，亦必观望推诿，此其为害，岂可一二计欤？且制府建议分县，固谓分则事减。若疆界错杂，奸究必多，每一事发，动须会勘。至于命案，跬步可移，东诉未伸，西控已至。文书纷然，奔走不暇。两县胥役，接迹于途，从此民间无宁宇矣。欲事减而适得纷扰，此尤大害也。常熟都图甲分，多至数千，东西两分，业多更换。如更错综互置，则所在破图易甲，当此办漕倥偬。欲以旬月之间，推收量丈，胥吏因缘作奸，隐占飞洒，一二万金钱，必归若辈之壑，而丛弊滋甚。所谓治丝而棼之也。天下事本有不能尽均者，今分县为两，犹以一府而分数县也。推而广之，犹以天下而分十五司。未闻以云贵之瘠，分配江浙之饶。何则？地势固然，非可强同也。为国家牧小民，就令高下迥殊，亦唯所命之。况如吾邑，东西互有肥瘠，大略相同。今止就详宪原图，稍加损益，即未能铢两无差，然亦不甚悬绝。君子为政，务宏大纲，而不必算及米盐；务规久远，而不必争于目睫。唯执事深察地方之所便安，而毋惑于猾蠹之说。谨条分县事宜如左：

一议大势。常邑地形，北高南下。高者苦旱，低者苦潦。

必高低不甚偏枯，庶水旱各有救济。利以东西分，不利南北分。若交叉搭配，不问而知其不可。

一议疆界。体国经野，疆里为先，必得大势，方幅界址分明，则管辖易而奸弊少。宜北自耿泾海口为界，南入坊滨出福山塘，至北水门。南出小东门，径戈庄西南，出昆承湖，沿湖而南转，东入洋浩泾、史家滨，南入庙泾。又东至儒家滨。又东至罗公滨。南径唐墅入尤泾，出斜堰，抵昆山界。

一议城厢仓廒。两县既以东西分界，在城亦如之。当就通衢勒石，使平直易晓。不当仍以图分，参差错互，致临事推诿，奸民得以避就。邑中原有东西两仓，各就便分管。至济农一仓，向为春白粮之所，应仍就分用。

一议湖山。常邑东西两湖，滨湖旧有敌楼，设立巡船，防缉盗贼。应东西各辖其一。华荡与西湖相连，镇山全在西城，并宜专归西县。

一议市镇。常邑大镇有四，在东者曰梅李、芝塘，在南者曰唐墅，在西者曰田庄。其它二三百户者，东西错杂，不下十数。西县原议，止有田庄一镇。今酌以唐墅之河西益西县，户口大略相当。而黄泾以东、尤泾以东，水田二百余顷，亦应西属，以补瘠区。

一议沙洲。常邑在江海之交，东曰薛家沙，在海中，去岸八十里。西曰福长寿沙，在江口，去岸十余里。薛家沙应属东县，福长寿沙应属西县。不特地势宜然，而薛家沙粮重累多，福长寿沙粮轻累少，以薛家沙归东县，庶与西县高区相准。

一议赋税。常邑旧以四科起则，而滩地山塘附焉。大抵近海者为高区，地瘠而粮轻；近湖者皆低乡，地肥而粮重。滨海分辖，则高乡均，而旱灾则西县为甚；两湖分属，则低乡均，而水灾则东县较深。如欲有利无害，必如耿令之书，大兴水利而后可，否则势有不能。如欲尺寸而计之，必使锱铢不爽，亦非愚之所能知也。

一议差役。常邑僻处海滨，本无他役。唯烟墩马路，时须修葺，或遇海上巡阅，例应供备。必得彼此适均，方无偏重。今以耿泾为界，则烟墩四十二座，各得二十一座；马路一百三十里，各得六十五里。最为均平，不可移易。[1]

陶贞一《两县分管议》

窃唯分县之议，不出拈分坐分两说。旧县署中据则或东或西，分管俱便。新县既就防厅之署，偏在城东，则便于东而不便于西，其理显然。此宪批所以有拈分后，或将衙署互易之说也。但部议原令新县建署，则互易似属未便。不若径遵宪批，无庸拈管，竟行坐分之说，尤为妥当。今议者欲参用两说，城中则东西坐分，城外则拈分，愚窃以为不可。何以言之？新县既在城东，应坐分北水门至大东门小东门。若拈得东县，以东管东城至便矣；倘拈得西县，则将越旧县出西南门，然后为新县之境。而旧县反越新县出东南门，然后为旧县之境。莫非王土，不知何事为此自扰也。即以仓漕一事言之。县虽分，犹各办漕十万。若西县之民，越境以交东仓，东县之民，越境以交西仓，城中河道狭小，严冬河涸，处处阻碍，即陆运交错，亦必日有斗争。分县本以省事便民，何为纷扰若此，且又大不便者？县令有城守之责，假如盗贼窃发，在城则东西分辖，而城外跬步皆非吾民，虽相去不过数里，而呼应不灵，指顾之间，便失机会。此于朝廷设官守土之意，不亦大相剌谬欤？不佞窃以县之肥瘠，详于前议，既已不甚悬殊，则亦无庸趋避。宜东而东，宜西而西，直截分明，旬日而事定矣。苟为不然，舍平易正直之道，而多所瞻顾，若民家析产，唯恐失一毫便宜，于彼于此，不能自决；而托之公道，归于拈分，有如昭文拈得西县，则县衙苟非另建于西，必当与常易署，是虽不能化多事为少事，然犹为近理。异乎城内城外，或坐或拈，自相矛盾，以贻害于无穷也。夫官犹传舍也，执事者于散

---

[1] （清）陶贞一：《常熟分县条议》，《皇朝经世文编》卷18《吏制四·官制》；同见于雍正《昭文县志》卷1《疆域》，《中国地方志集成·江苏府县志辑》，南京：江苏古籍出版社、上海：上海书店、成都：巴蜀书社，1991年，第19册，第192—193页。笔者按：雍正《昭文县志》仅列其中之八条议，前之文未载。

邑利害得失，仅在目前，甚不相争也。而不佞辈生长此土，则不可以默默。盖非好为异同，欲贻地方以久远便安之计而已。[1]

在第一文首段中，陶贞一实际上表达了对分县之策并不支持，尽管分县之策是面向十三州县的大计，但陶贞一作为常熟邑人，仅从常熟治水抗灾、筑圩利农的实际需要，认为分县之策实乃"首以畏难避就为说，是以细民分爨之智而为体国经野之规"，对于刑狱讼事"欲事减而适得纷扰"，而且分县必定意味着"都图甲分"，而普遍情形是都图"多至数千，东西两分，业多更换"，就整个"推收量丈"的划界过程还容易造成"胥吏因缘作奸"，因此"丛弊滋甚"。

分县之令既已摆在面前，势在必行，则要看到常邑"东西互有肥瘠，大略相同。今止就详宪原图，稍加损益，即未能铢两无差"的实际情况。第二文中，陶氏更直言其献策的迫切要求，即是"执事者于敝邑利害得失，仅在目前，甚不相争也。而不佞辈生长此土，则不可以默默。盖非好为异同，欲贻地方以久远便安之计而已"。第一文中也称为防止"惑于猾蠹之说"，因此而建言。

合参二文之陈述，分县时所争执的焦点问题就呈现出来了。观察最后之成界，两县划界与历代高层政区的分界，特别是划定省界时的形式有类似，表现为山川形便和犬牙相入的结合，但其背后的考虑有所不同。此处试作如下几点认识：

（一）常昭定界第一考虑是南向和北向取大河全身为界，东西分县，以使径直分明，其前提是常熟的地貌特点。常邑从东西两半来看，互有贫瘠，均是"北高南下。高者苦旱，低者苦潦"。从赋税的均担出发，南北分县必定行不通。对于差役和沿江基本呈东西走向的沙洲而言，则在客观上只有从南北方向划界，即是东西分县，才有所谓均分之可能。

再者，常熟水利自明代万历年间耿橘治水"用湖不用江"之策实施之后，见效显著，耿著《常熟县水利全书》名噪一时。耿令治水方略在常熟邑人心目中留下极深的印迹，也因此影响了邑人对于常熟的

---

[1]（清）陶贞一：《两县分管议》，《皇朝经世文编》卷18《吏制四·官制》。

疆域地势、水道走向的判断和理解。可以说，"东西分县"从地方治理和历史记忆角度来看，是常熟水利"用湖不用江"的承续。这一分界方法得到上上下下较多人的赞同，"以河为界，北以耿泾，南以黄泾，俱取大河全身为界"，东西分县，成为常昭分界的基本方案，如图26之"图A"所示。

（二）前面拙论也已说明，最后定界中福耿二塘间的相错之势，是为了附郭丰腴之地的分肥。陶文中对于分界时市镇归属的考虑，也是出于贫瘠利益的搭配。明清常熟地区的市镇分布特点较为特殊，其数量之多、分布之密，并且其中许多市镇规模之小，都是在江南独一无二的。范金民和夏维中前揭书中对此已有论述。[1]在分县之时，陶贞一认为要着重处理好梅李、芝塘（按：即支塘）、唐墅（按：即唐市）、田庄几个大镇的分配。对其时之大镇也有另外说法，譬如嘉道间所修的乡镇志《里睦小志》就称：

> 国朝初属常熟县，雍正四年分隶昭文县，里睦与梅李、支塘、老吴市为邑东西四大镇。[2]

由此也可见常熟地区市镇之繁密，另外也可以推测常熟市镇规模参差程度不大。

总之，最后定界的犬牙相入之势，仅是两县结合地方经济因素的分布特点所作的权衡，并非为了集权控制。也正因如此，昭文县令劳必达才必须对"城社坊市、户口贡赋"了如指掌，以防止新县在初分之时便遭吃亏。

（三）第一文"城厢仓廒"之议和第二文之述均是对分县时行政运作的顾虑。如前之拙论，两县分治时先定策置吏，劳必达上任后，恰好将治所设在海防同知废署，解决了办公问题。这正是陶氏第二文所言"就防厅之署，偏在城东"的所指。

---

[1] 范金民、夏维中：《苏州地区社会经济史（明清卷）》，第281、282、433、434页。
[2] 嘉道间《里睦小志》卷上《方域》，《中国地方志集成·乡镇志专辑》，第11册，第2页。

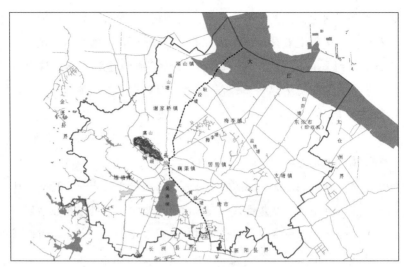

图 A 常熟分县基本方案（虚线为新旧两县拟定县界）

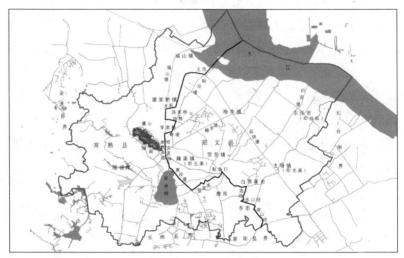

图 B 常熟、昭文最终定界

地图来源：以上二图的外围县界取自今常熟市县界数据，但清代未分县前，常熟县境大于今常熟市境，特别是县西北境，因1962年割常熟、江阴两县地置沙洲县，常熟西北境遂缩。以上二图主要反映清代常昭分县情况，故暂忽略此点，谨此说明。

图 26 常熟昭文分县划界

常昭分县先确立了县治，又敲定了南北划界的方案。但东西两县孰是常熟，孰是昭文（笔者按：昭文之名因梁昭明太子读书台故址而得名，各志均有叙，此处补作说明），实际上尚未决定。由陶文可知，当时还有拈分和坐分两说，前者即是抽签抓阄决定城内及城外东西两县之属，这被陶氏强烈反对。因为昭文县治既然已定，其治所偏于城东，当然应管辖东县，才符合"省便"之效率原则，这就是坐分之说，是陶氏所言的"两县分管"说。

陶氏之献策因其贯彻了"因地制宜"的总原则，得到此后同为雍正《昭文县志》编撰者的陈祖范的赞同（估计因为陶氏第一文首段对分县之策有所非议，故收入雍正《昭文县志》时将其略去，以免惹来麻烦），陶贞一的建言在最后定界中几乎全被采纳，最后之常昭分界图如图26之"图B"所示。

四、分县后的行政运作

对常昭分界作出大贡献的乡贤陶贞一，正是雍正《昭文县志》的编纂者。常昭分县后，为了突出分县置吏的国家话语，也担心"今者境析而人不知"[1]，两县同时设馆修志，"以清眉目"。[2]常熟志未刊，稿本不存[3]，昭文志有县令劳必达捐俸资助，即时付印，得以流传至今。[4]当时的粮道冯景夏为昭文志作序时叙述了这一过程：

> 昭文从常熟分置，粮储之署在焉。予奉职，多暇与二县之大夫言及志事，谓功令趋办，修志固不可已，而新分之县必多更改损益，修志尤不可已。于是，二县尹皆礼聘邑士之有文者，馆

---

[1] 雍正《昭文县志》卷1《沿革》，第190页。
[2] 乾隆《常昭合志》《序》，第1b页。
[3] 时陈祖范和陶贞一均在昭文县令劳必达主持下修《昭文县志》，同为常熟名人的陶正靖则被聘修《常熟县志》，然"迫计偕稿未梓"。康熙壬辰进士陶贞一和康熙庚戌陶正靖均为康熙戊辰常邑进士陶元淳之子，陶贞一是元淳长子，陶正靖是仲子。民国《重修常昭合志》卷20《人物志》称："(陶贞一)雍正初被荐与修《明史》，分纂仁宗朝记传稿，具复乞归，张廷玉固留之，贞一不可。乾隆初就职半载休致还乡，凡邑中利病，必向当事侃侃言之。常昭初议分县，贞一按分邑大势，以东西分治七议，上诸当事，疆域以定。白茆久湮议浚，贞一言宜浚白茆之里河至北港口，导之使归徐六泾入海，建巨闸以拒浑潮，则费省而功可久。其他有益桑梓者，知无不为。"另，陈祖范、陶元淳、陶正靖志中均有小传可参。
[4] 《江苏省常熟市志》《志余一·历代修纂常熟县志记略》，上海：上海人民出版社，1990年，第1151页。

诸昭明台畔而编纂。又虑出入登下之际，人或挟私于请，不遂则兴讹造讪以撼之，执简者虽侃侃，不能毋少动。爰于始事之日，荐告明神，出矢言，以重其典。闻者莫不耸然。逾年而两县志同时告成，昭文先付开雕，故其书先出，县令劳君捐俸钱以为之者。……雍正九年春三月吉旦，通奉大夫，特授江南安徽等处承宣布政使仍留苏松粮道任办理清查常州府属钱粮事加五级冯景夏撰。[1]

至乾隆四十四年（1779），因清廷下令将苏省省志、府志、县志中的"应禁诗文"概予芟节，常昭旧志中涉及钱谦益之诗文及事实均被铲削，旧志遂断续不解。此时恰逢常熟人言如泗从襄阳府解组归里，悉心编志，在乾隆六十年（1795），首部《常昭合志》刊印。雍正初年所析十三对州县之一的昆山新阳较早修成合志，创立成规，因此被后诸合志效仿。言如泗在合志序中道：

> 兹本职族人原任襄阳府知府言如泗，归里两纪有余，行年七十有八……略仿《昆新合志》体裁……常昭为文学之名区，志乘为古今之考证。境虽分两，邑治本同于一城。科名则籍贯相通，坛庙则春秋今祀。是以分志似难区别。今纂足可备观。自应照乾隆十六年《昆新合志》成规，始昭赅备查……[2]

其他诸县修志时实际也面临同样的编写问题，均力图同时达到符合实际和遵守国制的要求，例如，常州府的宜兴和荆溪在修分志和合志之时，均有所考虑：

> 宜荆旧系一邑，泥合志之说者，谓未分县以前，一切土田赋税人物学校合载前册，断无可分；执分志之说者，谓既分县以

---

[1] 雍正《昭文县志》《序》，第181页。
[2] 乾隆《常昭合志》《序》，第8a—9a页。

后，赋税人物学额画然分隶，不能复合。今则断自雍正三年以前定为宜兴旧志，盖视徐志又增四十年矣。自雍正四年分县以后曰《新修宜兴县志》，曰《新修荆溪县志》。凡此一遵国家定制，不敢以己意妄存分合之见也……分县后有分而未分，如城垣学官诸项，种种合一。其有分隶殊制者，则两载之，或制本合一，则详书于宜志，而于荆志则曰详见宜兴新志，庶为烦简的宜。[1]

宜兴荆溪虽经分县，治同城，学同官，自田赋有额，职官有守，选举有籍以外，人物皆无可分。唯殉难绅民记及列女录人数既繁，因地分载，取其易检而已。[2]

实际上，宜兴和荆溪在修志问题上一直存在争议，分分合合，莫衷一是，对于其中的症结，道光年间重刊合志时所撰《凡例》就曾清楚地指出：

一宜兴自与荆溪分治后，最难辨者人之著籍也。有宜兴人籍荆溪者，有荆溪人籍宜兴者，又有朝居宜兴而夕居荆溪者，朝居荆溪而夕居宜兴者，不知前志何以辨而晰之。今于在城一以籍为断，于在乡除名列科第外，一以地为断，虽未必一无讹舛，而庶几不失其大凡矣。

一宜兴荆溪县志有合有分，忽分忽合，若无头绪。今于其宜分者分之，而仍合其卷数，庶几合中有分，分中仍见合，不致贻讥于棼错云。[3]

前面提到在决策阶段，江苏学政俞兆晟对分县后学额问题的担

---

[1] 嘉庆《宜兴县志》卷首《凡例》，《中国方志丛书》，台北：成文出版社，1970年，华中地区第22号，第6页。
[2] 光绪《宜兴荆溪县志》卷首，《中国方志丛书》，台北：成文出版社，1983年，华中地方第156号，第42页。
[3] 道光《重刊续纂宜荆县志》《凡例》，《中国方志丛书》，台北：成文出版社，1983年，华中地方第396号，第31页。

忧，在此时被充分证实了。地望可以被静止地划分，但邑人的居住和迁徙，在本来就不大的县境内自然是很难限定，至于地方风俗和文化，就更加不因分县而分异，对这一道理，同为常州府的武进和阳湖在修志时言简意赅地作过阐述：

> 雍正二年析武进东地五十里为阳湖，迄今四十载，若仍循旧志，恐名实之不符，遂分志焉。逮道光二十二年复并为一，其间或分或合，沿革纷纭。淦窃思之，在昔武进晋陵虽为两邑，然分而复合，合而复分，其山川、闾里、关津、桥闸或可略为区别，至人物互相迁徙，风俗交相遵尚，虽欲别之，乌得而别。盖分之繁不若合之简。[1]

可见，诸如常昭这样，分县后很快先各修分志，而很快又开始修合志的例子，在雍正初年所分的这十三对州县中比比皆是。从分志到合志的过程反映了一个事实：在地方开发早已成熟乃至"定型"的江南，最初仅仅从分繁目的出发的分县行为，无法改变既有的社会文化关系格局，从地方文化的联系角度，甚至可说这一分县是非常勉强而生硬的。

承接着分界的商议，常昭分治并非以一几何直线数言蔽之，笔者注意到，分县时统计幅员和赋税的单位以"都"为主，而对县界的记载则是以各个标界地名和山川形便进行叙述。本属于赋役系统的"都"，充当了分界时最基础的地域单位，在此基础上，最终之定界也基本符合山川形便，可见较长时期内稳定存在的"都"的确符合地域单元的实际。明清乡村地域单位的复杂性是一大难题，也应该是县级以下区划研究可以取得突破的重点之一。过去许多日本学者如周藤吉之、柳田节子、栗林宣夫等的著述已触及此问题，国内学者如梁方仲、唐文基、栾成显、刘志伟也作了不少探索。一些论著还提到了鹤见尚

---

[1] 光绪《武进阳湖县志·序》光绪五年王其淦撰，见于《中国地方志集成·江苏府县志辑》，南京：江苏古籍出版社、上海：上海书店、成都：巴蜀书社，第37册，1991年，第1页。

弘根据福建罗源县的材料,对明初福建里甲编制原则及"都"于其中的作用所作的重要研究。[1]近年夏维中和崔秀红在研究中以都、保、区、里、社、屯等为重点,旨在重新梳理明代乡级以下地域单位的主要类型、存在地区、历史渊源、相互关系以及它们与里甲组织之间的关系,指出在乡之下的"都"这一早在宋元时代就已定型的地域单位,是解决明初里甲编制中存在的人户标准与自然村落之间矛盾的关键之一。而明中后期南直隶苏、松等府普遍出现了在"都"下划"区"或"扇"并设立粮长的现象,这可以被视为是"都"重新恢复行政功能的新趋势,而且这种趋势在清代仍得以保持。[2]

　　都之下的图(里)甲的调整是明初以降历次赋役制度改革的重要内容,里甲的存废对"都"的具体影响还有待深入考察。永乐后期,明初确立的里甲系统已杂弊丛生,宣德间,应天巡抚周忱、苏州知府况钟整顿里甲,其中的重要改革便是综核田粮,分催税粮,同时"都图内造册",防止隐蔽差役。[3]经过这一整顿恢复,本已面临崩溃的里甲组织得到维持,然而在正德、嘉靖之后,特别是实行"一条鞭法"后,明初作为赋役征发以及基层区划的里甲系统日益崩溃,赋役合一和差役折银的趋向逐渐明显。在此过程中,均田均役的改革开始进行。康熙元年(1662),巡抚都御史韩世琦饬行均田均役,严革经催。十三年(1674),布政使慕天颜请永行均田均役法,并征收截票。二十三年(1684),总督于成龙禁革里排。[4]常熟县共为四百九十图,图分十甲,每甲均田为三百三十七亩。[5]均田均役实行七十余年后,因为由排年或传催代纳钱粮的弊端又显露出来,雍正初年,版图法取代了均田均役。雍正五年(1666),江苏正式实行了摊丁入地,现有人丁摊向田地。而在版图法落实了田地和人户一一对应的基础上,雍

---

[1] [日]鹤见尚弘:《中国明清社会经济研究》第一章第二节,北京:学苑出版社,1989年,第25—52页。
[2] 夏维中、崔秀红:《明代乡村地域单位的主要类型及其作用考述》,《江苏社会科学》,2002年第5期。
[3] 参《况太守集》卷12,南京:江苏人民出版社,1983年,第135页。
[4] 光绪《苏州府志》卷13《田赋二》,《中国方志丛书》,台北:成文出版社,1970年,华中地区第5号,第354页。
[5] 乾隆《常昭合志》卷3《徭役》,第34a页。

正八年（1669），布政使白钟山又将康熙末年至雍正初年在浙江率先实施并取得实效的顺庄法在苏省各地推行，确保钱粮的如额征收。[1]当然，上述过程远比此处的轻描淡写复杂得多，前辈学者也已作出了许多重要研究。这里简要叙述的目的，是为了对常昭分县时面临的地方赋役和区划状况有大致的了解。

回到前引陶贞一的分县条议，其篇首有言"今农家治田，同段异邱，犹往往以争水起衅……若疆界错杂，奸宄必多，每一事发，动须会勘。……常熟都图甲分，多至数千，东西两分，业多更换。如更错综互置，则所在破图易甲，当此办漕倥偬。欲以旬月之间，推收量丈，胥吏因缘作奸，隐占飞洒，一二万金钱，必归若辈之壑，而丛弊滋甚。所谓治丝而棼之也"。此种状况正反映了康熙末年至雍正初年均田均役和版图征粮的赋役调整中的实际情形，"农家治田，同段异邱"是版图法下以户归田，以田归邱，以邱归圩，以圩归图的格局，其中人户和田地尽管得到对应，但往往在坐落上分离，于是，在与实际坐落相关的水利问题上往往易起纷争，这也便是雍正十二年（1673）严革图书，设立清书，分立花户，同时缮造"邱领户"和"户领邱"二册，分给易知滚单，而乾隆十一年（1746）又散撤清书，设立庄书，确立顺庄法这一系列改革的重要原因。

雍正初年常昭分县，处于上述赋役系统改革较为频繁和复杂的时期，不论是东西划界还是南北分县，都必须考虑"破图易甲""业多更换"带来的征税难题，以及可能造成的胥吏扰民的弊端。而这也正是陶贞一初始时反对分县的重要论据。另外，陶氏提出的八条事宜中并未对赋役调整问题给出具体建言，只是要求两县总的赋税因地起则，总的差役不偏重而已，毕竟都图甲分之下的赋税征收无法以数言论清，也不是分县所能解决的。显然，最初分县大策的提出，实际上只是针对赋税征收烦剧的情况，设新县分担繁杂实务，并不触及具体赋税制度的调整。

笔者曾利用清初至中叶浙省两部官箴书《总制浙闽文檄》和《治

---

[1]　范金民、夏维中：《苏州地区社会经济史（明清卷）》，第373页。

浙成规》的资料，考察了清初杭州府的钱塘、仁和两个附郭县在城市管理特别是消防事业中的具体运作。同城共治的情况下，在城内的治安等事务方面，确实可以发展出一套行政上互相配合的机制[1]，然而在整个县境范围内的协调治理难度则大得多，尤其是诸如水利管理等亟须大地域统筹的事务，在两县分理之后也便加大了管理成本。

分县之议中，陶贞一便提到，"凡东西之高区不同，而所以畜（蓄）水宣泄之道则一。往者兰阳耿侯，尝大兴水利，著有成书，案而行之，则变瘠为沃，在指顾间，常熟之名可以不虚……水利修则高低皆可熟，水利坏则东西皆可虞。不此之问，而但顾目前，斯亦愚矣。然此犹未究极其害也……即有耿侯其人，欲为民兴利，而咫尺相牵，难以措手。其或遇灾请命，亦必观望推诿，此其为害，岂可一二计欤？"结合拙作第四部分的述评，陶贞一其实已明确指出了农田水利事业与赋役系统的密切关系，在赋役改革时期，分县造成的区划格局势必会牵涉到水利运作。

就整个明代中后期江南的基层水利问题，日本不少学者作出了许多重要的研究，他们从乡村共同体关系的解体、里甲组织的崩溃、徭役制度的变化、租佃关系的变化和乡居地主的没落以及农村商品经济的发展，解释了明中后期江南水利荒废的主要原因。[2]陶氏所提及的兰阳耿侯，便是万历《常熟县水利全书》的作者、常熟知县耿橘。在万历三十二至三十四年（1604—1606），面对财政困难和水利疏浚的迫切形势，耿侯成功地改革了水利规范，采取干河开浚费用官三民七分担，支河由民自浚，并在此过程中实行照田起夫、业食佃力等原则解决了工役和费用问题。[3]耿橘治水的重要意义历来为研究者所强调，有的学者认为，清代苏州等地区的水利规范，虽呈现出一些新的形式，但就本质而言，仍没有超出或突破耿橘的水利规范的

[1] 谢湜：《清代杭州城市管理与社会生活——以火政为中心的研究》，收入饶宗颐主编《华学》第7辑，广州：中山大学出版社，2004年。
[2] 代表性的研究有［日］滨岛敦俊：《明代江南农村社会の研究》；［日］川胜守：《中国封建国家支配の构造》。
[3] 参见（明）耿橘撰，王化等辑：《常熟县水利全书》，钞本，十卷附录二卷。

内涵和水平。[1]

其实，笔者还认为，许多水利运作与赋役制度的机制性联系，其实自宋、元以来一直存在[2]，当然，在不同的社会经济状况下会有不同的强调。笔者注意到，明中后期，江南治水不再由朝廷专设或遣派官员督管，而是由基层地方官员兼司分管，府与县、县与县间的协调问题显露出来。常熟邑人瞿汝稷为《常熟县水利全书》撰叙道：

> 或谓白茆之工实六府通利，往率以从事，岂以虞而役六府，实以六府均有藉于此塘也。今以一邑而肩六府之工，工巨而力单，故侯谓，必多历年所始克成。夫事虑久渝功贵速就。[3]

康熙年间常熟地区有过较大规模的水利疏浚工程。康熙二十年（1681）巡抚慕天颜开浚白茆港，粮道副使刘鼎、督知县刘毓琦浚三丈浦、新庄港。根据刘鼎《浚三丈浦新庄港议》一文，开浚过程主要采取业食佃力的原则，而新庄二渠乃是常熟与江阴、无锡三县共同利益之所系，考虑到"今以阖县与邻邦均沾攸利之河，独用坐落本处田民开浚"，刘鼎决定"令滨河有田之民，既按亩支给河夫工食"，同时"念既劳其力，必须优免其差"，因此"自当按户免其二年杂办差役"。[4] 当然，如由督抚大员亲自督理，且帑银丰足，则诸事颇顺遂，如雍正五年（1727），发帑兴修江南水利。遣副都统李淑德、原任山东巡抚陈世官，会同江苏巡抚陈时夏、总河齐苏勒、两广总督孔毓珣详勘，继遣郎中鄂礼同陈世官督理，开浚昭文县白茆港、梅李塘，常熟县福山塘。其中白茆河分六段挑土，系长洲、元和、无锡、金匮、江阴、常熟、昭文七县协开，共用夫三万名，江阴出夫五千，

---

[1] 范金民、夏维中：《苏州地区社会经济史（明清卷）》，第334页。
[2] 宋元明清江南水利文献汗牛充栋，此处不一一列举，作者所述的此种观感，仅从顾炎武《天下郡国利病书》第4册《苏上》之《苏州府·历代水利》所引述的历代苏松治水策（昆山市顾炎武研究会整理标点本，上海社会科学技术文献出版社，2002年4月版，265—294页），或者《重修常昭合志》卷5《水利志·附录水论》便可得见。
[3] （明）耿橘撰，王化等辑：《常熟县水利全书》叙言。
[4] 康熙《常熟县志》卷6《水利志》，《中国地方志集成·江苏府县志辑》，南京：江苏古籍出版社、上海：上海书店、成都：巴蜀书社，第21册，第107页。

长、元、无、金各出夫二千五百，常熟出夫六千，昭文出夫九千。工程中土方共六万七千九百八十一方，每方发官价九钱，共发帑银六万一千一百八十三两五分。[1]工程较为顺利，仅三个多月即完工。

常熟分县后，常昭两县县政在水利事业上的关系值得关注，前面的定界方案也已提到常熟水利在地方社会运作中的重要性。乾隆《常昭合志》在县境图后，就专列了"八十五区水利全图"（按：即前引雍正《昭文志》所述"以八十五区辖四百八十三图"[2]），昭文县初设之时，便将水利工作提上日程：

> 雍正四年，割常熟之东为昭文县，吏兹邑者概焉求水利之说。[3]

雍正年间，劳必达曾主持浚洋塘、何庄泾。当时，里人朱斌建议：

> 向来开河，例皆落甲发帑，则人夫可以应募，落甲无害。若民间自开，则落甲深为不便，盖甲内之田，与人户大半非土著。以他乡之人开此地之河，而本图人户反逍遥事外，于情不甘。故官即倡，而下不应。今当坐图开浚，令圩长作坝，坊长唤夫，业主给食，佃农出力。则土人休戚相关，自然勇跃从事。[4]

朱斌认为，顺利实行业食佃力的前提，即是落实好开河人户，如果是官府发帑，则落甲招募人夫，毫无问题。但假若是全用民力，如拙文第四部分所论，均田均役下的"图甲"是均田编甲归户，仍然会出现田户散居的情况，"落甲"而造成麻烦。而此时期版图法的改革，

---

[1] 雍正《昭文县志》卷3《水利下》，第237页。
[2] 雍正《昭文县志》卷2《都鄙》，第213页。
[3] （清）陶贞一：《书昭文东乡筑坝浚河议》，见于乾隆《常昭合志》卷2《水利》。同见于《皇朝经世文编》卷113《工政十九·江苏水利下》。
[4] 雍正《昭文县志》卷3《水利下》，第240—241页。

以户归田最终归圩归图，因此，坐图开浚才有业食佃力的基础。当时各种赋役形式之并存，据此可见一斑。

至于常昭分治，在其后之水利事业运作中，两县也有不合拍之处。昭文县令劳必达便曾对两县水利负担之不均表达了异议，其中也透露了分县后两县地望和坐落之问题：

> 今昭文系常熟分半之邑，日下议开白茆、徐六泾两处，又比昔多开一河，则前任十分之四者，今止可任十分之一，其余九分不得不仰济于邻封。况昭文名为画半分县，其实仅割常地三分之一，如东乡唐墅一带仍属常熟。卑县所属仅支塘至耿泾，不满五十里，而两河各在所辖之中。近河区图即按亩起夫，逐户抽丁，亦属有限。合不敢援引四府五府协开之例。谨据康熙二十年分段成规，仰请宪台俯查旧例，仍令常熟、太仓、无锡、江阴、长洲、昆山各起夫役，各段开挑，而新工程得以速竣矣。[1]

在具体的水利工程中，两县之不同政策常导致效果分化。乾隆年间昭文邑人吴蔚光[2]就曾作《开河谣》赞昭文（东乡）以工代赈之佳绩，而贬常熟（西乡）之水利弊政：

> 急开河，急开河。开河不第可防旱，救活饥民三十万。饥民争据河上头，操畚持挶携锄锹。戽水三日事已毕，挑泥一月工始讫。三日二百四十钱，一月将近钱三千。三千钱换六斗米，得缓饥民两月死。东乡贵泾塘竟开，差牌官票日夜催。计工七千五百文，肩摩踵接欢如雷。西乡六河开尚未，三支三干大阙费。费阙只须富户充，尽推田荒钱米空。富户一升粟，可作饥民谷两斛。富户一两银，可作饥民金半斤。青黄不接没生路，饥民

---

[1]（清）劳必达：《详开河条议》，见于乾隆《常昭合志》卷二《水利》。
[2] 按：昭文吴蔚光恕甫，号竹桥，乾隆庚子进士，翰林改礼部主事，有《素修堂诗集》。参（清）张应昌：《清诗铎》附《诗人名氏爵里著作目》第479，北京：中华书局，1983年，第43页。

仍旧吃富户。急开河,急开河。君不见捐金发赈无奈何,一赈两赈都已过,西乡饥民四十九图多。大口一赈得钱一百三十几,小口一赈才到七十耳。[1]

常昭地区东西乡的差别不仅仅是工程上的一时优劣,其背后涉及整个水利系统和农作格局的变迁过程和密切关系,许多前辈学者如西嶋定生早已注意到明代后期水利兴废和苏松地区冈身地带棉作开发的关系[2],万历二十一年(1593),嘉定漕粮永折制度的确立,以及常熟、嘉定、太仓、昆山等处高乡棉作区的水利荒废便是上述关系的强烈表现。

雍正初年常昭分县时,较多地考虑了高乡、低乡的搭配问题。在县境开发中,地域单位和区划有着特殊的形式。常昭东西不同的农业特点在吴蔚光《东乡谣》诗中可以窥见一二:

> 西乡田高,五月下苗。北乡田少,六月去草。南乡田低,八月稻齐。唯有东乡田近海,专种棉花弗能改。种棉花易种稻难,种棉怕湿兼怕干。稻十分,算全熟。棉甘分,算才足。休望足收成,只望没空铃。铃空无大碍,风潮莫能害。七月风暴多,吹得铃子没一科。八月潮信大,湮得铃子没半个。今年幸无潮与风,陡然生出棉花虫。咬节节便断,吃叶叶便短。叶短难再长,节断花亦伤。何况蛀尽棉花根。我泣呼虫虫不闻,业主下乡来催租。我子无裤妻无襦,无襦无裤更无米,还有邻家卖妻子。[3]

对常昭近江高乡的棉田开发、低地的圩田经营的考察,应可以提供一个观察地域社会运作和区划格局变迁的丰富视野。譬如在昭文东部,习称为"虞东"的县境,棉田的开发状况在某种程度上塑造了地域区划的形态。《支溪小志》叙及科泾以东之沈塔村时,便略有记载:

---

[1] (清)张应昌编:《清诗铎》,第543页。
[2] [日]西嶋定生:《中国经济史研究》第二章。
[3] (清)张应昌编:《清诗铎》,第204页。

此虞东原本增收之村也，始云以东之湖漕村，东北之徐凤村，西北之长亳村，西南之沈塔村，其地界毗连之处附焉。后又云，集贤里为东乡诸里之最大者，四十一都全不能尽，其错入三十八都者为湖漕村、沈塔村，错入廿七都者为徐凤村、长亳村。夫沈塔村前云在西南，而后又云同湖漕并指为三十八都，则又移在东境矣。县志亦入二十七都，庶乎近之。然要之村与里与乡俱难以都鄙限也，如支塘镇之乡，则四十都之又一七图，又七十三图，其里则进贤也。而思政乡之集贤，并不隶双凤矣。[1]

由常昭分县，政区经野之实际运作，笔者将目光移至高乡与低乡的水利和农作格局中。在内在联系着的多重的广义上的地理"区划"视野下，或许可以更好地将地域社会的变迁过程落实到地理空间。

分县带来的偏颇不仅表现在县际的行政难以协调，还在更大的地域范围内表现为普遍的制度性弊端。漕运一直是江南地区的国家大政，分县格局延续两个世纪之后，即是到了19世纪清代中后期，随着银钱制度的改变，漕运体制也出现了许多新的情况，在漕粮折银的过程中，许多州县出现收漕等环节上的弊病，江苏减漕的一系列复杂改革也由此开始，一直持续到清末。在这个过程中，以魏源为代表的一批大员提出了江南裁缺并县的主张：

魏源《钱漕更弊议》

江苏漕费之大、州县之累，日甚一日，其弊曰明加、暗加、横加。始也，帮费用钱不用银，其时洋钱每圆兑钱八百文，故州县兑漕每喜舍钱用洋，以图节省，其后洋银价日长，而兑费亦因之而长，其用洋银之费已不可挽回，此暗加之弊也。自道光五年，行海运、停河运一岁，旗丁以罢运为苦累。道光六年，河工大挑，空船截留河北，旗丁又以守冻为苦累。每苦累一次，则次

---

[1] 乾隆《支溪小志》卷1《地理志·村坊桥梁》，《中国地方志集成·乡镇志专辑》，南京：江苏古籍出版社，1992年，第10册，第23页。

年必求调剂一次，此明加之弊也。又道光十九年间，四府粮道陶廷术□□挑斥米色，骄纵旗丁，于是二三载间，各州县约加帮费三十万两，此横加之弊也，皆苏松之情形也。唯常州漕兑费至今用钱，故价无大长，而丹徒丹阳金坛句容，则又地瘠民刁，漕完本色，地丁钱粮亦不敷解费，且金坛句容皆山邑，舟不抵城，须陆运至水次，宜照山邑折漕之例以恤其困，并将地丁钱粮改收折银，酌加火耗，以免地方官之赔垫，此又情形之小异也。今欲大剂苏松常太仓各郡州县之累，唯有一大章程。查明代江南州县旧制，常州有武进无阳湖，有无锡无金匮，有宜兴无荆溪，苏州有吴县长洲无元和，有昆山无新阳，有常熟无昭文，有吴江无震泽，松江有华亭娄县无奉贤金山，太仓州有嘉定无宝山。其时漕未尝不运，事未尝不举，亦从未闻明代州县有收漕之弊。且其时沿张士诚庄田之额赋更重于今日，而不觉其繁。国朝减免苏松浮粮至再至三，而官民不胜其困，何哉？愚以为银价之弊，已无如何，唯有裁缺并县之法，一复明代古县之旧。每并一缺，则省官规幕费，丁役杂费，及应酬之半，似救弊本原之一法。谨抒其愚，以待大吏之不守常规善后古制者。至宝山逼海，城池卑褊，不通舟潮，应内移于罗店饶富之地，或与嘉定同城，此则不必并而必当移者，谨议。[1]

回溯两个世纪前的分县奏议，上述情况可算开了个不大不小的玩笑，本来分县即是为了分繁而设，试图在地方实际负担繁重的情形下，减少州县管理积弊带来的耗费和盘剥，然而在百余年后却祸根不除，沉渣泛起，官民又开始怀念"明代古县"之旧制，奉为"救弊本原之一法"，因此请求裁缺并县。

不可否认，清末裁缺并县的趋势与大的地域社会变迁有关，而不仅仅是区划管理本身的问题，下文即作讨论。但无论如何，清末江南县际运作的弊政和裁缺并县呼声的提出，深刻反映了17世纪江南分

---

[1]《皇朝经世文续编》卷36《户政八·赋役三》。

县的"权宜"色彩,因为分县后各项钱粮政策未能有新的有效的运作方式,更重要的是,新分之县照旧拷贝了原有的官僚系统,也克隆了既有的制度性积弊,而且,新旧县间本来并非隔断一切的县界,又恰恰是传统的官僚行政之间的权限之界,大部分行政成本耗费实则根源于这几点。分县两百年后,江南苏松常地区的并县回归趋势成为必然。

五、从清末自治到辛亥并县

清末的地方自治对于江南地区的区划影响甚大,近年的一些研究成果值得关注。例如,吴滔通过考察清至民初嘉定宝山分厂制度确立的过程、"厂董"职能的转化和"厂域"与清末民初自治的关系,发现在清初救荒活动中划分的以市镇为核心的"厂"的管辖区,后来逐渐演变成事实上的地方行政区划。至清末民初,尽管"厂域"界限纷争不清,但该地的地方自治区域还是完全按照原来的"厂域"面积拟定的。[1]该文从具体事件和变迁序列的结合分析,尝试探索由清代到民国县级以下政区形成的研究路径。在近期研究中,他进一步考察了明以降江南基层区划传统与市镇变迁的关系,追述市镇"固有之境界"的构建机制与历史过程。[2]

按照江苏地方自治的规定,主要是以人口及坐落来定城厢自治、镇自治和乡自治各个级别的,但其中的一个关键是要查清楚城厢、镇和乡的"固有区域",然后才能附上相应人口数,再上报申请自治。而在此之前,县级以下的区划其实更多的是赋役区划,而且如前所述,在长期的赋役改革调整后,赋役单位其实并不直接对应地理单元,而城与镇、城与乡、镇与乡之间本来就是相连的地方,不易区分境地。因此,申请自治过程中,地方绅士等势力便试图趁机牟利。以

---

[1] 吴滔:《清至民初嘉定宝山地区分厂传统之转变——从赈济饥荒到乡镇自治》,《清史研究》,2004年第2期。
[2] 吴滔:《明清江南基层区划的传统与市镇变迁——以苏州地区为中心的考察》,《历史研究》,2006年第5期。

城厢自治为例，本文第三节谈到，常昭两县划界时，涉及的丰腴之地特别是附郭地区的利益分配引起争议，在清末常熟兴办自治时，这一问题又有了新的表现形式，即是近城各镇争相附入城厢，以便在城厢自治中分一杯羹。

宣统元年（1909），江苏苏属地方自治筹办处颁布章程，其中规定了筹办城镇地方自治的顺序，即是从城厢开始：

> 一由地方官遴选城厢公正明达之绅，设立城厢筹备自治公所；
> 一以城厢固有之境界定为城之区域；[1]

何谓"固有"？大有解释的余地，这一规定其实是很模糊的。于是，常昭二县在筹办城镇自治时，城厢侵占其他镇域之事件屡见不鲜，令筹办处十分不满，批文严饬：

> 查该两县前送城厢简图，厢境大逾城内四五倍，当经本处批斥更正。该两县置不声覆。昭文县绘送梅里区图，竟将自请画入厢界之东三场，念五都十八上、下图复行绘入梅里镇。该镇图中均注都图，地名绝不一见，与公厢兼载地名，分立图段，不用都名者，体例迥别。[2]

然而，常昭地方竟将批示延压不覆。宣统三年（1911）八月，前署昭文县令赖家祥、时任县令魁福、常熟知县孙回澜，因此事各被记大过一次。[3]

---

[1]《江苏自治公报类编》（宣统三年）卷4《章程·第二期》，收入《近代中国史料丛刊三编》第53辑，第522册，第15页。

[2]《批常昭二县县自治筹备公所正副所长邵绅松年等呈区域牵混，请饬县遵章分划由》，《江苏自治公报类编》（宣统三年）卷7《批牍·第三十九期》，收入《近代中国史料丛刊三编》第53辑，第523册，第151页。

[3]《详请督抚宪将前署昭文赖令家祥、现任魁令福、常熟知县孙令回澜因未能明确划定城乡区域批饬，又延玩不覆，各记大过一次文》，《江苏自治公报类编》（宣统三年）卷8《文牍·第四十期》，第462—463页。

在厢境纷争中，常昭分界处的汤家桥[1]和谢家桥[2]多有纠葛，而这两处，恰恰便位于前面提到的——即雍正初年分县时，考虑到昭文附郭单薄造成利益不均，于是故意不取大河，而在福山塘与耿泾塘之间划成"相错之势"的一片地方。

从文献上来看，实际的情形是当时人亦多不清楚基层的赋役单位和地域单位，民国纂志者还认为，清末自治以前，县之下的乡镇根本无固定区域，如《双浜小志》：

> 乡镇固有区域，自清季自治实行，始粗有界限。今不以自治时代之乡界、实行村界之区界为根据，仅就东张市为范围，壤地较小，调查少漏，邻镇大事续入补编。[3]

由此引发的思考是，分县划界在当时人的观念中作何表征？雍正分治的十三对州县在修撰各自的方志时，其纂者也对此各抒己见：

雍正《昭文县志》：

> 度邑重事也，必揆日景山，筑城立市，移民实之，而后成邑。今者境析而人不知，所谓行其所无事者耶？轶往代矣。[4]

乾隆《常昭合志》序：

> 国朝雍正四年，以大吏请立昭文县。维时一析为两，剖山划水，不得不另修昭文志，以清眉目。迄今六十年来四至八到，黄童白叟咸知疆域。所定司牧者，到官即了如指掌。虽蠹吏奸胥

---

[1]《批常昭二县自治公所呈城区并未包举并呈区图由》，《江苏自治公报类编》（宣统三年）卷7《批牍·第三十九期》，第167页；《札催常昭二县绘送更正城厢区域详图文》，《江苏自治公报类编》（宣统三年）卷8《文牍·第四十六期》，第497页。
[2]《札饬常昭二县查覆谢家桥究有若干方里文》，《江苏自治公报类编》（宣统三年）卷8《文牍·第四十七期》，第499页。
[3] 民国《双浜小志》《例言》，第155页。
[4] 雍正《昭文县志》卷1《沿革》，第190页。

之善于弊混者，亦无若网在纲，有条不紊，何也？

嘉庆《宜兴县志》：

> 宜荆以一城分隶二县，大抵以西半城为宜兴，东半城为荆溪，自北门至南门中分其界。市井交通帆樯停泊往来者不知有两邑之分也，故汇为一图，实亦以城垣之无可强分耳。[1]

> 于今虽分，而版图比连，绮交绣错。两邑人士更无此疆彼界之心，则寓合一于全境图中，亦犹存念旧之意也。[2]

在宣统二到三年（1910—1911），虽有种种纷争，但常昭地区的地方自治还是如火如荼地开展了。宣统三年（1911），主持自治事务的常昭城议事会召开了多次会议，讨论设立区董，将"城厢划作十区域，城内二区，城外八区，城内以常昭分界，城外以东南西北为界，区域之大小以人口之多寡定之，名词第一至第十按次，由董事会拟定规约报县查核"[3]，议事会也组织了人手调查城镇区域。据议事会的文件可见，宣统元年（1909）开始城厢自治问题的悬而未决，其实跟自治筹款问题有很大关系。[4]当然，举办自治是涉及地方治理诸多方面的复杂过程，此处暂关注与讨论主题相关的区划问题。宣统三年（1911），议事会曾通过一个《常昭地方自治研究会暂定章程》，其中对于常昭地区自治的大区提出初步草案：

> 区域：暂分东西南北中为五大区：在城、附郭为中区；耿泾以东、白茆塘以北为东区；罟镇以西、元和塘以东为南区；元和塘以西、严塘以南为西区；严塘以北、耿泾以西为北区。[5]

---

[1] 嘉庆《宜兴县志》卷首《城垣图说》，第15页。
[2] 嘉庆《宜兴县志》卷首《全境图说》，第14页。
[3] 《常昭城议事会记录》，南京博物院藏宣统三年油印本。
[4] 《常昭城议事会秋季提出议案》，南京博物院藏宣统三年常昭城董事会油印本。
[5] 《常熟自治文件》，南京博物院藏宣统三年油印本。

此时之分区界线，表面看来似乎与雍正初年讨论东西或者南北分县有类似之处，但重点问题实际上已完全不同，五大区并非是自治区划的重点，清末自治最大的改革之处是在县以下建立起城、镇、乡的区划制度，常昭地区经过筹措，县属各乡镇合并为三十五个市乡，城区称海虞市，以近郊的藕渠、九里、颜巷、兴福、毛家桥、莫门塘、湖甸属之；其余以邻近数镇并为一个乡或市。每乡设乡董，市称市董，作为地方自治的基层组织。[1]当然，以人口数和所谓的"固有区域"来重订区划给地方提供了极大的周旋的灵活性，但在成区后的事务操作上仍较为混乱，新的行政辖属关系令老百姓在办理交粮等事务时颇难习惯。[2]

从上述资料可以看出，原有之新旧县分界在兴办各级自治时失去了实际意义，同城的县治在城内部分实质上也已合并为一市制区域。19世纪的并县呼声经历了半个世纪，到了20世纪初，在地方自治这一新的地域进程中，朝廷正式下令并县：

（宣统）三年民政部奏援案裁并同城州县：
  又两江总督张人骏奏裁并同城州县略称，宁属之知县同城者四缺，苏属之州县同城者十九缺，地狭而官多，应将同城州县即予裁并。江宁省城元宁二县，拟留上元，以江宁县并入之；苏州省城长元吴三县，拟留吴县，以长洲元和两县并入之；扬州府属之甘泉县并入江都；苏州府属之昭文县并入常熟；新阳县并入昆山；震泽县并入吴江；松江府属之娄县并入华亭；常州府属之阳湖县并入武进；金匮县并入无锡；荆溪县并入宜兴；太仓州属之镇洋县并入太仓州。计裁十二缺，寻会议政务处覆奏，准如所请。[3]

并县条令下达之时，清王朝已是山雨欲来风满楼，最终的并县实际上是在辛亥革命各县光复后才实现的。关于常熟光复和并县的故

---

[1]《江苏文史资料》第56辑（《常熟文史资料辑存》第20辑）《常熟掌故·政坛杂闻》，第13页。
[2]《常昭城议事会庚戌秋季常会决议案速记录》，南京博物院藏宣统三年油印本。
[3]《皇朝续文献通考》卷135。亦可参《清史稿》卷25《本纪》、《大清宣统政纪》卷45。

事，20世纪90年代开始，常熟政协在编纂常熟文史资料时，在当地邀请多位亲身经历过辛亥革命的长者叙述历史，不少地方的研究也结合这些笔述或口述，并搜集了民国初年的资料，发表了若干文章，为我们了解常熟地区的光复和并县的细节提供了很大的便利。

当时，常熟因为地近沪、苏，信息较灵通，武昌起义的消息，在1911年10月12日就传到了常熟。当时，常熟知县是刚上任的浙江钱塘人翁有成，昭文知县是满族人魁福。本地的报纸只有一张周报《虞阳新闻》，人们要了解多变的时局，只有依赖隔天才到的外地报纸。而城中只湖园茶馆设有阅报处，关心时局的人都从那里了解形势，一时间茶馆生意极好，终日座无虚席。社会上传言纷纷，人心浮动。不少有钱人家已收拾起金银细软，随时准备避难。昭文知县魁福因是满人，惶惶不可终日，最后终于以进省辞职为由，一走了之。昭文县大印就由江苏巡抚程德全委翁有成兼摄。

11月4日，上海的革命党人宣布光复。11月5日，驻苏州的江苏巡抚衙门换上了军政府牌子，程德全宣布响应起义。江苏独立的消息很快就传到了常熟。11月6日，邻近各县纷纷宣告光复的消息传来。这时，驻守福山的淞北营统带龚先耀奉沪军都督府之命，率湘沪民军的一支队伍来到县城，驻扎在常熟城隍庙。虞山辛峰亭上插起了白旗，各城门也遍插白旗。旗上有"兴汉灭满"字样。常熟政局发生剧变迫在眉睫。

曾经参加过上海光复之役、刚刚回到常熟的同盟会会员庞树森决定立即策动常昭宣布光复，就邀请当时常熟社会上一班头面人物加刘永昌、赵君芍、狄子怡、严树声、顾兰培、李镜宇等人，以及淞沪民军的领队龚先耀等，集中在赵弄口于公祠开会。知县翁有成也被请到，被迫同意起草光复布告时，忽然来了个无锡人杨某，自称刚从苏州来，苏州又换上了赤旗，都督印也已销毁，铁良带清兵到了苏州城外，已开仗血战。本来就不希望发生革命的翁有成听到消息，立即变卦，坚决不同意宣布光复，事遂中变，而不久便得知杨某所说全是造谣。

11月7日，受程德全派遣的翁烔孙也搭航班回常，与翁有成见面，转交了程的信件。翁因接了程德全的命令，不再反对光复，捐口信说：本人唯大众意见是从。晚上，自治公所开会，推举蒋风梧为大会主席，宣布常熟、昭文光复，昭文并入常熟。关于地方政权的组织形式，有人提议仿照苏州，分设民政署、财政署、司法署三个部门；军政方面，等与军政当局接洽后再议。

关于最重要的民政长人选争论颇多，最后定了丁祖荫，丁祖荫字芝孙、号初我，是省咨议局议员，曾任过自治会总董、劝学会会长，热心教育，办过几所小学，有一定的声望，而此刻丁祖荫还在赴沪的轮船上。除了丁祖荫外，又推举翁有成任司法长、杨孟龙任财政长。因丁不在，其民政长一职暂由严树声代理。严树声字春生，为明代大学士严讷的后裔，江西某县候补知县，回乡后对地方公事也稍稍过问，在众人心目中是个好好先生。军政方面，推选邹官望为军政长，后来改为成立防务局，邹任防务局长。大会结束后，一些人留下来分工做准备。由俞九思负责起草光复布告，连夜印布告，大印交刻字店付刻，还有人负责起草致省署电文，此外还分派了做白旗等杂务。11月8日一早，全城白旗招展，六城门遍贴光复布告，保卫团加班巡逻，社会秩序良好。新成立的民政局设在昭文县署。

严树声的民政长仅仅当了几天，就感到诸事难办。旧政权刚打破，新政权又初创，不知如何运转，加之地方上各种势力互相争斗，使得他疲于奔命、穷于应付，搞得焦头烂额。严树声勉强应付了几天，觉得前途艰险，决定辞职。11月12日致电寓居上海的丁祖荫，促其上任。13日，丁祖荫和宗子戴、曾孟朴乘火车到苏州拜谒都督。14日，丁乘轮船回常熟到民政局，在局员一再恳请下应允就职。续推民政副长，大家一致推举徐兆玮（字少逵）。接着改选胡君黻为财政长，狄巽行为司法长。选毕，致电都督，上报组局事宜。11月15日，接都督电，同意昭文县并入常熟县，丁祖荫任常熟县民政长。至此，昭文县正式并入常熟县，结束了常昭两县分治的历史。[1]丁祖荫

---

[1] 参见曹家俊：《辛亥革命常熟光复纪实》，《常熟文史》第29辑，第239页；归子迈遗稿：《历史大风暴前后见闻点滴》，《常熟文史资料辑存》第19辑，第47页；俞九思：《辛亥革命常熟光复前后》，《文史资料辑存》第1辑，第112页；曹家俊辑：《辛亥革命常熟昭文光复记事——摘自丁祖荫、徐兆玮日记》，《常熟文史资料辑存》第19辑，第39页。

和徐兆玮，正是后来《重修常昭合志》的两位总纂者。

六、结语：从"区划"迈向空间

综括拙作通篇，笔者尝试将清代苏松常三府由分县到并县这一特殊的政区变动过程，置于清初至民国初年的江南历史脉络中去理解，力求将政区研究落实到区域社会的具体时空，避免割裂实际过程、僵化地套用"开发式"逻辑而作出合理与不合理的草率判断。在区划变动与地域过程交融的视野下，政区不是虚空的王朝经野符号，而是真切的地域社会要素，在历史进程中以不同形式填充着地理空间和社会空间。

苏松常分县的提出并不显得突然，从根源上看，它缘起于明代以来江南经济发展的情况下不断增加的地方负担，分县主要是为了分摊赋税负担。从时间上看，分县之所以在18世纪初被提出，是基于康熙中后期到雍正初年减免江南浮粮及整顿赋役制度的改革大背景，而分县也同时被纳入这一系列努力的范畴。对于中央和地方来说，此种"分繁式"分县虽是权宜之计，却的确是创举，无成规可循，需要充分的商议。而恰恰在这一决策过程中，江南的上层官员组成由于种种原因发生了重大调整，这使得决策延长了时间。通过由皇帝到地方大员的努力，分县决策终得完成，但直至各县各自完成划界，却一直没能借助分县这一变动，去推进州县财税制度的改革，只能在行政管理上全盘复制了原有的官僚系统，也继承了既有的制度性积弊。新旧县间的县界，依然成为县级官僚行政之间的权限之界，使得县政运作和地域治理的行政成本加大，也添加了耗费。

分县未能从根本上起到分繁的作用，却较为生硬地划开了开发已相当成熟的县境幅员，一定程度上冲击了地方传统和文化联系，十三对州县在修纂地方志时，分志和合志的并现和争论，传达了这种地方文化对上述区划变动的不适应症状。

由分县走向并县，则并不完全是由于县际行政的上述机制性积弊，还与地域社会的局势变迁有关，并县的呼声是在清代后期的江南漕运改革中才被明确地带出的。到了清末，地方自治极大地打破了原有的地方区划系统，对于地方势力，兴办自治比并县更加有利可图，显得更加重要。然而，自治区域的划定，自然而然地使得"新县"与"旧县"的县界失去实际意义，辛亥革命推翻了清王朝的统治，政区的调整却顺着清末自治的区划系统继续改革下去，此时，苏松常的并县一蹴而就，比清初分县简单得多，也"合理"得多。

  笔者在上述过程的论述中，还埋下一条个案的线索，即常熟县由分县到并县的历史，旨在考察一个县如何处理本身的分县和其后的治理，试图展现一个国家力量借助政区规划把握地方社会时所面临的局势。县政运作的习惯、地方利益的牵连、农作经济的发展，在原有的区划和新的事务运作不尽契合的情势下，衍生出一系列的治理问题。在赋役制度改革的复杂时期，各种赋役体系的并存和矛盾，在常昭分治问题上的纷议以及前后的事务处理中充分地表露出来。笔者希图追述的是，历次的区划调整包括分县大策实施之后的地方行政如何运作？又在何种情势下使得地方格局发生变化？伴随着新的地域要素的出现，塑造了哪些社会变迁的过程？

  总结本文的研究实践，笔者期待沿着这种思路，继续追问更普遍的历史地理命题，空间的填充是否有某些具体的机制在起作用？空间格局的形成并不是一个"自然"的过程，地域分布格局的出现和组成其实经历着变化的过程。许多时候，历史地理学者必须将这些机制的发现落实到事件史，同时以综合的视野把握地理要素间的联系，才有可能从"区划"迈向空间。

主要参考文献

（一）基本史料

1. 方志、专志、水利书、农书

（晋）张元之撰、（清）缪荃孙校：《吴兴山墟名》，光绪十七年刻本。

（唐）李吉甫撰、贺次君点校：《元和郡县图志》，《中国古代地理总志丛刊》，北京：中华书局，2005年。

（唐）陆广微撰、曹林娣校注：《吴地记》，南京：江苏古籍出版社，1999年。

（宋）朱长文：《吴郡图经续记》，《江苏地方文献丛书》，南京：江苏古籍出版社，1999年。

（宋）杨潜《云间志》，《宋元方志丛刊》，北京：中华书局，1990年，第2册。

（宋）范成大：《吴郡志》，南京：江苏古籍出版社，1999年。

（宋）龚明之：《中吴纪闻》，收入《汇刻太仓旧志五种》，清末刻本。

（宋）谈钥：《吴兴志》，《中国方志丛书》，台北：成文出版社，1983年，华中地方第557号。

嘉定《赤城志》，《中国方志丛书》，台北：成文出版社，1983年，华中地方第560号。

咸淳《玉峰续志》，收入《汇刻太仓旧志五种》，清末刻本。

淳祐《玉峰志》，收入《汇刻太仓旧志五种》，清末刻本。

至元《嘉禾志》，《景印文渊阁四库全书》，台北：台湾商务印书馆，1986年，史部地理类，第491册。

至正《昆山郡志》，收入《汇刻太仓旧志五种》，清末刻本。

至正《重修琴川志》，《宋元方志丛刊》，北京：中华书局，1990年，第2册。

洪武《苏州府志》，《中国方志丛书》，台北：成文出版社，1983年，华中地方第432号。

弘治《常熟县志》，《四库全书存目丛书》，济南：齐鲁书社，1996年，史部第185册。

弘治《上海志》，《天一阁藏明代方志选刊续编》，上海：上海书店，1990年，第7册。

弘治《太仓州志》，《日本藏中国罕见地方志丛刊续编》，北京：北京图书馆出版社，2003年，第3册。

弘治《吴江志》，《中国方志丛书》，台北：成文出版社，1975年，华中地方第163号。

正德《姑苏志》，《天一阁藏明代方志选刊续编》，上海：上海书店，1990年，第11—14册。

正德《金山卫志》，《松江府属旧志二种》，上海：传真社，1932年。

正德《练川图记》，民国十七年油印本。

正德《松江府志》，《天一阁藏明代方志选刊续编》，上海：上海书店，1990年，第6册。

正德《苏州府纂修识略》卷1，明刻本。

嘉靖《常熟县志》，《北京图书馆古籍珍本丛刊》，北京：书目文献出版社，1997年，史部地理类，第27册。

嘉靖《嘉定县志》，明嘉靖三十六年刻本。

嘉靖《昆山县志》，《天一阁藏明代方志选刊》，上海：上海书店，1981年，第9册。

嘉靖《上海县志》，上海：传真社，1932年。

嘉靖《太仓州志》，《天一阁藏明代方志选刊续编》，上海：上海书店，1990年，第20册。

嘉靖《吴邑志》，《天一阁藏明代方志选刊续编》，上海：上海书店，1990年，第10册。

(明)黄省曾：《吴风录》，收入(明)杨循吉等著、陈其弟点校：《吴中小志丛刊》，扬州：广陵书社，2004年。

隆庆《长洲县志》，《天一阁藏明代方志选刊续编》，上海：上海书店，1990年，第23册。

万历《嘉定县志》，《中国方志丛书》，台北：成文出版社，1983年，华中地方第421号。

万历《武进县志》，万历刻本。

万历《重修昆山县志》，《中国方志丛书》，台北：成文出版社，1983年，华中地方第433号。

（明）管一德：《（万历）常熟文献志》，《北京师范大学图书馆藏稀见方志丛刊》据明刻本影印，北京：北京图书馆出版社，2008年，第6册。

（明）姚宗仪：《（万历）常熟县私志》，常熟图书馆古籍部藏传抄本。

天启《海盐县图经》，《中国方志丛书》，台北：成文出版社，1983年，华中地方第589号。

崇祯《松江府志》，《日本藏中国罕见地方志丛刊》，北京：书目文献出版社，1991年。

崇祯《太仓州志》，明崇祯十五年刻，清康熙十七年补刻本。

崇祯《外冈志》，上海市地方志办公室编：《上海乡镇旧志丛书》，上海：上海社会科学院出版社，2004年，第2辑。

崇祯《吴县志》，《天一阁藏明代方志选刊续编》，上海：上海书店，1990年，第15—19册。

（明）陈三恪：《海虞别乘》，清钞本。

（明）范濂：《云间据目抄》，民国年间上海进步书局印本。

康熙《常熟县志》，《中国地方志集成·江苏府县志辑》，南京：江苏古籍出版社、上海：上海书店、成都：巴蜀书社，1991年，第21册。

康熙《常熟县志》，康熙五十一年刊本。

康熙《昆山县志稿》，南京：江苏科学技术出版社，1994年点校整理本。

康熙《青浦县志》，康熙八年刻本。

康熙《吴江县志》（康熙二十三年郭琇修），清康熙二十四年刻本。

康熙《续吴江县志》（康熙三年董尔基纂），上海图书馆古籍部藏旧抄本。

雍正《昭文县志》，《中国地方志集成·江苏府县志辑》，南京：江苏古籍出版社、上海：上海书店、成都：巴蜀书社，1991年，第19册。

乾隆《常昭合志》，嘉庆二年年刻本。

乾隆《璜泾志略》，《中国地方志集成·乡镇志专辑》，南京：江苏古籍出版社，1992年，第9册。

乾隆《嘉定县志》，清乾隆年间刻本。

乾隆《金泽小志》，《中国地方志集成·乡镇志专辑》，南京：江苏古籍出版社，1992年，第2册。

乾隆《青浦县志》，乾隆五十三年刻本。

乾隆《沙头里志》，《中国地方志集成·乡镇志专辑》，南京：江苏古籍出版社，1992年，第8册。

乾隆《太仓卫志》，钞本。

乾隆《吴江县志》，《中国方志丛书》，台北：成文出版社，1983年，华中地方第446号。

乾隆《元和县志》，《中国地方志集成·江苏府县志辑》，南京：江苏古籍出版社、上海：上海书店、成都：巴蜀书社，1991年，第14册。

乾隆《镇洋县志》，清乾隆刻本。

乾隆《支溪小志》，《中国地方志集成·乡镇志专辑》，南京：江苏古籍出版社，1992年，第10册。

（清）顾镇编辑、周昂增订：《支溪小志》，收入《常熟乡镇旧志集成》整理本，扬州：广陵书社，2007年。

嘉庆《安亭志》，上海市地方志办公室编：《上海乡镇旧志丛书》，上海：上海社会科学院出版社，2004年，第2辑。

嘉庆《宜兴县志》，《中国方志丛书》，台北：成文出版社，1970年，华中地区第22号。

嘉道间《里睦小志》，《中国地方志集成·乡镇志专辑》，南京：江苏古籍出版社，1992年，第11册。

《梅李文献小志稿》，《中国地方志集成·乡镇志专辑》，南京：江苏古籍出版社，1992年，第10册。

（清）周煜编：《娄水文征》，清道光十二年刻本。

道光《璜泾志稿》，《中国地方志集成·乡镇志专辑》，南京：江苏古籍出版社，

1992年，第9册。

道光《平望志》，《中国地方志集成·乡镇志专辑》，南京：江苏古籍出版社，1992年，第13册。

道光《重刊续纂宜荆县志》，《中国方志丛书》，台北：成文出版社，1983年，华中地方第396号。

同治《苏州府志》，《中国地方志集成·江苏府县志辑》，南京：江苏古籍出版社、上海：上海书店、成都：巴蜀书社，1991年，第7册。

光绪《宝山县志》，《中国方志丛书》，台北：成文出版社，1983年，华中地方第407号。

光绪《常昭合志稿》，《中国地方志集成·江苏府县志辑》，南京：江苏古籍出版社、上海：上海书店、成都：巴蜀书社，1991年，第22册。

光绪《苏州府志》，《中国方志丛书》，台北：成文出版社，1970年，华中地区第5号。

光绪《武进阳湖县志》，《中国地方志集成·江苏府县志辑》，南京：江苏古籍出版社、上海：上海书店、成都：巴蜀书社，1991年。

光绪《宜兴荆溪县志》，《中国方志丛书》，台北：成文出版社，1983年，华中地方第156号。

（清）诸可宝辑：《江苏全省舆图》，《中国方志丛书》，台北：成文出版社，1974年，华中地区第144号。

（清）吴昌绥辑：《吴郡通典备稿》，民国十七年铅印本。

民国《重修常昭合志》，常熟市地方志编纂委员会办公室整理，上海：上海社会科学院出版社，2002年。

民国《钱门塘乡志》，上海市地方志办公室编：《上海乡镇旧志丛书》，上海：上海社会科学院出版社，2004年，第2辑。

民国《双浜小志》，《中国地方志集成·乡镇志专辑》，南京：江苏古籍出版社，1992年，第11册。

（民国）何卓信辑：《桂村志稿》，传抄本。

江苏省常熟市地方志编纂委员会编：《常熟市志》，上海：上海人民出版社，1990年。

新编《何市镇志》，合肥：黄山书社，1998年。

新编《支塘镇志》，苏州：古吴轩出版社，1994年。

（宋）单锷：《吴中水利书》，《景印文渊阁四库全书》，台北：台湾商务印书馆，1986年，史部地理类，第576册。

（元）任仁发：《水利集》，《四库全书存目丛书》，据明钞本影印，济南：齐鲁书社，1997年，史部第221册。

（明）沈启：《吴江水考》，《四库全书存目丛书》，山东：齐鲁书社，1997年，史部第221册。

（明）金藻：《三江水学》，收入（明）张内蕴、周大韶：《三吴水考》卷8《水议考》，《景印文渊阁四库全书》，台北：台湾商务印书馆，1986年，史部地理类，第577册。

（明）姚文灏编，汪家伦点校：《浙西水利书校注》，北京：农业出版社，1984年。

（明）陈士矿：《明江南治水记》，《四库全书存目丛书》，济南：齐鲁书社，1997年，史部第224册。

（明）韩邦宪：《东坝考》，见于（清）顾炎武：《天下郡国利病书》《江宁庐州安庆》，昆山顾炎武研究会标点整理本，上海：上海科学技术文献出版社，2002年，第2册（原编第八册），第620—622页。

（明）张内蕴、周大韶：《三吴水考》，《景印文渊阁四库全书》，台北：台湾商务印书馆，1986年，史部地理类，第577册。

（明）耿橘：《常熟县水利全书》，常熟图书馆古籍部藏传钞本。

（明）张国维：《吴中水利全书》，《景印文渊阁四库全书》，台北：台湾商务印书馆，1986年，史部地理类，第578册。

（明）徐光启：《农政全书》，《景印文渊阁四库全书》，台北：台湾商务印书馆，1986年，子部农家类，第731册。

（清）顾士琏：《太仓州新刘河志》，《四库全书存目丛书》，济南：齐鲁书社，1997年，史部第224册。

（清）张履祥辑补、陈恒力校释、王达参校增订：《补农书校释》，北京：农业出版社，1983年。

2．文集、笔记、家谱、年谱

（宋）范仲淹：《范文正集》，《景印文渊阁四库全书》，台北：台湾商务印书馆，1986年，集部别集类，第1089册。

（宋）沈括：《梦溪笔谈》，《景印文渊阁四库全书》，台北：台湾商务印书馆，1986年，子部杂家类，第862册。

（宋）卫泾：《后乐集》，《景印文渊阁四库全书》，台北：台湾商务印书馆，1986年，集部别集类，第1169册。

（宋）叶适：《水心先生别集》，《丛书集成续编》，台北：新文丰出版公司，1989年，文学类，第105册。

（宋）郑虎臣编：《吴都文粹》，《景印文渊阁四库全书》，台北：台湾商务印书馆，1986年，集部总集类，第297册。

（宋）周密：《齐东野语》，北京：学苑出版社，1998年。

（元）叶子奇：《草木子》，北京：中华书局，1959年。

（元）陶宗仪：《辍耕录》，北京：中华书局，1959年。

（元）贡斯泰：《玩斋集》，《景印文渊阁四库全书》，台北：台湾商务印书馆，1986年，集部别集类，第1215册。

（元）余阙：《青阳集》，《景印文渊阁四库全书》，台北：台湾商务印书馆，1986年，集部别集类，第1214册。

（元）孔齐：《静斋至正直记》，《四库全书存目丛书》，济南：齐鲁书社，1997年，子部第239册。

（明）况钟：《况太守集》，南京：江苏人民出版社，1983年。

（明）陆容：《菽园杂记》，北京：中华书局，1997年。

（明）长谷真逸：《农田余话》，《四库全书存目丛书》，济南：齐鲁书社，1997年，子部第239册。

（明）王鏊：《王文恪公文集》，载《明经世文编》卷120，北京：中华书局，1997年，第1151—1153页。

（明）王锜：《寓圃杂记》，北京：中华书局，1984年。

（明）吴宽：《鲍翁家藏集》，《四部丛刊初编》，台北：台湾商务印书馆，1967年，集部第83册。

（明）丘浚：《大学衍义补》，《景印文渊阁四库全书》，台北：台湾商务印书馆，1986年，子部儒家类，第712册。

（明）顾鼎臣：《顾文康公文草》，《四库全书存目丛书》，济南：齐鲁书社，1997年，集部第55册。

（明）归有光著、周本淳校点：《震川集》，上海：上海古籍出版社，1981年。

（明）冯梦龙：《醒世恒言》，济南：齐鲁书社，1995年。

（明）何良俊：《四友斋丛说》，北京：中华书局，1997年。

（明）汪道昆：《太函集》，合肥：黄山书社，2004年。

（明）叶梦珠：《阅世编》，北京：中华书局，2007年。

（明）张鼐：《宝日堂初集》，《四库禁毁书丛刊》，北京：北京出版社，1998年，集部第76册。

（清）顾炎武：《官田始末考》，台北：广文书局，1977年。

（清）顾炎武著、（清）黄汝成集释、秦克诚点校：《日知录集释》，长沙：岳麓书社，1996年。

（清）褚华：《木棉谱》，收入《上海掌故丛书》，《中国方志丛书》，台北：成文出版社，1983年，华中地方第404号。

（清）严书开《逸山集》，《四库禁毁书丛刊》，北京：北京出版社，1998年，集部第90册。

（清）吴伟业：《梅村家藏稿》，《四部丛刊》初编集部，上海：上海书店，1989年。

（清）毛奇龄：《西河集》，《景印文渊阁四库全书》，台北：台湾商务印书馆，1986年，集部别集类，第1321册。

（清）顾公燮：《消夏闲记选存》，收入江苏省立苏州图书馆编：《吴中文献小丛书》第13种，苏州：江苏省立苏州图书馆，1939年。

（民国）徐兆玮：《桂村士女传》，常熟图书馆古籍部藏稿本，不分卷。

（民国）吴双热：《海虞风俗记》，《中国风土志丛刊》，扬州：广陵书社，2003年，第32册。

（明）钱岱撰：《海虞钱氏家乘》，上海图书馆古籍部藏明万历二十八年刻本。

《周文襄公年谱》，清光绪刻本。

《璜泾赵氏小宗谱》，上海图书馆家谱部藏民国钞本。

《璜泾赵氏献征录》，上海图书馆古籍部藏旧钞本，佚名辑，不分卷。

《东阳（沈氏）家乘》，清咸丰四年钞本。

（清）周鼎调撰：《嘉定周氏宗谱》，《清代稿本百种汇刊》，台北：文海出版社，1974年，史部第35册。

3. 其他资料

周生春：《吴越春秋辑校会考》，上海：上海古籍出版社，1997年。

《越绝书》，《四部丛刊初编》史部，上海：上海商务印书馆。

（宋）傅寅：《禹贡说断》，《景印文渊阁四库全书》，台北：台湾商务印书馆，1986年，经部书类，第57册。

（宋）李焘：《续资治通鉴长编》，北京：中华书局，2004年。

（宋）姚铉编：《唐文粹》，《景印文渊阁四库全书》，台北：台湾商务印书馆，1986年，集部总集类，第1343册。

（宋）赵汝愚编，北京大学中国中古史研究中心校点整理：《宋朝诸臣奏议》，上海：上海古籍出版社，1999年。

《宋会要辑稿》，北京：中华书局，2006年。

《宋元学案》，《四部备要》，上海：中华书局。

《大元海运记》，（清）胡敬辑自《永乐大典》，《丛书集成续编》，台北：新文丰出版公司，1989年，第62册。

《御制大诰三编》，《续修四库全书》，上海：上海古籍出版社，2002年，史部政书类，第862册。

《御制大诰续编》，《续修四库全书》，上海：上海古籍出版社，2002年，史部政书类，第862册。

《明实录》《太祖实录》，台北："中央研究院"历史语言研究所，1983年。

《明实录》《宣宗实录》，台北："中央研究院"历史语言研究所，1983年。

（明）黄汴纂，杨正泰点校：《一统路程图记》卷7《江南水路·杭州府、官塘至镇江府水路》，收入杨正泰撰：《明代驿站考》附录，上海：上海古籍出版社，2006年，第265—266页。

（清）胡渭注，邹逸麟整理：《禹贡锥指》卷6，上海：上海古籍出版社，1996年，第163页。

《宫中档雍正朝奏折》，台北：故宫博物院，1978年。

（清）程铦：《折漕汇编》，光绪刻本。

（清）张应昌编：《清诗铎》附《诗人名氏爵里著作目》第479，北京：中华书局，1983年。

洪焕椿编：《明清苏州农村经济资料》，南京：江苏古籍出版社，1988年。

江苏省博物馆编：《江苏省明清以来碑刻资料选集》，北京：生活·读书·新知三联书店，1959年。

上海博物馆图书资料室编：《上海碑刻资料选辑》，《上海史资料丛刊》，上海：上海人民出版社，1980年。

青浦县博物馆编：《青浦碑刻》，青浦县博物馆，1999年。

赵明等编著：《江苏竹枝词集》，南京：江苏教育出版社，2001年。

徐建良主编：《枫桥地方文献汇纂》，北京：中国文史出版社，2005年。

（二）近人研究成果

1. 中文

陈春声：《历史·田野丛书》总序《走向历史现场》，北京：生活·读书·新知三联书店，2006年。

陈春声：《市场机制与社会变迁——18世纪广东米价分析》，广州：中山大学出版社，1992年。

陈芳惠：《历史地理学》，台北：大中国图书公司，1977年。

陈吉余：《长江三角洲的地貌发育》，《地理学报》25卷3期，1959年6月。

陈吉余：《长江三角洲江口段的地形发育》，《地理学报》23卷3期，1957年8月。

陈学文：《明清时期太湖流域的商品经济与市场网络》，杭州：浙江人民出版社，2000年。

程民生：《关于我国古代经济重心南移的研究与思考》，《殷都学刊》，2004年第1期。

邓庆平：《卫所与州县——明清时期蔚州基层行政体系的变迁》，《中央研究院历史语言研究所集刊》第80本第2分，2009年6月。

樊树志：《江南市镇：传统的变革》，上海：复旦大学出版社，2005年。

樊树志：《明清江南市镇探微》，上海：复旦大学出版社，1990年。

范金民、夏维中：《苏州地区社会经济史（明清卷）》，南京：南京大学出版社，1993年。

范金民：《江南市镇史研究的走向》，《史学月刊》，2004年第8期。

范金民:《明清江南商业的发展》,南京:南京大学出版社,1998年。

范金民:《政繁赋重,划界分疆:清代雍正年间江苏升州析县之考察》,《社会科学》,2010年第5期。

范毅军:《传统市镇与区域发展——明清太湖以东地区为例,1551—1861》,台北:"中央研究院"、联经出版公司,2005年。

范毅军:《明代中叶太湖以东地区的市镇发展与地区开发》,《中央研究院历史语言研究所集刊》第75本第1分,2004年,第149—221页。

范毅军:《明清江南市场聚落史研究的回顾与展望》,《新史学》,1998年9卷3期。

范毅军:《明中叶以来江南市镇的成长趋势与扩张性质》,《中央研究院历史语言研究所集刊》第73本第3分,2002年,第443—552页。

范毅军:《市镇分布与地域的开发——明中叶以来苏南地区的一个鸟瞰》,《大陆杂志》102:4,2001年,第160—191页。

方志远:《"传奉官"与明成化时代》,《历史研究》,2007年第1期。

复旦大学历史地理研究室:《太湖以东及东太湖地区历史地理调查考察简报》,原载《历史地理》创刊号,1980年,收入《长水集》(下),北京:人民出版社,1987年。

傅衣凌:《论明清社会经济的发展与停滞》,《社会科学战线》,1978年第4期。

傅衣凌:《论明清时代的棉布字号》,收入傅衣凌:《明代江南市民经济试探》附录,北京:中华书局,2007年。

傅衣凌:《明代江南市民经济试探》,北京:中华书局,2007年。

傅衣凌:《明清社会经济史论文集》,北京:人民出版社,1982年。

傅衣凌:《明清时代江南市镇经济的分析》,原载《历史教学》,1964年第5期。

傅衣凌:《明清时代商人及商业资本》,北京:中华书局,2007年。

葛剑雄、华林甫:《二十世纪的中国历史地理研究》,《历史研究》,2002年第3期。

葛振家:《崔溥〈漂海录〉评注》,北京:线装书局,2002年。

顾诚:《卫所制度在清代的变革》,《北京师范大学学报》,1988年第2期。

顾颉刚注释:《禹贡》,收入侯仁之主编:《中国古代地理名著选读》(第一辑),北京:学苑出版社,2005年。

郭红、于翠萍:《明代都司卫所制度与军管型政区》,《军事历史研究》,2004年第 4 期。

何炳棣:《中国古今土地数字的考释和评价》,北京:中国社会科学出版社,1988 年。

何泉达:《明代松江地区棉产研究》,《中国史研究》,1993 年第 4 期。

何泉达:《松江历史和松江府建置沿革述略》,《史林》,2001 年第 4 期。

洪焕椿、罗仑主编:《长江三角洲地区社会经济史研究》,南京:南京大学出版社,1989 年。

侯杨方:《明清上海地区棉花及棉布产量估计》,《中国史研究》,1997 年第 1 期。

华林甫:《我国古代的双附郭县》,《中国方域》,1993 年第 6 期。

赖国栋:《试论布罗代尔的历史比较思想——以初版〈菲利普二世时代的地中海和地中海世界〉为讨论中心》,《史学集刊》,2008 年第 1 期。

李伯重:《多视角看江南经济史(1250—1850)》,北京:生活·读书·新知三联书店,2003 年。

李伯重:《简论"江南地区"的界定》,《中国社会经济史研究》,1991 年第 1 期。

李伯重:《江南的早期工业化(1550—1850)》,北京:社会科学文献出版社,2000 年。

李伯重:《有无"13、14 世纪的转折"?——宋末至明初江南农业的变化》,收入李伯重:《多视角看江南经济史(1250—1850)》,北京:生活·读书·新知三联书店,2003 年。

梁方仲:《明代粮长制度》,上海:上海人民出版社,2001 年。

梁庚尧:《南宋的农村经济》,北京:新星出版社,2006 年。

梁庚尧:《南宋的农地利用政策》,台北:台湾大学文学院,1977 年。

刘石吉:《明清时代江南市镇研究》,北京:中国社会科学出版社,1987 年。

刘石吉:《小城镇大问题:江南市镇研究的回顾与展望》,中国东南区域史国际研讨会论文,杭州,1998 年 9 月。

刘志伟:《从乡豪历史到士人记忆——由黄佐〈自叙先世行状〉看明代地方势力的转变》,《历史研究》,2006 年第 6 期。

刘志伟:《梁方仲文集》《导言》,广州:中山大学出版社,2004 年。

柳立言:《宋代的家庭和法律》总论《何谓"唐宋变革"》,上海:上海古籍出版社,2008 年。

龙登高:《江南市场史——11 至 19 世纪的变迁》,北京:清华大学出版社,2003 年。

卢星、倪根金:《中国古代经济重心南移问题研究综述》,《争鸣》,1990 年第 6 期。

孟繁清:《元代江南地区的普通官田》,《中国社会科学院研究生院学报》,1984 年第 3 期。

缪启愉编著:《太湖塘浦圩田史研究》,北京:农业出版社,1985 年。

皮埃尔·图贝尔:《中世纪拉齐奥地区的结构——9—12 世纪的南部拉齐奥地区和萨宾纳地区》,罗马,1973 年。转引自[法]克里齐斯托夫·波米安:《结构史学》,收入[法]J. 勒高夫、P. 诺拉、R. 夏蒂埃、J. 勒韦尔主编:《新史学》,姚蒙编译,上海:上海译文出版社,1989 年,第 263 页。

漆侠:《宋代经济史》,上海:上海人民出版社,1987 年。

阮明道:《宋代的形势户》,《南充师院学报(哲学社会科学版)》,1981 年第 2 期。

太湖水利史稿编写组:《太湖水利史稿》,南京:河海大学出版社,1993 年。

谭其骧:《关于上海地区的成陆年代》,原载《文汇报》1960 年 11 月 15 日,收入《长水集》(下),北京:人民出版社,1987 年。

谭其骧:《上海市大陆部分的海陆变迁和开发过程》,原载《考古》1973 年第 1 期,收入《长水集》(下),北京:人民出版社,1987 年。

谭其骧:《再论关于上海地区的成陆年代——答丘祖铭先生》,原载《文汇报》1961 年 3 月 10 日,收入《长水集》(下),北京:人民出版社,1987 年。

谭其骧:《浙江省历代行政区域——兼论浙江各地区的开发过程》,收入《长水集》(上),北京:人民出版社,1987 年。

唐文基:《明代赋役制度史》,北京:中国社会科学出版社,1991 年。

王家范:《明清江南市镇结构及历史价值初探》,载《华东师范大学学报》,1984 年第 1 期。

王建革:《宋元时期太湖东部地区的水环境与塘浦置闸》,《社会科学》,2008 年第 1 期。

王建革:《吴淞江流域的坝堰生态与乡村社会》,《社会科学》,2009 年第 9 期。

王建革:《泾、浜发展与吴淞江流域的圩田水利(9—15 世纪)》,《中国历史地理论丛》,2009 年第 2 期。

王建革:《宋元时期吴淞江圩田区的耕作制与农田景观》,《古今农业》,2008年第4期。

王建革:《水流环境与吴淞江流域的田制(10—15世纪)》,《中国农史》,2008年第3期。

王丽:《宋代的豪强形势户》,《天中学刊》,2008年第3期。

王颋:《元代的吴淞江治理及干流"改道"问题》,《中国历史地理论丛》,2003年第4期。

吴承明:《利用粮价变动研究清代的市场整合》,收入吴承明:《中国的现代化:市场与社会》附录,北京:生活·读书·新知三联书店,2001年。

吴承明:《论明代国内市场和商人资本》,收入吴承明:《中国的现代化:市场与社会》,北京:生活·读书·新知三联书店,2001年。

吴滔:《明清江南基层区划的传统与市镇变迁——以苏州地区为中心的考察》,《历史研究》,2006年第5期。

吴滔:《明清江南市镇与农村关系史研究概说》,《中国农史》,2005年第2期。

吴滔:《清至民初嘉定宝山地区分厂传统之转变——从赈济饥荒到乡镇自治》,《清史研究》,2004年第2期。

夏维中、崔秀红:《明代乡村地域单位的主要类型及其作用考述》,《江苏社会科学》,2002年第5期。

谢湜:《历史地理学理论的新写法——阿兰·贝克新著〈跨越地理学与历史学的鸿沟〉述评》,《中国历史地理论丛》,2006年第4期。

徐茂明:《江南的历史内涵与区域变迁》,《史林》,2002年第3期。

徐新吾编著:《江南土布史》,上海:上海社会科学院出版社,1992年。

许涤新、吴承明主编:《中国资本主义萌芽史》,北京:人民出版社,1985年。

许檀:《明清时期山东商品经济的发展》,北京:中国社会科学出版社,1998年。

杨正泰:《明代驿站考》,上海:上海古籍出版社,2006年。

尹敬坊:《关于宋代的形势户问题》,《北京师范大学学报》,1980年第6期。

郁维明:《明代周忱对江南地区经济社会的改革》,台北:台湾商务印书馆,1990年。

于志嘉:《犬牙相制——以明清时代的潼关卫为例》,《中央研究院历史语言研究所集刊》第80本第1分,2009年3月。

张芳:《耿橘和〈常熟县水利全书〉》,《中国农史》,1985年第3期。

张修桂:《太湖演变的历史过程》,载《中国历史地理论丛》,2009年第1期。

张修桂:《中国历史地貌与古地图研究》,北京:社会科学文献出版社,2006年。

郑学檬、陈衍德:《中国古代经济重心南移的若干问题探讨》,《农业考古》,1991年第3期。

郑学檬:《中国古代经济重心南移和唐宋江南经济研究》,长沙:岳麓书社,1996年。

郑肇经主编:《太湖水利技术史》,北京:农业出版社,1987年。

周振鹤:《上海城市的形成——上海建城七百周年的回顾》,收入周振鹤:《随无涯之旅》,北京:生活·读书·新知三联书店,1996年。

周振鹤:《释江南》,原载于《中华文史论丛》第49辑(上海:上海古籍出版社,1992年),收入周振鹤:《随无涯之旅》,北京:生活·读书·新知三联书店,1996年。

周振鹤:《中国历史上行政区域划界的两大原则》,《中国方域》,1996年第6期。

周振鹤:《体国经野之道——新角度下的中国行政区划沿革史》,香港:中华书局,1990年。

朱更翎:《吴越钱氏的水利》,收入中国水利学会水利史研究会、江苏省水利史志编纂委员会编:《太湖水利史论文集》(内部刊物),1986年。

[德]阿尔夫雷德·赫特纳:《地理学——它的历史、性质和方法》,王兰生译,北京:商务印书馆,1997年。

[法]J.勒高夫、P.诺拉、R.夏蒂埃、J.勒韦尔主编:《新史学》,姚蒙编译,上海:上海译文出版社,1989年。

[法]安德烈·梅尼埃:《法国地理学思想史》,蔡宗夏译,北京:商务印书馆,1999年。

[法]保罗·利科:《法国史学对史学理论的贡献》,王建华译,上海:上海社会科学院出版社,1997年。

[法]布罗代尔:《菲利普二世时代的地中海和地中海世界》,唐家龙、曾培耿等译,北京:商务印书馆,1998年。

[法]达尼埃尔·罗什:《平常事情的历史:消费自传统社会中的诞生(17世纪初—19世纪初)》,吴鼐译,天津:百花文艺出版社,2005年。

[法]费尔南·布罗代尔:《论历史》,刘北成、周立红译,北京:北京大学出版社,2008年。

[法]弗朗索瓦·多斯:《碎片化的历史学:从〈年鉴〉到"新史学"》,马胜利译,北京:北京大学出版社,2008年。

[法]克里齐斯托夫·波米安:《结构史学》,收入[法]J.勒高夫、P.诺拉、R.夏蒂埃、J.勒韦尔主编:《新史学》,姚蒙编译,上海:上海译文出版社,1989年。

[法]马克·布洛赫:《法国农村史》,余中先等译,北京:商务印书馆,1997年。

[法]米歇尔·伏维尔:《历史学与长时段》,收入[法]J.勒高夫、P.诺拉、R.夏蒂埃、J.勒韦尔主编:《新史学》,姚蒙编译,上海:上海译文出版社,1989年。

[法]雅克·勒高夫、皮埃尔·诺拉主编《史学研究的新问题、新方法、新对象——法国新史学发展趋势》《前言》([美]科林·卢卡斯撰),郝名玮译,北京:社会科学文献出版社,1988年。

[法]雅克·勒高夫:《新史学》,收入[法]J.勒高夫、P.诺拉、R.夏蒂埃、J.勒韦尔主编:《新史学》,姚蒙编译,上海:上海译文出版社,1989年。

[美]黄仁宇:《明代的漕运》,张皓、张升译,北京:新星出版社,2005年。

[美]理查德·哈特向:《地理学的性质——当前地理学思想述评》,叶光庭译,北京:商务印书馆,1996年。

[美]理查德·哈特向:《地理学性质的透视》,黎樵译,北京:商务印书馆,1997年。

[美]索尔:《历史地理学引论》,姜道章译,载《中国历史地理论丛》,1998年第4期。

[美]沃勒斯坦:《布罗代尔:历史学家:"局势中的人"》,译自《激进历史评论》第26期,1982年,收入[法]费尔南·布罗代尔:《论历史》附录,刘北成、周立红译,北京:北京大学出版社,2008年。

[日]岸本美绪著、杨永超译:《滨岛敦俊的〈明代江南农村社会の研究〉》,《中国史研究动态》,1984年第8期。

[日]滨岛敦俊:《农村社会——研究笔记》,沈中琦译,原文发表于《明清时代史的基本问题》,载《近代中国的乡村社会》,汲古书院,1997年。

［日］滨岛敦俊：《土地开发与客商活动——明代中期江南地主之投资活动》，载《中央研究院第二届国际汉学会议论文集（明清与近代史组）》，台北："中央研究院"，1989年。

［日］川胜守：《明代江南水利政策的发展》，载《明清史国际学术讨论会论文集》，天津：天津人民出版社，1982年。

［日］宫崎市定：《明代苏松地方的士大夫》，栾成显、南炳文译，收入《日本学者研究中国史论著选译》第六卷《明清》，北京：中华书局，1993年。

［日］鹤见尚弘：《中国明清社会经济研究》，北京：学苑出版社，1989年。

［日］斯波义信：《宋代江南经济史研究》，方键、何忠礼译，南京：江苏人民出版社，2001年。

［日］藤井宏：《新安商人的研究》，收入《江淮论坛》编辑部编：《徽商研究论文集》，合肥：安徽人民出版社，1985年。

［日］西嶋定生：《中国经济史研究》，冯佐哲等合译，北京：农业出版社，1984年。

［日］小山正明：《明代的粮长》，《日本学者研究中国史论著选译》，北京：中华书局，1992年，第6册。

［英］R. J. 约翰斯顿：《地理学与地理学家——1945年以来的英美人文地理学》，唐晓峰等译，北京：商务印书馆，1999年。

［英］大卫·哈维：《地理学中的解释》，高泳源、刘立华、蔡运龙译，北京：商务印书馆，1996年。

2. 外文

A. H. Clark, 'Historical Geography in North American', in A. R. H. Baker ed., *Progress in Historical Geography*, New York, 1972.

A. R. Pred, 'Place as historically contingent process: Structuration and the time-geography of becoming places', *Annals of the Association of American Geographers* 74, 1984.

Alan R. H. Baker, *Geography and History: Bridging the Divide*, Cambridge: Cambridge University Press, 2003. 中译本为［英］阿兰·R. H. 贝克著：《地理学与历史学——跨越楚河汉界》，阙维民译，北京：商务印书馆，2008年。

D. W. Meinig, 'The continuous shaping of America: a prospectus for geographers and historians', *American Historical Review* 83, 1978.

H. C. Darby, *The Changing Fenland*, Cambridge: Cambridge University Press, 1983.

Lucien Febvre. *A Geographical Introduction to History*, London: Routledge & Kegan Paul Ltd., 1966. (First publish as *La terre et l'évolution humaine: introduction géographique à l'histoire*, Paris: Armand Colin, 1922.).

Mark Elvin, *The Pattern of the Chinese Past*, Stanford: Stanford University Press, 1973.

Paul Smith & Richard von Glahn eds., *The Song-Yuan-Ming Transition in Chinese History*, Cambridge: Harvard University Press, 2003.

R. C. Harris, 'Theory and synthesis in historical geography', *Canadian Geographer* 15, 1971.

William Gordon East, *The Geography Behind History*, New York: Norton, 1967.

［日］北田英人：「八——一三世紀江南の潮と水利・農業」，載『東洋史研究』第47巻第4号，1989年。

［日］北田英人：「中国江南三角州における感潮地域の変遷」，載『東洋学報』第63巻第3号，1982年。

［日］濱島敦俊：『明代江南農村社會の研究』，東京：東京大学出版会，1982年。

［日］濱島敦俊：『総管信仰：近世江南農村社会と民間信仰』，東京：研文出版，2001年。中译本为《明清江南农村社会与民间信仰》，朱海滨译，厦门：厦门大学出版社，2008年。

［日］川勝守：『明清江南市鎮社会史研究—空間と社会形成の歴史学』，東京：汲古書院，1999年。

［日］川勝守：『中国封建国家の支配構造—明清賦役制度史の研究』，東京：東京大学出版会，1980年。

［日］渡部忠世、桜井由躬雄编：『中国江南の稲作文化—その学際的研究』，東京：日本放送出版協会，1984年。

［日］岡崎文夫、池田静夫：『江南文化開発史—その地理的基礎研究』，東京：弘文堂書房，1943年。

［日］海津正倫：「中国江南デルタの地形形成」，『名古屋大学文学部研究論集』史学36，名古屋：名古屋大学文学部出版，1990年。

［日］海津正伦：「中国江南デルタの地形形成と市鎮の立地」，森正夫編：『江南デルタ市鎮研究—歴史学と地理学からの接近』，名古屋：名古屋大学出版会，1991 年。

［日］菊地利夫：『歴史地理学方法論』，東京：大明堂，1977 年。

［日］前村佳幸：「南宋における新県の成立—江西・江浙・広東を中心として」，『史林』83 巻第 3 号，2000 年。

［日］青山一郎：「明代の新県設置と地域社会—福建漳州府寧洋県の場合」，史学会編：『史学雑誌』101 編第 2 号，1992 年。

［日］森正夫：「一六四五年太倉州沙渓鎮における烏龍会の反乱について」，載『森正夫明清史論集』第二巻「民衆反乱・学術交流」，東京：汲古書院，2006 年。

［日］森正夫：『明代江南土地制度の研究』，京都：同朋舎，1988 年。

［日］上田信：「地域の履歴：浙江省奉化県忠義郷」，『社会経済史学』49 編第 2 号，1983 年。

［日］星斌夫：『明代漕運の研究』，東京：日本学術振興会，1963 年。

［日］植松正：『元代江南政治社会史研究』，東京：汲古書院，1997 年。

［日］中村圭爾：「六朝時代三呉地方における開発と水利についての若干の考察」，載［日］中国水利史研究会編：『中国水利史論集：佐藤博士還暦記念』，東京：国書刊行会，1981 年。

后　记

　　本书是我在博士论文基础上修订而成的，十年来，我一直得益于恩师剑雄先生的教导与启迪。老师在百忙中审阅了我的书稿，并拨冗赐序，指明了我今后拓展研究的方向。本书编辑出版之际，喜逢老师从教五十周年暨七秩华诞大庆，我谨奉上这本凝聚着他的心血和期许的习作，祝老师健康长寿、桃李芬芳。

　　小时候读书就听过"兴趣是最好的老师"这句名言，多年后想想，这句话似乎别有一番意味，自发的兴趣固然有很多种，然而真正的志趣的激发，往往受惠于前辈和师长的感召。2000年高考填志愿时，我并没有选择历史学，最后成绩不高，虽入围中山大学分数线，却未达到所报专业的要求，颇费一番周折后，幸获专业调剂机会，仰蒙表叔陈伟武教授以及著名古文字学家曾宪通教授的荫护和力荐，我才幸运地进入中大历史系读书。学步伊始，武叔带我多次拜会曾宪通、陈永正、蔡鸿生等先生，他们的言传身教，令我这个初生牛犊对古老而常新的文史学科产生了浓厚的兴趣。时逢中大珠海校区成立，历史系对我们这群新校区的新生备加眷顾，每周安排一位资深教授为我们讲学，正是陈春声老师的"史学与以史学为业"的迷人讲座，以及许多前辈的人格魅力和渊博学识，令我对史学研究心生崇敬，又颇为憧憬。得益于武叔的鼓励，我逐渐坚定了从事史学研究的信念，在拙著出版之际，我万分感念武叔多年来的栽培，唯有继续努力，不辜负他的期望。

在研究生阶段的学习中，复旦史地所的邹逸麟、张修桂、周振鹤、姚大力、满志敏、王建革、张伟然、王振忠、张晓虹、李晓杰等教授的指导，我至今记忆犹新。在博士论文写作过程中，张小军、曹树基、冯筱才等老师的宝贵建议，令我收获良多。在复旦北区公寓的生活里，胡其伟、王大学、张笑川、史党社、魏向东、徐建平、吴媛媛、张姗姗、王国强、孙树纲、吴轶群、邹怡、夏增民、刘守柔、陈斯鹏、于薇、孙涛、赖国栋、潘佳等学兄、学姐、学友的真挚情谊，"武川善堂"的快乐时光，让我永难忘怀。特别要感谢孟刚师兄，是老孟的艺境文心和书生本色，常常令我的小小寒室茶香四溢、书架超载，是他令我不忘留守属于读书人的那份恬雅清淡。毕业后的时光里，每当独自徜徉于书店和书画展，我时常不经意地想起老孟，忍不住拨通电话。

我很庆幸选择了江南研究作为博士论文的方向，置身三吴，足以感叹古代史地文献之浩如烟海，仰企前辈名山学问之恢弘精深，领略江南传统文化之源远流长。更加难得的是，葛老师的故乡湖州南浔镇，就是闻名遐迩的江南名镇，老师常跟我生动地讲述记忆中的水乡风情，以及经历近代变迁之后形成的山地与平原聚落的人文差异，提醒我重视研究中区域大小尺度的灵活切换，并重视民国时期地方上一些乡土调查资料。在随后的实地调查和地方文献中，我一直受惠于老师度赐的金针，不断获得寸进的喜悦。同济大学国家历史文化名城研究中心的阮仪三、张雪敏教授多次邀我加入京杭大运河及江南水乡古镇的考察规划，这段难得的学术因缘，令我真切地体会到江南文化经久不衰的魅力，启发我更深入地思考文化遗产保护实践与历史地理学研究的关系。森森烟波，悠悠野径，茫茫书海，在江南各县市的实地考察中，张舫澜、周文晓、张建智等江南地方文史研究的老前辈的赐教和指引，常熟图书馆李烨馆长、苏馆长，常熟博物馆陈颖、鲜仲文老师，翁同龢纪念馆王忠良馆长，上海图书馆家谱部和古籍部的陈乐民、黄燕婉老师，苏州博物院徐刚诚老师，松江博物馆杨坤馆长，浙江省政协文史编辑部姚立军老师，湖州师院图书馆王增清馆长以及嘉兴、湖州、嘉善等地图书馆和档案馆对我的查阅资料提供的大力支持，吴江的杨申亮，常熟的陆晴等友人以及田野乡间可敬可亲的老前辈和乡亲们对我的无私帮助，我将永远铭记于心。

江南研究更令我结识了吾师吾兄吴滔，十年来，寻觅古镇名村，访阅书楼故籍，探问太湖水利，如果没有他的陪伴，很难想象我能独立经历那一次次并不轻松的实地考察，并始终保持旺盛的进取心态。正是江南研究使我们享受无休止的辩论的乐趣，并一起从江南走向更广阔的地域。本书正标题即是在常熟考察中拜他所赐，尽管事出调侃，我也欣然接受并付诸实践。拙著修改得到他的许多宝贵建议，可惜落实效果还不尽如人意，唯有再接再厉了。

我要感谢我的博士论文评阅专家和答辩评委郭声波、唐力行、吴松弟、安介生、徐茂明、侯杨方等诸位老师，他们的中肯批评和建议令我受益良多。唐老师此后邀请我参加一年一度的江南社会史学术研讨会，使我有幸得到樊树志、刘石吉、范金民、钱杭、吴建华、邱澎生、邱仲麟、王鸿泰、马学强等老师的诸多宝贵指点。本书各章内容曾在不少学术活动中报告，并得到唐晓峰、辛德勇、韩茂莉、徐少华、卜永坚、黄国信、温春来、张侃、刘永华、黄向春、饶伟新等老师以及李大海、王健、黄阿明、赵思渊等学友的批评，在香港中文大学访学期间，得到廖迪生、黄永豪、马健雄、张兆和、张瑞威、贺喜、谢晓辉、陈丽华等师长的指正，申斌、梁敏玲、王健等朋友曾帮忙复印日本收藏的文献资料，与各章内容相关的论文发表过程中，得到了《历史研究》《中央研究院历史语言研究所集刊》等诸多刊物的匿名专家及编辑的宝贵指点，尚此一并敬致谢忱。

在区域研究中结合历史地理学和历史人类学的研究路径，是我从本书出发继续努力的方向之一。为此，我十分感念施坚雅（G. W. Skinner）教授。他于2005年到复旦开会讲学，那是他生命中最后一次来华，葛老师安排我作为他一周访问的陪同。我目睹了这位早已名满天下的大学者为了学术讲演躲进宾馆里准备了一天一夜，又有幸跟随这位人类学家去上海图书馆古籍部读方志，并陪伴这位对市镇与中国农村社会研究作出巨大贡献的长者考察了朱家角和西塘古镇，一路上施坚雅先生非常耐心地询问我的兴趣和写作方向,也讲述了他当年做田野调查的曲折故事,临别赠言中他特地写道:"My advice, as you might guess, is to keep spatial relations always in mind as you trace changes in form and function and practice."回国之后,他还来信关心我的进展并惠寄地图。我一直铭记着先生所赐箴言,付诸尝试。遗憾的是,2008年秋天,当我的博士论文轮廓初成之时,先生驾鹤西去。如今论文成书,我更是深深地怀念施坚雅先生。

2009年夏从复旦毕业后,我有幸被母校中山大学以"百人计划"引进工作,五年多来,历史系的领导、职员给予我良好的工作环境,各位前辈、同事成为我致力于研究和教学的好榜样。在教学、科研和刊物编辑工作中,我感到需要"进补"之处越来越多,我尤为感激陈春声、刘志伟、葛剑雄三位恩师的谆谆教诲,是他们一直引领着我在史学的旷野上摸索学步,指点我在成长的道路上提升修养。我还要感谢郑振满、赵世瑜两位老师,他们寓教于乐式的点拨,常常令我茅塞顿开。感激科大卫、萧凤霞、程美宝几位老师对我一如既往的关爱和提点,并为我提供了赴外访学的难得机会。绛帐依依,教泽绵绵,我难以历数老师们给我的人生启迪和治学启示,也时感自己对老师的著述理解还不够透彻。所幸在毕业工作后的时光里,在田野乡间的漫步,在会场内外的交谈,在电邮信息的联络中,我总能从他们那里获得新的教益,并在职业生活的种种境遇中慢慢领略他们的深邃思想和宽广胸襟。

"未觉池塘春草梦,眼前梧叶又秋声",从小到大,父亲总是以此鞭策我求学不可懈怠。父亲退休后在家侍奉祖母,电话里更多地关心我的生活起居,他说"多年父子如兄弟",希望"船出公海"的我可以多跟他谈谈心,我越来越觉得他对人生事理的许多讲究弥足珍贵,也愈发佩服他的不少睿智历史观。从求学到工作,我总有一种奔走在路上未曾停息的感觉,我的父母、岳父岳母和姨母姨丈等诸多长辈,始终把最丰富的人生经验传授于我,又将最沉重的日常家务负担留给自己。我总觉得亏欠他们太多太多,只能努力以更好的工作成果和生活状态、在更多的家庭欢聚中与他们分享喜悦。

本书的第一次校订大概要数 2009 年初博士论文定稿前夕黄晓玲的逐句审阅。十年来，她总是默默地应和着我的求学和工作节奏，担负起许多我应尽的责任。如今她攻读博士学位，我希望可以带着我可爱的女儿——小乌和小雨，给予她们母亲最大的支持。